Zeichenprozesse

Herausgegeben von
Roland Posner und Hans-Peter Reinecke

Schwerpunkte
Linguistik und
Kommunikationswissenschaft

Herausgegeben von
Werner Abraham und Roland Posner

Band 14

Zeichenprozesse

Semiotische Forschung
in den Einzelwissenschaften

Herausgegeben von

Roland Posner

Institut
für Kommunikationswissenschaften
Technische Universität Berlin

und

Hans-Peter Reinecke

Staatliches Institut
für Musikforschung
Preußischer Kulturbesitz Berlin

Akademische
Verlagsgesellschaft Athenaion
Wiesbaden

Composersatz: Staatliches Institut für Musikforschung
Preußischer Kulturbesitz, Berlin
Christa Czerson
Gesamtherstellung: Decker & Wilhelm, Heusenstamm
Printed in Germany
ISBN 3-7997-0660-7

Mitarbeiterverzeichnis

Alessandro Carlini
Uhlandstraße 161,
D-1 Berlin 15

Dietrich Dörner
Fachbereich Psychologie
Universität Gießen
Otto-Behagel-Straße 10
D-33 Gießen

Umberto Eco
Via Melzi d'Eril 23
I-20146 Milano

Hans-Heinrich Eggebrecht
Musikwissenschaftliches Seminar
Universität Freiburg
Werthmannplatz
D-78 Freiburg

Paul Ekman
Human Interaction Laboratory
Langley Porter Institute
University of California
Medical School
San Francisco
California 94143

Achim Eschbach
Sandberg 15
D-518 Eschweiler

Peter Faltin
Lindenstraße 46
D-6331 Lahn-Lützellinden

Peter Gerlach
Institut für Kunstgeschichte
Technische Hochschule Aachen
Schinkelstraße 1
D-51 Aachen

Otto-Joachim Grüsser
Physiologisches Institut
Freie Universität Berlin
Arnimallee 22
D-1 Berlin 33

Lars Gustafsson
Blåsbogatan 8
S-72215 Västerås

Jürgen Hoegl
Program in Comparative Literature
University of Illinois
Urbana
Illinois 61801

Walter Höllerer
Institut für
Deutsche Philologie und
Allgemeine und Verglei-
chende Literaturwissenschaft
Technische Universität Berlin
Straße des 17. Juni 135
D-1 Berlin 12

Elmar Holenstein
Institut für Philosophie
Ruhr-Universität Bochum
D-463 Bochum 1

Rainer Klinke
Zentrum der Physiologie
Universität Frankfurt
Theodor-Stern-Kai 7
D-6 Frankfurt

Rolf Kloepfer
Institut für Romanistik
Universität Mannheim
Schloß
D-68 Mannheim 1

Hans-Heinrich Lieb
Fachbereich Germanistik
Freie Universität Berlin
Habelschwerdter Allee 45
D-1 Berlin 33

Siegfried Maser
Hochschule für Bildende Künste
Braunschweig
Broitzemerstraße 230
D-33 Braunschweig

Abraham Moles
Institut de Psychologie Sociale
7 Rue de la Courtine
F-67 Strasbourg

Helga de la Motte-Haber
Armgartstraße 4
D-2 Hamburg 76

Roland Posner
Institut für Kommunikations-
wissenschaften
Technische Universität Berlin
Ernst-Reuter-Platz 7
D-1 Berlin 10

Wendelin Rader
Lousbergstraße 50
D-51 Aachen

Hans-Peter Reinecke
Institut für Musikforschung
Preußischer Kulturbesitz
Stauffenbergstraße 14
D-1 Berlin 30

Helmut Richter
Institut für Kommunikations-
forschung und Phonetik
Universität Bonn
Adenauerallee 98a
D-53 Bonn

Klaus R. Scherer
Fachbereich Psychologie
Universität Gießen
Otto-Behagel-Straße 10
D-63 Gießen

Bernhard Schneider
Württembergische Straße 31
D-1 Berlin 15

William C. Stokoe
Linguistics Research Laboratory
Gallaudet College
Kendall Green
Washington D. C. 20 002

Dirk Wegner
Institut für Kommunikations-
forschung und Phonetik
Universität Bonn
Adenauerallee 98a
D-53 Bonn

Inhalt

Vorwort

Vorwort

Der vorliegende Band enthält die überarbeiteten Referate des *Semiotischen Kolloquiums,* das vom 1. bis 5. Oktober 1975 in Berlin stattfand. Das Kolloquium war die erste deutsche Tagung, die sich das Ziel setzte, einen Überblick über zeichentheoretisch motivierte Forschungen in den Einzelwissenschaften zu verschaffen. Der Überblick wurde nicht durch Projektberichte, sondern durch die exemplarische Vorführung semiotischer Probleme und Methoden gegeben. Das Buch eignet sich daher in besonderer Weise als aktuelle *Einführung in die Semiotik und ihre Anwendungen in den Einzelwissenschaften.*

Der Initiative und dem wissenschaftlichen Sachverstand der Teilnehmer ist es zu verdanken, daß sich aus dem Kolloquium heraus die *Deutsche Gesellschaft für Semiotik* entwickelte. Sie ist inzwischen zu einem Zentrum für den Erfahrungsaustausch semiotischer Arbeitsgruppen im In- und Ausland geworden und hat bereits auf einer Reihe weiterer Fachkonferenzen dazu beigetragen, daß die Semiotik von immer mehr kommunikationsbezogenen Einzelwissenschaften als fruchtbarer Ansatz zur Klärung der eigenen Probleme anerkannt wird.

Wir widmen den vorliegenden Band all denen, die diese Entwicklung durch Ideen und Initiativen gefördert haben.

Die Herausgeber

I EINFÜHRUNG

ROLAND POSNER (BERLIN)

SEMIOTISCHE FORSCHUNG IN DEN EINZELWISSEN-SCHAFTEN

EINFÜHRUNG IN DAS PROGRAMM DES SEMIOTISCHEN KOLLOQUIUMS

Meine Damen und Herren, willkommen zum Semiotischen Kolloquium! — Das ist die Einführung. — Als ich mich Anfang letzten Jahres zur Teilnahme am ersten internationalen Semiotik-Kongreß in Mailand anmeldete, waren mir kaum mehr als zehn lebende deutsche Wissenschaftler bekannt, die sich ohne Einschränkung als Semiotiker hätten bezeichnen lassen. Was mir damals bei den Ausdrücken „Semiotik" oder „Semiologie" in den Sinn kam, waren einerseits faszinierende Fragestellungen, andererseits ein Begriffsapparat, der einem überaus simplen Kommunikationsschema durch bloße Kombinatorik den Status einer Theorie zu geben versuchte.

Der Mailänder Kongreß brachte mich mit Wissenschaftlern der verschiedensten Disziplinen zusammen, die ebenfalls von bestimmten Fragen fasziniert waren und die dem Jargon, mit dem man sie dort zu beantworten pflegte, auch sehr mißtrauisch gegenüberstanden. Unter diesen Wissenschaftlern waren viele Deutsche, die teils von dem Ausmaß semiotischer Aktivitäten beeindruckt, teils über die Leichtigkeit erstaunt waren, mit der sich fast jede geisteswissenschaftliche Disziplin durch simple Umetikettierung zur semiotischen Teildisziplin erklären ließ.
Wir stellten fest, daß wir uns zum großen Teil gegenseitig gar nicht kannten, daß wir nur mangelhaft oder gar nicht über die Ziele und Methoden der gegenseitigen Arbeit informiert waren und daß viele semiotisch arbeitende Wissenschaftler aus dem deutschsprachigen Bereich in Mailand überhaupt nicht anwesend waren.

Auf einem Treffen am Rande des Mailänder Kongresses beschlossen die deutschen Teilnehmer daher, sich erst einmal einen Überblick darüber zu verschaffen, was gegenwärtig im deutschsprachigen Bereich alles mit Anspruch auf den Namen Semiotik geschieht. Die meisten Anwesenden übernahmen die Betreuung eines bestimmten semiotischen Teilbereichs, und wir berieten als erste Schritte

— die gemeinsame Erarbeitung einer Bibliographie,
— die Einrichtung einer Semiotikerkartei und
— die Veranstaltung eines Semiotischen Kolloquiums, das nun hier an der Technischen Universität Berlin stattfindet.

Ziele dieses Kolloquiums sollten sein:
1. *umfassende gegenseitige Information* aus erster Hand über den gegenwärtigen Stand der semiotischen Forschung mit besonderer Berücksichtigung des deutschsprachigen Bereichs,
2. *die Besprechung gemeinsamer Forschungsprojekte* im Rahmen einer empirisch und theoretisch arbeitenden Allgemeinen und Vergleichenden Semiotik,
3. die Beschlußfassung über *permanente Organisationsformen* für die semiotisch arbeitenden Wissenschaftler in Deutschland.

Aus dieser dreifachen Zielsetzung folgten eine Reihe von Forderungen für die *Durchführung* des Kolloquiums:
Punkt 1 erforderte schon aus äußeren Gründen, daß jedem Teilnehmer die Möglichkeit gegeben werden sollte, jeden zu hören, daß also *keine Parallelveranstaltungen* abgehalten werden.
Punkt 2 verlangte, daß *möglichst viele Bereiche* der Semiotik zu Wort kommen, daß sie aber *von kleinen Gruppen* an Hand *spezifischer Themen der aktuellen Forschung* diskutiert werden.
Dagegen forderte Punkt 3, die Beschlußfassung über zukünftige Organisationsformen, eine *offene Tagung* mit Zutritt für jeden Interessenten.

Diese zum Teil gegensätzlichen Forderungen ließen sich nur miteinander vereinbaren, indem wir als *Organisationsform* eine Reihe von Podiumsdiskussionen wählten. Jede dieser Veranstaltungen ist in drei Phasen gegliedert:
1. Zunächst stellen einige Teilnehmer ihre semiotischen Arbeiten vor.
2. Dann führen sie eine Diskussion über das gegenseitige Verhältnis ihrer Forschungsansätze.
3. Und schließlich werden alle Anwesenden in den Kreis der Diskutanten einbezogen.
Auf diese Weise erhalten die Teilnehmer im Saal die Gelegenheit und die Aufgabe, einzugreifen, zu korrigieren, zu informieren und neue Akzente zu setzen.

Selbstverständlich wird im Hintergrund jeder einzelnen Veranstaltung die allgemeine Frage stehen, *was unter Semiotik denn überhaupt zu verstehen ist.* Diese Frage ist — so scheint mir — bisher auf dreierlei Weise beantwortet worden.
1. Einerseits wurde unter Semiotik die Gesamtheit aller Wissenschaften

verstanden, die Vorgänge untersuchen, an denen *Zeichenprozesse* beteiligt sind.

Je nach der zugrunde gelegten Zeichenkonzeption wäre die Semiotik dementsprechend gleichzusetzen

a) mit dem, was traditionell „Geisteswissenschaften" heißt (so etwa die französische Tradition, die darauf insistiert, daß es in der Semiotik nur um *menschliches Handeln* geht, vgl. Roland Barthes)

b) oder mit den Wissenschaften von den *Lebensvorgängen* nach dem Motto „Leben ist Semiose" (so etwa die Auffassung amerikanischer Semiotiker, wie sie auch Thomas Sebeok in „The Web of Semiotics", 1975, vertritt).

Begreiflicherweise schrecken viele Semiotiker vor einer solchen Perspektive zurück. Sie hätte nämlich zur Konsequenz, daß alle Geisteswissenschaftler und Biologen Semiotiker sind, auch dann, wenn sie

a) niemals etwas von Semiotik gehört haben

oder wenn sie, was weniger schlimm wäre,

b) die Semiotik als wissenschaftliche Richtung bekämpfen.

2. Die Orthodoxen unter den Semiotikern versuchen daher, den Gegenstandsbereich der Semiotik durch eine Reihe von Axiomen einzugrenzen und alle Untersuchungen, die nicht diese Axiome zugrunde legen, auszuschließen. Hierher gehören zum Beispiel alle jene, die die Ansätze von Peirce und Morris als *semiotische Basistheorie* bezeichnen und abweichende Theorienbildungen als nichtsemiotisch ablehnen.

Gegen eine solche Auffassung ist aber einzuwenden, daß sie die systematische Einteilung der Wissenschaften in dogmatischer Weise von *unserem heutigen Wissen* abhängig macht und bei einer Korrektur dieses Wissens durch die Weiterentwicklung der Forschung schnell unfruchtbar und obsolet werden kann. So eng sollte man sich, meine ich, nicht an historisch gegebene Lehrmeinungen binden!

3. Eine neutralere Art, Semiotik zu definieren, wäre die, sich nicht von vornherein an bestimmte Axiome oder Begriffsapparate zu klammern, sondern von bestimmten *Fragestellungen* auszugehen und erst auf sie hin eine passende Terminologie zu ihrer Formulierung zu entwickeln sowie eine angemessene Methodologie und Theorie zu ihrer Beantwortung anzustreben. Diese Konzeption ist zwar neutral gegenüber den Vorentscheidungen der anderen Konzeptionen, sie hat aber trotzdem wichtige Konsequenzen für die Einzelwissenschaften:

a) Die Betrachtung der Probleme aller Einzelwissenschaften im Lichte semiotischer Fragestellungen hat zu *unerwarteten Einsichten* und neuen *gemeinsamen Aufgabenstellungen* für die Einzelwissenschaften geführt und wird weiter dazu führen.

b) Der Zwang zur Rekonstruktion aller einzelwissenschaftlichen Probleme mit Hilfe semiotischer Begriffe kann auch jeder Einzelwissenschaft *intern* zu einem *einheitlicheren theoretischen Aufbau* verhelfen.

So gesehen ist die Semiotik eine Herausforderung an *alle Wissenschaftler.*

Die Frage, *welche* Fragestellungen denn als wesentlich semiotisch bezeichnet werden sollten, kann und will ich in diesen einführenden Bemerkungen allerdings nicht beantworten: Sie ist uns allen gleichermaßen gestellt. Das Tagungsprogramm soll ja gerade einen Rahmen schaffen, in dem wir über die Frage gemeinsam Klarheit gewinnen können.

Der Rahmen wurde so weit gefaßt, daß auch Disziplinen, die sich nicht innerhalb der semiotischen Tradition im Sinne der orthodoxen Semiotiker entwickelt haben, einbezogen werden konnten. Unsere Diskussionen werden entsprechend dem dritten Zugang zur Semiotik
— einerseits wechselnde semiotische Teildisziplinen zum Ausgangspunkt nehmen und so in ihrer Gesamtheit einen Beitrag zur *Vergleichenden Semiotik* der Zeichensysteme und Zeichenbegriffe leisten.

— Andererseits geht es in jeder Podiumsdiskussion um eine andere systematische Fragestellung der *Allgemeinen Semiotik*, so daß Perspektiven ins Blickfeld kommen, die auch für die nicht direkt behandelten semiotischen Teildisziplinen relevant sind.

1. Die Frage, *was ein Zeichen ist*, läßt sich nur im Zusammenhang damit beantworten, wie es wahrgenommen, identifiziert und wiedererkannt wird. Zu dieser Problematik hat die *Neurophysiologie* wichtige neue Erkenntnisse geliefert.

Das Referat über „Neurobiologische Grundlagen des Sehens und Hörens" steht aber auch deshalb am Anfang, weil es uns besonders eindringlich demonstrieren kann, daß alle semiotische Begriffsbildung auf die Analyse empirisch gegebener Vorgänge angewiesen ist und sich in ihr zu bewähren hat. (Vgl. Kapitel II des vorliegenden Bandes.)

2. *Konfigurationen von Zeichen* finden sich überall in unserer kulturell geprägten Umwelt, nirgends aber sind sie so konkret und handgreiflich gegeben wie in der *Architektur.* — Oder was wäre handgreiflicher als die im Foyer aufgestellte Säule mit Ringelsöckchen? (Vgl. Abb. 2 ff. im „Plädoyer für die Wiedereinführung der Säule", Kapitel IX des vorliegenden Bandes.) — Die Architektursemiotik hat denn auch allzu lange wie gebannt auf die *äußeren Formen* der Baukörper geschaut, ohne damit aber allzu weit zu kommen. Ein Ausweg scheint es zu sein, wenn man einmal den Prozeß des *Entwerfens* in den Vordergrund stellt und die Vorgänge untersucht, die den Architekten dazu bringen, der Vielzahl der Wünsche des Bauherrn eine Konzeption gegenüberzustellen, die sie einerseits alle berücksichtigt, ihnen andererseits aber erst einen gemeinsamen Sinn gibt.

Die Ansätze der *Informationstheorie* und der *Problemlösetheorie* bemühen sich gegenwärtig besonders intensiv um die Vorgänge der *Superzeichenbildung*. Sie sollen uns zeigen, was sie schon alles erklären können. (Vgl. Kapitel III.)

3. Einer der Bereiche, deren Erforschung durch das jahrhundertelange Fehlen einer genuin zeichentheoretischen Fragestellung in den etablierten Wissenschaften am meisten gelitten hat, ist der der *multimedialen Kommunikation*. Im Zirkus, der Oper, dem Spielfilm, ja selbst in einem Bilderbuch sind viel mehr Aspekte kommunikativ relevant als durch die Addition von isolierten Beschreibungen des *Textes*, der *Bildfolge* und der *Musik* erfaßt werden können. Derartige Beispiele lassen ahnen, wie fruchtbar die Entwicklung eines grundlegenden *Zeichen- oder Informationsbegriffs* wäre, der differenziert und leistungsfähig genug wäre, um auf jedes dieser Medien in gleicher Weise anwendbar zu sein.

Die genaue Analyse der *Komplementarität in multimedialer Kommunikation* ist ein notwendiges Durchgangsstadium auf einem solchen Weg.

Bei Kommunikationsgattungen wie Oper oder Film ist die Unverzichtbarkeit einer semiotischen Betrachtungsweise unmittelbar einsichtig. Aber viel zu selten macht man sich klar, daß sogar die adäquate Erfassung *rein sprachlicher Äußerungen* bis jetzt daran gescheitert ist, daß wir sie nur als Verkettungen von Wörtern zu analysieren gelernt haben. Eine weiterentwickelte Semiotik hätte hier große Möglichkeiten, in die kommunikationsbezogenen Einzeldisziplinen *hineinzuwirken*. (Vgl. Kapitel IV.)

4. Wie steht es überhaupt mit den *Beispielen*, um die wir uns immer so intensiv bemühen? — Es muß leider gesagt werden, daß man in der Semiotik bis heute meist von *allzu einfachen* Beispielen ausgegangen ist und die semiotische Begriffsbildung in einer Weise an sie geknüpft hat, die sich bald als Hindernis für ein *genaueres* Verständnis der betreffenden Zeichenprozesse herausstellte.

Dies wird besonders deutlich in den Untersuchungen zur *nichtverbalen Kommunikation*, die sich vielfach nach dem Vorbild der strukturalistischen Phonologie noch im *Segmentieren und Klassifizieren* von Ausdrucksverhalten erschöpfen. Ein solches Vorgehen führt zu Listen von Gesten und Grimassen, ohne daß gerade das Wesentliche an gestischer und mimischer Kommunikation, nämlich der Zusammenhang und die Übergänge zwischen einem genormten Ausdruck und dem nächsten beschreibbar sind.

Die Frage, die wir hier in den Vordergrund stellen wollen, ist eine zweifache:

a) Auf der *Objektebene*: Gibt es in der *nichtverbalen Kommunikation* außer einem lexikonähnlichen Zeichenrepertoire auch syntaktische Operationen oder Elemente, die die Funktionen erfüllen, die *grammatische Morpheme* in den natürlichen Sprachen haben?

b) Wenn ja, so fragt sich auf der *Metaebene*, welche *Ansätze* bisher zu ihrer *Beschreibung* innerhalb der Semiotik nichtverbaler Interaktion entwickelt worden sind.
(Vgl. Kapitel V.)

5. Auch der *Ablauf eines Zeichenprozesses in der Zeit* ist von der semiotischen Forschung erst spät entdeckt und zum Thema gemacht worden. Daher gehörte es lange zur herrschenden Meinung, daß sich die *Musik* der semiotischen Betrachtungsweise entzieht. Hinzu kam, daß die Musik kaum vorkodierte Entsprechungen von bezeichnenden und bezeichneten Elementen kennt, so daß die naive Konzeption vom *Zeichen als Einheit von signifiant und signifié* nicht angewandt werden konnte.

Inzwischen ist diese Konzeption überwunden, und die Musiksemiotik gerät auf der anderen Seite in die Gefahr, hintereinander all die Fehler nachzumachen, die ihr in den vergangenen Jahren von der Literatursemiotik und der Kunstsemiotik vorgemacht worden sind. Wenn man es in der Semiotik überhaupt vermeiden kann, die Fehler anderer semiotischer Teildisziplinen noch einmal zu machen, dann nur so, daß die Musiksemiotik sich von vornherein enger an den musikhistorischen und rezeptionspsychologischen Beschreibungsansätzen ihres eigenen Faches orientiert. Es scheint fast, als könnte eine derartige *Musikwissenschaft* Disziplinen wie der *Literaturwissenschaft* und der *Linguistik* aus ihren selbstgewählten Sackgassen heraushelfen, indem sie ihnen zeigt, wie sich der Aspekt des *zeitlichen Ablaufs* und *des produktiven oder rezeptiven Vollzugs von Kommunikation* in Sprache und Literatur beschreiben läßt.

Das Streitgespräch über die besten Mittel zur Erfassung eines vorgeführten Musikstückes wird außerdem den *Zwang zur Einheit der Beschreibung* deutlich machen, der durch die Einheit des zu beschreibenden ästhetischen Gegenstandes gegeben ist. (Vgl. Kapitel VI, 1. Teil.)

6. Ebenfalls aus der strukturalistischen Vergangenheit der Semiotik sind uns noch die großenteils irregeleiteten Auseinandersetzungen zwischen *synchronisch* und *diachronisch* analysierenden Wissenschaften in Erinnerung. Erst neuerdings hat sich wieder die Auffassung durchzusetzen begonnen, daß eine Wissenschaft, die vorgibt, einen *bestehenden kulturellen Kode* zu erfassen, ohne die Bedingungen seiner Veränderung angeben zu können, in Wirklichkeit auch dem bestehenden Kode nicht voll gerecht wird. Das Thema *Kodewandel* ist daher von großer Brisanz für alle semiotischen Teildisziplinen.

Da die *Kunstwissenschaft* von allen vergleichbaren Disziplinen seit je dem historischen Aspekt am meisten Rechnung getragen hat, bot sie sich als Beispieldisziplin für dieses Thema an. (Vgl. Kapitel VI, 2. Teil und Kapitel IX.)

7. Mehr als einmal wird im Verlauf des Kolloquiums die allgemeine

Frage angesprochen werden, wie sich die Semiotik gegenüber *konkurrierenden Betrachtungsweisen* derselben Gegenstände verhalten will, seien sie traditionell wie die Hermeneutik, Geistesgeschichte, Soziologie, seien sie modern wie Informationstheorie, Spieltheorie, Systemtheorie oder Kybernetik.

Wir stehen ja heute vor dem Problem, daß unser Wissen nicht nur von einer Vielzahl von *Einzelwissenschaften* verwaltet wird, *die kaum mehr etwas voneinander wissen*, sondern daß auch die meisten Ansätze, *den Spezialisten zu helfen*, daß sie einander gegenseitig verstehen, nichts weiter als *zusätzliche Spezialisten* hervorgebracht haben. Wenn Informationstheorie, Spieltheorie, Systemtheorie und Kybernetik miteinander und mit der Semiotik konkurrieren, so bleibt zu fragen, ob irgendeine dieser Betrachtungsweisen mit der Zeit in der Lage sein wird, die andern in sich aufzunehmen, ja ob das überhaupt wünschenswert wäre.

Damit sind wir bei der Diskussion über das *Verhältnis von Semiotik und Philosophie*.

In den Thesen von der *linguistischen Wende der Philosophie* und von der *philosophischen Wende der Linguistik* wurde in den 50iger Jahren eine gegenseitige Umarmung vorgeführt, die jetzt in Karl-Otto Apels Versuchen einer semiotischen Transformation der Philosophie ihre Fortsetzung findet. Es wird zu prüfen sein, welchen Nutzen derartige Versuche für die Semiotik wie für die Philosophie haben können. (Vgl. Kapitel VIII.)

8. Mit manchen der Fragen, die wir auf diesem Kolloquium stellen, bewegen wir uns auf ungesichertem Boden ohne die Orientierungsmöglichkeiten, die eine feste Terminologie oder experimentelle Daten liefern. *Wir stellen sie trotzdem* und wollen miteinander überlegen, welche Beantwortungsmöglichkeiten sich uns heute bieten. Die Frage, ob ein sprachliches oder nichtsprachliches, ein kulturell entwickeltes oder per Dekret eingeführtes *Zeichensystem* seine Benutzer *systematisch irreführen kann*, ist bis heute zwar oft gefragt, aber niemals befriedigend beantwortet worden.

Damit uns das Fehlen von Kategorien zu seiner Lösung das Problem selbst nicht entgleiten läßt, werden einige Teilnehmer, die sich einen Namen als Verfasser von literarischen Texten gemacht haben, versuchen, es fest in unserem Bewußtsein zu verankern, und uns damit in dieser letzten Diskussion Stoff für die weitere Reflexion mit auf den Weg geben. (Vgl. Kapitel VII; Diskussionsausschnitte findet der Leser auch im entsprechenden Themenheft der Zeitschrift *Sprache im Technischen Zeitalter*, Nr 57, 1976, S. 84—94.)

Meine Damen und Herren, wenn alles nach Programm verläuft, wird diese kurze Einführung *das letzte Überblicksreferat* sein, das Sie auf dem Semiotischen Kolloquium über sich ergehen lassen müssen. Und trotzdem möchte ich glauben, daß wir am Ende der Tagung alle *durch*

den kontinuierlichen Mitvollzug exemplarischer Gedankengänge einen
bleibenderen Eindruck von den gegenwärtigen Möglichkeiten und Grenzen der Semiotik gewonnen haben werden, als es *auf denotative Weise
durch summierende Referate* möglich wäre.
Der Überblick wird uns nicht vorgesetzt, sondern wir alle werden ihn
uns auf diesem Kolloquium gemeinsam schaffen.

Damit tun wir allerdings nichts anderes als *das permanente Gespräch*
fortsetzen, das schon vor dem heutigen Tag zwischen den an der Vorbereitung des Kolloquiums Beteiligten geführt worden ist. Denn dies ist
eine Tagung, die alle Teilnehmer miteinander veranstalten.

1. Daß dies so ist, kommt schon *im Programm* zum Ausdruck, das von
   dem in Mailand konstituierten Vorbereitungskomitee gemeinsam gestaltet worden ist.
2. Es kommt in der *Trägerschaft* zum Ausdruck, für die die Technische
   Universität und das Staatliche Institut für Musikforschung Preußischer Kulturbesitz gemeinsam verantwortlich sind.
3. Es kommt in der *Finanzierung* zum Ausdruck, an der sich außerdem
   so verschiedene Institutionen wie der Bund, das Land Berlin, die
   Deutsche Forschungsgemeinschaft und der Deutsche Akademische
   Austauschdienst beteiligt haben.
4. Es kommt aber auch in der Durchführung der anfallenden *Verwal-
   tungsarbeiten* zum Ausdruck, die von den Mitarbeitern mehrerer
   Institute gemeinsam abgewickelt wurden.
5. Und es spiegelt sich in besonderem Maße in den *begleitenden Aktivitäten*, von denen ich neben der audiovisuellen Dokumentation besonders die Ausstellung zur Architektursemiotik erwähnen möchte.
   (Vgl. das „Plädoyer für die Wiedereinführung der Säule" in Kapitel IX.)

Das Interesse an diesem Kolloquium war schon vor seinem Beginn überraschend groß. Von den vielen Zuschriften, die ich erhalten habe,
möchte ich Ihnen aber eine nicht vorenthalten: „Please [...] give my
greetings and best wishes to the participants of the 1975 Berlin Semiotisches Kolloquium. The diversity of the program is very exciting and I
regret very much that my health does not permit me to share it
personally. The program shows the vitality of the contemporary inter-
est in the theory of signs. German thought has played such an impor-
tant part in the history of this field that it is especially appropriate that
the Kolloquium should take place now in Berlin. I wish it a great
success! [...] Charles W. Morris, Professor Emeritus, University of
Florida, Gainesville."

Sie sehen: Gute Wünsche und hohe Erwartungen von allen Seiten!

II ZEICHENERKENNUNG

NEUROBIOLOGISCHE GRUNDLAGEN

OTTO-JOACHIM GRÜSSER (BERLIN)

NEUROBIOLOGISCHE GRUNDLAGEN DER ZEICHEN-ERKENNUNG

1. Einleitung

1924 hat *Konrad Rieger*, der damals fast 70jährige, originelle Psychiater der Würzburger Universität eine Arbeit veröffentlicht mit dem Titel: „Wie geht es in dem Hirn zu? ". Auf diese Frage eine Antwort zu geben, war die Aufgabe, die mir für dieses Symposium gestellt wurde, wobei die Frage von Herrn Prof. *Posner* noch etwas genauer formuliert wurde: „Wie geht es im Hirn bei der Zeichenerkennung zu? "
Im menschlichen Großhirn gibt es mindestens 10^{11} Nervenzellen, die meistens kleiner als $40\mu m$ sind. Jede Nervenzelle bildet über dünne Fortsätze Kontakte (*Synapsen*) mit zahlreichen anderen Nervenzellen (50 bis ≈ 10000). Die Zahl der Kontakte zwischen den Nervenzellen der Großhirnrinde beträgt also weit über eine Billion (10^{12}). Diese Zahlen verdeutlichen die zu erwartende Komplexität der experimentellen Resultate, wenn man die Signalverarbeitung im Gehirn auf dem Niveau der einzelnen Nervenzellen erforscht. Aufgrund der Entwicklung der elektronischen Meß- und Registriertechnik ist eine experimentelle Analyse der Funktion einzelner Nervenzellen seit etwa 30 Jahren möglich. Durch ausgedehnte und mühevolle Untersuchungen in zahlreichen neurobiologischen Labors der Welt besitzen wir heute gute Kenntnisse über die Funktionsweise der Nervenzellen (*Neurone*) und erste Einblicke in die operationale Bedeutung von neuronalen Netzen (*Eccles*, 1975). Die Resultate der experimentellen Neurobiologie ermöglichen daher einige Antworten auf die eingangs gestellte Frage. Im Hinblick auf den Komplexitätsgrad der neuronalen Netze der Großhirnrinde, der durch die genannten Zahlen belegt wird, müssen die Antworten der Neurobiologie jedoch mit Vorsicht bewertet werden. Ich bin also nicht nur aus Zeitgründen gezwungen, das Bild des neurophysiologischen Wissens über die Signalverarbeitung in den Sinnesorganen und im Zentralnervensystem in gröberen, expressionistischen Strichen zu zeichnen und auf altmeisterliche Durchstrukturierung zu verzichten.
Die folgende Darstellung gliedert sich in fünf Teile:
a) eine Einführung in die allgemeine Sinnesphysiologie,
b) einen kurzen Abschnitt über die Methoden der modernen Hirnforschung,

c) eine Darstellung der allgemeinen Prinzipien der Signalverarbeitung in den Sinnesorganen und im Zentralnervensystem,
d) Beispiele für diese Signalverarbeitung aus der Neurophysiologie des Sehens,
e) einige abschließende Bemerkungen über die höheren Hirnfunktionen bei der Zeichenerkennung.

2. Versuch eines allgemeinen Schemas der Wahrnehmung

Die für uns wahrnehmbare Welt ist die Menge aller Gegenstände und ihrer Sachverhalte. Sachverhalte sind die in physikalischen Dimensionen meßbaren Eigenschaften der Gegenstände, die Veränderung der Gegenstände, die Relation der Gegenstände zueinander, die Relation der Gegenstände zum wahrnehmenden Menschen, die Veränderung dieser Relationen, unsere Erfahrung mit den Gegenständen und die Veränderung der Gegenstände durch den wahrnehmenden Menschen. Die Gegenstände können in zwei große Klassen eingeteilt werden: Für Gegenstände der Klasse 1 besteht ein *unidirektionaler Informationsfluß* vom Gegenstand zum wahrnehmenden Menschen. Zwischen diesem und den Gegenständen der Klasse 2 kann sich dagegen ein *bidirektionaler Informationsfluß* (Kommunikation) ausbilden. Solche „Gegenstände" sind andere Menschen, Tiere, die auf unsere Signale reagieren, jedoch auch Maschinen mit künstlicher Intelligenz im weitesten Sinne.

Unsere Erfahrung mit den Gegenständen der Welt ist in der Regel ein aktiver Prozeß. Für viele Bereiche der Wahrnehmung ist die *aktive Zuwendung* eine notwendige Bedingung. Dies wurde schon von den Physiologen des 19. Jahrhunderts (z.B. Hermann von Helmholtz, Sechenov) erkannt. Die *motorische* Komponente der Wahrnehmung wird auch in den von unserer Sprache benützten Begriffen deutlich: „wahr*nehmen*", „be*greifen*". Unter normalen Bedingungen sind bei der Wahrnehmung motorische und perceptorische Komponenten meist durch unbewußte Prozesse eng miteinander verschränkt. Die Abbildungen 1 und 2 zeigen Beispiele dafür. In Abb. 1b sind die Augenbewegungen beim Betrachten einer Photographie (Abb. 1a) registriert. Die zeitlich ruckförmigen Augenbewegungen (*Saccaden*) werden durch Fixationsperioden von jeweils 0,2 bis maximal 1 Sekunde Dauer unterbrochen. Man erkennt an der Registrierung der Abb. 1b leicht, daß die Augenbewegungen und die Fixationspunkte nicht zufällig über das betrachtete Bild verteilt sind. *Hell-Dunkel-Konstraste, Konturen* und *Konturunterbrechungen* sind offenbar bevorzugte Fixationsstellen. Die Registrierung läßt jedoch darüberhinaus erkennen, daß auch die „Bedeutung" eines visuellen Signals die „Abtastbewegungen" der Augen

a   b

Abb. 1:   *Zweidimensionale Aufzeichnungen der Augenbewegungen* (Abb. 1b)
beim Betrachten der Photographie eines Gesichtes (Abb. 1a). Die
leicht knotenförmigen Unterbrechungen der Linien sind *Fixationsstellen*, die Linien selbst stellen die raschen Augenbewegungen (*Saccaden*)
dar (nach *Yarbus*, 1967).

mitbestimmt. Bei der Betrachtung eines menschlichen Gesichtes sind
Augen und Mund bevorzugte Fixationsstellen (*Yarbus*, 1967).
In Abb. 2 ist eine Registrierung der Augenbewegungen beim Lesen eines
Textes dargestellt: Die Augen bewegen sich in drei bis sechs horizontalen *Saccaden* über die Zeilen. Zwischen den Saccaden entstehen Fixationsperioden von 0,2 bis 0,4 Sekunden Dauer. Ist das Zeilenende erreicht (Z in Abb. 2), so bewegen sich die Augen in *einer* großen Saccade

Abb. 2:   *Augenbewegungen beim Lesen von drei Zeilen.* Ein Ausschlag nach
oben entspricht einer Augenbewegung nach links, ein Ausschlag nach
unten einer Augenbewegung nach rechts. Die Zeile wird durch fünf bis
sechs Saccaden abgetastet, beim Zeilenwechsel (Z) tritt eine Rückstellsaccade auf (nach *Grüsser & Grüsser-Cornehls*, 1973).

zurück nach links zum nächsten Zeilenanfang. Die Augenbewegungen werden von der graphischen Struktur des Textes (Zeilenanfang, Zeilenende, Textabschnitte, Zwischenräume zwischen den Wörtern) bestimmt. In deutschen Texten sind die Wörter mit Großbuchstaben am Anfang häufigere Fixationsstellen als die Wörter mit Kleinbuchstaben. Der Wortanfang wird insgesamt auch häufiger fixiert als die Wortmitte, sofern die Wortlänge nicht größer als sechs bis acht Buchstaben ist. Neben diesen äußeren, graphischen Merkmalen eines Textes soll für die Verteilung der Fixationsstellen beim Lesen jedoch auch die linguistisch erfaßbare Sprachstruktur einen gewissen Einfluß ausüben (*Mehler, Bever & Carey*, 1967; *Galley & Grüsser*, 1975).

Aus methodischen Gründen werden in der experimentellen Sinnesphysiologie und der Hirnforschung häufig die motorischen und die sensorischen Komponenten der Wahrnehmung getrennt untersucht. Diese methodisch oft nicht vermeidbare Aufteilung verführte vor allem die ältere Assoziationspsychologie dazu, einen Gegenstand nur als Summe von Sinnesreizen zu interpretieren. Die Abb. 3 gibt ein vereinfachtes Schema der Operationen wieder, die bei der Wahrnehmung eines Gegenstandes von Bedeutung sind. Gegenstand ist ein Apfel. Er ist die Quelle von verschiedenen Klassen von Signalen S(0); S(1), ..., S(j), ..., S(n), die sich in zwei große Gruppen gliedern: die Nullklasse S(0) faßt alle Signale zusammen, die wir nicht direkt mit den Sinnesorganen wahrnehmen können. Solche Signale sind z.B. die temperaturabhängige Infrarotstrahlung des Objektes, die durch den Apfel verursachte Veränderung des lokalen elektromagnetischen Feldes, chemische Stoffe, die aus dem Apfel in die umgebende Luft diffundieren und mit den Sinneszellen in der Riechschleimhaut unserer Nase keine Reaktion eingehen. Daneben gibt es die Gruppe der vom Apfel ausgehenden Signale S(j), die von den Physiologen als *Reize* bezeichnet werden. Diese Signale lösen in *spezialisierten Receptorzellen* unserer Körperoberfläche Reaktionen aus, wenn die *Reizstärke* eine minimale *Reizschwelle* überschritten hat. Die vom Apfel reflektierten Photonen erregen z.B. die Photoreceptoren unseres Auges und die Geruchsstoffe des Apfels die Geruchsreceptoren unserer Nasenschleimhaut. Betasten wir den Apfel, so werden die Mechanoreceptoren der Haut erregt, während die Geschmacks- und Mechanoreceptoren des Mundraumes aktiviert werden, wenn wir in den Apfel beißen. Schließlich wird das charakteristische Geräusch, das durch den Biß in den Apfel entsteht, mit Hilfe der Receptoren des Innenohres wahrgenommen.

Die in den Receptoren der Körperoberfläche entstehenden nervösen Signale werden in den *perceptorischen Systemen* des Gehirns weiterverarbeitet. Diese Systeme bestehen jeweils aus vielen Millionen Nervenzellen. Der Apfel ist je nach der Qualität und Modalität der von ihm ausgehenden Reize gleichzeitig im neuronalen Erregungsmuster der Nervenzellen unterschiedlicher perceptorischer Systeme „abgebildet". Man kann etwas vereinfachend sagen, daß der wahrgenomme Gegenstand Apfel im Prozeß der Wahrnehmung zunächst in ein „Tastbild", „Riechbild", „Sehbild" usw. zerlegt wird.

Die alltägliche Erfahrung lehrt jedoch, daß der Apfel als Objekt der Wahrnehmung ein hohes Maß von *Invarianz* im Verhältnis zu den zur Wahrnehmung benützten Receptoren hat. Er bleibt der gleiche Apfel, wenn er mit dem linken oder mit dem rechten Auge gesehen wird, mit der linken oder rechten Hand betastet, mit den Lippen berührt und mit der Zunge geschmeckt wird. Diese Invarianz gilt auch für die höheren Stufen der *symbolischen Abstraktion*, so etwa wenn wir „Apfel" sagen oder schreiben und dabei den Apfel meinen, der „wirklich" kurz zuvor in unserer Hand war.

Zum Verständnis der Objekt- und Zeichenerkennung hat die Neurobiologie also sowohl die Frage zu beantworten, wie trotz mannigfaltiger und variabler Erregung verschiedener Sinneskanäle ein invarianter Gegenstand wahrgenommen wird, als auch zu klären, durch welche zentralnervösen Prozesse eine symbolische Repräsentation von Gegenständen und ihren Sachverhalten entsteht.

Ein drittes wahrnehmungsphysiologisches Problem sei noch kurz erwähnt. Auch bei der Wahrnehmung scheinbar „neutraler" Objekte kommt es meist zu einer emotionalen Reaktion, die z.B. durch Messung des elektrischen Hautwiderstandes oder der Pupillenweite als Indikatoren vegetativer Reaktionen für den Physiologen sichtbar wird. Diese *vegetativen Begleitreaktionen* werden besonders deutlich, wenn von den Objekten und ihren Sachverhalten erfreuliche oder bedrohliche Umstände signalisiert werden. Die emotionalen Reaktionen sind hierbei nicht nur von den „objektiven" Bedingungen abhängig, sondern auch und oft vor allem von unserer Erfahrung mit den Gegenständen und ihren Sachverhalten. Emotionale Begleitreaktionen treten auch auf, wenn das Wahrgenommene ein symbolisches Zeichen ist. So kann z.B. die emotionale Reaktion beim Lesen der Geschichte eines Ereignisses größer sein als beim direkten Wahrnehmen und Miterleben desselben. Eine vollständige neurobiologische Beschreibung der Wahrnehmung müßte also auch jene emotionalen und zum Teil sehr individuellen Komponenten mit erfassen.

Das Blockdiagramm der Abb. 3 zeigt, daß es in der Großhirnrinde neben den sogenannten primären Projektionsfeldern für das Sehen, Hören, Riechen, Schmecken usw. ausgedehnte Areale gibt, die als *multisensorische Assoziationssysteme* bezeichnet werden. In diesen wiederum aus vielen Millionen Nervenzellen zusammengesetzten neuronalen Systemen konvergieren die Signale aus den „primären" Projektionsfeldern. Die Nervenzellen dieser Region können sowohl durch visuelle Reize, auditorische Reize, Berühren der Haut usw. erregt werden. Dar-

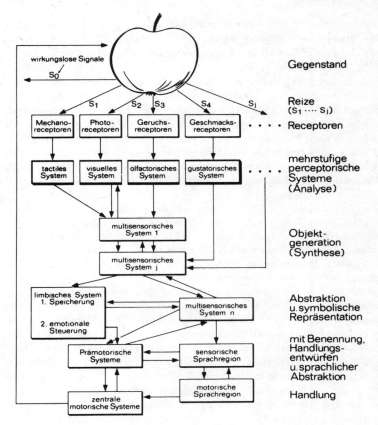

Abb. 3: *Blockdiagramm* der wichtigsten neurophysiologischen Prozesse bei der Wahrnehmung eines Gegenstandes.

überhinaus erhalten die multisensorischen Assoziationsfelder der Groß-hirnrinde „Rückmeldungen" aus den motorischen und prämotorischen Regionen des Gehirns und werden so über die motorischen Akte infor-miert, die sich auf die jeweils wahrgenommenen Objekte beziehen: das Ergreifen des gesehenen Apfels, den Wechsel des Apfels aus der linken in die rechte Hand, den Biß in den Apfel ... . Die zahlreichen multisen-sorischen Assoziationssysteme in der Großhirnrinde der Säugetiere und insbesondere der Primaten sind miteinander verbunden und wahrschein-lich hierarchisch gegliedert. Die Assoziationssysteme, die für die symbo-lische Repräsentation der Gegenstände eine besonders wichtige Rolle spielen (z.B. für Sprache, Schreiben, Lesen und Rechnen), sind eine späte Errungenschaft der Entwicklungsgeschichte und im Gegensatz zu den „niederen" multisensorischen Assoziationssystemen überwiegend in der *dominanten* Großhirnhälfte entwickelt. Beim Rechtshänder ist in der Regel die linke Großhirnhälfte dominant, während beim Linkshänder mit etwa gleicher Häufigkeit die linke oder die rechte Großhirnhälfte dominant ist.

Multisensorische Signale erhalten auch die Nervenzellen in jenen Regionen des Großhirns, die für die *emotionale Steuerung*, die emotionalen Begleitreaktionen bei der Wahrnehmung sowie die Gedächtnisfunktionen zuständig sind (sogenanntes „limbisches System"). Auch für diese Hirnbereiche muß man eine enge Verschränkung perceptorischer und motorischer Funktionen annehmen.

3. Methoden der neurobiologischen Forschung

Unsere heutigen Kenntnisse der Hirnfunktion sind das Resultat interdisziplinärer Forschung:

a) Die *morphologische Analyse* mit makroanatomischen, mikroskopisch-histologischen und elektronenoptischen Techniken trug wesentlich zur Kenntnis der Nervenzellen und ihrer Verbindungen, der neuronalen „Verschaltungen" in den Sinnesorganen und im Gehirn und der (unter der Auflösungsgrenze des Lichtmikroskops liegenden) Ultrastruktur der Synapsen zwischen Nervenzellen bei.

b) Mit *elektrophysiologischen Techniken* ist es möglich, die Antwort *einzelner* Receptorzellen oder Nervenzellen auf Sinnesreize direkt zu messen. Die Signalverarbeitung durch die Nervenzellen geht mit einer Änderung ihres elektrischen Membranpotentials einher, das mit *Mikroelektroden* gemessen werden kann. Der Spitzendurchmesser der Mikroelektroden beträgt 0,1 bis 2μm. Die Mikroelektrodenspitze wird in unmittelbare Nähe der Receptor- oder Nervenzelle gebracht (extracelluläre Registrierung) oder in die Zelle eingestochen (intracelluläre Registrierung). Wegen der meist sehr hohen elektrischen Eingangswiderstände der Mikroelektroden sind aufwendige elektronische Apparaturen zur genauen Messung erforderlich. Die Messungen werden an Versuchstieren vorgenommen. Je näher ein Versuchstier in der Entwicklungsreihe dem Menschen steht, um so besser können die tierexperimentellen Befunde zur Deutung der Funktionsweise des menschlichen Gehirns herangezogen werden. Seit mehreren Jahren liegen jedoch auch Befunde von Mikroelektrodenregistrierungen aus dem Gehirn des Menschen während neurochirurgischer Operationen vor (z.B. *Marg*, 1973). Diese meist aus diagnostischen Gründen vorgenommenen Messungen stellen wichtige Ergänzungen und Bestätigungen der tierexperimentellen Befunde dar.

c) Durch quantitative *sinnespsychologische Untersuchungen* der menschlichen Wahrnehmungsfunktionen können die Gesetzmäßigkeiten der neuronalen Signalverarbeitung in den verschiedenen Sinnessystemen global ermittelt werden. In den letzten Jahren wurden immer häufiger enge *psychophysische Korrelationen* zwischen den neurophysiologischen Messungen und den sinnespsychologischen Befunden festgestellt: Die mit sehr unterschiedlichen Untersuchungsmethoden erhobenen Befunde lassen sich einfach aufeinander abbilden. Eine methodische Brücke für diese Korrelationen sind die *verhaltensphysiologischen Messungen* der Sinnesleistungen der Versuchstiere, an denen die Neurophysiologen mit Mikroelektroden ihre Befunde erhoben haben. Die Annahme, daß ähnliche Funktionsprinzipien wie für die Signalverarbeitung in der Netzhaut der Katze oder des Affen auch für die menschliche Netzhaut gültig sind, wird gestützt, wenn diese Tiere eine ähnliche Empfindlichkeit für Hell-Dunkel-Kontraste, Graustufen, Flimmerlichtreize usw. haben.

d) Eine wichtige Quelle zum Verständnis der *höheren Hirnfunktionen* bei der Zeichenerkennung sind Beobachtungen der *Störung* dieser Funktionen. Eine Störung wird experimentell beim Versuchstier durch eine umschriebene *Läsion einer Hirnregion* erzeugt. Bei Patienten können analoge Beobachtungen gemacht werden, wenn dieselben unter unfallbedingten Hirnverletzungen oder umschriebenen Hirngeschwülsten leiden. Für die quantitative Analyse der jeweiligen Funktionsstörungen wurden ausgedehnte neuropsychologische Testverfahren entwickelt (*Perret*, 1974). Für die in der Entwicklungsgeschichte sehr spät auftretenden höchsten Hirnfunktionen, z.B. die Sprache oder die Fähigkeit zur symbolischen visuellen Darstellung der Objekte (Schreiben und Lesen), sind Beobachtungen an Patienten fast die einzige Quelle der neurobiologischen Analyse.

4. Die Signalverarbeitung in den Sinnesorganen und im Zentralnervensystem

Die Abb. 4 zeigt ein Schema der wichtigsten Prozesse der Signalverarbeitung durch einzelne Receptor- und Nervenzellen. Die *Umweltsignale* werden in der Regel zunächst durch einen *Transformationsprozeß* so verändert, daß sie besonders gut auf die Receptorzellen übertragen werden können. Das Trommelfell, die Gehörknöchelchenkette des Mittelohrs und die flüssige Endolymphe des Innenohrs transformieren die Schallschwingungen der Luft in Schwingungen der Basilarmembran des Innenohres, die zu einer Erregung der Receptorzellen (Haarzellen) des Innenohres führen. Das optische System des Auges (Hornhaut, Pupille, Linse, Glaskörper; vgl. Abb. 7) entwirft ein verkleinertes Bild

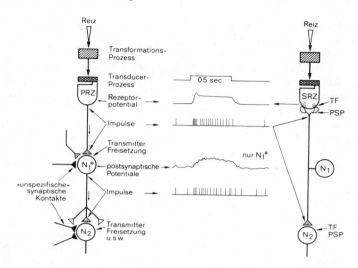

Abb. 4: *Schema der Signalfolge in Receptoren und Nervenzellen.* PRZ = primäre Receptorzelle mit einem Axon als Fortsatz; SRZ = sekundäre Receptorzelle ohne Axon. Die Signale werden auf ein Axon einer nachgeschalteten Nervenzelle (N_1) übertragen. TF = Freisetzung synaptischer Transmittersubstanz, PSP = postsynaptisches Potential; N_1, N_2 = erste und zweite sensorische Nervenzelle (*Grüsser*, 1972).

der Umwelt auf der Receptorfläche der Netzhaut. Wie auch für die Transformationsprozesse in den anderen Sinnessystemen werden hierbei die *physikalischen Dimensionen des Reizes nicht verändert.* Die Transformationsprozesse sind passive Prozesse, die keine Energie benötigen. Erreicht der adäquate Reiz nach der Transformation die Receptorzellen, so löst er dort einen *Transduktionsprozeß* aus. Innerhalb eines spezialisierten Teils der Receptorzellen wird der transformierte Umweltreiz in einen *körpereigenen Prozeß* umgesetzt. Dieser Transduktionsprozeß geht mit Energieverbrauch einher und führt schließlich zu einer Veränderung des Membranpotentials der Receptorzellen (Abb. 4). In den meisten Receptorzellen kommt es bei Erregung zu einer *Depolarisation* des Membranpotentials. Die Depolarisation ist um so größer, je stärker der Reiz ist. Am Ausgang der Receptorzellen oder in den nachgeschalteten Nervenzellen wird das langsame Receptorpotential umgesetzt in eine Serie von *Aktionspotentialen* (Abb. 4). Darunter versteht man 0,5 bis 1 msec dauernde impulsförmige elektrische Potentialschwankungen der Zellmembran, die eine Amplitude von 80 bis 100 mV haben. Die Frequenz der Aktionspotentiale kann maximal 300 bis 1200 Impulse pro Sekunde betragen. Sie ist um so höher, je stärker die Depolarisation des Receptorpotentials ist. Die Aktionspotentiale werden durch die *Axone*, die Fortsätze der Receptor- bzw. Nervenzellen (Abb. 4), zu den nachgeschalteten Nervenzellen übertragen. In der Regel hat jedes Axon an seinem Ende mannigfache Aufzweigungen, so daß die Signale aus einer Receptorzelle nicht nur zu einer, sondern zu vielen nachgeschalteten Nervenzellen gelangen (*Signaldivergenz*). An den *Synapsen* zwischen den Axonen und den nachgeschalteten Nervenzellen setzt jedes Aktionspotential für eine kurze Zeitdauer (1—2 msec) eine Transmittersubstanz frei, die zur Membran der nachgeschalteten Nervenzelle diffundiert und dort den Leitwert für kleine Ionen (Natrium, Kalium oder Chlor) erhöht. Durch diesen Prozeß kann entweder eine Erregung (Depolarisation, *excitatorisches postsynaptisches Potential*) oder eine Hemmung (Hyperpolarisation, *inhibitorisches postsynaptisches Potential*) der Membran der nachgeschalteten Nervenzellen bewirkt werden.

Die Nervenzellen haben die Eigenschaft, erregende (depolarisierende) oder hemmende (hyperpolarisierende) Prozesse, die an ihrer Oberfläche ausgelöst werden, räumlich und zeitlich zu summieren (*Signalkonvergenz*). Diese Summationsprozesse können innerhalb bestimmter Grenzen linear sein, d.h. sie können durch lineare algebraische Gleichungen beschrieben werden; häufig sind sie jedoch nichtlinear. Wie bei der Receptorzelle, so bestimmt auch bei der Nervenzelle der Grad der Depolarisation des Membranpotentials (Abweichung vom „Ruhepotential") den Aktivitätszustand der Nervenzelle. Wenn die Depolarisation des Membranpotentials einer Receptorzelle oder einer Nervenzelle einen bestimmten (allerdings nicht zeitkonstanten) Schwellenwert überschritten hat, entsteht am Ausgang der Nervenzelle ein Aktionspotential, das auf dem Axon zu den nachgeschalteten Nervenzellen übertragen wird. Die Häufigkeit der Aktionspotentiale („Impulsfrequenz") steigt mit der Höhe der Depolarisation. Der Erregungszustand einer Nervenzelle läßt sich also an der Frequenz der Aktionspotentiale ablesen (Abb. 5a).

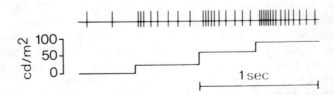

Abb. 5a: *Schema der Änderung der Aktivierung* einer lichtaktivierten Ganglienzelle der Katzennetzhaut (On-Neuron) bei verschiedener Intensität der Lichtreize. Mit Erhöhung der Reizstärke nimmt die neuronale Aktivierung zu.

Zum Verständnis der allgemeinen Funktionsweise des Nervensystems ist es noch wichtig zu wissen, daß die Nervenzellen in der Regel auch ohne periphere Sinnesreize „spontan" Aktionspotentiale bilden. Diese „Spontanaktivität" der Nervenzellen des Gehirns ist einer der Gründe, warum der Signalverarbeitung im Gehirn auch zufällige („probabilistische") Eigenschaften zugeschrieben werden müssen. Wird ein exakt gleicher Reiz wiederholt appliziert, so ist infolge der probabilistischen Eigenschaften das *Impulsmuster*, d.h. die Folge von Aktionspotentialen einer Nervenzelle, von Reiz zu Reiz zwar sehr ähnlich, aber nicht exakt gleich (Abb. 5b).
Leser, die eine Kenntnis der Technologie der Digitalrechner haben, wer-

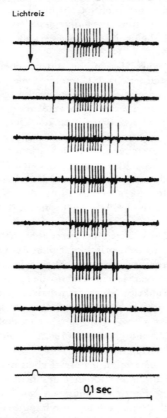

Abb. 5b: *Antwort eines lichtaktivierten On-Neurons der Katzennetzhaut* auf acht gleiche kurze Lichtreize, die an die gleiche Stelle des dem Neuron zugeordneten „receptiven Feldes" auf der Netzhautoberfläche projiziert wurden (*Grüsser, Klinke & Kossow*, 1968).

den mir zustimmen, daß die beschriebenen Eigenschaften der Signalübertragung an Nervenzellen einschließlich ihrer probabilistischen Komponenten die weitverbreitete Annahme, die Funktionsweise unseres Gehirns sei im Prinzip ähnlich der eines Digitalrechners, in den Bereich
einer literarischen Erfindung weisen.

Die bisher besprochenen *Elementarprozesse* der Signalverarbeitung
durch Receptor- und Nervenzellen stellen eine wichtige Grundlage zum
Verständnis der Funktionsweise des Gehirns dar. Ein weiterer wichtiger
Faktor ist die Kenntnis der *neuronalen Verschaltungen*, des Aufbaus
der neuronalen Netze. Die Grundlagen für den Aufbau eines neuronalen
Netzes und dessen räumliche und zeitliche Komponenten erwiesen sich
für verschiedene bisher untersuchte Gehirnteile recht ähnlich:

a) die *Signalkonvergenz* und *Signaldivergenz* (Abb. 4) bestimmen das
   unmittelbare räumliche Netz der Verknüpfungen einer Nervenzelle.

b) Zwei unterschiedliche Klassen von synaptischen Kontakten (inhibi-
   torisch oder excitatorisch) bestimmen, *wie* sich innerhalb eines
   neuronalen Netzwerkes die Signale wechselseitig beeinflussen.

c) Je nach der Anordnung der Kontakte an der Nervenzelle ist die
   Interaktion verschiedener Signale an der Oberfläche einer Nervenzelle ein additiver, subtraktiver oder multiplikativer Prozeß. Da beliebige Übergänge zwischen diesen Operationen vorkommen können,
   läßt sich die Gesamtfunktion einer einzelnen Nervenzelle nur durch
   nichtlineare Gleichungen beschreiben. Häufig werden solche Nicht-
   linearitäten in der Signalverarbeitung der *einzelnen* Nervenzelle
   durch die Funktion des größeren neuronalen Netzwerkes wieder ausgeglichen.

d) Die Nervenzellen der zentralen *perceptorischen Systeme* erhalten
   auch Signale aus nichtsensorischen Teilen des Gehirns. Daraus folgt,
   daß für die Verarbeitung von Umweltsignalen auch der interne Zustand des Zentralnervensystems eine Rolle spielt.

e) Wichtig für die Funktion eines neuronalen Netzwerkes ist die *Geometrie der Verknüpfungen*. Als einfaches Beispiel sei auf Abb. 6a
   verwiesen. Dort ist gezeigt, wie durch eine einfache Schaltung von
   Erregung und Hemmung der räumliche Kontrast in einem Reizmuster verstärkt werden kann.

f) Neben den bisher genannten geometrischen und funktionellen Faktoren spielen für die Funktionen eines neuronalen Netzwerkes jedoch auch *zeitliche Faktoren* eine wichtige Rolle. Durch ,,Verzöge-
   rungsschaltungen'' (Signalleitung durch eine Kette mehrerer Neurone) können sich sehr differenzierte zeitliche Erregungsmuster
   innerhalb eines neuronalen Netzwerkes entwickeln, die besonders für
   die präzise Steuerung von Wahrnehmung und motorischer Reaktion
   wichtig sind.

Im folgenden sollen die bisher allgemein dargestellten Prinzipien der neuronalen Signalverarbeitung am Beispiel des Sehens etwas anschaulicher erläutert werden.

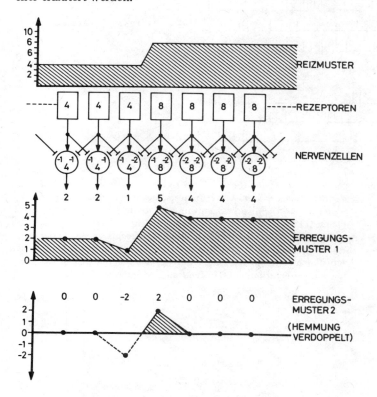

Abb. 6a: *Schematische Darstellung der Entstehung des Simultankontrastes* durch ein neuronales Netzwerk aus Receptoren und Nervenzellen mit der einfachsten Form von lateraler Hemmung. Das Reizmuster bildet sich als Erregungsmuster in den Receptoren ab. Jeder Receptor hat zur nächsten Nervenzelle einen erregenden Kontakt, zu den beiden danebenliegenden Nervenzellen einen hemmenden Kontakt. Die Erregung ist in diesem Beispiel viermal so stark wie die Hemmung. Im Erregungsmuster 1 wird die Kontrastgrenze des Reizmusters verstärkt abgebildet. Wird die Hemmung verdoppelt, so kommt es im Erregungsmuster 2 nur noch zu einer Aktivierung jener Zellen der weiterleitenden Nervenzellschicht, die entlang der Kontrastgrenze liegen. Dieses Beispiel zeigt das Prinzip der *lateralen Hemmung*, vereinfacht jedoch die neurophysiologischen Prozesse erheblich (aus *Grüsser & Snigula*, 1968).

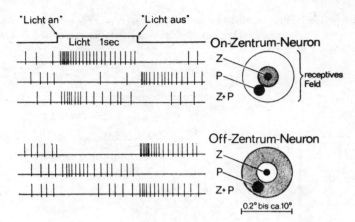

Abb. 6b: *Funktionelle Organisation retinaler receptiver Felder von Nervenzellen der Säugetiernetzhaut.* Lichtpunkte (schwarz gezeichnet) werden entweder in das receptive Feldzentrum (Z) oder in die receptive Feldperipherie (P) projiziert. Z = Reaktion bei Belichtung des receptiven Feldzentrums, P = Reaktion bei Belichtung der receptiven Feldperipherie. Z + P = Reaktion bei gemeinsamer Belichtung von receptivem Feldzentrum und receptiver Feldperipherie. Die gegensätzlichen Antworten von On-Zentrum und Off-Zentrum sind einfach erkennbar.

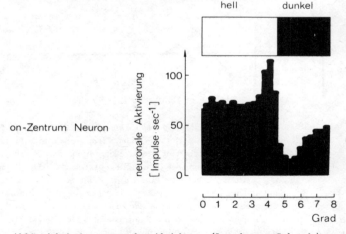

Abb. 6c: *Abhängigkeit der neuronalen Aktivierung (Impulse pro Sekunde) von der Position einer Hell-Dunkel-Grenze* im receptiven Feld eines On-Neurons der Katzenretina. Kontrast zwischen hellem und dunklem Feld = 0,9, Leuchtdichte des hellen Feldes 220 cd·m^{-2}. Entlang der Kontrastgrenze ist eine verstärkte Aktivierung (helle Seite) bzw. stark verminderte Aktivierung (dunkle Seite) festzustellen.

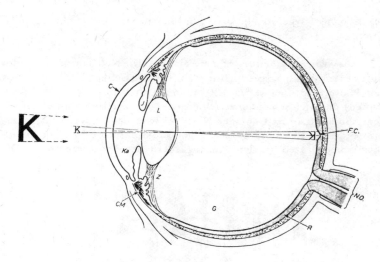

Abb. 7: *Schematischer Querschnitt durch das Auge des Menschen.* Die Projektion eines Buchstabens („K") auf den Bereich der Fovea centralis, der Stelle schärfsten Sehens, ist eingezeichnet. C: Hornhaut (Cornea), CM: Ciliarmuskel, FC: Fovea centralis, KA: Augenkammer mit Kammerwasser, G: Glaskörper, I: Iris, L: Linse, N.O.: Sehnerv, R: Retina (Netzhaut), Z: Zonulafasern (Aufhängeapparat der Linse).

5. Neurobiologie der visuellen Gestaltwahrnehmung

5.1. Die Abbildung im Auge. Das optische System des Auges (der *dioptrische Apparat*) ist ein zusammengesetztes Linsensystem, das auf der Netzhaut ein umgekehrtes und verkleinertes Bild der Umwelt entwirft (Abb. 7), wobei 1 Winkelgrad etwa 0,29 mm auf der Netzhaut entspricht. In diesem Buch sind die Großbuchstaben etwa 2 mm hoch. Bei einer Lesedistanz von 50 cm haben sie eine Winkelgröße von $0,23°$, und ihr Bild auf der Netzhaut ist dann 0,067 mm groß. Das Bild eines fixierten Gegenstandes fällt jeweils auf die *Fovea centralis* der Netzhaut; dies ist die Stelle des schärfsten Sehens. Zentralnervöse Regelprozesse bewirken, daß die Abbildung auf der Fovea centralis möglichst scharf ist. Durch die Wirkung des Ciliarmuskels (Abb. 7) wird die Linsenkrümmung und damit die Brechkraft der Linse verändert (Accommodation). Je näher ein Gegenstand am Auge ist, um so stärker muß die Oberfläche der Linse gekrümmt sein, um eine scharfe Abbildung auf der Netzhaut zu ermöglichen. Mit zunehmendem Alter nimmt die Elastizität und damit die Accommodationsfähigkeit der Linse des Auges ab. Ältere, sonst normalsichtige Menschen benötigen daher zum scharfen

Sehen naher Gegenstände und zum Lesen eine Brille mit Sammel-
linsen.

5.2. Die Signalverarbeitung in der Netzhaut. Die Netzhaut (*Retina*) des
Auges ist entwicklungsgeschichtlich ein Teil des Gehirns. Sie besteht aus
den Photoreceptoren (etwa 120 Millionen Stäbchen und 6 Millionen
Zapfen) und vier Schichten verschiedener Nervenzellen (Abb. 8). Durch
den Abbildungsprozeß auf der Netzhaut wird das Umweltsignal transformiert. Der sich anschließende Transduktionsprozeß ist ein photo-
chemischer Prozeß in den Außengliedern der Photoreceptoren. Die

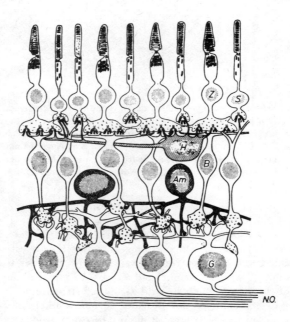

Abb. 8:   *Schema der Verknüpfungen der Photoreceptoren und der Nervenzellen in der Netzhaut der Säugetiere.* Z: Zapfen, S: Stäbchen (Photoreceptoren), H: Horizontalzellen, B: Bipolarzellen, Am: Amakrine-
Zellen, G: Ganglienzellen mit Fortsätzen zum Sehnerven (N.O.).
Zwischen benachbarten Nervenzellen sind vielfache Kontakte vorhanden. Die Signalübertragung an diesen Kontakten erfolgt durch einen
chemisch-elektrischen Übertragungsprozeß. Die Signalflußrichtung
kann in *„vertikaler"* Richtung (Photoreceptoren – Bipolarzellen –
Ganglienzellen) und in *„horizontaler"* Richtung (Amakrinen oder
Horizontalzellen) erfolgen (nach elektronenoptischen Untersuchungen
von *Boycott & Dowling,* 1969).

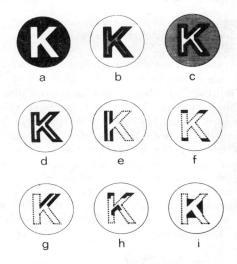

Abb. 9: *Schema der Erregungsprozesse*, die ein Leuchtbuchstabe „K" in verschiedenen neuronalen Schichten der Netzhaut und des zentralen
visuellen Systems auslöst.
a: Bild des Leuchtbuchstabens auf der Netzhaut und räumliches Erregungsmuster in der Receptorschicht der Netzhaut. b und c: Erregungsmuster in der Ausgangsschicht der Netzhaut (Ganglienzellen). In
b bis i ist die Erregung durch dunkle Balken charakterisiert; b: On-
Neurone, c: Off-Neurone, d: Erregungsmuster in der Neuronenschicht
des Corpus geniculatum laterale und einem Teil der Neurone der Sehrinde. Die *Konturen* des Leuchtbuchstabens lösen eine Erregung der
Nervenzellen aus. e bis i: Erregungsmuster in verschiedenen Neuronen-
schichten von unterschiedlichen Nervenzellklassen in der Sehrinde des
Gehirns. Die Nervenzellen werden nur noch durch *Konturen bestimmter Orientierung, Winkel- oder Konturenunterbrechungen* erregt. Die
Darstellung vereinfacht die neurobiologischen Verhältnisse, da die
räumliche Verteilung der Erregung in den verschiedenen Nervenzell-
schichten der Hirnrinde im Verhältnis zum Reizmuster nichtlinear
„verzerrt" ist.

Photoreceptoren enthalten die *Sehfarbstoffe*, die in zahlreichen Mem-
branscheibchen der Außenglieder der Photoreceptoren eingelagert sind
(Abb. 8). Ein Teil der auf die Netzhaut fallenden Lichtquanten wird
durch die Sehfarbstoffe absorbiert. Sehfarbstoffe sind photolabile Sub-
stanzen, d.h. ein Sehfarbstoffmolekül ändert seine Struktur und zerfällt,
wenn es ein Lichtquant absorbiert hat. Dieser Prozeß der molekularen
Strukturänderung dauert kürzer als 1 msec und führt schließlich über
hier nicht näher zu besprechende Zwischenstufen zu einer Änderung

des Membranpotentials der Photoreceptoren, des oben schon erwähnten
Receptorpotentials. Durch chemische Prozesse wird zerfallener Sehfarb-
stoff wieder aufgebaut.

Das Receptorpotential der Photoreceptoren wird auf die nachgeschalteten Nervenzellen (Horizontalzellen, Bipolarzellen; vgl. Abb. 8) übertragen, wobei mit der Signalübertragung eine Verrechnung der Signale aus
mehreren Photoreceptoren in einer nachgeschalteten Nervenzelle erfolgt
(Signalkonvergenz). Die Bipolarzellen übertragen ihrerseits die Signale
in ein neuronales Netzwerk mit lateralen Verbindungen (Amakrinen)
und zu den Ganglienzellen, die ihre Fortsätze (Axone) über den Sehnerven ins Gehirn senden. Das Erregungsmuster der etwa 125 Millionen
Receptorzellen wird schließlich im Erregungsmuster von etwa einer Million Ganglienzellen abgebildet. Die Übertragung der Information erfolgt
auf den Axonen der Ganglienzellen durch die oben (S. 21) erwähnten
Aktionspotentiale. Alles, was wir in jedem Augenblick in der Umwelt
sehen, ist im Impulsmuster der etwa einen Million Ganglienzellen jedes
Auges repräsentiert.

Infolge verschiedenartiger Verknüpfungen zwischen den Receptoren
und den Nervenzellen der Netzhaut gibt es verschiedene Klassen von
Ganglienzellen. Ein Teil der Ganglienzellen überträgt Farbinformatio-
nen, ein anderer Teil die Hell-Dunkel-Information. Im folgenden
möchte ich mich aus Gründen der Einfachheit auf die Darstellung der
neurobiologischen Grundlagen des Hell-Dunkel-Sehens beschränken.
Die physiologischen Prozesse der visuellen Signalverarbeitung seien an
einem einfachen Beispiel, einem weißen Leuchtbuchstaben ,,K'' auf
schwarzem Hintergrund, erläutert (Abb. 9). Für die folgenden Betrachtungen wird angenommen, daß das Bild des ,,K'' für etwa 1 Sekunde auf
denselben Teil der Fovea centralis fällt. In den Photoreceptoren, auf die
das ,,K'' abgebildet wird, werden mehr Sehfarbstoffmoleküle pro Zeit-
einheit umgewandelt als in den Photoreceptoren, auf die das Bild des
schwarzen Hintergrundes fällt. Dadurch entstehen unterschiedliche
Receptorpotentiale. Das optische Bild des Buchstabens ,,K'' ist nach
dem Transduktionsprozeß also in eine räumliche Verteilung unterschiedlicher elektrischer Receptorpotentiale aller jener Photoreceptoren
umgesetzt, auf die das Bild des ,,K'' oder seiner unmittelbaren Umgebung fällt. Betrachtet man die Photoreceptoren als einheitliche
Schicht, so kann man vereinfachend sagen, daß in der Receptorschicht
ein elektrisches Abbild des optischen Bildes von ,,K'' entsteht.

Dieses elektrische Abbild des Buchstabens ,,K'' und seines Hintergrundes wird in den Nervenzellen der Netzhaut verrechnet. Das Resultat
dieser Verrechnung ist (am Ausgang der Retina) eine bestimmte räumliche Verteilung der Impulsmuster in der Ganglienzellschicht. Es gibt
zwei Klassen von Ganglienzellen: Die erste Klasse wird durch die hellen
Bildteile erregt — in unserem Beispiel also durch das ,,K'' (,,On-Neu-

rone") — die zweite Klasse durch die dunklen Bildteile („Off-Neurone").
Der jeweilige *Weißanteil* eines Bildes wird also durch ein anderes neuronales System übertragen als der *Schwarzanteil*. Die wahrnehmbaren Graustufen korrelieren mit der gleichzeitigen Aktivierung von On- und Off-Neuronen.
Jedem On- oder Off-Neuron ist ein eng umschriebenes *receptives Feld* auf der Receptoroberfläche zugeordnet. Belichtung im *receptiven Feld* löst entweder eine Erregung (Zunahme der Impulsfrequenz) oder eine Hemmung des Neurons aus (Abnahme der Impulsfrequenz, Abb. 6b). Erregungs- und Hemmungsprozesse werden im Neuronennetz räumlich miteinander verrechnet.
Durch die Interaktion von lateralen Hemmungs- und Erregungsprozessen ist das neuronale Bild des „K" in der Ganglienzellschicht jedoch nicht eine einfache „Wiederholung" der elektrischen Abbildung in der Receptorschicht. Im neuronalen Bild des K entsteht eine „Konturbetonung": Die Hell-Dunkel-Grenzen lösen jeweils eine stärkere Aktivierung der Nervenzellen aus als die homogenen Binnenstrukturen. Dieser „Grenzkontrast" genannte Mechanismus dient u.a. zur Kompensation der nicht sehr guten optischen Abbildung des Auges (Abb. 6c).

5.3. Die Signalverarbeitung im zentralen visuellen System. Die Signale aus der Netzhaut werden durch die Axone der Ganglienzellschicht im Sehnerven in mehrere *primäre visuelle Zentren* übertragen, die in den tieferen Regionen des Gehirns liegen. Aus diesen Hirnregionen bestehen u.a. Verbindungen zu jenen Teilen des Gehirns, von denen die *Accommodation* und die *Augenbewegungen* gesteuert werden (Abb. 10). Im menschlichen Gehirn ist das am besten entwickelte primäre visuelle Zentrum das *Corpus geniculatum laterale*. Die Signalverarbeitung im neuronalen Netz dieser Gehirnstruktur ist eine weitere Stufe der Zeichenvorverarbeitung zur visuellen Gestalterkennung. Durch die Funktion dieser Gehirnregion werden vor allem die Grenzkontraste weiter „verstärkt". Die Nervenzellen des Corpus geniculatum laterale übertragen auf ihren Axonen die visuelle Information in die *Sehrinde*, die im Hinterhauptsbereich (im occipitalen Bereich) des Großhirns liegt (Abb. 10). In den neuronalen Netzen der primären visuellen Zentren und der Sehrinde findet man für die visuelle Signalverarbeitung eine *topologische Organisation*: Es besteht eine strenge geometrische Beziehung zwischen dem Ort der Netzhaut und dem Projektionsort im zentralen visuellen System. Dies hat zur Folge, daß ähnlich der Abbildung einer Landschaft auf einer Landkarte die Erregungsverteilung in der Netzhaut im räumlichen Erregungsmuster der Neuronennetze in den visuellen Regionen des Gehirns abgebildet wird. Die topologische Projektion ist hierbei jedoch (im Unterschied zu den meisten Landkarten) nichtlinear verzerrt. Der kleine Bereich der Fovea centralis — also der

Bereich der Stelle schärfsten Sehens — projiziert sich auf einen relativ
großen Teil der Hirnrinde, während die Netzhautperipherie im Verhältnis dazu einen geringeren Raum einnimmt. Da die differenzierteren
Operationen der Gestaltwahrnehmung mit Hilfe der visuellen Signale

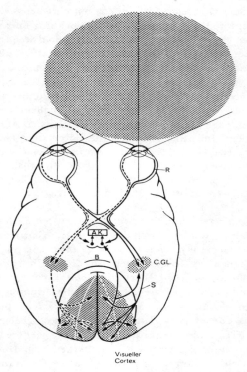

Abb. 10:   *Schema des Verlaufs der zentralen Sehbahn im menschlichen Gehirn.*
Das Gesichtsfeld des rechten Auges ist schematisch eingezeichnet. Die
linke Hälfte des Gesichtsfeldes bildet sich jeweils auf der rechten Netzhauthälfte des rechten und des linken Auges ab. Die Sehnervenfasern
aus der rechten Netzhauthälfte jedes Auges ziehen in die rechte Ge-
hirnhälfte. Von den tiefen primären visuellen Zentren des Gehirns sind
das Corpus geniculatum laterale (C.G.L.) und der obere Teil der Vierhügelplatte eingezeichnet. Die im Corpus geniculatum laterale verarbeitete Information wird über die Sehstrahlung (S) in die Sehrinde
übertragen. Von dort gehen nervöse Verbindungen zurück zu den
visuellen Zentren der tieferen Hirnregionen und über den „Balken"
(B) zur Sehrinde der anderen Seite. Von den Nervenzellen der vorderen Vierhügelplatte gehen Verbindungen zu den Zentren im Hirn-
stamm, von denen die Augenbewegungen kontrolliert werden (A.K.).

aus der Fovea centralis erfolgen, ist die verstärkte neuronale Repräsentation der Fovea in der Sehrinde ein sinnvoller Mechanismus. Die Netzhautperipherie dient vor allem dazu, neu in das Gesichtsfeld eintretende Objekte wahrzunehmen. Neu auftauchende Objekte lösen meist eine reflektorische Blickbewegung mit fovealer Fixation und Identifikation des „neuen" Objektes aus.

Während die Nervenzellen der Netzhaut und des Corpus geniculatum laterale besonders durch die Hell- oder Dunkelbereiche bzw. die Hell-Dunkel-Konturen eines Reizmusters stark aktiviert werden, zeigen die Nervenzellen in der Sehrinde eine stärkere Spezialisierung. Die Nervenzellen der Sehrinde reagieren bevorzugt auf *Hell-Dunkel-Konturen bestimmter Richtung*, auf *Konturunterbrechungen, Doppelkonturen* oder *Winkel* (Abb. 11). Dies bedeutet, daß in unserem Beispiel das „K" in den Neuronennetzen der Sehrinde vielfach repräsentiert ist (Abb. 9). Allgemein gilt, daß unterschiedliche *Gestaltmerkmale* des visuellen Reizmusters in unterschiedlichen neuronalen Netzen abgebildet werden.

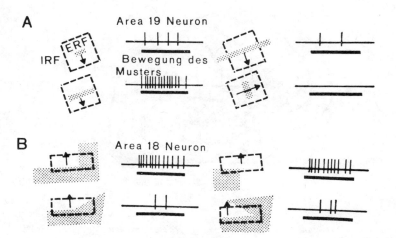

Abb. 11: *Schema der Reaktionen von zwei Nervenzellen in der Sehrinde* (Area 18, Area 19). Die Aktivierung ist durch eine Zunahme der Frequenz der Aktionspotentiale charakterisiert. Die Reizmuster werden für etwa eine Sekunde innerhalb des receptiven Feldes bewegt (durch horizontalen Strich markiert). Die Nervenzelle A reagiert auf ein *Kontrastmuster* (helle oder dunkle Balken) *bestimmter Orientierung und begrenzter Ausdehnung.* Die Nervenzelle B reagiert am besten auf ein Kontrastmuster, das *zwei aufeinanderstoßende Konturen* enthält, wobei der Winkel, den diese Konturen bilden, die Aktivierung bestimmt (schematisiert nach *Hubel & Wiesel,* 1965).

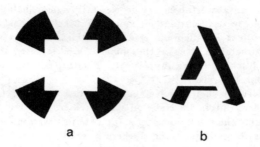

a   b

Abb. 12:   *Beispiele für Gestaltergänzung und Entstehung von „Scheingestalten".*
a: Ein weißes Quadrat wird vollständig wahrgenommen, obgleich nur
die Ecken des Quadrats als Konturen vorhanden sind.
b: Ein räumlich ausgedehntes „A" wird wahrgenommen, obgleich nur
drei gewinkelte schwarze Flächen als Reiz vorhanden sind.

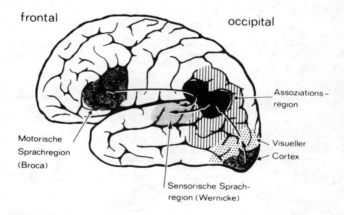

Abb. 13:   *Dominante (linke) Großhirnhälfte des Menschen.* Von den Assoziationsregionen, die zum Teil visuelle Aufgaben haben, ist der Gyrus
circumflexus und Gyrus angularis dunkler und schräg schraffiert, der
übrige Teil heller und senkrecht.

Wie in den höheren visuellen Assoziationsfeldern des Gehirns (Abb. 13)
aus dieser nach unterschiedlichen Gestaltkomponenten vollzogenen vielfachen Abbildung die „Wahrnehmung" eines *einheitlichen Gegenstandes* bewirkt wird, ist noch ungeklärt. Daß unser Gehirn auch aus objektiv unvollständigen Gestaltkomponenten vollständige Figuren „her-

stellt", zeigt ein Blick auf Abb. 12. Der „naive" Beobachter sieht in Abb. 12a ein weißes Quadrat und in Abb. 12b ein scheinbar dreidimensionales „A", obgleich weder das Quadrat noch das „A" vollständig vorhanden sind.

5.4. Gestalterkennung und Objektidentifikation. Die Nervenzellen der Sehrinde haben mannigfache Verbindungen mit den „höheren" Assoziationsfeldern der Hirnregionen im Hinterhaupts- und im Scheitelbereich (der occipitalen und parietalen Hirnregionen, vgl. Abb. 13). Störungen dieser Hirnregionen können eine Beeinträchtigung der Raumorientierung, Objekterkennung, Objektbenennung, Farbenwahrnehmung, Farbenbenennung u.a. zur Folge haben. Wie in Abschnitt 2 schon erwähnt wurde, werden die Nervenzellen dieser höheren Assoziationsregionen „multisensorisch" erregt, d.h. visuelle, akustische oder tactile Reize bewirken eine Aktivierung oder Hemmung dieser Nervenzellen. Es ist technisch heute möglich, an wachen Affen durch Mikroelektrodenablei-

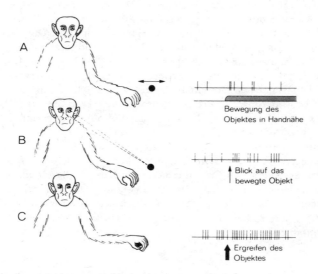

Abb. 14: *Schema der Reaktion eines Neurons in Area 7 des wachen Rhesusaffen.* A: In der Nähe der Hand, also im Greifraum, wird ein Objekt (z.B. eine Nuß) bewegt. Diese Objektbewegung löst eine Aktivierung (Zunahme der Impulsfrequenz) des Neurons aus.
B: Das Tier blickt auf das Objekt, die Impulsfrequenz steigt an.
C: Das Tier greift nach dem Objekt, sehr starke Aktivierung. (Nach unveröffentlichten Untersuchungen von *Büttner, Grüsser & Henn*, 1975.)

tungen die Reaktion einzelner Nervenzellen dieser Hirnregionen zu messen. Wir haben solche Registrierungen in der parietalen Hirnregion (Area 7) des Rhesusaffen vorgenommen und fanden dort Nervenzellen, die nicht nur auf visuelle und tactile Reize aktiviert wurden, sondern auch kurz vor und während der Greifbewegungen des Tieres eine Aktivitätssteigerung zeigten (*Büttner, Grüsser & Henn*, 1975). Wurde z.B. eine kleine dunkle Nuß auf hellem Hintergrund im *Greifraum* des Tieres bewegt, so löste dieser *visuelle* Reiz eine Aktivierung einzelner Nervenzellen der parietalen Assoziationsregion aus. Der Aktivierungsgrad der Nervenzellen nahm zu, wenn das Tier auf das bewegte Objekt blickte, und steigerte sich noch weiter, wenn das Tier eine Handbewegung zum Objekt ausführte und das „interessante" Objekt berührte (tactile Reizung an den Fingern; vgl. Abb. 14; s.a. *Hyvärinen & Poranen*, 1974; *Mountcastle et al.*, 1975). Im Gegensatz zur Reaktion der oben erwähnten Nervenzellen der visuellen Projektionsfelder der Hirnrinde war für die visuelle Antwort der Nervenzellen der parietalen Assoziationsregionen jedoch keine strenge topologische Organisation mehr zu finden. Die Region des Raumes in der unmittelbaren Umgebung des Tieres, aus der eine Aktivierung durch bewegte visuelle Reizmuster ausgelöst werden konnte, war auf den Bereich um eine Hand beschränkt. Die Lage des effektiven visuellen Reizfeldes änderte sich mit Änderung der Lage der Hand. Diese Zuordnung des effektiven visuellen Reizfeldes zur Lage der Hand im Raum und die relativ geringe Abhängigkeit von der Position des visuellen Reizes im Gesichtsfeld weisen darauf hin, daß die in Abschnitt 2 postulierte Invarianz der neuronalen Operationen zur Objektidentifikation im neuronalen Netz der Assoziationsregionen mindestens teilweise verwirklicht ist.

Diese ersten Befunde über die Funktion der Neurone in den höheren Assoziationsregionen des Gehirns ermöglichen noch nicht die Entwicklung eines mathematisch formulierbaren Modells zur Beschreibung der neuronalen Operationen zur Objekterkennung. Die Befunde bilden jedoch eine Brücke zu den im letzten Abschnitt diskutierten Beobachtungen über die Bedeutung der höheren Hirnfunktionen bei der Zeichenerkennung.

6. Höhere Hirnfunktionen und symbolische Abstraktion visueller Zeichen

Die im vorausgehenden Kapitel beschriebene multisensorische Signalverarbeitung durch die Neurone in der parietalen Assoziationsregion stellt möglicherweise das neuronale Substrat für die Repräsentation von Objekten im Greifraum dar. Die multisensorische Signalkonvergenz an diesem Neuronensystem ermöglicht eine teilweise Unabhängigkeit der neuronalen „Objektgeneration" von den einzelnen Sinnesorganen. Es wurde oben (S. 17) erwähnt, daß durch die Abbildungsprozesse in den Receptoren und im perceptorischen System eine spezifische Zerlegung des Gegenstandes in ein „Sehbild", „Riechbild", „Hörbild" usw. erfolgt. Offenbar führen die Neuronensysteme der parietalen Assoziationsregion eine *Synthese* dieser sinnesspezifischen neuronalen Abbilder aus. Adäquate Reizmuster sind jeweils reale Objekte.

Durch die Leistung der im folgenden besprochenen höheren Hirnfunktionen wird bei der visuellen Zeichenerkennung ein höherer Abstraktionsgrad erreicht. An die Stelle der neuronalen Repräsentation von Objekten tritt die neuronale Repräsentation von Zeichen, Zeichenfolgen oder Zeichenkomplexen. Diese zum Teil in der dominanten Hemisphäre der Großhirnrinde „lokalisierten" Funktionen sind mit der Sprache oder sprachähnlichen psychologischen Leistungen verknüpft. Für den Menschen der modernen Kulturen sind solche höheren visuellen Abstraktionsleistungen vor allem das *Lesen*, das Verstehen von Hinweisschildern und Verkehrszeichen oder die mit graphischen Symbolen ausgeführten Rechenoperationen. Bis vor kurzem hat man geglaubt, daß diese eng mit allgemeinen Sprachfunktionen verknüpfte Abstraktionsstufe der visuellen Signalverarbeitung nur dem Menschen zukommt. Die Resultate jüngerer Untersuchungen weisen jedoch darauf hin, daß schon höhere Primaten (Schimpansen) in der Lage sind, mit schriftähnlichen Zeichen sinnvoll umzugehen. R.A. und B.T. Gardner (1969) haben einen Schimpansen erfolgreich in der Anwendung der Zeichensprache für Taubstumme unterrichtet. Das Tier kommunizierte in dieser Zeichensprache mit den Experimentatoren, drückte seine Wünsche und Bedürfnisse darin aus und bildete zum Teil sinnvolle neue Sätze. A.J. und D. Premack (1971, 1972) wiesen später nach, daß Schimpansen in der Lage sind, Plastikplättchen verschiedener Form und Farbe als Symbole („Schriftzeichen") für Gegenstände in der Welt der Schimpansen zu erlernen. Nach dem Erlernen dieser „Schriftzeichen", in denen auch einfache Verben und Beziehungswörter enthalten waren, konnte das untersuchte Tier durch eine entsprechende sequentielle Ordnung der Schriftzeichen sinnvolle neue Sätze über Gegenstände und ihre Sachverhalte herstellen („schreiben"). Es konnte Sätze aus diesen Schriftzeichen richtig lesen, die ihm von den Experimentatoren gezeigt wurden. Das „richtige" Lesen wurde durch auftragsgerechte Verhaltensänderung überprüft. Bis zum Abschluß der ersten Berichte erreichte das untersuchte Tier ein „Vokabular" von über 130 Wörtern, die mit einer Sicherheit von 75 bis 80% richtig benützt wurden. Die Fähigkeit der Schimpansen zum einfachen „Schreiben" und „Lesen" wird von den Tieren in ihrer natürlichen Umwelt spontan nicht eingesetzt (*van Lawick-Goodall*, 1971). Da Schimpansen jedoch offenbar in der Lage sind, mit visuellen Zeichen auf einer dem menschlichen Lesen sich annähernden Abstraktionsstufe umzugehen, erscheint es nicht aussichtslos, daß diese Prozesse durch die Neurophysiologen in Zukunft auch auf der Ebene einzelner Nervenzellen erforscht werden können. Bis jetzt sind wir zum Verständnis der neurobiologischen Mechanismen des Lesens und anderer symbolischer Abstraktionsleistungen für visuelle Zeichen auf Beobachtungen an Menschen mit Hirnverletzungen angewiesen. Aus diesen Beobachtungen ein hinreichend präzises Bild über die zentralnervösen Mechanismen abzuleiten, ist jedoch immer mit der Gefahr allzu großer Spekulation verbunden. Meist kann der Ort und die Ausdehnung einer Hirnschädigung zum Zeitpunkt der neuropsychologischen Untersuchungen nur näherungsweise bestimmt werden. Infolge der *Adaptationsfähigkeit* des Gehirns ändern sich auch die Beobachtungsresultate im Laufe der Untersuchung, die in der Regel immer parallel zu therapeutischen Maßnahmen einhergeht. Eine weitere Schwierigkeit für die Deutung der neuropsychologischen Befunde ist der Umstand, daß die Hirnläsion meist ein größeres Gebiet betrifft und daher selten „reine" Funktionsstörungen zu beobachten sind.

Wenn die um die Sehrinde herum gelegenen vorwiegend visuellen Assoziationsregionen gestört sind (Abb. 10), so erleidet der Patient eine Beeinträchtigung seiner Fähigkeit zur Wahrnehmung visueller Gestalten (*optische Agnosie*). Diese Patienten sehen zwar die Gegenstände ihrer Umwelt, können jedoch ihre *Bedeutung* nicht erkennen und die Gegenstände aufgrund der visuellen Information nicht richtig benennen. Stehen außer den visuellen Signalen noch Signale aus anderen Sinnessystemen zur Verfügung (z.B. Betasten der Gegenstände), so gelingt den Patienten die Benennung meist leichter. Eine visuelle Agnosie kann auch die Raumwahrnehmung, die Orientierung im Raum oder das Erkennen von Gesichtern beeinträchtigen. Die im folgenden besprochene Störung der Erkennung von Schriftzeichen kann als eine besondere Form der visuellen Agnosie gedeutet werden.

Lesen-Lernen und Lesen-Können sind nicht globale Leistungen des ganzen Gehirns, sondern Leistungen, zu denen ganz bestimmte Hirnregionen im Scheitelbereich der dominanten Großhirnhälfte benötigt werden. Ein Mensch, der eine plötzliche Störung dieser Region der Großhirnrinde erleidet, verliert ganz oder teilweise die Fähigkeit zum Lesen (*Alexie, Dyslexie*). Meist ist damit auch der Verlust der Fähigkeit verknüpft, andere visuelle Zeichen mit abstrakter Bedeutung (z.B. Verkehrszeichen, Gesten) richtig zu erkennen. Die Beeinträchtigung des Lesens kann verschiedene Ausmaße und Formen haben. Bei einer *verbalen Alexie* können die Patienten einzelne Buchstaben noch richtig benennen, jedoch mißlingt ihnen das Zusammenlesen mehrerer Buchstaben zu Wörtern. Patienten mit einer *literalen Alexie* können dagegen auch einzelne Buchstaben nicht mehr sicher benennen. Sie verwechseln häufig Buchstaben miteinander, können jedoch meist den eigenen

Namen noch lesen. Bei leichten Formen der Alexie lesen die Patienten häufig vorkommende und einfache Wörter meist noch richtig, dagegen werden schwierige und selten vorkommende Wörter nicht mehr richtig gelesen und erkannt. Bei den „reinen" Formen der Alexie werden die Wörter, sobald sie richtig gelesen werden, auch verstanden. Eine Alexie ist also nicht immer mit einer Störung des Sprachverständnisses gekoppelt.

Eine Alexie kann gemeinsam mit anderen Störungen der Schriftsprache, vor allem mit einer Störung des Spontanschreibens und Abschreibens (_Agraphie_), auftreten. Sind weitere Assoziationsgebiete, z.B. im Bereich des Gyrus angularis und Gyrus circumflexus der dominanten Großhirnhälfte, geschädigt (Abb. 10), so leiden die Patienten meist noch an anderen Störungen im visuellen Bereich: das topographische Gedächtnis ist beeinträchtigt, die Raumorientierung und die visuell-räumliche Erinnerung macht den Patienten große Schwierigkeiten, jedoch kann auch das richtige Umgehen mit Zahlen und das Verständnis der Zahlen als Symbole gestört sein. Gelegentlich kann man an solchen Patienten merkwürdige _Dissoziationen_ zwischen dem Verständnis des Symbolwertes von Zahlen oder Schriftzeichen und dem realen Umgang mit den Zeichen beobachten:

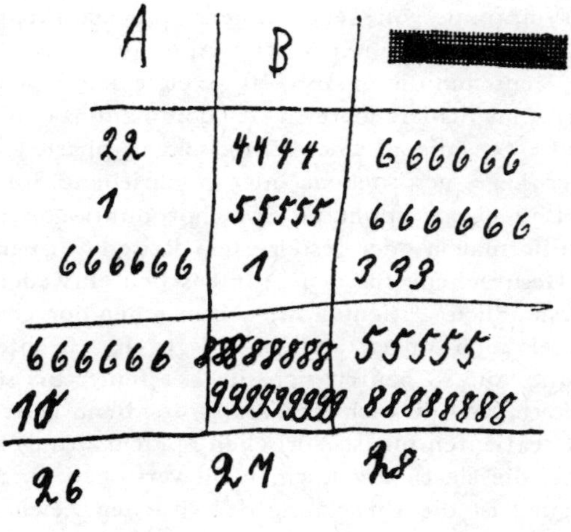

Abb. 15: _Protokoll der Patientin F. über ein Würfelspiel._ Bei den ersten 3 Durchgängen wurde mit einem, beim 4. und 5. Durchgang mit 2 Würfeln gespielt. Nach Beendigung des Spieles addierte die Patientin die Zahlen in normaler Geschwindigkeit richtig. A und B sind die beiden Untersucher, rechts stehen die von der Patientin gewürfelten Werte. Die zweitletzte Ziffer in der linken Kolonne ist „11", „10" wurde richtig auf „11" korrigiert (aus _Grüsser_, 1969).

In Abb. 15 ist das Protokoll eines Würfelspiels gezeigt, das eine Patientin anfertigte, die an einer Störung im Bereich des Gyrus angularis und Gyrus circumflexus der dominanten Großhirnhälfte litt. Die Patientin begriff trotz einer leichten sensorischen Sprachstörung sofort den Handlungszusammenhang des Spiels und verstand auch die ihr gestellte Aufgabe, die gewürfelten Punktzahlen zu protokollieren. Die Abbildung zeigt, daß diese Patientin in der Lage war, anstelle von z.b. fünf gewürfelten „Augen" richtig die Ziffer „5" zu schreiben, dabei jedoch nicht den Symbolgehalt der Zahl 5 verstand. Anstelle von „5" schrieb sie „55555" und „333" anstelle von „3" usw. Nachdem wir dies beobachteten, würfelten wir mit zwei Würfeln weiter. Als zufällig elf „Augen" gewürfelt wurden, kam die Patientin keineswegs in eine Konfliktsituation; sie schrieb wie selbstverständlich „10" und korrigierte diese Zahl sofort richtig in „11" (Abb. 15 links unten). Zu unserer Überraschung wurden die Zahlen situationsgerecht richtig addiert. Die Patientin verstand auch das Resultat und freute sich darüber, daß sie das Spiel gegen meinen Kollegen und mich gewonnen hatte. Dieses Beispiel zeigt, wie durch eine lokalisierte Schädigung in der Großhirnrinde eine Entkoppelung zwischen Symbolverständnis und Umgang mit visuellen Symbolen eintreten kann.

Lesestörungen und Störungen des Symbolverständnisses können auch als Begleitsymptome von sensorischen Sprachstörungen (*sensorische Aphasie*) auftreten. Eine sensorische Aphasie entsteht in der Regel, wenn beim Menschen die in Abb. 10 gezeigte sensorische Sprachregion von *Wernicke* im Schläfenbereich der dominanten Großhirnhälfte zerstört ist. Patienten, die an einer sensorischen Aphasie leiden, sind nicht mehr in der Lage, gesprochene oder geschriebene Sprache richtig zu verstehen. Ihre eigene spontane Sprachproduktion ist ganz erheblich gestört. Bei normalem oder gesteigertem Redefluß ist in der Regel das von ihnen Gesprochene für den Mitmenschen entweder teilweise oder völlig unverständlich. Patienten mit sensorischen Sprachstörungen lesen in der Regel auch unverständlich. Liegt eine leichtere sensorische Sprachstörung vor, so häufen sich die Lesefehler bei schwierigen und langen Wörtern, und die richtige Phrasierung beim lauten Lesen ist beeinträchtigt. Patienten mit sensorischen Sprachstörungen können meist auch Wörter, die sie richtig lesen, nicht verstehen. In diesem Zustand der Schädigung ist die Umsetzung der visuellen Zeichenfolge (die geschriebenen Wörter) und die motorische Funktion des Lesens erhalten, die weitere Stufe der Abstraktion, nämlich die Bedeutung eines geschriebenen Symbols zu verstehen, jedoch aufgehoben.

Dieser kurze Abschnitt sollte zeigen, daß die Resultate neuropsychologischer Untersuchungen an Patienten mit Störungen in der dominanten Großhirnhälfte ein globales Verständnis der neurobiologischen Mechanismen der höheren Hirnfunktionen ermöglichen. Es wird jedoch noch die Bewältigung eines langen und mühsamen Weges notwendig sein, ehe die Neurophysiologie jene Mechanismen exakt beschreiben kann, die sich auf der Ebene einzelner Nervenzellen der Großhirnrinde abspielen, wenn Operationen mit visuellen Zeichen von höherem Abstraktionsgrad ausgeführt werden. Auch bei einer „kleinen" und umschriebenen Schädigung der Großhirnrinde werden immer viele Millionen von Nervenzellen zerstört und weitere Millionen in ihrer Funktion beeinträchtigt. Erst nach solchen Schädigungen läßt sich durch die neuropsychologischen Testverfahren eine funktionelle Änderung ermitteln.

Im Gegensatz zu diesem sehr begrenzten Wissen über die neuronalen Mechanismen der höheren Hirnfunktionen sind die neurophysiologischen Theorien zur Funktionsweise von Receptoren und Nervenzellen in den perceptorischen Systemen (Auge bis zu Sehrinde) durch viele quantitative Messungen der Reaktion einzelner Nervenzellen recht gut fundiert. Ich hoffe gezeigt zu haben, daß man in diesem Bereich einige Aussagen zur Frage: „Wie es im Hirn bei der Zeichenerkennung zugeht" machen kann.

Abschließend noch eine allgemeine Bemerkung: Obgleich für die Bedeutung der höheren Hirnfunktionen bei der visuellen Zeichenerkennung nur globale Aussagen möglich sind, bekräftigen jedoch alle Befunde, die man an Patienten mit Störungen der Großhirnrinde erheben kann, den oben aufgrund von neurophysiologischen Daten ausgesprochenen Zweifel an der Nützlichkeit einer Computer-Theorie des Gehirns, solange eine solche Theorie aus der logischen Struktur der heute gebräuchlichen Digitalrechner abgeleitet wird. Die Entwicklung des empirischen Wissens über die Funktion der Nervenzellen ist noch nicht weit genug, um den Versuch einer allgemeinen naturwissenschaftlichen Theorie der Hirnfunktion sinnvoll erscheinen zu lassen. Ich bin allerdings davon überzeugt, daß in Zukunft eine mathematische Theorie der Hirnfunktion (und damit auch der neurobiologischen Mechanismen der Zeichenerkennung) entwickelt werden kann, wenn der Fortschritt der Hirnforschung weiterhin so rasch verläuft wie in den letzten dreißig Jahren.

ERWÄHNTE UND WEITERFÜHRENDE LITERATUR

Baumgartner, G. und P. Hakas:
1962 Die Neurophysiologie des simultanen Helligkeitskontrastes. In: *Pflügers Arch. der gesamten Physiol.* 274 (1962), S. 489 ff.

Bay, E.:
1969 Aphasielehre und Neuropsychologie der Sprache. In: *Nervenarzt.* 40 (1969), S. 53 ff.

Boycott, B.B. und J.E. Dowling:
1969 Organization of the Primate Retina: Light Microscopy. In: *Phil. Trans. of the Roy. Soc.* (London). B 255 (1969), S. 109 ff.

Boycott, B.B. und J.E. Dowling:
1969 Organization of the Primate Retina: Electromicroscopy. In: *Proceedings of the Roy. Soc.* (London). B 266 (1969), S. 80 ff.

Brain, W.R.:
1965 *Speech Disorders: Aphasia and Agnosia*. London 1965.

Eccles, J.C.:
1975 *Das Gehirn des Menschen*. München 1975.

Ettlinger, G.:
1956 Sensory Deficits in Visual Agnosia. In: *J. Neurol., Neurosurg. and Psychiat.* 19 (1956), S. 297.

Ettlinger, G., E. Warrington und O.L. Zangwill:
1957 A Further Study of Visual-Spatial Agnosia. In: *Brain.* 80 (1957), S. 335 ff.

Galley, N. und O.-J. Grüsser:
1975 Augenbewegungen und Lesen. In: R. Meyer, L. Muth und W. Rüegg (eds.): *Lesen und Leben.* Frankfurt a.M. 1975, S. 65 ff.

Gardner, R.A. und B.T. Gardner:
1969 Teaching Sign Language to a Chimpanzee. In: *Science.* 165 (1969), S. 664.

Grüsser, O.-J.:
1969 Menschliche und maschinelle Intelligenz. In: *Studium Generale.* 22 (1969), S. 30 ff.

Grüsser, O.-J.:
1971 A Quantitative Analysis of Spatial Summation of Excitation and Inhibition Within the Receptive Field of Retinal Ganglion Cells of Cats. In: *Vision Res. Suppl.* 3 (1971), S. 103 ff.

Grüsser, O.-J.:
1972 Informationstheorie und die Signalverarbeitung in den Sinnesorganen und im Nervensystem. In: *Naturwissenschaften.* 59 (1972), S. 436 ff.

Grüsser, O.-J.:
1973 Die funktionelle Organisation receptiver Felder retinaler Ganglienzellen der Katzenretina. Experimentelle Analyse, Entwicklung eines Modells und Beschreibung einiger psychophysischer Korrelationen. In: *Nova Acta Leopoldina* (Halle). N.F. 37 (1973) H. 2, S. 75 ff.

Grüsser, O.-J.:
1974 Die Signalübertragung durch Receptoren und Nervenzellen: Der neuronale Code und seine Bedeutung für die Zeichenerkennung und die Ergebnisse psychophysischer Messungen. In: F. Klix (ed.): Organismische Informationsverarb. Symposium 1973 der Ges. Psychol. d. DDR, der Akad. d. Wiss. d. DDR und der Humboldt-Univ. Berlin. Berlin 1974, S. 238 ff.

Grüsser, O.-J.:
1975 Neurobiologie der visuellen Gestaltwahrnehmung und des Lesens. In: R. Meyer, L. Muth und W. Rüegg (eds.): *Lesen und Leben.* Frankfurt a.M. 1975, S. 40 ff.

Grüsser, O.-J.:
1976 Gesichtssinn und Okulomotorik. In: R.F. Schmidt und G. Thews (eds.): *Lehrbuch der Physiologie.* Berlin, Heidelberg und New York 1976, S. 226 ff.

Grüsser, O.-J., R. Klinke und K.-D. Kossow:
1968 Die Signalübertragung und Signalverarbeitung. In: *Studium Generale.* 21 (1968), S. 1052 ff.

Grüsser, O.-J. und F. Snigula:
1968 Vergleichende verhaltensphysiologische und neurophysiologische Untersuchungen am visuellen System der Katze. II. Simultankontrast. In: *Psychol. Forsch.* 32 (1968), S. 43 ff.

Grüsser, O.-J. und R. Klinke (eds.):
1971 *Zeichenerkennung durch biologische und technische Systeme.* Berlin, Heidelberg und New York 1971.

Grüsser, O.-J. und U. Grüsser-Cornehls:
1973 Physiologie des Sehens. In: R.F. Schmidt (ed.): *Grundriß der Sinnesphysiologie.* Berlin, Heidelberg und New York 1973, S. 94 ff.

Grüsser, O.-J., J. Kröller, K. Pellnitz und H. Querfurth:
1975 Noise and Signal Processing by Receptors and Neurons. In: H. Drischel und P. Dettmar (eds.): *Biokybernetik V, Symposium Leipzig 1973.* Jena 1975, S. 19 ff.

Hubel, D.H. und T.N. Wiesel:
1959 Receptive Fields of Single Neurones in the Cat's Striate Cortex. In: *J. Physiol.* 148 (1959), S. 574–591.

Hubel, D.H. und T.N. Wiesel:
1965 Receptive Fields and Functional Architecture in Two Non-striate Visual Areas (18 and 19) of the Cat. In: *J. Neurophysiol.* 28 (1965), S. 229–289.

Hubel, D.H. und T.N. Wiesel:
1968 Receptive Fields and Functional Architecture of Monkey Striate Cortex. In: *J. Physiol.* 195 (1968), S. 215 ff.

Hyvärinen, J. und A. Poranen:
1974 Function of the Parietal Association Area 7 as Revealed from Cellular Discharges in Alert Monkeys. In: *Brain.* 97 (1974), S. 673 ff.

Jung, R.:
1973 Visual Perception and Neurophysiology. In: R. Jung (ed.): *Handbook of Sensory Physiology.* VII/3A. Berlin, Heidelberg und New York 1973, S. 1 ff.

Lawick-Goodall, A. van:
1971 *Wilde Schimpansen.* Hamburg 1971.

Leischner, A.:
1957   *Die Störungen der Schriftsprache.* Stuttgart 1957.

Lhermitte, F. und J.-C. Gautier:
1969   Aphasia. In: P.J. Vinken und G.W. Bruyn (eds.): *Handbook of Clinical Neurol.* Bd 4. [o.O.] 1969.

Marg, E.:
1973   Recording from Single Cells in the Human Visual Cortex. In: R. Jung (ed.): *Handbook of Sensory Physiology.* Bd VII/38. Berlin, Heidelberg und New York 1973, S. 441 ff.

Mehler, J., T.G. Bever und P. Carey:
1967   What We Look at When We Read. In: *Perception and Psychophysics.* 2 (1967), S. 213 ff.

Mountcastle, V.B., J.C. Lynch, A. Georgo-Poulos, H. Sakata und C. Acuna:
1975   Posterior Parietal Association Cortex of the Monkey: Command Functions for Operation Within Extrapersonal Space. In: *J. Neurophysiol.* 38 (1975), S. 871 ff.

Perret, E.:
1974   *Gehirn und Verhalten. Neuropsychologie des Menschen.* Bern, Stuttgart und Wien 1974.

Premack, D.:
1971   Language in Chimpanzee? In: *Science.* 172 (1971), S. 808 ff.

Premack, A.J. und D. Premack:
1972   Teaching Language to an Ape. In: *Scientific American.* 227 (1972), S. 92 ff.

Rieger, K.:
1924   Wie geht es in dem Hirn zu? In: *Zschr. f. d. ges. Neurol. u. Psychiatrie.* 94 (1924), S. 192 ff.

Snigula, F. und O.-J. Grüsser:
1968   Vergleichende verhaltensphysiologische und neurophysiologische Untersuchungen am visuellen System der Katze. Teil I: Die simultane Helligkeitsschwelle. In: *Psychol. Forsch.* 32 (1968), S. 14 ff.

Sperry, R.W., M. Gazzaniga und J.E. Bogen:
1969   Interhemispheric Relationships: The Neocortial Commissures; Syndromes of Hemisphere Disconnection. In: P.J. Vinken und G.W. Bruyn (eds.): *Handbook of Clinical Neurol.* Bd 4. [o.O.] 1969.

Weigl, E., L. Mihailescu, N. Sewastopol und J. Lander:
1967   Zur Psychologie und Pathologie des Bilderkennens. In: *Z. Psychol.* 173 (1967), S. 45.

Yarbus, A.L.:
1967   *Eye Movement and Vision.* New York 1967.

LITERATUR ZUR PHYSIOLOGIE DES HÖRENS
(zusammengestellt von RAINER KLINKE/FRANKFURT)

Einführend:

Klinke, R.:
1976 Physiologie des Gleichgewichtssinnes, des Hörens und des Sprechens. In:
R.F. Schmidt und G. Thews (eds.): *Einführung in die Physiologie des Menschen.* Berlin, Heidelberg und New York 1976, S. 263 ff.

Klinke, R.:
1972 Physiologie des Hörens I: Das mittlere und das innere Ohr. In: O.H. von
Gauer, K. Kramer und R. Jung (eds.): *Physiologie des Menschen.* Bd 12:
Hören, Stimme, Gleichgewicht. München, Berlin und Wien 1972.

Grüsser, O.-J. und R. Klinke (eds.):
1971 *Zeichenerkennung durch biologische und technische Systeme.* Berlin, Heidelberg und New York 1971.

Spezielle Publikationen:

Evans, E.F.:
1974 Neuronal Processes for the Detection of Acoustic Patterns and for Sound
Localization. In: F.O. Schmitt und F.G. Worden (eds.): *The Neurosciences. Third Study Program.* Cambridge/Mass. 1974, S. 131 ff.

Fant, G.:
1973 *Speech, Sounds and Features.* Cambridge/Mass. 1973.

Flanagan, J.L.:
1972 *Speech Analysis, Synthesis and Perception.* 2. Ausg. Berlin, Heidelberg
und New York 1972.

Henning, B.G.:
1975 Auditory Localization. In: M.S. Gazzaniga und C. Blakemore (eds.): *Handbook of Psychobiology.* New York 1975, S. 365 ff.

Kryter, K.D.:
1970 *The Effects of Noise on Man.* New York 1970.

Newman, J.D. und Z. Wollberg:
1973 Multiple Coding of Species-specific Vocalizations in the Auditory Cortex
of Squirrel Monkeys. In: *Brain Res.* 54 (1973), S. 287 ff.

Webster, W.R. und L.M. Aitkin:
1975 Central Auditory Processing. In: M.S. Gazzaniga und C. Blakemore (eds.):
Handbook of Psychobiology. New York 1975, S. 325.

III SUPERZEICHENBILDUNG

SEMIOTISCHE VORAUSSETZUNGEN DER KREATIVITÄT

BERNHARD SCHNEIDER (BERLIN)

ZUR TÄTIGKEIT DES ENTWERFENS IN DER ARCHITEKTUR

Als Architekt habe ich im Kreis der anwesenden Semiotik-Professionals einen Amateurstatus. Ich bin ein Liebhaber der Architektur, und das hat Folgen:
Mein Interesse gilt nicht so sehr der Erklärung und Verbesserung semiotischer Fragen am Beispiel der Architektur (so wie Semiotiker gewohnt sind, ihre Probleme in allen Bereichen des menschlichen, tierischen und extraterrestrischen Lebens wiederzufinden); ich interessiere mich mehr dafür, die Fragen zu erklären und zu verbessern, die sich im Zusammenhang mit der Herstellung und Benutzung von Architektur stellen. Was die Semiotik dazu beitragen kann, ist noch offen, scheint mir.
In dem kritischen Verhältnis zwischen Semiotik und Architektur spiegelt sich das allgemeinere Problem des Verhältnisses einer — wie auch immer formulierten — Allgemeinen Semiotik zu der Vielzahl semiotischer Objekttheorien. Dazu zwei Beispiele:
Der Autor eines Zeitschriftenartikels entfaltet die Grundzüge des Peirceschen Modells und illustriert es mit einer Serie von treppenartigen Bauten; darunter fungiert ein sehr großräumiger muldenartiger Treppenhof (vielleicht einer Schule) neuerer Bauart als „rhematisch-ikonisches Legi-Zeichen", ein Rokoko-Treppenhaus als „argumentisch-symbolisches Legi-Zeichen" usw. Die abgebildeten Objekte und Raumsituationen sind sehr deutlich und bekannt und erklären manchem vielleicht deshalb zum erstenmal richtig, was es mit dem argumentisch-symbolischen Legi-Zeichen auf sich hat. Ich glaube nicht, daß der Grund für die Umkehrung des *explicans* zum *explicandum* darin liegt, daß die Leute nicht genug Peirce lesen. Soweit das erste Beispiel.
Beim zweiten handelt es sich um eine Arbeit zur Architektursemiotik, die an den damals noch „semiologisch" genannten Modellen anknüpft. Das Begriffspaar *Signifikant* vs. *Signifikat* wird in der Weise übernommen, daß eine Gleichung Innenraum = Signifikat, Außenraum = Signifikant aufgemacht wird. Die Belegstellen für die Theorie, daß Architektur die Kunst des Raumes sei, werden angegeben. Hier wird eine klassische Architekturtheorie, die sich als Kunsttheorie versteht, mit dem Modell *signifiant/signifié* verheiratet. Frisches Blut für den Form-Inhalt-Dualismus, neue Wörter für eine Botschaft, der das Publikum abhanden gekommen ist.

Das Problem der Architektur besteht heute darin, daß gewohnte Theoreme, die bis vor kurzem sowohl für den Bereich des Entwerfens wie für die Fragen des Nutzens gebauter Umwelt noch Gültigkeit hatten, nichts mehr hergeben:

Die emphatische Parole „form follows function" starb an der Unanschaulichkeit der „Funktionen" in einer technisch-rational organisierten Welt; die sehr viel längere Lebensdauer der Bauten im Verhältnis zu den Bauaufgaben, die einmal Anlaß ihrer Errichtung waren, macht das Verhältnis zwischen Form und Funktion heute zusätzlich kritisch; dann gab es einmal die Formel von der „konstruktiven Ehrlichkeit" als Entwurfsanweisung, bis klar war, daß die Rolle der Architektur wohl nicht in der visuellen Unterweisung des Publikums über das Prinzip des Schalenträgers und anderer baukonstruktiver Errungenschaften liegen kann (außerdem stellten sich große Probleme für die konsequente Übersetzung konstruktiver Prinzipien in bauliche Bilder in den Fällen heraus, in denen diese Prinzipien nicht definierbar sind — und das scheint für die Mehrzahl dessen zu gelten, was so gebaut wird); „Flexibilität und Variabilität", „Architektur als Wiederspiegelung der gesellschaftlichen Verhältnisse" und andere Slogans mehr — es führt zu nichts, hier vollständig alle älteren und neueren Holzwege anzugeben, die für eine Semiotik der Architektur schon gebahnt sind.

Die Problemlage ist deutlich. Die architekturtheoretische Krise, in die das semiotische Modell helfend eingreifen soll, ist eine Krise der Methodik des Entwerfens und des Nutzens von Architektur. Mit einer semiotischen Umbenennung architektonischer Objekte, die im übrigen nach alten Klassifikationssystemen geordnet und analysiert werden, und mit einer metaphorischen Anwendung abstrakter Modellbegriffe auf konkrete Sachen wird nur Verwirrung gestiftet, solange die Vermittlung nicht kontrolliert ist.

Wenn aber bis heute nicht klar ist — von Operationalisierbarkeit ganz zu schweigen —, was im Bereich Architektur „Zeichen" genannt werden könnte und wie man sich dem Begriff „Bedeutung" nähern könnte, ist auch die Feststellung kein Trost, daß es den Linguisten mit ihrem semiotischen Erstgeburtsrecht auch nicht viel besser gehe.

Die Vermittlung zwischen Terminologien, Modellbegriffen und Theoremen und den Gegenständen des Anwendungsfeldes zu kontrollieren hieße im Fall Architektursemiotik, die architektonisch vermittelten Kommunikationsprozesse zu bedenken. Architektur als Medium gesellschaftlicher Kommunikation steht zur Debatte, bevor architektonische Objekte oder Segmente von Objekten als Zeichen behandelt werden können. Gewiß kann man auch baukonstruktive, ästhetische, physikalische oder funktionale Klassifikationssysteme zur Einteilung und Elementierung gebauter Umwelt benutzen. Als Zeichen der Architektur wären aber wohl sinnvollerweise nur Elemente und Strukturen zu behandeln, die einer kommunikationstheoretischen Analyse des Mediums entspringen. Kein Linguist behandelt unkontrolliert Buchstaben, Silben usw. einfach als Zeichen. Er befaßt sich gerade mit dem Nachweis der markierten oder nicht markierten Rolle, der bedeutungstragenden oder bedeutungssteuernden Rolle bestimmter Textelemente im sprachlichen Verständigungsprozeß. In der Architektursemiotik dagegen ist es nicht üblich, die behandelten Elemente auf den Kommunikationsprozeß zu beziehen, um ihre Zeichenfunktion zu bestimmen. Das Beispiel der Übernahme des Innen—Außen—Gegensatzes als Definition für architektonisches Zeichen zeigt exemplarisch die Verwendung außersemiotisch gewonnener Einteilungen für semiotische Untersuchungen.

Die Bestimmung von Kommunikation als ,,Herstellung einer sozialen Einheit aus Individuen durch den Gebrauch von Sprachen und Zeichen im Zusammenhang zielgerichteter Tätigkeiten" (vgl. *Cherry,* 1957) macht es unmöglich, beliebig bestimmte Dinge der Objektwelt einfachhin als ,,Zeichen" zu behandeln. Zeichen wären vielmehr solche Dinge, die ,,im Zusammenhang mit zielgerichteten Tätigkeiten der Verständigung der Individuen, der Kommunikation, dienen".

Daß in letzter Zeit die Allgemeine Semiotik und die Einzelforschungsbereiche ihre frühere Reduktion auf Zeichentheorie verlassen und die Abhängigkeit syntaktischer Untersuchungen vom pragmatischen und semantischen Zusammenhang in den Vordergrund schieben, gibt Hoffnung, daß auch in der Architektursemiotik die semiotische oder quasi-semiotische Benennung und Interpretation architektonischer Objekte zugunsten theoretischer und methodischer Untersuchung des Umgangs mit Architektur in den Hintergrund tritt, um auf dieser Basis zu einem theoretisch wie operational sinnvollen Begriff des architektonischen Zeichens und architektonischer Semantik zu finden.

Der Umgang mit Architektur — das Verfassen und Lesen (= Benutzen) architektonischer Texte — läßt sich dann schon nicht mehr als spiegelbildlich symmetrische Entsprechung von Kodierung und Dekodierung darstellen, wie das bisher meistens üblich war. Der pragmatische Kontext dessen, der einen Bau oder einen Stadtplan zu entwickeln hat, ist prinzipiell verschieden von der Situation dessen, der diesen Bau oder Plan benutzt. Für den einen ist die Architektur noch nicht da, für den anderen ist sie schon Bestandteil der Situation. Entsprechend muß in beiden Fällen von einem unterschiedlichen Kommunikationsprozeß die Rede sein, von unterschiedlichen Semantiken und von unterschiedlichen syntaktischen Strukturen.

Nur ein weiteres simples Beispiel für die Konsequenzen eines pragmatisch-kommunikationstheoretisch orientierten Ansatzes für syntaktische Untersuchungen: Besinnt man sich auf die Einbindung architektonischer Objekte, die als Zeichen angesehen werden sollen, in den Zusammenhang kommunikativer Prozesse, dann ist es nicht mehr möglich, alle

Elemente einer Fassade unterschiedslos über einen einheitlichen infor-
mationstheoretisch-syntaktischen Leisten zu schlagen, ohne ihre jeweilige Position im Systemzusammenhang der Fassade als semantische Markierung vorweg in den Algorithmus mit einzubeziehen. Der unterschiedliche positionale Wert der Fenster im dritten Geschoß gegenüber den
Erdgeschoßfenstern oder der Fenster neben dem Eingang gegenüber
denen am Rand usw. ist eine semantische Markierung, die in die Grundstruktur des Syntagmas einbezogen werden muß, wenn die Analyse
mehr erbringen soll als die Erläuterung der Shannon-Formel an einem
Beispiel, das selbst eigentlich uninteressant und nicht Gegenstand der
Untersuchung ist.

Was für die Produktionsseite und die Rezeptionsseite hier am Beispiel
syntagmatischer Bezüge angedeutet ist, gilt in gleicher Weise für die
paradigmatische Achse. Sie hat wiederum für den Entwerfer und den
Benutzer unterschiedliche Funktion. In den Produktionsprozeß geht
das Spektrum typologischer Alternativen des Wohnungsbaus z.B. mit
anderem Stellenwert ein als in den Rezeptionsprozeß, dessen Akteure
notwendigerweise ganz andere Relevanzkriterien für den Aufbau von
Oppositionsbeziehungen zwischen unterschiedlichen Wohnungsbauten
und ihren Bestandteilen in ihr Handlungsspiel einbringen.

Die Unterscheidung zwischen dem Handlungsspiel „Entwerfen von
Architektur" und dem Handlungsspiel „Benutzen von Architektur"
deutet einen semiotischen Weg für die Behandlung des Zusammenhangs
zwischen „Form" und „Funktion" an, der den klassischen Dualismus
zwischen Form und Inhalt, wie er auch in semiotischen Sprachtheorien
noch als Dualismus von Ausdruck und Inhalt überlebt, revidierbar
macht. Architektur einerseits und Nutzung andererseits sind verschiedene Medien gesellschaftlicher Kommunikation, und die Beziehung
zwischen den Formen des einen und des anderen Mediums muß nicht
nach dem Form—Inhalt—Schema untersucht werden.[1] Ihre Korrelation
stellt sich dann vielmehr als variabel kodierbare Korrelation zwischen
den Zeichen zweier Medien dar. Das sowohl für Entwurfsmethodik wie
für Nutzungsuntersuchungen einträglichste Untersuchungsfeld könnte
die Komplementarität beider Systeme sein, und unter diesem Ansatz
könnte Semiotik im Bereich Architektur das leisten, was sie in der
Linguistik leistet: Ideologiekritik und Funktionalismuskritik.

Die ganz einfache Tatsache, daß erstens Bauten länger bestehen als die
Nutzungsanlässe, die ihnen als „Bauaufgabe" einmal zugrundegelegen
haben, daß zweitens in ein und derselben Bauform je nach Interpreta-

---

[1] Mir sind sowieso nur Modelle begegnet, in denen die Nutzung als Inhalt von
Architektur figuriert. In einigen sogenannten semiotischen Modellen — ein-
schließlich dem von *Eco*, 1964 — wird die Nutzung gar zur Bedeutung der
Architektur erhoben.

tionskode „konforme" oder „abweichende" Nutzungen möglich sind,
daß drittens viele Bauformen ohne klare Nutzungszuweisungen zentrale
Paradigmata der Architektur darstellen (Beispiele: Parthenon, aber auch
Platz allgemein) und daß viertens viele Interaktionsformen nie oder nur
gelegentlich baulichen Niederschlag finden (z.b. Fest, Musik, Spazieren-
gehen usw.) — diese Tatsache wäre dann ohne kasuistische terminologische Kunststücke dem kritischen Zugriff zugänglich und würde die
Historizität der Architektur für den Aufbau einer Entwurfsmethodik
semiotisch erschließen; und auch ein semiotischer Ansatz für Architekturgeschichte könnte gegenüber dem üblichen Vorwurf der ahistori-
schen Denkweise der Semiotik gerade auf dieser Problemebene seine
spezifische Erkenntnisleistung nachweisen.

Die Korrelationen zwischen dem Medium Architektur und dem Medium
der Nutzungssysteme sowie die Formen ihrer Komplementarität sind
nicht als syntaktische Objektstrukturen, sondern als Formen räumlicher
und baulicher Konkretisierung von Gesellschaft zu untersuchen. Als
solche sind sie — ohne daß hier eine genauere Systematisierung vorge-
legt werden soll — hauptsächlich unter drei Systemaspekten der Analyse
zugänglich: dem topologischen, dem geometrischen und dem morphologischen. Diese Dreiteilung ist sowohl für die pragmatische als auch die
semantische und die syntaktische Dimension gültig.

Die *Topologie* gebauter Umwelt betrifft die Festlegung von Orten und
des Beziehungsnetzes zwischen diesen Orten im physischen Raum und
im auch schon vorarchitektonisch als semiotisches System struktur-
ten Erfahrungsraum einer Kultur. Die Topologie enthält syntagmatische
und paradigmatische Beziehungen, Bedeutungshierarchien, Äquivalenzen und Grundregeln für pragmatische Kontexte.

Die *Geometrie* einer Kultur legt die topologische Tiefenstruktur in baulich-räumlichen Oberflächenstrukturen nach Maß und Zahl fest. Sie be-
inhaltet Proportions- und Harmonielehren, Dimensionierungsregeln,
Modularordnungen und Maßstabssysteme, Perspektivordnungen und
andere Regeln für die Transformation topologischer Strukturen in bauliche Objekte.

Die *Morphologie* schließlich umfaßt von den Baumaterialien und den
Konstruktionssystemen über die Formenlehren der Ornamentik bis zu
Regeln für die Beziehung zwischen Außenraum und Innenraum (als
„Transparenz", „Abschluß" usw.) alles, was herkömmlicherweise unter
dem Begriff „Baustil" gefaßt wurde. Auch der „Schatz erworbener For-
meln", die rhetorischen Ordnungen der Architektur, gehören hierher.

Um noch einmal kurz das Thema Architekturgeschichte zu streifen: Ein
Vergleich zwischen topologischen Strukturen der Gotik, des Barock,
der europäischen Moderne usw. mit der Bauwelt anderer Kulturen
könnte über Architektur als Medium gesellschaftlicher Kommunikation
ergiebige Aussagen bringen, wenn er in die traditionelle Entwicklungs-

geschichte und sozio-ökonomische Analyse eingeführt wird. Die topologische Untersuchung (auch von Innenräumen und innerhalb von Bauten) zeigt, wie eine Gesellschaft oder eine Kultur ihren Raum organisiert. Sie hat damit ein grundlegendes Organisationsmuster der gesellschaftlichen Institution Architektur zum Thema und muß nicht erst
außerhalb der Architektur nach Beziehungen zwischen gebauten Objekten und „gesellschaftlichen Verhältnissen" forschen, um gesellschaftliche Zusammenhänge zu klären und die Relevanzfrage zum Beispiel für
das Entwurfsproblem zu behandeln. Architektur ist nicht Wiederspiegelung sozio-ökonomischer Bedingungen oder eine vom gesellschaftlichen
Kontext abgehobene Objektwelt, sondern Bestandteil gesellschaftlicher
Verhältnisse und sozio-ökonomischer Bedingungen, denn sie konditio-
niert als Medium gesellschaftlicher Kommunikation bereits mit ihrer
topologischen Grundstruktur die Formen räumlicher Konkretisierung
von Gesellschaft.
Bis hierher war fast ausschließlich vom Gegenstandsbereich architektonischen Entwerfens, von der Architektur und einigen Fragen ihrer
Semiotik, weniger aber vom Entwerfen selbst die Rede. Das war notwendig. Bei der Entwurfstätigkeit des Architekten steht nämlich vor
allem das Verhältnis zwischen Architektur und den Mitteln ihrer vor-
wegnehmenden Abbildung zur Debatte, und die Struktur des Entwurfs-
prozesses wird nur deutlich, wenn man sie auf das Verhältnis zwischen
Darstellung und Architektur bezieht. Die Parallele zum Verhältnis
zwischen Sprache und Schrift ist ungenau und wird der viel gewichtige-
ren Rolle, die die Darstellungsmittel des Architekten für die Architektur
insgesamt haben, nicht gerecht — trotz der Feststellungen über die ein-
schneidende Wende, die der Buchdruck in Struktur und Funktionsweise
sprachlicher Kommunikation herbeigeführt hat.
Für die Gotik und andere, nicht nur europäisch-abendländische Bauwel-
ten, läßt sich zeigen, daß der Sinn architektonischer Konzepte so stark
an die Darstellungsmedien gebunden ist, daß zum Beispiel bestimmte
magisch-mythische Figurationen in der Darstellung von Grundrissen,
Proportionsstudien und Ähnlichem klarer enthalten sind als in den
— oft zufälligen, äußerlichen Einwirkungen unterliegenden — Bauten,
die nach diesen zeichnerischen Notierungen entstanden sind, so daß sich
das Verhältnis von Gegenstand und Darstellung in manchen Fällen um-
kehrt: der Bau wird zur Darstellung eines Inhalts, der zeichnerisch
notiert und entwickelt ist.
Für die Gegenwart ist festzustellen, daß die Darstellungsmedien scheinbar völlig in der Objektvorstellung verschwinden und restlos auf den
Bauzweck hin instrumentalisiert sind — restlos in dem Sinn, daß in den
Darstellungen scheinbar nicht mehr der geringste Rest eigenständiger
kommunikativer Funktion für die architektonische Kultur mehr ver-
bleibt. Die technische Rationalität, die sich als Organisationsprinzip

auch für die baulich-räumliche Organisation von Gesellschaft durchgesetzt hat, führt — oberflächlich betrachtet — zu einem restlosen Asymbolismus in den architektonischen Darstellungweisen.

Schaut man etwas genauer hin, so läßt sich aber nachweisen, daß die scheinbar bewußte totale Abhängigkeit der Darstellungsinstrumente vom Bauobjekt als Darstellungszweck die unbewußte Abhängigkeit unserer Bauwelt von den technisch-rationalistischen Transformationen der Darstellungen nur verschleiert.

Wo Fenster nur noch als Vierecke mit einfacher Kontur dargestellt werden, reduzieren sich auch die Vorstellungen von Fenstern auf die Vorstellung „einfach konturiertes Viereck"; wo Stützen nur noch als vertikaler Doppelstrich auftauchen, gibt es auch in der Vorstellung keine Säulen mehr, sondern nur noch vertikale Doppelstrich-Stützen; wo Treppen als geradlinige kürzeste Verbindung zweier Ebenen notiert sind, gibt es auch keinen Spielraum mehr für unterschiedliche Inhalte des Elements „Treppe", und wo die Darstellungsmedien insgesamt sich in eine Vielzahl fachspezifischer, auf rationalisierte Eindeutigkeit reduzierter Einzeldarstellungen für Bauingenieure, Heizungsfachleute, Armierungsspezialisten, Netzplantechniker usw. ausdifferenzieren und aufsplittern, ist auch der Bau nur die Summe der an ihm beteiligten einzeldisziplinären Aspekte; der Entwurfsvorgang — angeblich Integrationsleistung interdisziplinär koordinierter Komplexitätskünstler — ist die Summe multidisziplinär addierter Komplexitätsreduktionen.

Die Konsequenzen falscher, weil banalisierender Eindeutigkeitszwänge in der Entwicklung architektonischer Darstellungen lassen sich in der Architekturausbildung gut verfolgen. Seit zum Beispiel die Ausbildung im Fach Darstellende Geometrie um den Bereich Perspektive amputiert und insgesamt auf die Hälfte der früher geforderten Anzahl von Studienarbeiten reduziert wurde, zeigen Studienentwürfe und Examensarbeiten einen eklatanten Rückgang baulich-räumlichen Vorstellungsvermögens und nur noch die banalsten topologischen, geometrischen und morphologischen Figurationen. Die Anforderungen der Bauaufgaben im funktionalistischen Sinn sind zeifellos auch in solchen Arbeiten nachweislich erfüllt. Nur, der Sinn von Architektur insgesamt und der Sinn der Bauzwecke in den Bauaufgaben hat sich verschoben.

Wenn der Entwerfer den Entwurfsprozeß nicht nur als Problemlösung im Sinn der Sachzwang-Logik einer Bauaufgabe, sondern als Arbeit an Sinn und Zweck der Bauwelt und der in ihr vorkommenden Bauaufgaben versteht, dann ist jeder Entwurf zugleich und zentral Reflexion und Transformation der Darstellungsmedien, experimentelle Weiterentwicklung und Neuentwicklung der Sprache, in der er denkt und bauliche Vorstellungen entwickelt, nämlich vor allem der Zeichnung; dann reicht die kompetente Beherrschung von Planzeichenverordnungen nicht aus, und auch die „Verwissenschaftlichung" eines prinzipiell nach

intuitiven Techniken des Denkens verlaufenden Prozesses (in Richtung
deduktiv verlaufender Regelorientierung nach *problem-solving*-Mustern
der Nachrichtenverarbeitung digitaler Struktur) bringt eben nicht die
ersehnte Erlösung von „unanständigen", unaufgeklärten magisch-
mythischen Denkformen. Im Gegenteil, diese „Verwissenschaftlichung"
bedeutet nur die verschleierte, unbewußte und ideologisierte Affirmation geltender Normen.

Die Voraussetzung einer Identität zwischen Darstellung und Darstel-
lungsgegenstand unterschlägt die semiotische Struktur des Verhältnisses. Wenn die Wirklichkeit des Bildes, zum Beispiel der Zeichnung
eines Konstruktionsdetails, nicht mehr wahrnehmbar ist und scheinbar
hinter dem darin etablierten Bild der Wirklichkeit verschwindet, dann
unterliegt die bauliche Wirklichkeit, die daraus entsteht, voll der nicht
durchschauten Logik der Abbildung, und die Bauwelt besteht dann
nicht mehr aus Architektur, sondern aus Architekturmodellen im Maßstab 1 : 1. In der Konsequenz verschwindet das Medium Architektur als
gesellschaftlich verfügbares Instrument der Realitätsbeherrschung und
Bewußtseinsveränderung. Durch das parallel auftretende Verschwinden
von Darstellender Geometrie und Architekturgeschichte aus den Lehr-
plänen wird dieser Prozeß beschleunigt. Durch die Einschränkung der
systematischen Techniken der Darstellung auf das am einfachsten Hand-
habbare werden Instrumente zur Aneignung von Geschichte abge-
schafft, und durch die Einschränkung der historischen Bildung auf die
marginalen Illustrationsbeispiele für den aktuellen Gebrauchszusammen-
hang wird die kritische und kreative Distanz zum eigenen aktuellen
Entwurfsproblem verkürzt. Die gerade geltenden Paradigmata der Bau-
typen werden festgemauert, und die dynamische Wechselbeziehung
zwischen syntagmatischen und paradigmatischen Beziehungen wird
in ein statisches Koordinatensystem verwandelt; ein durch und durch
manipulativer Trivialkode ist das zwangsläufige Ergebnis der ersehnten
Emanzipation vom „unwissenschaftlichen" Entwerfen. Entwurf reduziert sich auf die nach zweckorientierten Kriterienlisten vorzunehmende
Auswahl aus Variantenreihen.

Ein Entwerfen dagegen, das dem Leben des Mediums Architektur in der
Gesellschaft dienlich sein soll, müßte Charakteristika aufweisen, wie sie
in *Eco*, 1962, zur Beschreibung serieller Verfahren genannt werden. Der
serielle Kode ist als Kode der offenen Form ein Kode, der sich tenden-
ziell selbst aufhebt, der die statische Zweidimensionalität von Paradigma und Syntagma, von Typologien und Beispielsvarianten auflöst. In
der beständigen Iteration, Substitution und hierarchischen Umschich-
tung nicht nur von Lösungsvorstellungen für den jeweils begrenzten
Bereich einer anstehenden Bauaufgabe, sondern des Mediums Architektur und seiner Paradigmata insgesamt, bleibt Entwerfen ein sinnvolles
Geschäft. Dazu gehört unbedingt, daß die Klassifikation nach Funk-

tionsbereichen für die Architektur relativiert wird. In Bauverwaltungen und Baufinanzierungs-Organisationen mag die — im übrigen nicht sehr alte — Trennung in Gesundheitsbauten, Wohnungsbau, Straßenbau, Tiefbau/Hochbau, Bildungsbauten, Kulturbauten, Industriebauten usw. sinnvoll sein. Dem Entwerfer, der für seine Vertextungsprobleme pragmatische, semantische und syntaktische Kontexte eines ganzen Mediensektors zu bedenken hat, müssen die paradigmatischen und syntagmatischen Bezüge, die er zwischen den verschiedenen Bauformen vorfindet oder gelernt hat, grundsätzlich zur Disposition stehen. Keine Topologie, keine Geometrie, keine Morphologie ist transhistorisch gültig, sondern nur die Architektur als topologisch, geometrisch und morphologisch transformationsbedürftiges Medium. Für den Entwerfer ist die Wohnung keine „Wohnung", und die Universität ist keine „Universität". Die Fähigkeit zur heuristischen Erschließung von Alternativen läßt sich nicht aus der Variantenbildung innerhalb eines typologischen Regelrahmens gewinnen, sondern nur dadurch, daß bei jedem einzelnen Entwurf dieser Regelrahmen selbst in Frage gestellt wird. Deshalb plädieren Alessandro Carlini und ich nur stellvertretend für die Wiedereinführung der Säule.[2] Das Plädoyer gilt in gleicher Weise für die Treppe, für die Stadt, für das Fenster.

Es ist ein Plädoyer für die Wiedereinführung von Architektur.

LITERATUR

Cherry, C.:
1957 *On Human Communication.* New York 1957.
      Deutsch v. P. Müller: *Kommunikationsforschung — eine neue Wissenschaft.* Frankfurt a.M. 1963.

Eco, U.:
1962 *Opera aperta.* Mailand 1962. 2. Aufl. 1967.
      Deutsch v. G. Memmert: *Das offene Kunstwerk.* Frankfurt a.M. 1973.

Eco, U.:
1964 La funzione e il segno. In: Eco: *La struttura assente.* Mailand 1964, 2. Aufl. 1968, S. 189—240.
      Deutsch v. B. Schneider: Funktion und Zeichen — Semiologie der Architektur. In: A. Carlini und B. Schneider (eds.): *Konzept 1 — Architektur als Zeichensystem.* Tübingen 1971, S. 19—68.

[2] Vgl. die architektursemiotische Dokumentation am Ende des vorliegenden Bandes.

UMBERTO ECO (MAILAND)

ARTEN DER ZEICHENBILDUNG

Wenn ein Zeichen, wie Charles Sanders Peirce sagt, etwas ist, das jemanden in bestimmter Hinsicht und Eigenschaft auf etwas anderes verweist, so ist jedes materielle Werkzeug und jedes architektonische Bauwerk als Zeichen zu betrachten: es läßt sich nämlich nur dann praktisch verwenden, wenn es seine Benutzer auf seine mögliche Funktion verweist.

In den Anfängen meiner semiotischen Forschung, 1967 bis 1968, habe ich versucht, architektonische Objekte als Zeichenträger (oder, wenn Sie de Saussures Begriff vorziehen, als *signifiants*) zu definieren, die Bedeutung von zweierlei Art vermitteln: eine elementare *Denotation* und eine Reihe weiterer *Konnotationen*. Beide Typen der Bedeutung (oder des Inhalts) bezeichnete ich als *Funktionen*. Damit war jedes gegebene architektonische Objekt Träger einer primären oder sekundären Funktion.

Mit *primärer Funktion* meinte ich den Inbegriff aller praktischen Operationen, die sich mit Hilfe des Objekts durchführen lassen: ein Stuhl, der mit seiner Form die Gliederung und die normale räumliche Orientierung eines sitzenden menschlichen Körpers „ikonisch" nachbildet, verweist auf die Möglichkeit des Sitzens; eine Treppe verweist durch die fortschreitende Erhebung ihrer Stufen auf die Möglichkeit des Hinaufsteigens. Zu beachten ist, daß die so verstandene primäre Funktion nicht etwa eine konkrete physisch vollzogene Operation ist, die ein menschlicher Körper real ausführen kann, sondern vielmehr eine Menge von Anweisungen, d.h. die abstrakte Möglichkeit einer solchen praktischen Operation. Eine Treppe ist ja als solche erkennbar, auch wenn gerade niemand hinaufsteigen sollte. Die Stufen bestimmter mexikanischer Pyramiden können infolge von Erosionsschäden nicht mehr bestiegen werden, und dennoch erkennt man sie durch einen sehr einfachen Folgerungsprozeß als solche und interpretiert Pyramiden entsprechend als „Aufsteige-Apparate".

Mit *sekundärer Funktion* meinte ich die Gesamtheit der sogenannten symbolischen, emotionalen, historischen oder ikonographischen Konnotationen, die eine Kultur, ausgehend von der primären Funktion eines Objekts, mit dessen Gestalt verbindet. Auf diese Weise können wir aztekische Pyramiden als astronomische oder religiöse Symbole interpretieren (oder wir können annehmen, daß frühere Benutzer dieser Bauwerke sie so zu interpretieren pflegten) — als Symbole, die auf die

Verbindung zwischen Himmel und Erde, auf die Kommunikation zwischen Sonnengöttern und Menschen verweisen.

Eine kodierte Form weist zurück auf eine kodierte Funktion. Schneidet doch ein Laser-Strahl ebensogut wie ein Operationsmesser, ohne daß er einem Laien (der den richtigen Kode nicht besitzt) seine Schneidefähigkeit mitteilen würde. Nach diesem Grundsatz läßt sich jedes Werkzeug, das wir im täglichen Leben benutzen, jede architektonische Anlage und jeder beliebige innerstädtische Raum semiotisch betrachten.

Wer sein eigenes Verhalten analysiert, während er durch eine Stadt geht, dem wird schnell klar, daß wir nur einen geringen Teil der städtischen Umwelt physisch nutzen: wir laufen nur auf einem vorgegebenen Teil des Gehweges; wir überqueren möglicherweise die Straße; wir biegen um eine Ecke; und vielleicht wählen wir eine bestimmte Tür, um hineinzugehen — in jedem dieser Fälle können wir die Stadt nur praktisch benutzen, weil die Formen gewisser Artefakte uns auf die Möglichkeit des Um-die-Ecke-Biegens, des Eintretens, des Gehens verwiesen haben. Die übrigen Teile der städtischen Umgebung sind dabei ausschließlich kommunikativ in Erscheinung getreten: wir haben die Existenz anderer Häuser, anderer Straßen, Fenster, Fassaden, Formen und Körper mitgeteilt bekommen. Es wurde uns „gesagt": Ich bin die Hauptstraße; dies ist der Regierungspalast; hier versammeln sich die Leute, um sich zu amüsieren; da kommen sie zusammen, um zu beten; durch diese Gasse kannst Du gehen oder auch nicht; das ist erlaubt, jenes verboten; dieses Gebäude gehört den Herren der Stadt; und so weiter und so fort. — Am meisten sagen uns Türen, durch die uns der Eintritt verwehrt ist.

Ein Bewußtsein dieser Art kann man als erste Stufe des semiotischen Zugangs zur Architektur ansehen; es ist aber noch weit entfernt von einer voll entwickelten Architektursemiotik. Jeder weiß, daß unsere Sprachzeichen der Kommunikation dienen, doch das zu wissen, heißt nicht, bereits eine ausgearbeitete Sprachtheorie zu besitzen. Worum es innerhalb der Linguistik geht, sind die „grammatischen" Möglichkeiten eines bestimmten Zeichensystems. Wendet sich jedoch die Architektursemiotik dem entsprechenden Problem innerhalb ihres Gegenstandsbereichs zu, so kommt sie in Teufels Küche.

In meinen bisherigen Arbeiten zur Architektursemiotik (die ich nur kurz zusammenfasse, da sie schon auf Deutsch vorliegen: in *Eco*, 1971 und in *Eco*, 1972) habe ich den Zeichenbegriff schon verwendet und unter der Zeichenrelation vorläufig die kodierte Beziehung zwischen einem Zeichenträger (*signifiant*) und einer Bedeutung (*signifié*) verstanden. Ich habe die historischen und anthropologischen Bedeutungsverschiebungen untersucht und mich deshalb auf die Frage konzentriert, in welcher Weise ein gegebener architektonischer Zeichenträger in Abhängigkeit von den herrschenden kulturellen Konventionen wechselnde

Bedeutungen annehmen kann. Da in dieser Entwicklungsphase der Semiotik jeder Versuch, nichtverbale Zeichensysteme zu interpretieren, von den gängigen linguistischen Theorien dominiert wurde, habe auch ich das linguistische Modell der zweifachen Gliederung auf die architektonischen Zeichenträger anzuwenden versucht. Es schien ja in der Tat sehr naheliegend, in jedem architektonischen Artefakt Elemente der zweiten Gliederung (unabhängig von jeder Bedeutung) zu isolieren, die dann syntagmatisch organisiert werden, um architektonische Formen mit primären und sekundären Bedeutungen zu bilden.

Ein Ziegelstein allein bedeutet nichts; viele Steine, in gewisser Weise miteinander verbunden, ergeben aber z.B. einen Torbogen und schaffen damit eine architektonische Bedeutung; ich bestreite auch jetzt nicht die Möglichkeit, architektonische Elemente der zweiten Gliederung zu isolieren — nur vermute ich, daß sie nicht dogmatisch getreu dem linguistischen Modell definiert werden können. Das würde nämlich zu einer verzweifelten Suche nach „Ziegelsteinemen" und „Euklidemen" führen. Meine Vermutung geht eher dahin, daß viele Elemente, die in einem gegebenen Kontext als Elemente der zweiten Gliederung auftreten können, in einem anderen Kontext entweder (in vollem Sinne) Elemente der ersten Gliederung oder bloßes vorarchitektonisches Rohmaterial sein können. Darüber hinaus scheint mir, daß man zunächst eine klarere Vorstellung von den Elementen der ersten Gliederung haben sollte, bevor man überhaupt mit derartigen Analysen beginnt. Mit anderen Worten: Man sollte sich erst Klarheit darüber verschaffen, ob es architektonische Zeichen im Sinne von bedeutungstragenden Einheiten gibt, bevor man nach ihren einfachen Bestandteilen sucht. Eine Treppe ist ohne Zweifel eine bedeutungstragende Einheit; wie steht es aber mit den einzelnen Stufen? Und welcher Teil einer Stufe muß notwendig vorhanden sein, damit man die Stufe als solche erkennt? Soll man eine Treppe somit überhaupt als Zeichen betrachten, oder ist sie nicht vielmehr zunächst als architektonischer Text oder Diskurs anzusehen?

Was uns hier eine korrekte Antwort erschwert, ist nicht nur die verblüffende Suggestivität des linguistischen Modells, sondern auch der Begriff des Zeichens selbst. Die Semiotik versucht heute, sich von dem allgemeinen Zeichenbegriff zu lösen; und die Architektursemiotik sollte das Gleiche tun, um über ihre eigenen Schwierigkeiten hinwegzukommen.

Ich möchte daher hier einen ganz anderen kategorialen Zugang vorschlagen, die Zeichenfunktion neu definieren und die Arten der Zeichenbildung in neuer Weise klassifizieren. Dabei stütze ich mich auf mein neuestes Buch (*Eco*, 1976) und versuche, seine Ergebnisse auf die Probleme der Architektursemiotik anzuwenden.

Ein semiotisches Phänomen liegt vor uns, wenn ein gegebener Ausdruck mit einem gegebenen Inhalt korreliert ist, entsprechend der bekannten Hjelmslevschen Einteilung:

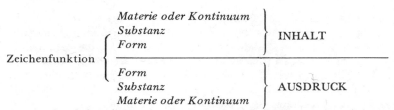

Das *Ausdruckskontinuum* ist das Rohmaterial, das verwendet wird, um eine *Ausdruckssubstanz* (*token*) zu schaffen, die dem System der *Ausdrucksformen* (*types*) entspricht. Das *Inhaltskontinuum* ist die ungeformte Erfahrung, die eine gegebene Kultur (als *Inhaltssubstanz*) sich verfügbar macht, indem sie ihr das Netzwerk einer strukturierten Weltsicht (*Inhaltsform*) überwirft.

Die *Zeichenfunktion* ist die konventionalisierte Korrelation der beiden formalen Elemente. Versuchen wir, diese Einteilung auf die Architektur zu übertragen: Um den architektonischen Ausdruck „Treppe" zu erhalten, verwendet man gegebenes Material und formt es nach bestimmten Regeln, so daß ein Gegenstand entsteht, der dem konventionellen abstrakten Typ „Treppe" entspricht, wie er in der klassischen Literatur über Architektur verzeichnet ist. Dieses Ausdruckssegment verweist auf ein Inhaltssegment, zum Beispiel „treppaufwärts gehen" (oder „treppabwärts gehen", je nach der räumlichen Perspektive, aus der man sich dem Artefakt nähert). Und dieses Inhaltssegment ist aufgrund von Oppositionen verständlich, denn im Inhaltssystem werden gewisse fundamentale Merkmale räumlicher Bewegung gegeneinander gesetzt, wie etwa *aufwärts* vs. *abwärts, Ruhe* vs. *Bewegung, links* vs. *rechts, hin* vs. *her* usw. Dabei sollte man den Inhalt nicht mit dem Referenzobjekt verwechseln, denn die genannten Merkmale räumlicher Bewegung bleiben auch dann einleuchtend und mitteilbar, wenn gar keine Bewegung stattfindet.

Die besondere Fruchtbarkeit dieses Begriffes der Zeichenfunktion beruht darauf, daß er uns nicht dazu zwingt, Zeichen als letzte Einheiten oder als notwendig diskret anzusehen. Von einer Korrelation zwischen einer gegebenen physischen Gestalt und einem Inhaltssegment ist die Rede, nichts weiter. (Daß dabei eine Menge verwirrender Probleme entstehen, wenn man das linguistische Modell anwendet, soll nicht verschwiegen werden: Eine Treppe verweist nicht in derselben Weise auf die nach oben gerichtete Bewegung wie der entsprechende wortsprachliche Ausdruck „aufwärts"; sie lädt vielmehr zum Hinaufgehen ein, vielleicht so wie ein perlokutiver Sprechakt.)

Das vorliegende Modell entzieht der traditionellen Zeichentypologie die Basis. Vor allem die ehrwürdige Trichotomie *Symbol – Index – Ikon* verliert ihre Grundlage. (Leider kann ich mich hier nicht auf eine auch nur einigermaßen vollständige Kritik dieser Trichotomie einlassen.)

Die herkömmlichen Zeichentypologien werden einer komplexeren Einteilung Platz machen müssen, die die Art der Zeichenbildung zum Kriterium erhebt. Ich weiß, daß ich mit diesem Vorschlag die Zahl der zur Verfügung stehenden theoretischen Werkzeuge vergrößere, statt sie zu reduzieren, doch unter den gegebenen Umständen bin ich der festen Ansicht, *entia sunt multiplicanda propter necessitatem*. Meine Klassifikation der Zeichenbildung berücksichtigt vier Parameter:

1) die *Arbeit*, die erforderlich ist, um Ausdrücke zu bilden, angefangen beim bloßen *Erkennen* eines vorhandenen Objekts über dessen absichtsvolles Herzeigen (*Ostension*) bis zur Erzeugung einer Kopie (*Replikation*) und dem Bemühen, neue Ausdrücke zu *erfinden*,
2) die Beziehung zwischen dem abstrakten Modell, dem *Typ („type")* einerseits und dessen konkretem Vorkommen, dem *Token („token")* andererseits,
3) die *Art des zu gestaltenden Kontinuums*,
4) die *Art und Komplexität seiner Gliederung*, angefangen mit semiotischen Systemen, in denen durch den Kode festgelegte Elemente als Kombinationsgrundlage dienen, bis hin zu Systemen, in denen man zwar von „Texten" sprechen kann, deren Bestandteile aber noch nicht hinreichend festgestellt worden sind.

Der Einfachheit halber konzentrieren wir uns hier auf die ersten beiden Parameter.

Was die bei der Zeichenbildung aufzuwendende Arbeit anbelangt, sollten wir die folgenden Aspekte berücksichtigen:

a) Bloßes *Erkennen* liegt vor, wenn ein natürlich oder künstlich entstandenes Objekt (oder Ereignis) mit einem Inhalt korreliert wird von einem menschlichen Interpreten, der keine Arbeit aufgewandt hat, um es herzustellen. Beispiele sind *Abdrücke* (wie etwa die Spur einer Tierpfote im Sand), *Symptome* (wie zum Beispiel die Spuren einer inneren Krankheit auf der Haut eines Menschen) und *Indizien* (so wie der leicht identifizierbare persönliche Gegenstand, den ein Mörder am Tatort zurückläßt).
b) Um *Ostension* handelt es sich, wenn ein gegebener schon existierender Gegenstand zum Repräsentanten der Klasse von Gegenständen erhoben wird, zu der er gehört. Man kann einen ganzen Gegenstand als *Beispiel* für eine bestimmte Gegenstandsklasse benutzen (so wie man auf eine Zigarette zeigt, um „Zigarette" zu sagen); man kann einen Teil eines Gegenstandes oder eine Geste als *Muster* eines komplexeren Ganzen vorweisen (so wie man auf eine (leere) Zigarettenschachtel zeigt, um zu sagen: „eine (volle) Schachtel Zigaretten"); und schließlich kann man eine *fiktive Probe* von etwas geben (wenn man beispielsweise ohne Schwert die Bewegungen des Fechtens imi-

tiert — wobei man ja durchaus einen Teil des gemeinten Aktes vollführt —, um „Duell" zu sagen oder mitzuteilen: „Es wird gefochten").

c) Zur *Replikation* kommt es, wenn jemand passend zu einem gegebenen abstrakten Modell (Typ) einen konkreten Gegenstand (Token) herstellt. So ist jedes geäußerte Wort eine Replik zu einem abstrakten Wort. Wörter gehören allerdings zu einer recht beschränkten Kategorie von Repliken, den *kombinatorischen Einheiten*: Kombinatorische Einheiten sind die einzigen Ausdruckselemente, die eine doppelte Gliederung aufweisen, wie sie die Linguisten definieren. — Es gibt jedoch noch anderen Arten von Repliken, etwa die *Stilisierungen*. Ein gutes Beispiel dafür ist der König bei den Spielkarten: Jedes Kartenspiel bringt den König in einer anderen Variante; zwar steht dahinter immer ein und derselbe Typ mit einer Reihe von notwendigen Merkmalen, doch meist ist es ziemlich schwierig, diejenigen Merkmale, die für das Erkennen der Stilisierung notwendig sind, von den anderen zu unterscheiden. In der Architektur ist der Torbogen ein Beispiel für eine Stilisierung. — Außerdem gibt es unter den Repliken *pseudo-kombinatorische Einheiten*, etwa die Elemente eines Bildes von Mondrian oder die einer nachwebernschen Komposition: Da sind zweifellos Einheiten vorhanden, sie sind auch nach gewissen Regeln kombiniert, aber man bleibt im Ungewissen über ihren Zeichencharakter; sie sind für mögliche Inhalte offen, aber sie sind nicht von vornherein auf sie bezogen; sie stehen bereit, in eine semiotische Korrelation eingefügt zu werden, aber sie sind noch nicht notwendig bestimmt. — Schließlich sind noch die *Vektoren* zu den Repliken zu rechnen: Durch einen Vektor wird ein Inhalt mitgeteilt, der räumliche oder zeitliche Merkmale enthält, die auch dem Ausdruck des Vektors zukommen. Zum Beispiel besagt ein Pfeil, der sich von links nach rechts bewegt, soviel wie „nach rechts", und die zeitliche Reihenfolge der Wörter in dem Ausdruck „Hans schlägt Paul" bringt vektoriell zur Geltung, daß die Handlung von Hans ausgeht und zu Paul hinführt. (Eine Umkehrung der Wortfolge würde auch den Inhalt umkehren.) Vektorielle Merkmale lassen sich beliebig reproduzieren und replizieren.

d) Als *Erfindungen* betrachte ich (indem ich mich zunächst an geometrischen Kategorien orientiere) *Kongruenzen, Projektionen* und *Graphen*. Um die entsprechende Art der Zeichenbildung besser erklären zu können, muß ich aber zunächst den zweiten Parameter meiner Klassifikation, die *Typ-Token-Beziehung* erläutern.

Wenn man einen Ausdruck erzeugt, orientiert man sich gewöhnlich an einem bereits etablierten *Typ* und stellt ein passendes physikalisches *Token* her. Die Äußerung von Wörtern ist ein hinreichendes Beispiel. Ich bezeichne diese Art der Beziehung zwischen Typ und Token als *ratio facilis.* So liefert das Deutsche etwa den abstrakten Typ (das Modell) des Ausdrucks „und"; dabei handelt es sich um drei Phoneme, die in syntagmatisch festgelegter Weise miteinander verkettet sind; sogar ein elektronischer Oszillograph könnte nach geeigneten Instruktionen eine solche Äußerung produzieren. Das Gleiche gilt für den Ausdruck „Hund". In diesen beiden Fällen ist der Ausdruck durch rein kulturelle Konventionen mit seinem Inhalt korreliert. Doch soll das nicht heißen, daß nur die sogenannten *arbiträren* Zeichen eine *ratio facilis* aufweisen. Symptome zum Beispiel sind durch bestimmte interne Vorgänge *motiviert*; sie sind diesen Vorgängen aber nicht ikonisch ähnlich, sondern lassen sich prinzipiell nach einem festgelegten Ausdruckstyp erzeugen bzw. falsifizieren. Sie sind also nicht nur motiviert, sondern auch durch die *ratio facilis* bestimmt.

Betrachten wir nun ein Verkehrszeichen, etwa einen Pfeil, der von links nach rechts zeigt. Dieses Zeichen ist arbiträr mit dem Gebot „Abbiegen!" korreliert, es ist jedoch in motivierter Weise mit dem Hinweis „nach rechts" korreliert. Zu beachten ist, daß dieser Inhalt auf ganz verschiedene Situationen angewandt werden kann. Ein Pfeil bezeichnet nämlich nicht einen wirklichen Ort, sondern ein abstraktes Inhaltssegment. Dieses Inhaltssegment, bestehend aus den Oppositionen *links* vs. *rechts* sowie *aufwärts* vs. *abwärts*, ist allerdings *ortsabhängig*. Daher ist die Beziehung zwischen dem Pfeil und dem betreffenden Gebot eine *ratio difficilis*. Der Ausdruckstyp ist identisch mit dem Inhaltstyp.

Es ist hervorzuheben, daß mit der *ratio difficilis* nicht Korrespondenz zwischen einem Ausdruck und einem entsprechenden Gegenstand gemeint ist, wie etwa in den naiven Theorien der Ikonizität. Vielmehr handelt es sich um eine Beziehung zwischen der Ausdrucksform und der Organisation (Form) eines räumlichen Inhalts. Betrachten wir als Beispiel den Kompaß und sein Grundmuster, die Windrose. Es ist offensichtlich, daß diese Ausdrucksform weder die Struktur der Erdkugel noch ihre typischen Bewegungsrichtungen „nachahmt". Um von der Erde zu sprechen, stellt eine gegebene Zivilisation nur einige wenige Elemente heraus: die sphärische Gestalt des Planeten wird auf ein zweidimensionales Diagramm reduziert, in dem nur gewisse Punkte erhalten sind. Die Festlegung der Orientierungspunkte ist außerdem völlig konventionell, und nichts zwingt uns zu glauben, daß der Norden oben und der Süden unten ist (in der Tat ist auf vielen mittelalterlichen Karten Afrika oben und Europa unten, oder der Süden erscheint links, der Norden rechts). Eine gegebene Windrose, ein gegebenes Kompaßbild verwirklicht also nur eine der Möglichkeiten, ein gewisses astronomisches Inhaltssegment zu organisieren. Doch sind in jedem Kompaß-Token dieselben räumlichen Merkmale dieses Inhaltstyps verkörpert. Die Korrelation zwischen Ausdruck und Inhalt wird hier durch gewisse Konventionen der Projektion bestimmt. Daß dies Konventionen sind, soll nicht heißen, daß sie völlig arbiträr sind: Konventionen können durchaus auf eine bestimmte Art von Motivation zurückgehen. Was im vorliegenden Fall den Ausdruck motiviert, ist die Inhaltsform. Ich bestreite nicht, daß auch die Inhaltsform durch reale Objekte oder Ereignisse und durch Erfahrungen (d.h. durch das Inhaltskontinuum) motiviert sein kann; doch wäre eine solche Doppelbeziehung von vornherein nicht auf den naiven Begriff der Ikonizität reduzierbar, der nahelegen würde, daß die betreffenden Ausdrücke den Objekten, auf die sie sich beziehen, unmittelbar ähnlich sind. Ähnlichkeit ist ein Eindruck, der durch vielschichtige Operationen erzeugt und konventionalisiert wird, Ähnlichkeit ist aber nicht mit Motivierung gleichsetzbar.

Wir sind jetzt in der Lage, zur letztgenannten Art der Zeichenbildung, der *Erfindung*, zurückzukehren. Erfindung ist überall beteiligt, wo ein Ausdruck nicht nach einem bereits bestehenden Ausdruckstyp hergestellt werden kann, weil dieser noch nicht existiert. Auch an einem fest umrissenen Inhaltstyp kann sich die Erfindung nicht orientieren, weil dieser ebenfalls noch nicht existiert. Ein gutes Beispiel einer Erfindung ist der Einfall, der die ersten Menschen in die Lage versetzte, die offensichtliche Bewegung der Sonne physikalisch zum Ausdruck zu bringen, indem sie eine Sonnenuhr bauten. In diesem Fall wurde eine *Projektion* von konkreten Erfahrungsdaten in ein Ausdrucksdiagramm vorgenommen und damit zugleich ein Inhaltsmodell entworfen. Mit *Projektion* meine ich hier eine Menge kulturabhängiger Operationen, die nicht nur vage Ähnlichkeit erzeugen, sondern in genau angebbarer Hinsicht Gleichheit herstellen. Sie berücksichtigen die Proportionen, wählen wichtige Merkmale aus und lassen weniger wichtige Aspekte außer acht (wie z.B. in der Gleichheitsbeziehung zwischen Dreiecken, die die Winkelgröße und die Proportion der Seitenlängen einbezieht, die absolute Länge der Seiten aber außer acht läßt). Ich kann hier keine Liste der möglichen Erfindungsweisen aufführen, denn eine befriedigende Analyse dieser Verfahrensweisen würde bestimmt mehr als 30 Minuten, vielleicht sogar mehr als 30 Tage in Anspruch nehmen. Eines möchte ich jedoch hervorheben: Zeichenbildung durch Erfindung schafft neue Zeichenfunktionen und läßt auf diese Weise Kodes entstehen. Andererseits ist zu bedenken, daß es auch Fälle von *ratio difficilis* gibt, die nicht durch Erfindung entstehen, beispielsweise die Abdrücke, bei denen ja das Inhaltsmodell bereits kulturell vorgeformt ist. Außerdem möchte ich noch einmal darauf aufmerksam machen, daß die vorgelegte Klassifikation der Zeichenbildung selbst keine Zeichenklassifikation ist. Falls der Pfeil als einheitliches Zeichen zu betrachten ist, so ist dieses Zeichen durch das Zusammenwirken ganz verschiedener Arten von Zeichenbildung entstanden: der Pfeil ist eine kombinatorische Einheit (und entspricht somit einem vorgeformten Typ, zu dem das Token in der Beziehung der *ratio facilis* steht), und als solche kann er mit anderen Merk-

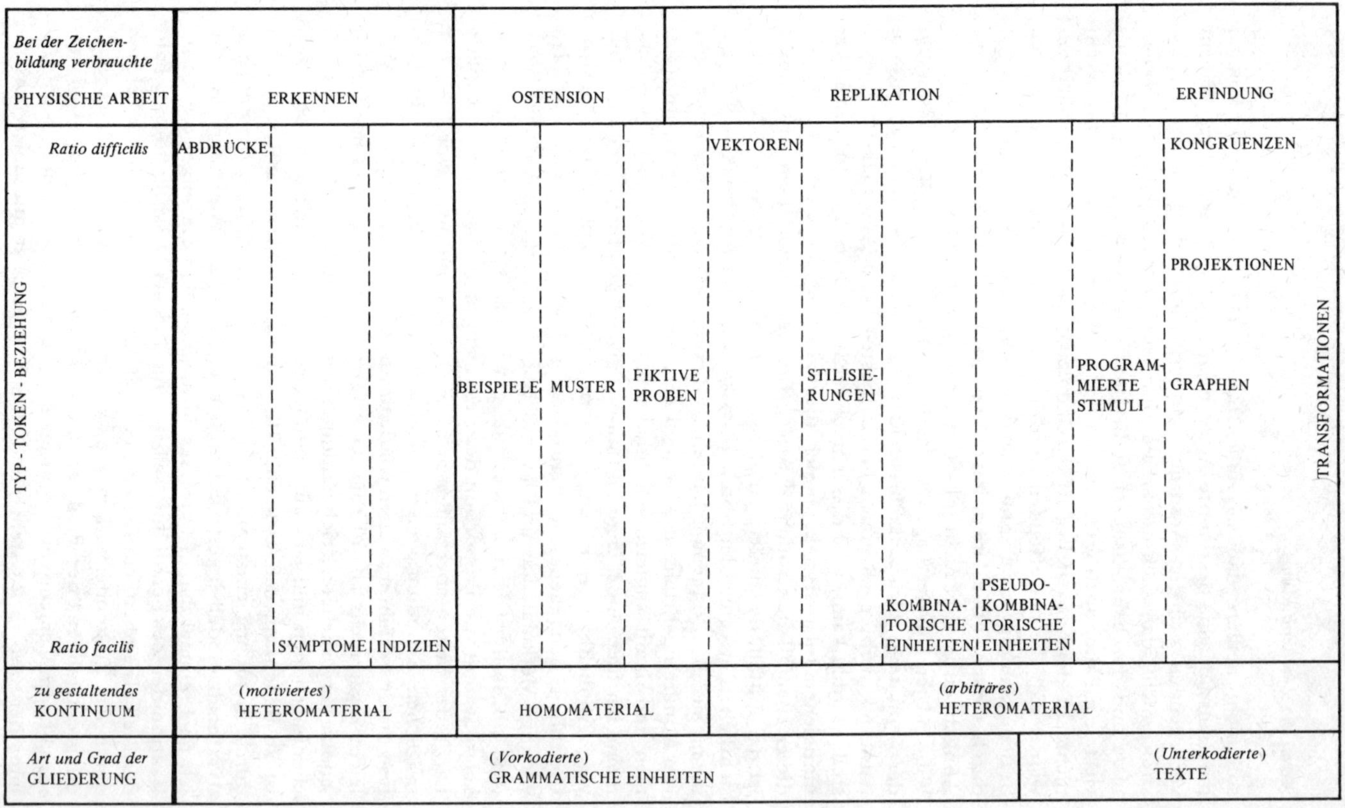

Abb. 1: Arten der Zeichenbildung

	ERKENNEN	OSTENSION	REPLIKATION	ERFINDUNG
				TRANSFORMATIONEN
	ABDRÜCKE	BEISPIELE, MUSTER | FIKTIVE PROBEN	VEKTOREN | STILISIERUNGEN | KOMBINATORISCHE EINHEITEN | PSEUDO-KOMBINATORISCHE EINHEITEN | PROGRAMMIERTE STIMULI	KONGRUENZEN | PROJEKTIONEN | GRAPHEN
	SYMPTOME | INDIZIEN			
Bei der Zeichenbildung verbrauchte PHYSISCHE ARBEIT				
Ratio difficilis				
Ratio facilis				
zu gestaltendes KONTINUUM	(motiviertes) HETEROMATERIAL	HOMOMATERIAL	(arbiträres) HETEROMATERIAL	
Art und Grad der GLIEDERUNG		(Vorkodierte) GRAMMATISCHE EINHEITEN		(Unterkodierte) TEXTE

TYP-TOKEN-BEZIEHUNG

malen kombiniert werden — etwa solchen, die ein Gebot herstellen wie
„Abbiegen!" oder „Rechtsabbiegen verboten!"; der Pfeil besitzt jedoch
außerdem ein vektorielles Merkmal und wird somit auch durch eine
ratio difficilis bestimmt. Viele Vektoren, Abdrücke und andere Zeichen
gehorchen ja anfangs einer *ratio difficilis* und werden erst aufgrund
zunehmender Konventionalisierung mit festen Typen in Verbindung gebracht und somit durch eine *ratio facilis* bestimmt.

Am Schluß dieses Klassifizierungsversuchs sollten wir uns nun fragen, in
welcher Weise er sich auf Architektur anwenden läßt.
Mir will scheinen, daß die Untersuchung architektonischer Gebilde mit
Hilfe einer solchen Typologie der Zeichenbildung lohnender ist als die
Fortsetzung der Versuche, sie in elementare Zeichen zu zerlegen.
Eine Treppe (als Element einer architektonischen Typologie) ist eine
Stilisierung, das Ergebnis einer *Kombination* replizierbarer Einheiten,
zugleich ein Fall von *Vektorisierung*, und schließlich sind manche ihrer
Bestandteile *pseudo-kombinatorische* Einheiten.
Ein Stuhl ist eine *Stilisierung*, bestehend aus einer Ansammlung *pseu-
do-kombinatorischer* Einheiten; insofern er das abstrakte Modell eines
sitzenden Körpers reproduziert, war er ursprünglich Ergebnis einer *Projektion*, die durch eine Reihe von Katachresen zu einem kodierten *Abdruck* wurde. — Doch ist ein Stuhl der konventionelle Abdruck eines
realen sitzenden Menschen, oder ist er nicht vielmehr nur ein Ausdruckstoken, das bestimmte Merkmale eines Inhaltsmodells (nämlich
die sitzende Haltung als kulturelle Vorschrift) reproduziert? Und ist die
sitzende Haltung ein Inhaltsmodell, das den Ausdruckstyp Stuhl motiviert hat, oder ist dieses Inhaltsmodell nicht vielmehr selbst erst durch
die Herstellung von Ausdruckstoken entstanden, die diese Sitzweise
suggerierten und damit in Gegensatz zu der Haltung gerieten, die auf
einem römischen Triclinium angebracht war? Teilen wir mit einem
Stuhl eine bereits vorhandene, vorgegebene Vorstellung der körperlichen Entspannung mit, oder ist unsere heutige Vorstellung von Entspannung eher durch den Einfluß schon vorhandener Ausdruckstoken
bestimmt, die uns diese suggerieren? Die Probleme der Architektur
gleichen — unter semiotischem Blickwinkel — denen der Sprache: häufig ist es die Sprache, die den Sprecher „spricht". Die Behandlung architektonischer Bedeutung auf dieser Grundlage erfordert nicht nur die
Aufdeckung der kulturellen Kodes, die unser soziales Leben regieren,
sondern auch die Auffindung der Bewußtseinsschwelle, die bei der Entwicklung jedes einzelnen Kodes überschritten werden muß.
Die Erforschung der Zeichenfunktionen mit Hilfe einer Untersuchung
der aktiven Verfahrensweisen zur Korrelation von Ausdruck und Inhalt,
d.h. mit Hilfe einer Analyse der Zeichenbildungsprozesse, trägt somit
zur Überwindung der strikten Dichotomie zwischen diachronen und

synchronen Systemen bei. Sie ermöglicht es, die Konventionen eines
Kodes im Augenblick ihrer Entstehung zu identifizieren.

Architektur ist ein System sozialer Regeln, und es wäre sehr gefährlich,
diesen Aspekt unberücksichtigt zu lassen; zugleich aber ist sie Ergebnis
einer Reihe von Prozessen, die zur Bildung dieser sozialen Regeln
führten. Der Unterschied zwischen Metapher und Katachrese ist keineswegs, wie manche idealistische Theorien glauben machen wollen, einfach ein Unterschied zwischen dem „Glücken" spontaner Schöpfung
und dem *rigor mortis* sozialisierter Konvention. Es ist vielmehr der
Unterschied zwischen zwei verschiedenen Zeitpunkten im Lauf der Entstehung des *contrat social*: dem Zeitpunkt der Vereinbarung einer Zeichenfunktion und dem Zeitpunkt des vereinbarten Funktionierens dieser Zeichenfunktion. Das Gebiet der Architektur ist ein bevorzugtes
Spielfeld für diese Dialektik von Erzeugen, Akzeptieren und Verändern
sozialer Kodes.

Aus dem Englischen übersetzt von Karin Köppel-Wosgien und Roland Posner.

LITERATUR

Eco, U.:
1971   Funktion und Zeichen — Semiologie der Architektur. In: A. Carlini und
       B. Schneider (eds.): *Konzept 1 — Architektur als Zeichensystem*. Tübingen
       1971, S. 19—72.
Eco, U.:
1972   *Einführung in die Semiotik*. München 1972.
Eco, U.:
1976   *A Theory of Semiotics*. Bloomington und London 1976.

ABRAHAM MOLES (STRASSBURG)

SUPERZEICHENBILDUNG UND PROBLEMLÖSUNG IN DER KÜNSTLERISCHEN KOMMUNIKATION

Der statistische Strukturalismus oder die Informationstheorie ist heute ein wesentlicher Faktor in der Erforschung der Rezeption von Kunst. In den Bereichen der Musik, der Literatur, der Architektur und der bildenden Kunst können die Regeln der Informationstheorie dem Künstler helfen, seine Botschaft auf seine Zielgruppe auszurichten und sie für diese faßbar und verständlich zu machen.

Der informationstheoretische Zugang läßt sich in folgenden Axiomen zusammenfassen:

1. Künstlerische Werke sind materielle Botschaften von ihrem Urheber an einen Rezipienten, der als ein „menschlicher Operator" angesehen werden kann und durch entsprechende Eigenschaften charakterisiert ist.

2. Der Rezipient verfügt über einen Vorrat an Zeichen, die entsprechend der Wahrscheinlichkeit, mit der sie in der Kommunikation auftreten, gewichtet sind. Der Informationsgehalt einer Botschaft hängt davon ab, wie sehr die Wahrscheinlichkeit des Auftretens der Zeichen in der Botschaft von ihrer normalen Wahrscheinlichkeit abweicht. Der Informationsgehalt kann als Maß für die Originalität einer Botschaft gelten.

3. Menschliche Rezipienten können im Gehirn nur einen begrenzten Informationsfluß — maximal 16 bit/sec — verarbeiten, um eine Gestalt aufzubauen (womit die integrative Operation des Rezeptionsprozesses umschrieben sei).

4. Die ausgesandten Botschaften lassen sich durch ihre Länge (ausgedrückt durch die Anzahl der Zeichen) sowie durch ihren Redundanzgrad charakterisieren; damit ist das prozentuale Verhältnis des tatsächlichen Informationsgehalts zum maximalen Informationsgehalt gemeint, den die verwendeten Zeichen prinzipiell übertragen könnten.

5. Der optimale Anpassungswert einer Botschaft ist dann erreicht, wenn ihre Redundanz in etwa mit der subjektiven Aufnahmekapazität des Rezipienten übereinstimmt.

Das Hauptproblem bei der Entwicklung einer informationstheoretischen Kunstbetrachtung liegt in der Frage des Verstehens künstlerischer

Botschaften: Wie kann der Rezipient die elementaren Zeichenvor-
kommnisse so auf die Botschaft projizieren, daß diese für ihn als Ganzheit erfaßbar wird?

Um eine Botschaft zu verstehen, muß der Rezipient zweierlei tun:

a) Er muß die vorkommenden Zeichen individuell verarbeiten (dekodieren).

b) Er muß die Struktur bzw. die Menge der Regeln entdecken, die die
Botschaft beherrschen.

Die Rezeption läßt sich als *Lösung eines Problems* beschreiben, das in
die Umwelt des Empfängers eintritt und nur offenbar wird, sofern ihm
der Rezipient ein Minimum an Aufmerksamkeit widmet. Das Problem
besteht in der Aufgabe, die Struktur einer gegebenen Zeichenkonfigura-
tion zu ermitteln. Es geht darum, spezifische Ordnungsrelationen in der
Botschaft herauszufinden, die den einzelnen Elementen den „richtigen"
Stellenwert zuweisen. Einer der wichtigsten Mechanismen dafür ist die
Erkennung von *Superzeichen*, d.h. von Zeichen, die aus einfacheren
Zeichen zusammengesetzt sind.

In der Kunstrezeption sind also zwei komplementäre Aspekte zu unterscheiden: die Bildung von Superzeichen und die Anwendung von Strategien der Problemlösung. Mit der Botschaft stellt der Künstler dem Rezipienten ein Problem, das dieser zu lösen hat, wenn er die Botschaft
verstehen will. Der Einfachheit halber beschränken wir uns im folgenden auf lineare Botschaften, also z.B. Musikstücke oder Texte.

Was ist ein Superzeichen? Schon 1958 habe ich diesen Begriff in folgender Weise definiert: Ein Superzeichen ist eine normierte Zusammensetzung aus mehreren Zeichen, die als Einheit gesendet, rezipiert und
gespeichert werden kann und somit zum Zeichenvorrat der Kommunikationspartner gehört. Mit Hilfe von Superzeichen lassen sich also auch
auf einer höheren Stufe als der der Elementarzeichen Botschaften mitteilen. Da aus Superzeichen in entsprechender Weise wieder Superzeichen (Super-Superzeichen) gebildet werden können, kann sich der
menschliche Kommunikator bei der Kommunikation eine Reihe von
Stufen nutzbar machen, um auf ihnen voneinander unabhängige Botschaften gleichzeitig zu vermitteln. Die Mitteilung erhält damit einen
hierarchischen Aufbau, der alles von den minimalen erkennbaren Zeichenelementen (knapp oberhalb der Schwelle der Differenzierbarkeit)
bis hin zu den höchsten Einheiten umfaßt.

Jedes Superzeichen besitzt seinen eigenen Informationsgehalt, der von
der spezifischen Auftretenswahrscheinlichkeit seiner konstituierenden
Elemente abhängt. Wer das Superzeichen nicht als solches erfaßt, ist
gezwungen, jedes seiner Elemente für sich zur Kenntnis zu nehmen.
Dafür wäre ein viel höherer Dekodierungsaufwand nötig. Der relative
Überschuß erscheint als „Redundanz". Ihm entspricht ziemlich genau

die Zeitersparnis, die tatsächlich bei der Rezeption von Superzeichen festgestellt werden kann.

Wir haben somit selbst bei linearen Botschaften eine Architektur von hierarchisch aufeinander bezogenen Stufen vor uns. Auch die Organisation der Stufen unterliegt allerdings gewissen Beschränkungen, die mit dem Apperzeptionsvermögen des Gehirns zusammenhängen.

1. Das menschliche Gehirn ist nur in der Lage, eine begrenzte Zahl von Super- und Super-Superstrukturen zu erfassen. Es gibt eine obere Grenze, an der die Superzeichen nicht mehr zu in sich geschlossenen Einheiten zusammengefaßt werden können, d.h. wo die Integrationsfähigkeit nachläßt. Wir wissen heute, daß unser Bewußtseins- bzw. Integrationsfeld vor allem dadurch beschränkt ist, daß es nur einen eng begrenzten Zeitraum umspannen kann. Die einzelnen Stufen der Superisation sind für die Rezeption nur wichtig, insofern ihre Gesamtlänge kleiner ist als die Zeitspanne, die das Gedächtnis bewältigen kann. Genau so wie es im visuellen Bereich ein Feld scharfen Sehens gibt, müssen wir also auch im auditiven Bereich mit einem „Apperzeptionsfenster" rechnen. Seine Größe bestimmt die Zahl der möglichen Superisierungen, die im Rezeptionsprozeß realisiert werden.

2. Auch die Richtung des „Apperzeptionsfensters" spielt eine Rolle. Die Dekodierung einer gestuften Botschaft ist ja kein stereotyper, unwandelbarer Prozeß. Vielmehr folgt der Rezipient einer Strategie, die darin besteht, daß aus der Reihe von Stufen diejenigen ausgewählt werden, die in der Gesamtheit der Botschaft mit minimaler Anstrengung erkennbar sind. Erst daran anschließend werden die anderen möglichen Stufen entdeckt. Normalerweise wird auch die jeweilige Ausgangsstufe innerhalb des Verlaufs der Botschaft mehrmals gewechselt.

Wie beschreibt nun die Theorie der Problemlösung diese Vorgänge?

a) Maßgebend ist zunächst, in welcher Weise das Problem in das Bewußtseinsfeld des Rezipienten eintritt. Unser Problem ist, phänomenologisch gesprochen, primärer Natur, d.h. es ist nicht erforderlich, es in einem Dekodierungsverfahren zu übersetzen. Das Problem reduziert sich, mit den Worten der Gestalttheorie ausgedrückt, auf eine offene Gestalt, die durch die Rezeption der Botschaft quasi geschlossen werden soll. Nehmen wir eine Melodie als Beispiel für eine solche offene Gestalt. Die Wahrnehmung des Anfangs der Melodie erregt so etwas wie eine Spannung oder ein Vakuum im Bewußtseinsfeld, das den Rezipienten nach Möglichkeiten zur Schließung der Gestalt suchen läßt. Die weitere Rezeption der Botschaft ist also jeweils abhängig von den bis dahin rezipierten Teilen, d.h. der offenen Gestalt bzw. der Problemstellung.

b) Die Problemlösung steht nun in Zusammenhang mit der Größe und der wechselnden Richtung des „Apperzeptionsfensters", auf das ich schon hingewiesen habe. Im Lauf der Gestaltausprägung entwickelt sich eine Erwartungshaltung, die sich zunehmend verstärkt, je besser die Öffnung der Gestalt erkennbar wird. In dem Maße, in dem die Erwartung dann befriedigt wird, entsteht Platz für neue Gestaltprobleme usw. Soviel zum Mechanismus der Problemlösung. Er ist zeitlich orientiert und folgt der horizontalen (syntagmatischen) Achse im Gegensatz zur Superzeichenbildung, die auf der vertikalen Achse eine Hierarchie von Stufen aufbaut. Beide Rezeptionsmechanismen nehmen Verarbeitungskapazität im operativen Bereich des Gehirns in Anspruch. Sie ergänzen sich daher nicht nur, sondern stehen auch in mehr oder minder starker Konkurrenz zueinander.

Es ist noch zu früh, die Möglichkeiten einer Anwendung informationstheoretischer Modelle auf die künstlerische Kommunikation voll abzuschätzen. Zuvor muß ein Verfahren gefunden werden, das die verschiedenen Teilmodelle in ein Gesamtmodell des Rezeptionsprozesses einbringt. Trotzdem können über die verwickelten Vorgänge bei der Rezeption einige allgemeine Aussagen gemacht werden:
1. Je mehr der Rezipient von einer Gestalt entdeckt, desto stärker ist seine Erwartung hinsichtlich einer Lösung des Gestaltproblems.
2. Je stärker sich die zeitliche Ausdehnung der Gestalt der kritischen Gedächtnisspanne nähert, desto prägnanter wird sie.
3. Je perfekter die Lösung des Gestaltproblems ausfällt, desto intensiver ist die Aufmerksamkeit des Rezipienten für die Botschaft. Man könnte diese Eigenschaft als „Faszinationsgrad" bezeichnen.
In der Praxis der Einzelwissenschaften umreißen die skizzierten Ansätze einer Informationstheorie der Kommunikation ein weites Problemfeld für experimentelle Untersuchungen, vor allem im Bereich der Musik. Musik ist eine kontinuierliche Sequenz von Tonerzeugungen; sie ist wohlstrukturiert; sie entzieht sich aber andererseits einer Beschreibung mit Hilfe des Bedeutungsbegriffs.

LITERATUR

Moles, A.:
1958 *Théorie de l'information et perception esthétique.* Paris 1958.
      Deutsch von Hans Ronge in Zusammenarbeit mit Barbara und Peter Ronge: *Informationstheorie und ästhetische Wahrnehmung.* Köln 1971.
Moles, A.:
1960 *Les musiques expérimentales.* Paris, Zürich und Brüssel 1960.

DIETRICH DÖRNER (GIESSEN)

SUPERZEICHEN UND KOGNITIVE PROZESSE

Ziel dieses Beitrages ist die Aufhellung der Funktion von Superzeichen und der Bildung von Superzeichen im Bereich der menschlichen kognitiven Prozesse. Innerhalb des gesetzten Rahmens ist nur die Herausarbeitung der wichtigsten Funktionen von Superzeichen im Bereich der menschlichen Geistestätigkeit möglich.

1. Superzeichen, Gestalten und Strukturen. Unsere Wahrnehmung faßt die vielfältigen Aspekte der Welt in zweifacher Weise zusammen, nämlich durch *Komplexbildung* und durch *Abstraktion*. Wir sehen nicht vier Beine, eine Platte und eine Lehne, sondern einen *Stuhl*, der aus diesen Teilen besteht. Außerdem erkennen wir auch ein Gebilde als Stuhl, welches wir zuvor nie gesehen haben, weil unser Gedächtnis nicht eine Liste konkreter Stühle enthält, sondern eine Art Hohlform, eine inhaltsarme, abstrakte Schablone eines Stuhls, welche eine unendliche Menge verschiedenartiger Stühle repräsentiert. Einlaufende Information wird anhand solcher Schablonen klassifiziert.

Ein Sachverhalt, der aus unterschiedlichen Komponenten zusammengesetzt ist, jedoch „als Ganzes" wahrgenommen wird, ist ein *Superzeichen durch Komplexbildung (Frank,* 1964, S. 15 ff.). Ein Sachverhalt hingegen, für dessen Klassifizierung nur bestimmte Merkmale berücksichtigt werden, wohingegen von der Beachtung anderer, „irrelevanter" abgesehen („abstrahiert") wird, ist ein *Superzeichen durch Abstraktion.* Die meisten Sachverhalte sind wohl Superzeichen durch Komplexbildung *und* durch Abstraktion. Man erkennt ein Haus als Haus, weil es in ein abstraktes Konzept „Haus" paßt; zugleich ist ein Haus ein komplexes Gebilde und besteht aus unterscheidbaren Teilen, die in einer bestimmten Relation zueinander stehen.

Superzeichen fassen die Vielfalt unserer Umwelt natürlich nicht nur „einfach so" zusammen. Vielmehr geschehen solche Zusammenfassungen gewöhnlich zu einem bestimmten Zweck. Mit Superzeichen sind bestimmte Handlungen oder die Aktivierung bestimmter geistiger Zustände verknüpft. Ein Stuhl ist nicht nur einfach ein Stuhl, sondern dient zum Sitzen. Superzeichen haben also meist Appellcharakter. Sie sind Signale, die den inneren Zustand des Empfängers und sein Verhalten verändern. Dies gilt wohl immer für Superzeichen durch Abstraktion. Man abstrahiert von denjenigen Merkmalen einer Situation, die für einen bestimmten Zweck nicht wichtig sind.

Bei Superzeichen durch Komplexbildung tritt dieser funktionale Aspekt aber oft in den Hintergrund. Sternbilder oder Melodien haben für sich genommen oft wohl keinen Appellcharakter, führen also nicht dazu, daß der Empfänger bei ihrer Wahrnehmung etwas Bestimmtes tut oder denkt. Ihre Funktion scheint vielmehr oft nur einfach darin zu liegen, daß sie eine bestimmte Ordnung stiften, ohne daß diese Ordnung von irgendeinem praktischen Nutzen wäre. Wir kommen unten auf diese Funktion der Stiftung einer zweckfreien Ordnung zurück.

Den beiden großen Superzeichenkategorien — Superzeichen durch Komplexbildung und Superzeichen durch Abstraktion — kann man Untergruppen zuordnen: Wohl jeder wahrnehmbare Sachverhalt läßt sich in Komponenten zerlegen und ist beschreibbar als ein Gefüge von Komponenten, wobei die Komponenten bestimmte Relationen zueinander haben. Ein Stuhl besteht aus einer Sitzplatte, einer Lehne und Beinen, und diese Komponenten haben bestimmte räumliche Relationen zueinander. Bezeichnen wir die Menge von Relationen zwischen den Komponenten eines Sachverhalts als seine *Struktur* und die Menge der Komponenten als die *Komposition* des Sachverhalts. Bei den meisten Superzeichen sind nun Komposition *und* Struktur wichtig, damit ein Sachverhalt zum entsprechenden Superzeichen wird. Bei bestimmten Superzeichen ist aber die Komposition unwichtig, von ihr wird abstrahiert; wichtig allein ist die Struktur. Dies ist der Fall bei den in der Psychologie so genannten *Gestalten*, die eine spezifische Untergruppe von Superzeichen darstellen.

Der Begriff „Gestalt" hat in der Psychologie eine ehrwürdige Geschichte, deren vielfältige Verzweigungen wir hier nicht darstellen möchten. Nach v. Ehrenfels (*Arnold u.a.*, 1971, S. 679) ist eine Gestalt ausgezeichnet durch die „Gestaltkriterien" der *Übersummativität* und *Transponierbarkeit*.

Übersummativität bedeutet, daß die einzelnen Teile, aus denen eine Gestalt zusammengesetzt ist, nicht allein bedeutsam sind für das „Gestalthafte" einer Gestalt. An den Begriff der Übersummativität knüpfen sich viele, oftmals sehr dunkle Erörterungen der Frage, welche geheimnisvollen Eigenschaften es denn sind, die eine Gestalt zur Gestalt machen, wenn nicht die Eigenschaften der Teile. Unseres Erachtens ist diese Frage leicht beantwortbar. Es sind die *Relationen* zwischen den Teilen, die das Gestalthafte einer Gestalt konstruieren. Die Figur in Abb. 1

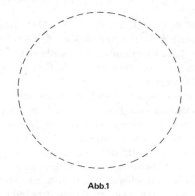

Abb.1

ist ein Kreis, weil die einzelnen Komponenten der Figur bestimmte Relationen zueinander haben. Eine Gestalt wird also durch ein Relationsgefüge, eine Struktur etabliert. Und da die Relationen nicht in den Teilen eines Ganzen enthalten sind, sondern zwischen diesen bestehen, ist eine Gestalt „mehr als die Summe der Teile", sie ist „übersummativ".

Transponierbarkeit bedeutet, daß eine Gestalt nicht nur durch eine ganz bestimmte Menge von Komponenten realisiert werden kann, sondern durch eine fast unbegrenzte Mannigfaltigkeit verschiedenartiger Komponenten, wenn nur die Relationen zwischen den Komponenten gleich bleiben. Die Figur in Abb. 2

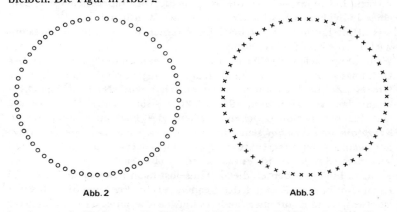

Abb. 2   Abb. 3

ist ebenso ein Kreis, wie die Figur in Abb. 1 oder die Figur in Abb. 3.

Transponierbarkeit bedeutet also nichts anderes als die Tatsache, daß die Komponentenleerstellen eines Relationsgefüges beliebig besetzt werden können. Das Relationsgefüge kann auf andere Komponenten transponiert werden.

Das, was gewöhnlich als „Gestaltprinzip" oder „Gestaltgesetz" bezeichnet wird, kann man mithin betrachten als eine Struktur mit Leerstellen für die Komponenten. Jede Konfiguration, die die entsprechenden Relationen aufweist, realisiert eine entsprechende Gestalt, ganz gleich, aus welchen Komponenten sie besteht.

Diese Ausführungen machen die Beziehungen zwischen „Gestalt" und „Superzeichen" hinreichend klar. Ein Superzeichen (durch Komplexbildung) ist eine Menge von Einzelzeichen mit einer bestimmten Struktur, d.h. mit einem bestimmten Relationsgefüge. Eine Gestalt ist dasselbe mit der zusätzlichen Eigenschaft, daß die Komponenten einer Gestalt variabel sein können, also beliebig austauschbar sind. Gestalt ist das, was ein bestimmtes Relationsgefüge, eine bestimmte Struktur aufweist, wobei gleichgültig ist, zwischen welchen Komponenten die entsprechenden Relationen bestehen.

Ob und in welcher Weise etwas als Superzeichen wahrgenommen wird, hängt von den entsprechenden Gedächtnisstrukturen des Empfängers ab.

Wir verfügen über Raster für Superzeichen oder — anders ausgedrückt — eine Reizkonfiguration wird dadurch zum Superzeichen, daß der Empfänger über Gedächtnisstrukturen verfügt, die auf die Reizkonfiguration entsprechend reagieren. Wir wollen eine solche Gedächtnisstruktur „Superzeichenschema" nennen.

Das Inventar von Superzeichenschemata, über welches ein Individuum verfügt, bestimmt, wie es die Welt sieht. Die Superzeichenschemata eines Individuums bestimmen, was in der Wahrnehmung „Figur" und was „Hintergrund" ist. Sie bestimmen ferner, was wichtig und was unwichtig an einem Sachverhalt ist.

Wenn „Superzeichen" alles ist, was in ein beim Empfänger vorhandenes Ordnungsprinzip paßt, so kann man sich fragen, ob der Gebrauch des Wortes „Zeichen" hier nicht überstrapaziert wird. Nach Bühlers Organonmodell (vgl. *Hörmann*, 1970, S. 20 ff.) sind es drei Momente, die ein Phänomen zum Zeichen machen: das Phänomen muß *Signal, Symptom und Symbol* sein. *Signal* ist etwas, wenn es Appellcharakter hat, wenn es den inneren Zustand des Empfängers (und sein Verhalten) verändert. *Symptom* ist etwas, wenn es über sich selbst hinausweist, wenn es Inhalte bedeutet, die an ihm selbst nicht ablesbar sind, wenn es einen bestimmten Zustand des Senders ausdrückt. *Symbol* schließlich ist etwas, wenn es auf etwas anderes hinweist, wenn es für etwas anderes steht, welches mit ihm sonst nicht verbunden zu sein braucht.

Es ist kaum ein Wahrnehmungsinhalt denkbar, der nicht Signal und Symptom ist. Die Wahrnehmung der äußeren Gestalt eines Hauses verändert den Bewußtseinszustand und das Verhalten. Man läuft nicht gegen die Hausmauern, man geht am Haus vorbei, man betritt das Haus;

das Haus ist Signal mit Appellcharakter für die Veränderung des inneren Zustandes und des Verhaltens.

Zugleich ist es Symptom. Die äußeren Umrisse weisen auf Zimmer, Korridore, Treppenhäuser hin, die unmittelbar nicht sichtbar sind. Dagegen ist es aber gewöhnlich kein Symbol; es steht nicht für etwas anderes, es bedeutet z.B. nicht soviel wie „Lokomotive". (Es *kann* auch Symbol sein, z.B. eine Art ikonischer Repräsentation der Idee des Beschütztseins, der Heimat o.ä. Die symbolische Interpretation gewöhnlicher Außenweltreize dürfte aber eher die Ausnahme sein.)

Superzeichen im hier besprochenen Sinn sind also nach der Bühlerschen Theorie nicht notwendigerweise „Zeichen", sondern oft nur „2/3-Zeichen" mit Signal- und Symptomcharakter.

2. *Die allgemeine Funktion von Superzeichen*. Welches ist die Funktion von Superzeichen? Die allgemeine Funktion ist die der *Unbestimmtheitsreduktion*, die Stiftung von Ordnung, wobei die Ordnung einen bestimmten verhaltensregulierenden Zweck haben kann oder nicht (s.u.).

Ein Inventar von Superzeichenschemata für einen bestimmten Realitätsbereich faßt die unüberschaubare Vielfalt der Aspekte in einer überschaubaren Anzahl von Komplexen zusammen, nämlich in Superzeichen durch Komplexbildung, und lenkt den Blick auf das Wesentliche (Superzeichen durch Abstraktion). Jemand, der z.B. mit den kybernetischen Konzepten der positiven und negativen Rückkoppelung an die Betrachtung eines Wirtschaftssystems oder eines Ökosystems herangeht, dem ordnen sich die Phänomene in Regelkreise, Kaskadenregelungen und ähnliches. Und solche Strukturvorstellungen wie „Regelkreis", „Störwertaufschaltung" usw. sind nichts anderes als Strukturierungsprinzipien, Superzeichenschemata.

Das Bestreben zur Unbestimmtheitsverminderung durch die Bildung und Verwendung von Superzeichenschemata scheint ein Grundbedürfnis bei Menschen zu sein wie Essen und Trinken. In der Psychologie spricht man von einem, anscheinend angeborenen, Explorationsbedürfnis.

Es gibt augenscheinlich ein gewisses Bedürfnis nach Unordnung, nach Unbestimmtheit, welche durch den Einsatz entsprechender geistiger Werkzeuge in Ordnung und Bestimmbarkeit umgewandelt werden kann. Die Effekte „sensorischer Deprivation" zeigen dies deutlich. Wenn man Personen durch geeignete Maßnahmen gänzlich oder fast vollkommen von der Reizzufuhr abschneidet, so ereignen sich nach einer gewissen Zeitspanne dramatische Dinge. Die Versuchspersonen berichten von Parästhesien, Halluzination und insgesamt schwerwiegenden Beeinträchtigungen ihres psychischen Zustandes. Offenbar beginnt das wache, von der Unbestimmtheitszufuhr abgeschnittene Nervensystem die fehlende

Unbestimmtheit dadurch zu ersetzen, daß es selbst Information erzeugt. Die weniger dramatischen Effekte schlichter Langweile deuten gleichfalls darauf hin, daß das wache Nervensystem eine gewisse Zufuhr an Unbestimmtheit braucht, die es bearbeiten und vermindern kann — durch Prozesse der Superzeichenbildung und der Superzeichensuche.

Das allgemeine Bedürfnis nach Unbestimmtheitsreduktion führt dazu, daß Ordnungen auch ohne unmittelbaren Zweck gesucht oder gestiftet werden. Situationen, die ungeordnet erscheinen, erwecken das Bedürfnis nach der Entdeckung oder Etablierung von Ordnungsprinzipien auch dann, wenn keine andere Belohnung dafür erfolgt, als eine Unbestimmtheitsreduktion, also die Stiftung von Ordnung. Die gelungene Unbestimmtheitsreduktion selbst wird als lustvoll, als befriedigend erlebt.

In diesem Zusammenhang ist es bedeutsam anzumerken, daß *ästhetische Befriedigung* wohl zum Teil auf der gelingenden Unbestimmtheitsreduktion beruht.

Es läßt sich experimentell zeigen, daß Versuchspersonen solche Reizkonfigurationen „schön" und „ästhetisch befriedigend" finden, die zunächst von hoher Unbestimmtheit sind, in denen jedoch durch aktive Informationsverarbeitung schließlich Superzeichen auffindbar sind (siehe *Dörner & Vehrs*, 1975). Ein Teil der ästhetischen Befriedigung ist wohl verknüpft mit der gelungenen Unbestimmtheitsreduktion „gegen Widerstand" einer *prima facie* relativ chaotischen Situation.

Ästhetischen Genuß bereitet eine Konfiguration dann, wenn sie zunächst Probleme stellt, wenn sie sich zunächst nicht dem vorhandenen Inventar von Superzeichenschemata fügen will, sondern wenn Um- und Neubildungen dieser Schemata erfolgen müssen, um der Reizkonfiguration gerecht zu werden. Man erinnere sich in diesem Zusammenhang an das alte ästhetische „Prinzip der einheitlichen Verknüpfung des Mannigfaltigen" (*Fechner*, 1897, S. 53). Eine moderne Fassung dieses Prinzips müßte unseres Erachtens ungefähr lauten: Ästhetisch befriedigend ist eine Reizkonfiguration dann, wenn sie auf den ersten Blick chaotisch oder ungeordnet erscheint, wenn jedoch durch Prozesse der Superzeichensuche oder durch die Stiftung neuer Superzeichenschemata sekundär eine Ordnung erkannt werden kann (vgl. hierzu auch *Frank*, 1964, S. 35 ff. und *Gunzenhäuser*, 1966).

3. *Die spezielle Funktion von Superzeichen beim Lösen von Problemen.* Bislang haben wir die allgemeine Funktion von Superzeichen betrachtet. Wir wollen nun noch einige spezielle Funktionen von Superzeichen beim menschlichen Denken und Problemlösen betrachten.

Die Rolle von Superzeichen beim Denken läßt sich kaum überschätzen. Wir wollen uns bei der Diskussion auf die Erörterung folgender Themenkreise beschränken:

a) die Rolle von Superzeichen als „Organisatoren" des Denkablaufs,
b) die Rolle von Superzeichen bei der Strukturierung unbekannter Bereiche.

Zunächst zur Rolle von Superzeichen als Vororganisatoren des Denkens. Superzeichen können in dieser Rolle fördernd und auch hindernd wirken. Ein Experiment von de Groot (1971) illustriert die lösungsfördernde Rolle von Superzeichen:

De Groot stellte fest, daß geübte Schachspieler sich von ungeübten darin unterscheiden, daß erstere eine kurz (5 sec) dargebotene Situation auf dem Schachbrett (es handelte sich um eine komplizierte Mittelspielsituation) erheblich besser reproduzieren konnten als ungeübte Spieler. Die besseren Reproduktionsleistungen waren darauf zurückzuführen, daß die Schachmeister mit einem wohlausgebildeten Inventar von Superzeichenschemata an die Aufgabe herangingen. Es fanden sich sowohl Superzeichen durch Abstraktion als auch Komplexsuperzeichen. Die geübten Schachspieler klassifizierten die Situation als „ruhig" oder „dynamisch" und hatten Raster für spezifische Konstellationen („Variante nach der Art Bronsteins").

Solche Kategorisierungen sind natürlich beim Schachspiel im Speziellen und beim Problemlösen im Allgemeinen keine Akte der „reinen Kognition", sondern eng mit Handlungsmöglichkeiten verknüpft. Wo der Anfänger eine unüberschaubare Mannigfaltigkeit von Zugmöglichkeiten sieht, zeigt sich dem Schachmeister die Variante einer bestimmten Konstellation, in welcher nur zwei Züge überhaupt denkbar und der eine davon sehr gewagt ist. Die Superzeichen sind mit entsprechenden Handlungsmöglichkeiten verknüpft und erleichtern die Entscheidung, was als nächstes zu tun ist. Vor dem Hintergrund des de Grootschen Experiments werden die sonst fast unglaublich erscheinenden Fähigkeiten von Schachmeistern zum Simultanspiel verständlich. Spiele gegen mittelmäßige Spieler kann ein Meister wohl fast ohne Denkaufwand erledigen, nämlich aufgrund seines gut ausgebildeten Inventars von Superzeichen.

Was für Schachmeister im Speziellen gilt, gilt wohl auch allgemein. Der intuitive „Blick" des Fachmanns, seine traumhafte Sicherheit, in einer für andere gänzlich unübersichtlichen Situation schnell das Richtige zu tun, basiert auf der Verfügung über die adäquaten Superzeichenschemata. Die Fortentwicklung der Problemlösefähigkeit besteht zum Teil in der Entwicklung von Superzeichenschemata.

Allerdings hat die Ausbildung von Superzeichenschemata nicht nur positive Effekte auf den Problemlöseprozeß, vielmehr kann durch entsprechende Superzeichen auch eine Problemlösung erschwert oder unmöglich gemacht werden. In diesem Zusammenhang ist der Begriff der „heterogen funktionalen Gebundenheit" (*Duncker*, 1935) bedeutsam. Hierzu die Schilderung eines Experiments von Birch und Rabinowitz

(1965): Versuchspersonen sollten ein Pendel konstruieren. Als gleichermaßen geeignete Pendelgewichte standen ein Schalter und ein Relais zur
Verfügung. Versuchspersonen, die den Schalter vorher in einen Stromkreis einbauen mußten, waren nicht mehr bereit, ihn als Pendelgewicht
zu verwenden, und verteidigten die Ungeeignetheit des Schalters als
Pendelgewicht nachhaltig („Jeder Narr kann doch sehen, daß das Relais
besser geeignet ist!"). In gleicher Weise reagierten Versuchspersonen,
die statt des Schalters das Relais in einem Stromkreis verwendet hatten,
hinsichtlich des Relais.

In diesem Experiment wurde durch eine funktionale Bindung des jeweiligen Instruments eine andersartige Verwendung desselben verhindert.
Man kann wohl annehmen, daß durch die Vorverwendung des jewei-
gen Instruments ein Abstraktionsprozeß in Gang gesetzt wurde, dem
diejenigen Merkmale zum Opfer fielen, die im Hinblick auf die Verwendung des Instruments im Stromkreis irrelevant waren. Daß der Schalter
schwer ist und so gestaltet, daß man gut eine Schnur an ihn binden
kann, ist irrelevant für seine Schalterfunktion. Die Versuchspersonen
abstrahieren von diesen Merkmalen und zwar so, daß dieser Abstraktionsprozeß nicht mehr rückgängig gemacht werden konnte. Die entsprechenden Merkmale konnten nicht mehr „gesehen" werden, als es
darum ging, den Schalter nun anders zu verwenden.

Dies Experiment zeigt, daß nicht nur die traumhafte Sicherheit des
Fachmanns, sondern auch seine Blindheit für „neue" und „andere"
Lösungen auf die Ausbildung entsprechender Superzeichenschemata
zurückgeführt werden kann. Wer mit einem — gewöhnlich erfolgreichen — Inventar von Superzeichen ausgerüstet ist, ist meist nicht mehr
imstande, die Dinge einmal „ganz anders" zu sehen. Die Rolle der
Außenseiter bei der Initiierung von Neuentwicklungen ist bekannt und
liegt vor allem wohl darin begründet, daß Außenseiter es leichter haben,
Dinge unter anderen Blickwinkeln zu sehen, als „insider".

Wir haben gerade die Rolle diskutiert, die Superzeichen beim Problemlöseprozeß in Realitätsbereichen spielen, in denen man Erfahrungen
besitzt. Sie schreiben vor, wie Situationen zu betrachten sind und wie
man zu handeln hat. Wir wollen nun die Rolle von Superzeichen in dem
Fall erörtern, wenn Erfahrungen über einen Realitätsbereich nicht vorliegen.

Die geistige Erschließung unbekannter Terrains ist eng verknüpft mit
einer bestimmten Form des Denkens, nämlich mit dem Denken in
Modellen oder Analogien. Wenn Rutherford sich ein Atom nach dem
Vorbild des Sonnensystems vorstellte oder Mendelejeff das Perioden-
system nach dem Vorbild der doppelten Ordnung eines Kartenspiels
organisierte, so vollzogen sie damit Analogieschlüsse. Ein Analogieschluß besteht aus drei Schritten:

1) Man sucht einen gut bekannten Realitätsbereich, der dem unbekannten strukturähnlich zu sein scheint.

2) Man löst aus dem bekannten Realitätsbereich die Struktur heraus, indem man von den Komponenten abstrahiert, und erhält auf diese Weise ein „reines", inhaltsfreies Ordnungsgefüge, eine Struktur, ein „Gestaltprinzip".

3) Man stülpt dieses Ordnungsprinzip über den unbekannten Realitätsbereich, indem man in die Komponentenleerstellen der Struktur die Komponenten des unbekannten Realitätsbereichs einsetzt. An die Stelle der Spielkarten setzt man die chemischen Elemente, an die Stelle der Planeten und der Sonne setzt man Elektronen und Atomkerne.

Beim Analogieschluß handelt es sich also um die *ad hoc* geschehende Bildung und Verwendung eines spezifischen Superzeichenschemas, nämlich eines Gestaltprinzips. Ein Analogieschluß ist die probeweise Übertragung einer Struktur von einem Realitätsbereich auf einen anderen.

4. Zusammenfassung. Wir unterscheiden mit Frank (1964) zwei Arten von Superzeichen, nämlich solche durch Komplexbildung und solche durch Abstraktion. Spezifische Superzeichen sind die in der Psychologie so genannten „Gestalten", die durch eine konstante Struktur bei Variabilität der Komponenten gekennzeichnet sind. Ob etwas als Superzeichen empfunden wird, hängt davon ab, ob der Empfänger über ein entsprechendes Superzeichenschema verfügt.

Die allgemeine Funktion von Superzeichen ist die der Unbestimmtheitsreduktion. Es scheint eine Tendenz zur Bewältigung von Unbestimmtheit beim Menschen zu existieren, welche sich darin manifestiert, daß Menschen Unbestimmtheit aufsuchen oder erzeugen („Explorationstrieb"), wenn ihre Umwelt nicht genügend davon enthält. Die — lustvolle — Bewältigung von Unbestimmtheit geschieht durch die Um- und Neubildung von Superzeichenschemata. Man kann annehmen, daß eine der Wurzeln ästhetischer Befriedigung in der Unbestimmtheitsreduktion „gegen Widerstand" liegt, d.h. in einer Unbestimmtheitsreduktion, die nicht unmittelbar gelingt, sondern einen gewissen Aufwand erfordert.

Adäquate Superzeichenschemata ermöglichen beim Problemlösen die schnelle Kategorisierung der Situation und dementsprechend schnelles Handeln. Superzeichenbildung ist schwer rückgängig zu machen. Deshalb können Superzeichenschemata auch blind machen für eine Lösung, die „hinterher" auf der Hand liegt.

Superzeichenschemata spielen ferner eine große Rolle bei der geistigen Neustrukturierung eines unbekannten Bereiches. Ein wichtiges Mittel ist der Analogieschluß, der in der *ad hoc* geschehenden Bildung und Verwendung eines Superzeichenschemas besteht.

LITERATUR

Arnold, W., H.J. Eysenck und R. Meili (eds.):
1971   *Lexikon der Psychologie.* Bd 1. Freiburg i.Br. 1971.

Birch, H.G. und H.S. Rabinowitz:
1965   Die negative Wirkung vorhergehender Erfahrung auf das produktive Denken. In: Graumann, C.F. (ed.): *Denken.* Köln 1965.

De Groot, A.D.:
1971   Heuristics in Perceptive Processes. XVIII. Int. Congr., Sympos. 25, Moskau 1966. In: Klix, F. (ed.): *Information und Verhalten.* Bern, Stuttgart und Wien 1971.

Dörner, D. und W. Vehrs:
1975   Ästhetische Befriedigung und Unbestimmtheitsreduktion. In: *Psychological Research.* 37 (1975), S. 321−334.

Duncker, K.:
1935   *Zur Psychologie des produktiven Denkens.* Berlin 1935

Fechner, G.T.: 1897
1897   *Vorschule der Ästhetik.* Leipzig 1897.

Frank, H.:
1964   *Kybernetische Analysen subjektiver Sachverhalte.* Quickborn 1964.

Gunzenhäuser, R.:
1966   Informationstheorie und Ästhetik. In: Frank, H. (ed.): *Kybernetik.* Frankfurt a.M. 1966.

Hörmann, H.:
1970   *Psychologie der Sprache.* Berlin 1970.

SIEGFRIED MASER (BRAUNSCHWEIG)

ARTEN DER SUPERZEICHENBILDUNG

1. Vorbemerkung

Im folgenden wird der Begriff des Zeichens und damit auch die Problematik der Superzeichen in den umfassenderen Rahmen *kommunikativer Situationen* eingebettet. Im 2. Abschnitt werden daher vorbereitend einige einfache Strukturmodelle solcher Situationen entwickelt und dargestellt (Abb. 1—3). Im 3. Abschnitt wird eine vorläufige Definition der Superzeichen erörtert. Sie wird in den Abschnitten 4 bis 6 zur Typologisierung der Superzeichen in syntaktischen, semantischen und pragmatischen Systemen verwendet. Im letzten Abschnitt schließlich soll die Typologisierung von Prozessen der Superzeichenbildung erörtert werden.

Das Ziel der folgenden Überlegungen liegt darin nachzuweisen, daß der bisher übliche struktural-funktionale Ansatz einer Theorie der Superzeichen besser durch einen *funktional-strukturalen Ansatz* zu ersetzen ist. Dies bedeutet: es sollen hier die Anfangsgründe für eine zu betreibende Forschungsrichtung konstatiert werden, nicht bereits Resultate solcher Forschung zusammengestellt werden.

2. Zeichen und Kommunikation

Sowohl die *Struktur* eines Zeichens (was es ist) als auch die *Funktion* eines Zeichens (was es bewirkt), beides ist abhängig von der kommunikativen Situation, in der etwas als Zeichen *gebraucht* wird. Kommunikation aber ist stets *Prozeß*, ist Verständigungsvorgang, der als *Resultat* Verständnis, d.h. gemeinsame Erkenntnis erbringen soll, als Voraussetzung für zweckrationales, d.h. bewußtes, zielgerichtetes Handeln. Superzeichenbildung (Superisation) ist somit ebenfalls sowohl als Prozeß als auch als Resultat zu erörtern, und zwar im umfassenderen Rahmen *kommunikativer Prozesse*. Eine struktural-funktionale Theorie schließt dabei von der Struktur (Resultat, Wesen) auf die aus ihr folgenden Funktionen (Prozeß, Erscheinung). Eine funktional-strukturale Theorie schließt dagegen von den Funktionen auf die ihr zugrunde liegende Struktur bzw. auf die ihnen zugrunde zu legende Struktur.

2.1. Kommunikation. Kommunikation als Verständigungsprozeß soll im folgenden als *sozialer Prozeß* begriffen werden, d.h. als Prozeß, der von Menschen für Menschen initiiert wird. (Inwieweit der Kommunikationsbegriff auch auf Tiere oder beliebige Gegenstände übertragbar ist, soll hier nicht interessieren.) Jeder soziale Prozeß kann primär gekennzeichnet werden durch das *Ziel*, das er verfolgt, durch den *Inhalt*, auf den das Ziel gerichtet ist, und durch die *Form*, durch die Art und Weise, wie er abläuft. Es wird zu erörtern gelten, welche Rolle dabei die Superisation spielt.

2.1.1. Ziele der Kommunikation. Das Ziel kommunikativer Prozesse kann einmal Selbstzweck sein, zum anderen aber auch Mittel zum Zweck, nämlich Mittel oder Voraussetzung für zielgerichtetes Handeln. Kommunikation als *Selbstzweck* liefert einerseits ihren Beitrag zur Befriedigung verschiedenster grundlegender menschlicher Bedürfnisse wie z.B. Welterkenntnis, Neugier, Status u.a., sie hat somit als solche einen gewissen unmittelbaren sozialen und kulturellen Wert. Kommunikation als *Mittel zum Zweck* ist andererseits häufig Voraussetzung zur Befriedigung von Bedürfnissen physiologischer Art, Selbstverwirklichung, Sicherheit, Liebe u.a., und hat als solche einen mittelbaren sozialen Wert (über Bedürfnisse vgl. z.B. *Maslow*, 1954, S. 120). Es wird daraus verständlich, daß jüngst der Begriff der Kommunikation in verschiedensten Disziplinen (z.B. Soziologie, Psychologie, Pädagogik, Politik u.a.) eine zentrale Bedeutung erhalten hat, nämlich in solchen Disziplinen, wo die zu lösenden Probleme eine Objektivität im Sinne der Realwissenschaften (Objektivität = Subjektunabhängigkeit) nicht besitzen, wo aber trotzdem allgemeine, intersubjektive Verständigung, wo kollektive Überzeugung notwendig ist. Dies insbesondere in einer Gesellschaft, die sowohl Demokratie als auch Pluralität als Prinzipien verteidigt.
Frage: Welche Rolle spielt dabei die Superisation?

2.1.2. Inhalte der Kommunikation. Der Inhalt der Kommunikation ist der *Möglichkeit* nach beliebig. Er ist total oder *universell*: Es gibt nichts, worüber nicht kommuniziert werden kann. Dies führt einmal zum Anspruch der universellen Anwendbarkeit der Kommunikationstheorie (ähnlich wie der Philosophie oder der Kybernetik; vgl. z.B.: „Alles regeln, was regelbar ist, und das nicht Regelbare regelbar machen", *Schmidt*, 1965); andererseits führt dies zu metaphysischen Prinzipien, daß nämlich der Mensch vom denkenden (Descartes) und arbeitenden (Marx) Wesen jetzt zu einem kommunikativen Wesen geworden ist.
Der *Wirklichkeit* nach ist Kommunikation durchaus nicht universell: Es gibt endlos viele menschliche Konflikte, in denen menschliche Verständigung nicht Wirklichkeit ist und in denen die „Ethik der Debatte", die

den Gegner zu überzeugen sucht, ersetzt wird durch die „Logik der Strategie", die den Gegner im Spiel überlistet, oder durch die „Blindheit der Masse", die den Gegner im Kampf vernichtet (vgl. *Rapoport*, 1960). Aus der These „Wissen ist Macht." (Francis Bacon) folgt so aber für jede Demokratie als notwendige *Forderung*: Kommunikation muß sein!
Frage: Welche Rolle spielt dabei die Superisation?

2.1.3. Formen der Kommunikation. Die Formen der Kommunikation sind vielfältig: unmittelbare und mittelbare Kommunikation, uni-, bi- und multilaterale, Massenkommunikation und Selbstgespräche, freie, gesteuerte und geregelte Kommunikation, verbale und visuelle Kommunikation und viele andere mehr.
Frage: Welche Rolle spielt dabei jeweils die Superisation?

2.2. Zeichen. Kommunikation als Prozeß menschlicher Verständigung setzt voraus den Transport von Information. Information ist die Neuigkeit einer Nachricht. Eine Nachricht setzt sich zusammen aus Zeichen. Gegenseitige Verständigung setzt somit ein gemeinsames Repertoire von Zeichen voraus, also gemeinsame Hilfsmittel (vgl. *Maser*, 1971).

2.2.1. Ch.S. Peirce. Ch.S. Peirce definiert das Zeichen als eine triadische Relation: Ein Interpretant I ordnet einem Objekt O ein Mittel M als Zeichen zu (vgl. *Peirce*, 1931–1960, *Bense*, 1967 und *Walther*, 1974). Der *Prozeß* der Bezeichnung besteht also in einer Zuordnung: Ein Zuordner I (Subjekt) ordnet einem O ein M zu. Dabei verfolgt I bestimmte Zwecke oder Ziele. Das *Resultat* solcher Bezeichnungsprozesse, also das Zeichen, ist abhängig von den im Prozeß mitspielenden Parametern. Das Zeichen hat daher stets einen Interpretantenbezug, einen Objektbezug und einen Mittelbezug, die jeweils auch untereinander in Beziehung stehen. Anfänge einer systematischen Untersuchung dieses Verflechtungssystems finden sich in *Bense*, 1975.

2.2.2. Ch.W. Morris. Ch.W. Morris definiert, ausgehend vom Peirceschen Zeichenbegriff, die Syntaktik, Semantik und Pragmatik als Teile der Semiotik (vgl. *Morris*, 1946). Dabei steht die Beantwortung der folgenden Fragen an:
— *Pragmatik*: Analyse von Ursprung, Verwendung und Wirkung der Zeichen: Wer macht Zeichen? (Subjekt, Mensch, Individuum, Gesellschaft etc.). Wozu macht man Zeichen? (Interesse, Ziele, Absicht). Warum macht man Zeichen? (Gründe, Ursachen). Für wen macht man Zeichen? (Zielgruppe).
— *Semantik*: Analyse der Signifikation, der Bedeutung von Zeichen:

Was wird bezeichnet? (Objekt, Sachverhalt, Gegenstand, Merkmal, Inhalt, Thema etc.).

— *Syntaktik*: Analyse der Bezeichnungsmittel und ihrer Verknüpfungen (Syntax): Wie wird bezeichnet? (Wort, Satz, Bild etc.).

Zeichen*theorie* geht dabei u.a. vom Einfachen zum Komplexen vor (Descartessche Regel), also von der Syntaktik über die Semantik zur Pragmatik. Praktische Probleme, Verwertungsprobleme, *Anwendung* verlaufen stets umgekehrt: Wozu Kommunikation? — Ziele! Worüber Kommunikation? — Inhalte! Womit Kommunikation? — Form!

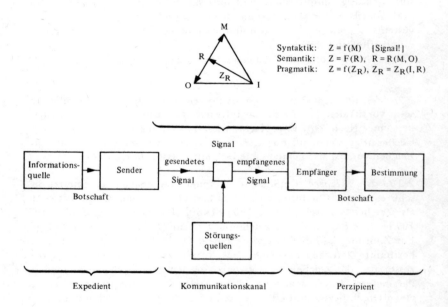

Syntaktik: $Z = f(M)$ [Signal!]
Semantik: $Z = F(R)$, $R = R(M, O)$
Pragmatik: $Z = f(Z_R)$, $Z_R = Z_R(I, R)$

Abb. 1: *Klassisches Modell einer kommunikativen Situation nach Shannon & Weaver, 1949*

2.3. Strukturmodelle. Aus den obigen vorläufigen Begriffsbestimmungen lassen sich jetzt exemplarisch einfache *Strukturmodelle* von kommunikativen Situationen entwickeln, innerhalb derer die Probleme von Superisationsprozeß und Superzeichen zu erörtern sind. Aus allen Parametern des jeweiligen Modells lassen sich dann Ansätze zur *Typologisierung* ableiten. Dabei soll insbesondere deutlich gemacht werden, daß eine Problemverschiebung von der Typologie der *Zeichen* (Superzeichen) zur Typologie der *Zeichenbildung* (Superisation) nützlich ist.

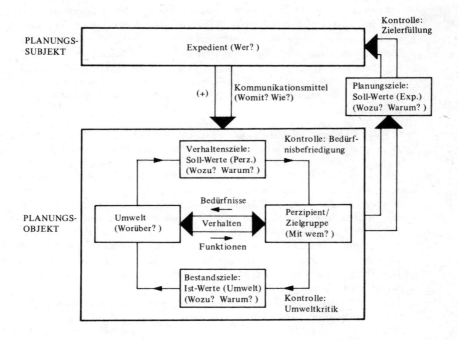

Abb. 2: *Kybernetisches Planungsmodell einer kommunikativen Situation.*
(+) entspricht dem Klassischen Teilproblem (vgl. Abb. 1).

2.3.1. Klassischer Ansatz. C.E. Shannon und W. Weaver unterscheiden Kommunikationsprobleme auf drei verschiedenen Ebenen (*Shannon & Weaver*, 1949, S. 7 und S. 24):

> Ebene A: Wie genau können die Kommunikationssymbole übermittelt werden?
> Ebene B: Wie genau befördern die gesendeten Symbole die gewünschte Bedeutung?
> Ebene C: Wie wirksam verändert die empfangene Bedeutung das Verhalten in der gewünschten Weise?

Dabei interessiert den Nachrichtentechniker vorwiegend das Problem der Ebene A (vgl. Abb. 1), bzw. der syntaktische Aspekt. Das Ziel einer solchen Theorie liegt in einer zunehmenden Präzisierung von Erkenntnissen über Signale (Inhalt der Theorie = Zeichen als Mittel), ihr Weg besteht somit in einer Mathematisierung des Systems der Signale.

Eine solche Mathematisierung beginnt stets mit einer Typologie der Elemente (Menge, Repertoire) und untersucht dann die möglichen Ver-

knüpfungen solcher Elemente (Syntax). Dabei wird bewußt von Ziel
und Inhalt des kommunikativen Rahmens abstrahiert. Eine solche Klassische Theorie ist *formal*. Sie versteht ihren Gegenstand *resultativ* (d.h.
nicht prozessual) und *objektivistisch* (d.h. vom Subjekt unabhängig).
Das Problem der Superisation kann in einem solchen Modell (formal,
resultativ, objektivistisch: Klassischer Ansatz) nur soviel wie Verknüpfung von Mitteln bedeuten, sie heißt hier besser *Adjunktion* (vgl.
Abschnitt 4).

2.3.2. Kybernetischer (planungstheoretischer) Ansatz. Überträgt man
elementare, kybernetische Strukturmodelle aus dem Bereich der Planung (vgl. *Brunn*, 1973) auf kommunikative Situationen, so ergibt sich
beispielsweise Abb. 2: Als Planungssubjekt des Kommunikationsprozesses fungiert der Expedient, seine Planungsziele sind Maßstab (Soll-
Werte) für die ständige Kontrolle (Rückkoppelung) der Zielerfüllung,
die durch zweckrationalen Einsatz der Planungs- oder Kommunikationsmittel erreicht werden soll. Als Planungsobjekt fungiert der Perzipient
(Zielgruppe), einschließlich seines Verhaltens gegenüber der Umwelt
(Prozesse der Bedürfnisbefriedigung), das durch das Hilfsmittel der
Kommunikation von einem Ist-Verhalten in ein Soll-Verhalten transfor-
miert werden soll.
Dabei interessiert den Planer die gezielte Veränderung gesellschaftlicher
Verhaltensweisen gegenüber der Umwelt. Planungstheorie wird dabei
(leider nicht stets!) *inhaltlich* verstanden: Es geht dabei einmal um den
Begründungszusammenhang zwischen dem vorhandenen Umwelt-
Bestand (Ist-Situation: Stadt, Haus, Gerät, Sprache etc.) und seinen
Funktionen, die menschliche Bedürfnisse befriedigen sollen. Andererseits geht es dabei um den Zusammenhang zwischen ökonomischer und
sozialer Situation als Ursache für menschliche Bedürfnisse und damit als
Ursache für menschlichen Bedarf (Soll-Situation). Planungstheorie versteht daher ihren Gegenstand *prozessual* und *subjektivistisch*, d.h. es
interessieren die menschlichen Verhaltensweisen gegenüber Umwelt,
nicht Umwelt als solche. Thema ist Wohnen, nicht Wohnung; Sprechen,
nicht Sprache etc. Inhaltliche Planungstheorie ist somit stets projektspezifisch; von allgemeiner Natur ist nur noch ihr methodischer Aspekt,
also *Planungsmethodologie*. Sie wird u.a. instrumentell und damit
pluralistisch verstanden. Das Problem der Superisation im Rahmen in-
haltlicher, prozessualer, subjektivistischer Modelle (Transklassischer Ansatz) ist entsprechend projektspezifisch und vielschichtig zu erörtern
(vgl. Abschnitt 7).

2.3.3. Automatentheoretischer Ansatz. Innerhalb einer Klassischen
(resultativen) Theorie bedeutet Mathematisierung die Systematisierung
und Strukturierung von Objekten, also hier die Algebra von Zeichen
und Superzeichen. Innerhalb einer Transklassischen (prozessualen)

Theorie bedeutet Mathematisierung die Systematisierung und Strukturierung von Prozessen, von Vorgängen, also hier die Algebra von Zeichenprozessen, speziell von Superisationsprozessen. Der formale Aspekt
solcher Prozesse (vgl. Planungsmethodologie), also ihr *Ablauf*, läßt sich
als *Algorithmus* oder als abstrakter *Automat* darstellen (vgl. *Maser*,
1969). Ein automatentheoretisches Modell ist somit ein Strukturmodell
über den Zusammenhang von Prozessen (vgl. Abb. 3), eine Algebra
zwischen (Teil-)Prozessen: Parallelschaltung, Hintereinanderschaltung
u.ä. Jeder Prozeß selbst wird ferner dargestellt durch ein jeweiliges Ablaufmodell, durch seine innere Logik (vgl. z.b. das Flußdiagramm in der
Informatik).

Ein abstrakter Automat ist definiert (vgl. z.b. „black box") durch eine
Menge *innerer Zustände Z,* durch *eine Input-Menge X* und eine *Output-
Menge Y*, sowie durch eine *Überführungsfunktion f*, die festlegt, wie
sich der innere Zustand eines Automaten verändert, falls ein Input erscheint, und schließlich durch eine *Ausgabefunktion g*, die festlegt,
welcher Output entsteht, falls sich der innere Zustand ändert. Jedes
solche Quintupel A = (X, Y, Z, f, g) heißt ein abstrakter Automat (vgl.
Gluschkow, 1963). Eine Typologie der Automaten entsteht über einer
Typologie seiner inneren Elemente X, Y, Z, f und g.

Ein einfaches Anwendungsbeispiel: Es wird mir eine Frage (Input X)
gestellt; falls ich sie verstehe (Überführungsfunktion f), werde ich aus
meinem Wissen (innere Zustände Z) die Antwort (Output Y) auswählen
und formulieren (Ausgabefunktion g).

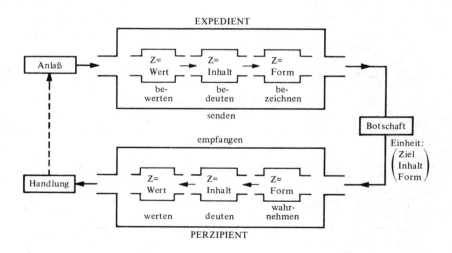

Abb. 3: *Automatentheoretisches Modell einer kommunikativen Situation*

In Abb. 3 ist ein sehr einfaches automatentheoretisches Modell einer kommunikativen Situation dargestellt: Der Gesamtprozeß ist aufgeteilt beim Expedient in die Teilprozesse Bewerten, Bedeuten und Bezeichnen, beim Perzipient in die Teilprozesse Wahrnehmen, Deuten und Werten als Voraussetzung für rationales Handeln. Alle Teilprozesse sind (einfaches Modell!) hintereinandergeschaltet: Man vergleiche dazu etwa als Anwendungsbeispiel entsprechende Planungsmodelle, die den gesamten Planungsprozeß (Expedient) in die Phasen der Zielfindung, der Ideenfindung und des Entwurfes aufteilen. Differenziertere Modelle berücksichtigen weitere Zusammenhänge (Rückkoppelungen!). Jeder Teilprozeß besteht dabei selbst wieder aus Prozessen der Alternativen-Erzeugung (: Was kann mein Ziel, mein Inhalt, meine Form sein?) und aus Prozessen der Alternativen-Einschränkung (: Was soll — will, darf, muß — mein Ziel, mein Inhalt, meine Form sein? Vgl. *Rittel*, 1970). Innerhalb solcher Modelle gilt es jetzt die Probleme der Superzeichenbildung und der Superzeichen zu erörtern.

3. Superzeichen

Der Begriff „Superzeichen" wird in verschiedener Bedeutung verwendet, es ist somit zuvor notwendig, einige mögliche Bedeutungen kurz zusammenzutragen, da sich daraus verschiedene Ansätze zur Typologisierung ergeben.

3.1. Begriffserklärung. Etymologisch leitet sich das Präfix „super" aus dem Lateinischen ab und bedeutet soviel wie „über, über hinaus" im Gegensatz zu „sub" = „unter, unterhalb". Hieraus ergibt sich sofort die Frage: Worauf bezieht sich dieses Über bzw. dieses Unter? Was ist ein Über- oder Unter-Zeichen? Zu welchem Zwecke werden sie gebildet? Wie werden sie gebildet?

E. Walther schreibt: „Ein Zeichen, das durch Superisation bzw. Konnexbildung aus vorgegebenen Zeichen gebildet wird, nennen wir ein *Superzeichen.* Es stellt hinsichtlich der vorgegebenen Zeichen stets ein Zeichen höherer Stufe (Hierarchien) dar [...]" (*Bense & Walther*, 1973, S. 107).

M. Bense schreibt: „*Superisation* (Superierung), ein Zeichenprozeß (Semiose) im Sinne der zusammenfassenden Ganzheitsbildung einer Menge von einzelnen Zeichen zu einer ‚Gestalt', einer ‚Struktur' oder einer ‚Konfiguration' oder auch die zusammenfassende, ganzheitliche Wahrnehmung eines Ensembles von Elementen als invariante Gesamtheit, die als solche als Superzeichen oder als Superobjekt gedeutet werden kann. Im allgemeinen geht einer Superisation eine Adjunktion von Zeichen bzw. von Objekten voraus. [...] Wenn Superisationen über einem Repertoire von Zeichen im Prinzip auch die Superierbarkeit über jedem Bezug der triadischen Relation voraussetzen, so scheint doch die Superisation über dem Objektbezug die wichtigste zu sein [...]" (*Bense & Walther*, 1973, S. 106).

Superisation ist somit ihrem Wesen nach Zusammenfasung und kann als solche im Peirceschen Sinne auf der Basis des Interpretanten-, des Objekt- oder des Mittelbezuges oder auch auf der Basis mehrerer Bezüge gleichzeitig geschehen. Im Morrisschen Sinne kann sie analog Zusammenfassung im syntaktischen, semantischen oder pragmatischen Bereich oder in mehreren Bereichen gleichzeitig sein. Es bleiben dann die Fragen: Was ist unter der jeweiligen Sinngebung ein solches Super-(Sub-) Zeichen? Die Klassische Antwort (formal, resultativ, objektivistisch) zielt dabei auf das Wesen, auf die Struktur solcher Zeichen ab. *Und*: Wie und wozu funktionieren solche Super-(Sub-)Zeichen? Wie und wozu macht man Super-(Sub-)Zeichen? Die Transklassische Antwort (inhaltlich-normativ, prozessual, subjektivistisch) zielt dabei auf die Erscheinung, auf die Funktionen solcher Zeichen ab. Innerhalb ihres methodologischen Aspektes interessiert man sich insbesondere für den Zusammenhang zwischen Struktur und Funktion, also für die operativen Momente. Der Klassische Ansatz zielt auf *Superzeichensysteme* (Elementarzeichen, Repertoire, Verknüpfungen) und findet seine Darstellung in einer Mengenalgebra. Der Transklassische Ansatz zielt auf Systematisierung der *Superisationsprozesse* (Superzeichenbildung, Subzeichenbildung); der methodologische Teilaspekt findet dabei seine Darstellung in einer Algorithmenalgebra (Spiel- und Automatentheorie). Dabei ist der Klassische Ansatz jeweils als Teilproblematik integriert (vgl. Abschnitt 7).

Zusammenfassend: Durch die Möglichkeit der Verknüpfung, Zusammenfassung und Neubezeichnung von Zeichen entstehen — je nach Definition der Verknüpfung und je nach Definition der Elemente (atomaren Zeichen) — zusammengesetzte, molekulare Zeichen. Durch Verknüpfung (Synthese) entstehen dabei Superzeichen; durch Entknüpfung (Analyse) entstehen Subzeichen. Super- und Sub-Zeichen erhalten jeweils ihren relativen Sinn aus der kommunikativen Situation, in der sie gebraucht werden.

Dies bedeutet jedoch nicht notwendig eine Individualisierung des Problems, sondern es gilt durch Analyse kommunikativer Praxis entsprechende Regeln menschlicher, kommunikativer Handlungsweisen zu finden, deren Intersubjektivität durch die gemeinsame Praxis begründet ist (vgl. *Öhlschläger*, 1974, S. 97). Ohne eine solche Intersubjektivität wäre Kommunikation, gemeinsame Verständigung, als sozialer Prozeß schlechterdings nicht möglich.

3.2. *Zur Typologisierung.* Typologie ist die Lehre von den Typen. *Typus* leitet sich ab aus dem griechischen ,,typos" und bedeutet soviel

wie „Gepräge, Muster, Modell", d.h. die „mehreren Dingen oder Lebewesen derselben Art gemeinsame Grundform oder Urgestalt, die Ge-
samtvorstellung einer Sache oder Person nach ihren bleibenden wesentlichen Merkmalen" (*Hoffmeister*, 1955, S. 623 f.). Eine solche „Ge-
samtvorstellung" kann dabei entweder als *Durchschnittstyp* (deskriptiv)
oder als *Idealtyp* (normativ) begriffen werden.

„Die Bildung von Typenbegriffen geschieht nicht so sehr durch Abstraktion als durch Intuition, ‚anschauendes Denken', das nicht das Allgemeine und Normale, sondern den ‚Wesenskern' erfaßt [...]" (*Hoffmeister*, 1955, S. 623 f.)

Beispiele: Für Platon sind die Ideen die Typen der sinnlichen Dinge. In
der Anthropologie unterscheidet man verschiedene Personentypen, den
Ritter, den Gentleman etc., den asthenischen, athletischen und pykni-
schen Typ. In der Logischen Typentheorie werden über die Iteration
des Begriffs der Menge (Menge von Mengen von Mengen etc.) verschiedene Typen konstatiert. In der Ontologie dienen insbesondere die Kategorien zur Kennzeichnung von Typen, also Typologisierung.

Typologisierung von Superzeichen entspricht somit der vorwiegend
intuitiven Bildung von Gesamtvorstellungen der Zeichen nach ihren
bleibenden, wesentlichen Merkmalen. Typologisierung ist also *Systematisierung* und Systematisierung (systema, gr. = geordnetes Ganzes)
bedeutet, eine *Menge* von *Elementen* durch Angabe von *Eigenschaften*,
Relationen und *Verknüpfungsregeln* zu ordnen, zu strukturieren (vgl.
Maser, 1968). Im folgenden sollen jetzt sowohl mögliche Typologisierungen von Superzeichensystemen, als auch von Superzeichenprozessen
erörtert werden durch intuitive (!) Bildung entsprechender Mengen von
Elementen und entsprechender Ordnungen (Eigenschaften, Relationen
und Verknüpfungen) über und zwischen den Elementen dieser
Mengen.

Beispiel: Der Typ Klassischer Theorie (*Kalkül*) ist bestimmt durch seine
Elemente: Begriffe, Sätze und Regeln, wobei die wesentliche Eigenschaft der Begriffe, die Definiertheit (Grundbegriffe, abgeleitete Begriffe), die der Sätze die Bewiesenheit (Axiome, Theoreme) ist und Definieren und Beweisen jeweils operativ durch entsprechende Definitions-
regeln und Ableitungsregeln festgelegt werden. Das Gesamtsystem
Theorie hat schließlich die Eigenschaften der Widerspruchsfreiheit und
der Vollständigkeit. Die Grundbegriffe und Axiome sind ferner voneinander unabhängig und (evtl.) evident (Euklid).

4. Syntaktische Systeme

In einem *syntaktischen* System sind die Elemente der Basismenge Zeichen, die nur als Funktion des Mittels gesehen werden: $Z = f(M)$ (vgl.

Morris, 1946). Es sind somit formale Systeme. Beispiele für solche Elementmengen oder syntaktische Repertoires sind:

$M_1 = \{0, 1, 2, ..., 9\}$
$M_2 = \{A, B, C, ..., Z\}$
$M_3 = \{\square, \triangle, \bigcirc, |\}$
$M_4 = \{\text{akustische Signale}\}$
etc.

Solche Mengen werden entweder durch direkte Aufzählung ihrer Elemente (z.B. M_1) oder durch Angabe ihrer Merkmale (z.B. M_4) und eventuell Beziehungen definiert (vgl. z.B. Axiomatik der Geometrie bei Euklid: Punkte, Geraden, Ebenen). Die Verknüpfung solcher Elementarzeichen zu zusammengesetzten Zeichen, also z.B. von Ziffern zu Dezimalzahlen, von Buchstaben zu Wörtern, von elementaren geometrischen Formen zu Figuren etc., wird durch teils eineindeutige und einfache Regeln (Syntax) bestimmt, z.B. beim System der Dezimalzahlen als lineare Aneinanderreihung (vgl. *Hermes*, 1938), zum Teil auch durch nicht eindeutige und vielfältige Regeln bestimmt, z.B. beim System der Figuren. Superierung, Zusammenfassung in syntaktischen Systemen läßt somit nur die Deutung zu, daß „super" als formale Obermenge und „sub" als formale Unter- oder Teilmenge verstanden wird. Superisation entspricht hier somit der mengentheoretischen *Inklusion*: $\subset$, $\supset$. Dabei können dann solche Obermengen durch neue Zeichen ersetzt, umbenannt werden. Solche Ersetzungsgleichungen sind *Nominaldefinitionen* im erweiterten (nicht nur verbalen) Sinne.

Beispiel: 1 000 000 = 10^6 oder Nitromethylthiophosphorsäureester = E 605.

Die syntaktische Verknüpfung, ist sie linear, heißt besser *Adjunktion*; ist sie flächig oder dreidimensional, heißt sie besser *Agglomeration* (vgl. *Schnelle*, 1962). Der Begriff der Superisation sollte hier besser nicht verwendet werden. Der Vorgang des syntaktischen Verkettens, der Adjunktionsprozeß und Agglomerationsprozeß, soll daher auch nicht dargestellt werden, vgl. aber hierzu etwa als Beispiele das Programmieren mit ALGOL, FORTRAN o.ä.

Zur Kennzeichnung zusammengesetzter syntaktischer Zeichen (etwa am Beispiel Wörter) und damit zu ihrer Typologisierung kann einmal die *Wortlänge k* selbst (als Anzahl der Buchstaben) oder der *Entscheidungsgehalt* EG = ld n bit (n = Mächtigkeit der Basismenge) oder die statistische Information

$$I = -\sum_{i=1}^{k} p_i \, ld \, p_i = k \cdot H \, bit$$

verwendet werden (vgl. *Zemanek*, 1959). Solche Maßzahlen messen den Grad der Zusammengesetztheit, messen die *Komplexität*. Die Komplexität wird sich noch als wichtiger Parameter für die gezielte Beeinflussung von Superisationsprozessen erweisen.

5. Semantische Systeme

In einem *semantischen* System sind die Elemente der Basismenge Zeichen, die als Relation zwischen dem bezeichnenden Mittel M und dem damit bezeichneten Objekt O gesehen werden: Z = R(M, O); vgl. *Morris*, 1946. Im Peirceschen Sinne geht es um Systeme des Objektbezuges, und in diesen Systemen ist das Problem der Superzeichen primär angesiedelt (vgl. Bense in *Bense & Walther*, 1973, S. 106). „Super" bzw. „Sub" bezieht sich damit auf Relationen R(M, O), also auf Bedeutungen. Nach einer vorläufigen Begriffserklärung soll die Problematik von Superzeichen und Superisation an drei Beispielen zunächst exemplarisch erörtert werden.

5.1. Begriffserklärung. „Deuten" heißt zeigen, erklären, auslegen, übersetzen, ausdrücken. Vergleiche dazu auch „deutlich" und „deuteln".
„Andeuten" drückt die *vage Form* dieses Zeigens, Erklärens, Auslegens etc. aus. „Bedeuten" zielt dagegen auf eine *bestimmte Form*: Definitionen sollen beispielsweise die Bedeutung von Begriffen eindeutig und vollständig festlegen.
„Bedeuten" wird normativ verstanden, es soll Wichtigkeit ausdrücken.
Bei der Entwicklung von Bedeutungs-Systemen (semantischen Modellen) geht man häufig in Analogie zur Bildung syntaktischer Systeme wie folgt vor (vgl. auch die folgenden Beispiele): Man konstatiert Elemente mit „elementarer Bedeutung" („Semanteme" genannt), faßt diese zu einer Basismenge zusammen und formuliert Regelsysteme zur Verknüpfung dieser Bedeutungselemente, und zwar derart, daß sich die Bedeutung der Verknüpfungsresultate (Superzeichen) eindeutig aus der Bedeutung der enthaltenen Elemente (Subzeichen) ergibt.
Ein solcher Klassischer Ansatz basiert auf den folgenden Prinzipien:
— Bedeutungen sind *statisch*, d.h. sie ändern sich nicht.
— Bedeutungen sind *diskret*, es gibt feste Elemente und die zusammengesetzten „Ganzen" sind gleich „der Summe ihrer Teile".
— Bedeutungen sind *objektiv*, d.h. sie sind unabhängig vom Subjekt vorhanden oder gültig.
Alle diese Prinzipien sind im Hinblick auf die kommunikative Praxis äußerst fraglich, wenn nicht falsch, sie werden daher in einem Transklassischen Modell auch bewußt anders festgelegt: Bedeutung wird als subjektiv, prozessual und nichtdiskret, aber gezielt beeinflußbar begriffen. Die Vernünftigkeit einer solchen Konzeption soll zunächst durch folgende Beispiele plausibel gemacht werden.

5.2. Beispiel: Logik. G. Frege unterscheidet zwischen dem *Sinn* und der *Bedeutung* von Zeichen: „Es liegt nun nahe, mit einem Zeichen außer dem Bezeichneten, was die Bedeutung des Zeichens heißen möge, noch das verbunden zu denken, was ich den Sinn des Zeichens nennen möchte, worin die Art des Gegebenseins enthalten ist" (*Frege*, 1892, S. 26).

5.2.1. Anwendung auf die Aussagenlogik. Aussagen sind Zeichen. Ihre Bedeutung liegt in ihrem Wahrheitswert, ihr Sinn ist der durch sie ausgedrückte Gedanke (nach G. Frege). Formale Logik für G. Frege befaßt sich nur mit der Bedeutung, nicht mit dem Sinn von Aussagen. Als elementare Bedeutungen des zweiwertigen Aussagenkalküls werden die Wahrheitswerte wahr (w) und falsch (f) festgelegt. Die aussagenlogischen Wahrheitswertfunktionen (Negation, Konjunktion, Disjunktion, Implikation etc.) werden dann so definiert (durch logische Matrizen), daß die Bedeutung (= Wahrheitswert) jeder zusammengesetzten Aussage sich eindeutig aus der Bedeutung (= Wahrheitswert) ihrer Teilaussagen ergibt. Jede Aussage, ob elementar oder molekular, hat somit stets die Bedeutung wahr oder falsch, *tertium non datur.* Eine Superisation findet hier also nur insofern statt, als jeder Verknüpfung von Aussagen und damit jeder Verknüpfung von elementaren Bedeutungen wieder eine Bedeutung und zwar wieder eine der beiden elementaren Bedeutungen w oder f zugeordnet wird. Das „super" (= „über hinaus") bezieht sich somit hier nicht auf die Bedeutungen selbst; es werden keine neuen Über-Bedeutungen über w und f hinaus erzeugt, nur die *Anwendung* des Begriffs Bedeutung wird ausgeweitet, er kann nicht nur auf elementare Aussagen, sondern darüber hinaus auf beliebig zusammengesetzte Aussagen angewendet werden. Dieses Anwenden selbst ist durch das System aussagenlogischer Gesetze und Regeln eindeutig festgelegt.

Hieraus wird deutlich, warum in *Carnap*, 1934, die Logik als logische Syntax der Sprache bezeichnet wird, denn hierbei steht nicht ein System von Bedeutungen, sondern ein syntaktisches System auf der Basis konstanter, statischer, elementarer, formaler, objektiver Bedeutungen (w, f) zum Thema.

5.2.2. Anwendung auf die Begriffslogik. Begriffe sind Zeichen. Ihre Bedeutung liegt in ihrer Extension (Klassenlogik), ihr Sinn in ihrer Intension (Prädikaten- und Relationenlogik).

Für die *extensionale Begriffslogik* (Die Bedeutung von „rot" ist dabei als Umfang des Begriffs gleich der Klasse der roten Gegenstände.) geht das Superisationsproblem in das Problem der mengentheoretischen Inklusion über: „Super" bzw. „sub" ist zu deuten als Ober- bzw. Unter- oder Teilklasse. So geht beispielsweise die Klasse der Vierecke über die Klasse der Quadrate hinaus, sie ist in bezug auf letztere eine Oberklasse und somit im extensionalen Sinne ein Superzeichen. Superierung ist somit hier identisch mit Verallgemeinerung, mit Bildung von Allgemeinbegriffen (Bilde Oberklassen!), Subzeichenbildung identisch mit der Bil-

dung von Spezialbegriffen (Bilde Teilklassen!). Zwischen diesen beiden
Operationen liegen die Verknüpfungsmöglichkeiten der Konjunktion
(z.B. rechtwinklig und gleichseitig = quadratisch), der Disjunktion (z.B.
rot oder blau oder gelb = farbig) und andere Möglichkeiten, aus Be-
griffsverknüpfungen (i.S. von Klassen) neue Begriffe (Klassen) zu bilden.

Zur Typologisierung kann hier einfach die *Mächtigkeit* solcher Klassen
benutzt werden: Ist die Mächtigkeit 1, so liegen atomare Subzeichen
vor. (Solche Begriffe heißen auch Eigennamen, da sie genau ein Objekt
bezeichnen.) Je größer die Mächtigkeit, desto allgemeiner der Begriff,
desto mehr Superisationen, Zusammenfassungen haben innerhalb der
Begriffshierarchie (vgl. die Begriffspyramide der Klassischen Defini-
tionslehre) stattgefunden.

Für die *intensionale Begriffslogik* (Die Bedeutung von „rot" ist dabei als
Inhalt des Begriffs gleich dem damit bezeichneten physikalischen
Phänomen: elektromagnetische Welle bestimmter Frequenz.) geht das
Superisationsproblem in das Problem der prädikatenlogischen Implikation über: „Super" bzw. „sub" ist dabei zu deuten als erweiterter bzw.
eingeschränkter Inhalt. So ist beispielsweise der Begriff Quadrat inhaltsvoller als der Begriff Viereck: Ein Quadrat besitzt alle Eigenschaften
eines Vierecks, zusätzlich aber noch die Eigenschaften der Gleichwink-
ligkeit und Gleichseitigkeit. Im intensionalen Sinne ist somit „Quadrat"
ein Superzeichen zu „Viereck" (Im extensionalen Sinne war es gerade
umgekehrt, s.o.!), da der Inhalt des ersten Begriffs über den des zweiten
hinausreicht.

Eine *Realdefinition* (Bestimmung des realen Inhaltes eines Begriffs) ist
somit nichts anderes als die Analyse eines (Super-)Zeichens in seine
Subzeichen. Die Klassische Definitionsregel *definitionem per genus
proximum et differentiam specificam* bedeutet: Suche das nächsthöhere
Superzeichen sowie die spezifizierenden Subzeichen!

Zur Typologisierung kann hier im Idealfall einer vorliegenden Begriffspyramide (Porphyrscher Baum) der Superisationsgrad durch die Anzahl
der enthaltenen Subzeichen (spezifizierende Merkmale) quantitativ erfaßt werden: Die allgemeinsten Begriffe (z.B. Kategorien i.S. der Ontologie) entsprechen dabei den atomaren Subzeichen; je inhaltsvoller ein
Begriff, desto höher der Superisationsgrad.

Eine andere Möglichkeit zur Typologisierung ergibt sich aus dem Begriff
der *semantischen Information*, wie er in *Bar-Hillel & Carnap*, 1953,
definiert wurde: semantische Information als Maß für die Anzahl der
durch eine Behauptung (oder einen Begriff) ausgeschlossenen Fälle.

Beide Typologisierungen setzen jeweils ein finites, diskretes, statisches
Basissystem (Klassischer Ansatz) voraus und sind daher nur auf solche
Modelle (Wissenschaftssprachen) anwendbar. In der alltäglichen Kom-
munikationspraxis aber, in der Umgangssprache ändern sich Bedeutun-

gen, man lernt dazu und vergißt, die verwendeten Begriffe sind nicht
eindeutig durch Definitionen bestimmt.
Aus diesen Beispielen wird bereits deutlich, daß die Beantwortung der
Frage: Was ist ein Superzeichen? abhängig ist von dem subjektiven
Interesse, das dem Erkenntnisprozeß der Beantwortung zugrunde liegt.
Mit andern Worten: Semantik ist eine Funktion der Pragmatik; subjek-
tive Bedingungen bestimmen den Rahmen gewünschter objektiver
semantischer Analysen. Der Klassische Ansatz, unter dem Primat des
Erkenntnisinteresses, analysiert dabei mögliche Systeme (Modelle); Ziel
ist eine *Theorie* der Zeichen. Der Transklassische Ansatz, unter dem
Primat des Verwertungsinteresses, analysiert dabei reale Kommunika-
tionspraxis (Projekte): Ziel ist eine Verbesserung kommunikativer
Praxis. Dabei dienen Klassisch erstellte Modelle als Instrumentarium, als
Hypothesen für zu praktizierende Experimente.

5.3. Beispiel: Kartenspiel. Während im obigen Beispiel grundsätzlich
verschiedene Möglichkeiten definitorischer Bedeutungsfestlegungen
(*lexikographische Bedeutung*) im Vordergrund standen, soll jetzt auf
die Bedeutungsänderungen (*Kontext-Bedeutung*) aufmerksam gemacht
werden, die durch den Rahmen der jeweiligen kommunikativen Situation hervorgerufen werden.
Ein Kartenspiel, beispielsweise Skat, ist bestimmt einerseits durch das
System der Elemente (Skatkarten) und andererseits durch das System
der Spielregeln. Ferner ist vom allgemeinen *Spiel* selbst, als Gesamtsystem von Elementen und Regeln, die konkrete *Partie* zu unterscheiden, nämlich der konkrete Handlungsablauf gemäß solchen Regeln mit
den Elementen (vgl. z.B. *Vogelsang*, 1963).
Das System der 32 Skatkarten ist wie folgt strukturiert: Zunächst gibt
es 4 Unterklassen, unterschieden nach „Farben", nämlich Kreuz, Pik,
Herz und Caro. In jeder dieser 4 Unterklassen gibt es 8 Karten mit
unterschiedlichem, allgemeinem Inhalt: As, Zehn, König, Dame, Bube,
Neun, Acht und Sieben. Jede Karte ist somit allgemein durch Angabe
von Farbe und Inhalt eindeutig in ihrer Bedeutung bestimmt: Herz-As,
Pik-Bube etc. Im Sinne der elementaren Entscheidungstheorie kommt
entsprechend jeder Karte der Entscheidungsgehalt $EG = ld\ 32 = 5$ bit zu
(vgl. den Entscheidungsbaum). Bedeutung in diesem Sinne ist objektiv
(Bedeutung ist eine Art Eigenschaft des Objektes Karte), statisch (un-
veränderlich) und diskret (die Bedeutung einer Karte ist unabhängig von
der Bedeutung anderer Karten). Sie entspricht einer lexikographischen
Bedeutung.
Das System der Spielregeln legt den Spielverlauf fest: Mischen, Vertei-
len, Reizen, Trumpffestlegen, Kooperieren, Anspielen, Stechen, Zählen
und das Bewerten der Partien: Wer hat gewonnen?
Innerhalb dieser Spielregeln wird einzelnen Karten jeweils zusätzlich

eine speziellere Bedeutung zugesprochen. Beim Zählen etwa die Quantifizierung As = 11, Zehn = 10, König = 4 Punkte etc. Beim Reizen die hervorgehobene Bedeutung der Buben etc. All diese unterschiedlichen Bedeutungen lassen sich wieder lexikographisch zusammenstellen: z.B. die unterschiedliche und hohe Bedeutung der verschiedenen Buben beim Reizen und die gleiche, geringe Bedeutung der Buben beim Zählen etc. Bis hierher entspricht das Problem dem obigen Logik-Beispiel. Superisation bedeutet die Verknüpfung der Bedeutungen der einzelnen Karten zur Bedeutung des gesamten „Blattes", das ein Spieler bei einer bestimmten Partie auf der Hand hat. Es ist das Bedeutungsproblem im allgemeinen Rahmen des Skat*spieles*.

Innerhalb des Ablaufs einer konkreten *Partie* kann sich jetzt jedoch diese allgemeine Bedeutung meiner Karten ständig ändern. *Beispiele*: Je nach Kooperation in der Partie kann meine blanke Zehn einen hohen Gewinn oder einen hohen Verlust bedeuten; das Nicht-Haben einer ganzen Farbe kann wesentliche Bedeutung für den Spielverlauf haben; ist As und Zehn bereits ausgespielt, so hat mein König eine andere Bedeutung, als wenn dies nicht der Fall ist; usw.

Im konkreten Ablauf einer Partie erhalte ich ständig neue Informationen, die die Bedeutung meiner Karten beeinflussen und verändern: Bedeutung ist situationsbedingt.

Beim Skatspiel ließe sich diese Situationsabhängigkeit (Kontext-Bedeutung) zwar *prinzipiell* noch lexikographisch zusammentragen, da das System der Elemente und Regeln endlich ist: Mit Hilfe der Kombinatorik ließe sich die Menge möglicher, hier endlich vieler Situationen noch explizit ermitteln, und die jeweilige Bedeutung der Elemente in einer solchen Situation könnte aufgelistet werden. Aber *effektiv* wäre ein solches Vorgehen wohl kaum. In der Praxis des Skatspielens bildet sich hier dagegen so etwas wie *Erfahrung* heraus: Jemand kann gut oder schlecht spielen. (Letzteres bedeutet jedoch nicht, daß er ein Falschspieler ist, also vortäuscht, sich regel-gerecht zu verhalten, oder daß er ein Spielverderber ist, also sich erkennbar den Regeln nicht unterwirft.)

Deutlich wird an diesem Beispiel, daß es kommunikative Situationen gibt, in denen die Bedeutung von Zeichen effektiv durch den subjektiven Gebrauch, durch die subjektive Praxis (Erfahrung) bestimmt wird, obgleich in solchen Situationen prinzipiell noch eine Objektivierbarkeit durch Aufzählung kombinatorisch möglicher Fälle denkbar wäre. Ursache für diesen qualitativen Sprung ist das immense Anwachsen zugrunde liegender Quantitäten. Im folgenden Beispiel ist eine solche Objektivierbarkeit jedoch weder effektiv noch prinzipiell möglich.

5.4. Beispiel: Sprachspiel. Versuchen wir uns zu erinnern, wie wir als Kinder gelernt haben zu sprechen oder wie wir es unseren Kindern lehren. Über das Warum und Wozu wird zunächst nicht reflektiert: Man lernt eben sprechen!

In einer ersten Phase werden Personen und Dinge benannt: „Mama", „Papa", „Tisch", „Stuhl", „Topf", etc. „Wer ist das? " — „Was ist das? " — Immer wieder dieselben Fragen. Immer wieder dieselben Antworten. Durch Lob und Tadel wird die Erfahrung gelenkt, werden bestehende Konventionen (Nominaldefinition) gesellschaftlicher Praxis gelernt.

In einer zweiten Phase werden Vorgänge, Handlungen, Aktivitäten benannt: „Was macht der Hund? " — „ Wau." „Was macht die Oma? " — „Lesen." „Was machen die Kinder? " — „Spielen."

In einer dritten Phase werden Eigenschaften benannt: „Wie ist das Wasser? " — „Naß." „Wie ist der Ofen? " — „Heiß." „Wie ist das Bonbon? " — „Gut."

Sprechen lernen heißt sodann einmal ständig das *Repertoire* an Substantiven, Verben, Adjektiven und Adverbien *erweitern*. Durch ständiges Differenzieren entsteht ein größerer Wortschatz: Aus „Vogel" wird „Amsel", „Meise", „Spatz" etc. Aus „Blume" wird „Rose", „Nelke", „Aster". Manche Wörter bleiben dabei Eigenname, manche werden Begriff. Durch ständiges Differenzieren wird die Bedeutung stets enger gefaßt, die Ausdrucksmöglichkeiten werden genauer: „Jedes Wort läuft auf Schienen, jeder Begriff wirkt nach ein oder zwei oder wenigen festen Richtungen; mit Wort und Begriff kann man nie eine Kurve beschreiben, sondern nur ein Polygon. Durch Verminderung der Sehnenlänge können wir den Anschluß der gebrochenen an die ideale krumme Linie verfeinern; die moderne Sprache, der man erhöhte Biegsamkeit nachrühmt, erreicht diese, indem sie das Wort, den eindeutigen Wortsinn immer kürzer, enger, ärmer nimmt, so daß wir, gegen frühere Zeiten gerechnet, zur Beschreibung desselben Tatbestandes viel mehr Worte brauchen, dabei aber feiner und genauer beschreiben. Die Sprache älterer Zeiten mutet uns an wie ein Netz aus langen, kräftigen Hauptstricken, die unsere wie ein Geflecht aus lauter kurzen, haarfeinen Spinnfäden; jene ist übersichtlicher und energischer, läßt aber vieles Einzelne unberührt; diese überdeckt auch die Zwischenflächen, wirkt aber einigermaßen verwirrend" (*Mongré*, 1897, S. 230 f.).

Unser System der verbalen Kommunikation wird so im Prinzip beliebig genau, allerdings auch beliebig langsam. Visuelle Kommunikation dagegen ist sehr schnell, dafür u.a. unpräzise.

Sprechen lernen heißt sodann zum anderen solche Wörter zu *Phrasen*, zu *Sätzen verknüpfen*: „Käse haben." „Bava lieb." „Wasser naß." Schließlich werden dann solche Sätze zu zusammenhängenden Texten verknüpft, und letztlich wird in der Schule das Schreiben und der systematische Gebrauch von Sprache erlernt: Objektsprache wird durch *Metasprache* ergänzt.

Ständiges Dazulernen, Umlernen und Vergessen haben zur Folge, daß
das Repertoire an Wörtern prinzipiell nicht mehr endlich ist (vgl. z.B.
die Zahlen) und daß die Bedeutung der Wörter nicht mehr statisch ist:
Ständiges Verallgemeinern und Konkretisieren, intuitives Aufteilen und
Zusammenfassen, ständiges Festlegen und In-Frage-Stellen bestimmen
den dialektischen Prozeß der Bedeutungsbildung und -umbildung
(These—Antithese—Synthese). Dies gilt sowohl für das einzelne Individuum als auch für die historische Entwicklung von Sprache oder
Sprachgewohnheiten in einer größeren gesellschaftlichen Gruppe. Ersteres entspricht in der Terminologie der Spieltheorie dem Spielen von
Partien, letzteres entspricht dem allgemeinen Spiel. Die Regeln des
Spiels und seine konstituierenden Elemente bestimmen die Intersubjektivität der Sprache, sie sind Grundlage für den gesellschaftlichen Gebrauch.

Kommunikationstheorie analysiert daher Sprache einmal nach ihren
Elementen und zum andern nach ihren Spielregeln des Gebrauchs.
Ersteres führt, folgt man einem objektivistischen, statischen, Klassischen Ansatz, sehr schnell zu ontologischen Modellen: Aus dem logischen Inhärenzsatz („Jeder Satz besteht darin, daß einem Subjekt ein
Prädikat zu- oder abgesprochen wird.") schließt man auf einen ontologischen Inhärenzsatz: „Jeder Sachverhalt besteht darin, daß einem Gegenstand eine Eigenschaft zukommt, oder nicht zukommt." Aus der Struktur der Sprache, des Bewußtseins (Logik) wird auf die Struktur des
Seins (Ontologie) geschlossen. Eine solche Vorgehensweise heißt nach
Definition idealistisch.

Letzteres, nämlich die Analyse der Spielregeln kommunikativen Verhaltens, geht aus von der konkreten, gesellschaftlichen, kommunikativen
Realität und versucht, aus dem Funktionieren bzw. Nicht-Funktionie-
ren von Kommunikation gemäß bestimmten Zielen auf adäquate Strukturen zu schließen. Weil Kommunikationsprozesse so und so verlaufen
sollen, deshalb muß das Hilfsmittel Sprache so und so konzipiert werden. Da zur Formulierung von Erkenntnissen, also zur Identifikation
und Unterscheidung, Analyse und Synthese notwendig sind, Aufteilen
und Zusammenfassen, Abstrahieren und Konkretisieren, um nämlich
Gleiches und Unterschiedliches begrifflich faßbar zu machen, deshalb
sind die sprachlichen Mittel so beschaffen, daß sie selbst teilbar und
zusammenfaßbar sind.

Zur Typologisierung der Hilfsmittel Zeichen sollen jedoch nach Definition die wesentlichen Merkmale verwertet werden. Die wesentlichen
Merkmale des Resultats ergeben sich aber aus den Parametern, die den
Prozeß, der zum Resultat führt, beeinflussen. Daher das Plädoyer für
eine funktional-strukturale Theorie: Es gilt primär, das Funktionieren
von Sprache und ihre gezielte Handhabung zu begreifen. Sprache und
damit Bedeutung ist dabei als ständiges Umdeuten, als Bedeutungsvor-

gang, als Deutungsvorgang, als beeinflußbarer Prozeß zu verstehen. Dieses Analysieren des Prozesses Sprache in seine Teilprozesse soll daher im letzten Kapitel noch skizziert werden. Zuvor jedoch noch kurz zum Problem pragmatischer Systeme.

6. Pragmatische Systeme

In einem pragmatischen System werden Zeichen unter dem Aspekt ihrer Zielsetzung, ihrer Verwertbarkeit, ihrer Verwendbarkeit, thematisiert: Zeichen können verwendet werden, um zu informieren, um zu bewerten, um bestimmte Antwortreaktionen hervorzurufen, um zu systematisieren, zu organisieren etc. (vgl. *Morris*, 1946, S. 142 ff.). Hieraus leitet eine Typologie von Texten ab: wissenschaftliche, mythische, technologische, logisch-mathematische, fiktive, poetische, politische, rhetorische, gesetzliche, moralische, religiöse, grammatische, kosmologische, kritische, propagandistische und metaphysische (vgl. *Morris*, 1946, S. 215 ff.; *Klaus*, 1964, S. 80).

„Super" = „über hinaus" kann dabei im semantischen Sinne verstanden werden als extensional oder intensional über etwas hinausgehen. Es kann aber auch normativ verstanden werden als Ober- bzw. Unterziel, oder als besser und schlechter bezüglich eines bestimmten Maßstabs. Dies führt einerseits zum Superisationsproblem von Zielen und Werten, das analog zum Superisationsproblem von Objekten und Merkmalen analysiert werden kann, und andererseits zum Problem der Wertung der Werte, also einem *Iterations*problem. Dies soll hier jedoch nicht weiter erörtert werden.

7. Die Prozesse der Superzeichenbildung

Anlaß für die Analyse kommunikativer Prozesse sind die häufigen Mißerfolge innerhalb der kommunikativen Praxis. Als Faktoren für das Scheitern interpersoneller Kommunikation nennt R. Mucchielli (1974, S. 11 ff.) zusammenfassend die folgenden: beim Sender und Empfänger jeweils der implizit vorhandene *Bezugsrahmen* (seine Sprachkenntnisse), die gegenseitige *Einstellung* (allgemeine soziale Einstellung, persönliche Gefühle, Vorurteile), die *Rollenbeziehungen* (sozialer Status, Vorstellung der eigenen Rolle und der Rolle des anderen), der Einfluß der *aktuellen Situation*, die gegenseitige Unkenntnis zugrundegelegter *Ziele* oder Absichten, die Sende- und Empfangs*bereitschaft*, der *Kode* und die *Form* oder der persönliche Stil der Kommunikationspartner.

Alle diese Faktoren wirken auf die Produktion und Rezeption von Superzeichen in einer konkreten Kommunikationspartie. Kenntnisse über ihren Einfluß sind Voraussetzung zur gezielten Beseitigung der durch sie verursachten Mißerfolge. Dies aber ist letztlich Ziel jeder Theorie, nämlich die Verbesserung von Praxis.

7.1. Produktion von Superzeichen. R.B. Zajonk (1966, S. 68) unterscheidet die folgenden drei Typen kommunikativer Situationen:
— die *zufällige* Kommunikation (unbewußt)
— die *konsumhafte* Kommunikation (gefühlsbedingt)
— die *instrumentelle* Kommunikation (bewußt, zielorientiert).

Im folgenden liege eine solche instrumentelle Kommunikationssituation zugrunde: Ein Sender will bewußt beim Empfänger einen bestimmten Effekt erreichen.

Beispiel: Ich will jemandem erklären, wie er von der Kunsthochschule Braunschweig nach Schapen zu meiner Wohnung findet. Es findet etwa das folgende Gespräch statt:

„Kennst Du den Weg nach Wolfsburg? "

„Nein."

„Gut. Du fährst also da vorn an der Kreuzung links. Dies ist die Bundesstraße 248 nach Wolfsburg. Es ist der sogenannte äußere Ring. Nach etwa 4 km siehst Du rechts die Universität, links eine Brauerei. Danach geht der Ring als Hauptstraße nach rechts ab, Du fährst dort aber geradeaus, immer den Schildern nach Wolfsburg nach."

„Ja, also immer Richtung Wolfsburg auf der Bundesstraße 248."

„Ja. Etwa nach einem weiteren Kilometer macht die Straße eine scharfe Rechtskurve, danach mußt Du gleich links abbiegen. Immer noch Richtung Wolfsburg oder auch Richtung Autobahn Berlin."

„Dann kann ich auch immer Richtung Autobahn Berlin fahren? "

„Nein! Es gibt zwei Autobahnzufahrten: BS-Mitte und BS-Ost. Vom Ring aus führen die Berlin-Schilder zur Zufahrt BS-Mitte. Auf die Zufahrt BS-Ost kommst Du, wenn Du immer Richtung Wolfsburg fährst."

„Also immer Richtung Wolfsburg."

„Ja. Bist Du also links abgebogen, geht die B 248 immer gerade aus. Sie wird 4-spurig und in der Mitte fährt die Straßenbahn. Nach etwa 2 km kommt links ein großer Supermarkt. Dort geht es nach einer Ampel rechts ab von der Hauptstraße. Du siehst dort ein Schild: Schapen 2 km."

„Also immer Richtung Wolfsburg, ca. 7 km, dann beim Supermarkt rechts ab nach Schapen? "

„Ja. In Schapen selbst fährst Du dann die 3. Straße rechts und die nächste wieder rechts. Dies ist ‚In den Balken'! Ich wohne im Haus Nr. 15, wieder auf der rechten Seite."

„Gut. Also immer auf der B 248 Richtung Wolfsburg, dann rechts ab. In Schapen erst die dritte, dann die erste Straße rechts: In den Balken 15."

„Ja. Falls Du Dich verfährst, frage immer nach dem Weg nach Wolfsburg."

An diesem Beispiel wird die übliche Strategie der Superzeichenbildung deutlich (Abb. 4): Man beginnt mit Zeichen, die einen relativ komplexen Inhalt ausdrücken (Weg nach Wolfsburg). Findet auf dieser Ebene keine Verständigung statt, so wird dieses Zeichen in seine Subzeichen (Kreuzung, links ab, B 248, Supermarkt etc.) aufgeschlüsselt, so lange, bis Mißverständnisse ausgeschaltet sind. Die ar.fangs verwendeten Superzeichen werden so schrittweise gelernt. Letztlich entsteht insgesamt eine kurze und damit merkbare Erklärung. Vergleiche dazu allgemein F. v. Cubes *Redundanztheorie* des Lernens (*von Cube*, 1965). Die

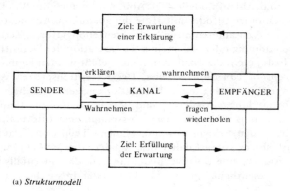

(a) *Strukturmodell*

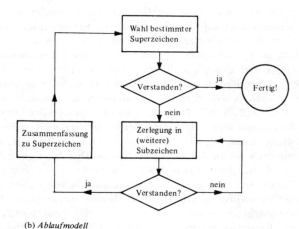

(b) *Ablaufmodell*

Abb. 4: *Strategie der Sub- und Superzeichenbildung*

Strategie also ist, möglichst hohe Superzeichen zu verwenden, um sich kurz und damit merkbar auszudrücken. Die *Taktik* im Detail besteht darin, solche Superzeichen durch Aufspaltung in Subzeichen präziser zu erklären. Die Strategie besteht in einem ständigen Kompromiß, sich möglichst kurz und doch genau genug zu verständigen.

Das Ziel einer allgemeinen Methodologie der Superzeichenbildung besteht jetzt darin, solche möglichen Strategien exakt und systematisch zu analysieren, ihre relevanten Parameter zu bestimmen, um mit solchen Erkenntnissen entsprechende Kommunikationsprozesse gezielt zu beeinflussen. Aus obigem Beispiel wird insbesondere deutlich, daß dabei *Komplexität* und *Redundanz* stets eine wesentliche Rolle spielen.

Die formale Darstellung solcher Strategien erfolgt entweder durch Struktur- und Ablaufmodelle (vgl. Abb. 4 oder auch die Blockschemata beim Programmieren) oder mit Hilfe der abstrakten Automatentheorie, wobei etwa „Zusammenfassen" als Mengenoperator, „Zerlegen" als Teilmengenbildung oder allgemeiner als Operation der Definition (explizite, implizite, etc.), der Explikation etc. gefaßt werden kann.

7.2. Rezeption von Superzeichen. Der Rezeptionsprozeß von Superzeichen verläuft analog dem Produktionsprozeß: ständiges Zerlegen (Subzeichenbildung, Analyse) und Zusammenfassen (Superisation, Synthese), ständiges Verarbeiten wahrgenommener Information relativ zum vorhandenen Erkenntnisstand. Manche Teilprozesse laufen dabei umgekehrt ab, es kommt daher insbesondere den umkehrbar eindeutigen Operationen eine positive Bedeutung zu, da andernfalls hierin gerade eine wesentliche Quelle für Mißverständnisse liegt (vgl. auch Abb. 3).

7.3. Kommunikation als ständiges Umbezeichnen, Umdeuten und Umwerten. Kommunikationsprozesse sind allemal Erkenntnisprozesse, und „In der Erkenntnistheorie muß man, wie auf allen anderen Gebieten der Wissenschaft auch, dialektisch denken, d.h. unsere Erkenntnis nicht für etwas Fertiges und Unveränderliches halten, sondern untersuchen, auf welche Weise das *Wissen* aus *Nicht-Wissen* entsteht, wie unvollkommenes, nicht exaktes Wissen zu vollkommenerem und exakterem Wissen wird" (*Lenin*, 1962, S. 96). Dabei spielen die Formen des Definierens, also das Bilden von Sub- und Superzeichen die wesentliche Rolle. Der Transklassische Ansatz einer funktional-strukturalen Theorie, die den Erkenntnisprozeß als subjektiv, normativ-inhaltlich und gezielt beeinflußbar begreift, wird dabei eher den Zusammenhang zwischen Erleben, Erfahren, Erkennen und Formulieren im alltäglichen Leben erhellen und gezielte Beeinflussung ermöglichen als eine struktural-funktionale Theorie, die höchstens gewisse Erscheinungs- und Funktionsweisen erklären kann. Kommunikation aber soll schließlich, durch ständiges Umwerten, Umdeuten und Umbezeichnen, helfen, soziale Konflikte zu lösen, nicht nur sie zu erklären.

LITERATUR

Bar Hillel, Y. und R. Carnap:
1953   Semantic Information. In: W. Jackson (ed.): *Communication Theory.* London 1953, S. 503–512.

Bense, M.:
1967   *Semiotik — Allgemeine Theorie der Zeichen.* Baden-Baden 1967.

Bense, M.:
1975   *Semiotische Prozesse und Systeme in Wissenschaftstheorie und Design, Ästhetik und Mathematik.* Baden-Baden 1975.

Bense, M. und E. Walther (eds.):
1973   *Wörterbuch der Semiotik.* Köln 1973.

Brunn, E.:
1973   Automation in der Planung: Heuristik statt Algorithmik. In: *Planungs-Informations-Systeme für die Raumplanung. Städtebauliche Beiträge.* 1/1973. Ed. Institut für Städtebau und Wohnungswesen der Deutschen Akademie für Städtebau und Landesplanung. München 1973, S. 136–194.

Carnap, R.:
1934   *Logische Syntax der Sprache.* Wien 1934.

Cube, F.v.:
1965   *Kybernetische Grundlagen des Lernens und Lehrens.* Stuttgart 1965.

Frege, G.:
1892   Über Sinn und Bedeutung. In: *Zeitschrift für Philosophie und philosophische Kritik.* N.F. 100 (1892), S. 25–50.

Gluschkow, W.M.:
1963   *Theorie der abstrakten Automaten.* Berlin 1963.

Hermes, H.:
1938   *Semiotik — Eine Theorie der Zeichengestalten als Grundlage für Untersuchungen von formalisierten Sprachen.* Leipzig 1938.

Hoffmeister, J.:
1955   *Wörterbuch der philosophischen Begriffe.* Hamburg 1955.

Klaus, G.:
1964   *Die Macht des Wortes.* Berlin 1964. 5. Aufl. 1969.

Lenin, W.I.:
1962   Materialismus und Empiriokritizismus. In: Lenin: *Sämtliche Werke.* Bd 14. Berlin 1962. 7. Aufl. 1975.

Maser, S.:
1968   Systemtheorie — Über die Darstellung wissenschaftlicher Erkenntnisse. In: *Arch + 2.* Stuttgart 1968, S. 21–26.

Maser, S.:
1969   Wissenschaft und Kybernetik. In: *Rationalisierung.* 12/1969 (München). S. 312–316.

Maser, S.:
1971   *Grundlagen der allgemeinen Kommunikationstheorie.* Stuttgart
            1971. 2. Aufl. 1972.
Maslow, A.H.:
1954   *Motivation and Personality.* New York, Evanston und London
            1954.
Mongré, P.:
1897   *Sant'Ilario.* Leipzig 1897.
Morris, Ch.W.:
1946   *Signs, Language and Behavior.* Englewood Cliffs/N.J. 1946.
            Deutsch von A. Eschbach und G. Kopsch: *Zeichen, Sprache und
            Verhalten.* Düsseldorf 1973.

Mucchielli, R.:
1974   *Kommunikation und Kommunikationsnetze.* Salzburg 1974.

Öhlschläger, G.:
1974   Einige Unterschiede zwischen Naturgesetzen und sozialen Regeln.
            In: H.J. Heringer (ed.): *Seminar — Der Regelbegriff in der prakti-
            schen Semantik.* Frankfurt a.M. 1974. S. 88—110.

Peirce, Ch.S.:
1931—1960   *Collected Papers.* Bd I—VIII, ed. Ch. Hartshorne, P. Weiss und
            A.W. Burks. Cambridge/Mass. 1931—1960.

Rapoport, A.:
1960   *Fights, Games and Debates.* Ann Arbor 1960.

Rittel, H.:
1970   Der Planungsprozeß als iterativer Vorgang von Varietätserzeugung
            und Varietätseinschränkung. In: J. Joedicke (ed.): *Arbeitsberichte
            zur Planungsmethodik.* Bd 4. Stuttgart 1970, S. 17—31.

Schmidt, H.:
1965   Die anthropologische Bedeutung der Kybernetik. In: *Grundlagen-
            studien aus Kybernetik und Geisteswissenschaft.* Beiheft zu Bd 6.
            Quickborn 1965.

Schnelle, H.:
1962   *Zeichensysteme zur wissenschaftlichen Darstellung.* Stuttgart
            1962.

Shannon, C.E. und W. Weaver:
1949   *The Mathematical Theory of Communication.* Urbana 1949.

Vogelsang, R.:
1963   *Die mathematische Theorie der Spiele.* Bonn 1963.

Walther, E.:
1974   *Allgemeine Zeichenlehre.* Stuttgart 1974.

Zajonc, R.B.:
1966   *Psychologie sociale expérimentale.* Paris 1966.

Zemanek, H.:
1959   *Elementare Informationstheorie.* Wien und München 1959.

IV ZEICHENEBENEN
KOMPLEMENTARITÄT IN MULTIMEDIALER KOMMUNIKATION

ROLAND POSNER (BERLIN)

SEMIOTISCHE PARADOXIEN IN DER SPRACHVER-WENDUNG

AM BEISPIEL VON STERNES *TRISTRAM SHANDY*

1. *Problemstellung*

Ziel der Allgemeinen Semiotik ist der Aufbau eines theoretischen Apparats, der es ermöglicht, jegliches Zeichenverhalten systematisch zu erfassen und in einheitlicher Weise zu beschreiben. Voraussetzung dafür ist die Arbeit der Vergleichenden Semiotik, die die tatsächlich vorfindbaren Zeichensysteme und Zeichenprozesse auf ihre Gemeinsamkeiten und Unterschiede hin untersucht.

Soll die Medienbedingtheit der Kommunikation erforscht werden, so ist zum Beispiel festzustellen, welche Beschränkungen die speziellen Sinnesmodalitäten der Kommunikationspartner, die verfügbaren Kommunikationskanäle und die verwendeten Kodes dem Kommunikationsverlauf auferlegen. Gewöhnlich werden bei diesen Untersuchungen getrennt für sich erfaßte Zeichensysteme und -prozesse nachträglich zueinander in Beziehung gesetzt und in Funktion und Struktur miteinander verglichen.

Ein solches Verfahren ist für die Untersuchung multimedialer Kommunikation jedoch nur teilweise anwendbar, denn hier sind die gegenseitigen Beziehungen schon durch den Untersuchungsgegenstand selbst gegeben. Es handelt sich ja um Kommunikation, an der mehrere Kodes, Kanäle und Sinnesmodalitäten zugleich beteiligt sind.[1] Multimediale Kommunikation ist allerdings auch nicht einfach eine Ansammlung simultan auftretender selbständiger Zeichenprozesse, vielmehr verhalten sich die beteiligten Kodes, Kanäle und Sinnesmodalitäten komplementär zueinander und übernehmen jeweils spezifische Funktionen, die nur im Hinblick auf eine übergreifende Kommunikationsabsicht und im Rahmen einer einheitlichen Rezeption verstanden werden können. Diese Aufgabenteilung fundiert zu beschreiben verlangt mehr als der metakommunikative Vergleich isoliert ablaufender Zeichenprozesse.

---

[1] Dabei setze ich voraus, daß ein Medium durch die Merkmale der an der Kommunikation beteiligten Kodes, Kanäle und Sinnesmodalitäten definiert werden kann.

Entsprechend sind die theoretischen Voraussetzungen hier noch weniger geklärt und die Ergebnisse empirischer Untersuchungen noch lückenhafter als in den anderen Bereichen der Semiotik. Es fehlt nicht nur eine theoretische Basis für den Vergleich der Informationen, die in unterschiedlichen Medien mitgeteilt werden; es fehlt auch ein Begriffsapparat zur Kennzeichnung der Funktionen, die die Zeichenprozesse der einzelnen Medien übernehmen. So können wir bisher weder exakt angeben, was verlorengeht, wenn eine Information von einem Medium in ein anderes transponiert wird, noch präzise formulieren, wie die verschiedenen Medien in der Bildung einer einheitlichen Mitteilung zusammenwirken.[2]

In dieser Lage erscheint es angebracht, einmal ein relativ gut untersuchtes komplexes Zeichensystem wie eine natürliche Sprache zum Ausgangspunkt zu nehmen und zu fragen, was man von den Funktionen der Sprachverwendung für die Untersuchung multimedialer Kommunikation lernen kann. Dabei muß man sich allerdings in unserem Zusammenhang von manchen der Reduktionen freimachen, die gegenwärtig aus wissenschaftsökonomischen Gründen in der theoretischen Linguistik vollzogen werden (vgl. *Posner*, 1973). Im folgenden abstrahieren wir also bewußt nicht von außersprachlichen Faktoren wie den Kommunikationsabsichten des Senders und der besprochenen Thematik, sondern untersuchen gerade deren Verhältnis zur wörtlichen Bedeutung der geäußerten sprachlichen Ausdrücke und analysieren die auf diese Weise entstehenden Zeichenbeziehungen.

Dabei wird deutlich werden, daß in der Sprachverwendung wie in der multimedialen Kommunikation ganz verschiedene Zeichenprozesse gleichzeitig ablaufen können. Es liegt nahe, daraus den Schluß zu ziehen, daß es bereits in der Sprachverwendung mehrere Ebenen gibt, die in ähnlicher Weise zu unterscheiden sind wie die Medien in multimedialer Kommunikation. Wenn das stimmt, so ist die Hauptfrage, nach welchen Kriterien sich diese Ebenen voneinander unterscheiden lassen. Gelingt es, ein operationales Verfahren zur Trennung der Ausdrucksebenen in der Sprachverwendung zu entwickeln, so sind davon wesentliche Hinweise für die Strukturierung multimedialer Kommunikation zu erwarten.

Um die Entwicklung eines solchen Verfahrens vorzubereiten, möchte ich auf den folgenden Seiten in einer Reihe von Beispielanalysen die Vielfalt der Zeichenbeziehungen andeuten, die es zu behandeln gilt, und

---

[2] Außerdem ist bis heute unklar, welches Verhältnis zwischen Kode, Kanal und Modalität besteht. Entspricht jeder Sinnesmodalität immer genau ein Kanal und jedem Kanal ein Kode? — Sicher nicht. — In welchen Fällen darf man aber mehrkanalige Modalitäten, multimodale Kanäle, mehrkanalige Kodes und mehrfach kodierte Kanäle annehmen?

zugleich den Gesichtspunkt herausarbeiten, unter dem diese Beziehungen zu betrachten sind. Die Beispiele sind vorwiegend dem humoristischen Roman *Tristram Shandy* von Laurence Sterne entnommen, und die Auswahl richtet sich nach dem Gesichtspunkt, implizite Widersprüche aufzufinden. Um den Begriff des Widerspruchs zu klären, empfiehlt es sich, zunächst an der wissenschaftstheoretischen Diskussion über Paradoxien und Antinomien anzuknüpfen.

2. Paradoxien und Antinomien

Unter einer *Paradoxie* versteht man das Vorliegen zweier Aussagen, deren jede genau dann wahr ist, wenn die andere falsch ist.
Eine Paradoxie ist eine *Antinomie*, wenn die beiden Aussagen außerdem logisch wahr sind, d.h. wenn sie sich ohne Bezugnahme auf Aussagen über die Welt der Erfahrungen auseinander ableiten lassen.
Bei den Versuchen, einen widerspruchsfreien Formalismus für die Zwecke der exakten Wissenschaften zu konstruieren, ist man Anfang des 20. Jahrhunderts auf die sogenannten *semantischen Antinomien* gestoßen. Sie traten bezeichnenderweise in der Phase der wissenschaftstheoretischen Bemühungen auf, in der man eine formale Sprache zur exakten Beschreibung anderer Sprachen zu konstruieren versuchte. Semantische Antinomien enthalten deshalb Ausdrücke, die sich auf Sprachliches beziehen: „wahr", „falsch", „Inhalt", „bezeichnet" usw. Zu den wichtigsten semantischen Antinomien gehören die Bezeichnungsantinomie und die Wahrheitsantinomie.

2.1. Die Bezeichnungsantinomie.

Die Bezeichnungsantinomie wurde zuerst von dem Mathematiker und Logiker K. Grelling explizit formuliert. Sie bedient sich zweier Definitionen, die, für sich genommen, nichts Ungewöhnliches an sich haben:

Definition 1: Ein Ausdruck heiße *prädikabel*, wenn er die Eigenschaft, die er bezeichnet, selbst besitzt.
Beispiele: 1. Der Lehrer schreibt unter den Aufsatz eines Schülers das Wort: „unleserlich", der Schüler kritisiert diese Beurteilung, indem er sagt: „Des Lehrers Urteil ist selber unleserlich".
2. Der Ausdruck „schön geschrieben" wird manchmal schön geschrieben, manchmal nicht schön geschrieben.
3. Das Wort „kurz" ist selber kurz, das Wort „dreisilbig" selber dreisilbig.

Definition 2: Ein Ausdruck heiße *imprädikabel*, wenn er die Eigenschaft, die er bezeichnet, nicht selbst besitzt.

Beispiele: Das Wort „zweisilbig" ist selbst nicht zweisilbig, ebensowenig haben die Wörter „viersilbig", „fünfsilbig" und „sechssilbig" die Eigenschaft, die sie bezeichnen.[3]

Paradox ist nun, was wir erhalten, wenn wir die Definitionen 1 und 2 auf die dort definierten Ausdrücke anwenden. Es ergibt sich dann nämlich die Frage: Ist der Ausdruck „prädikabel" selber prädikabel und der Ausdruck „imprädikabel" prädikabel oder imprädikabel?

Im ersten Fall ist die Antwort klar: Der Ausdruck „prädikabel" ist selber prädikabel, denn er hat ja die Eigenschaft, die Eigenschaft zu besitzen, die er bezeichnet.

Wie aber steht es mit dem Ausdruck „imprädikabel"? Nach Definition 1 ist „imprädikabel" genau dann prädikabel, wenn es imprädikabel ist. Nach Definition 2 ist „imprädikabel" genau dann imprädikabel, wenn es nicht imprädikabel ist. Aus der Anwendung dieser Definition auf den Ausdruck „imprädikabel" ergibt sich also jedesmal ein Widerspruch.

Und was noch schlimmer ist: Entscheidet man sich für die eine Annahme, so folgt rein logisch aus ihr die Wahrheit der entgegengesetzten Annahme:

— Angenommen, „imprädikabel" ist prädikabel. Dann besitzt es die Eigenschaft, die es bezeichnet. „Imprädikabel" bezeichnet aber die Eigenschaft, imprädikabel zu sein, also ist es imprädikabel.

---

[3]   Die Beispiele verdeutlichen, daß verschiedene Arten des Selbstbezugs möglich sind. Bei „zweisilbig" geht es um Eigenschaften eines Wortes, nicht aber seiner Realisierung in der Kommunikation: Davon ob „zweisilbig" zweisilbig ist, können wir uns durch einen Blick ins Lexikon überzeugen; überall wo das Wort „zweisilbig" vorkommt, wird es dreisilbig sein, gleichgültig wie es geschrieben oder gesprochen erscheint.
Anders steht es mit „schön geschrieben". Ob „schön geschrieben" schön geschrieben ist, können wir nicht dem Lexikon entnehmen; es hängt von der Schreibweise dessen ab, der es verwendet: Es geht um die Realisierung dieses Wortes in der Kommunikation.
Eine wechselnde Rolle kann „kurz" einnehmen. Bezeichnen wir das Wort „kurz" als kurz, weil es nur aus vier Phonemen besteht, so ist „kurz" immer kurz, wie man es auch schreiben mag. Wir können aber auch ein bestimmtes Vorkommnis des Wortes auf dem Papier als kurz beschreiben, weil es etwa nur zwei Zentimeter der Zeile wegnimmt; in diesem Sinne kann „kurz" auch lang sein, wenn wir es breit ausgezogen auf das Papier setzen.
Der Selbstbezug richtet sich also einmal auf kodierte Einheiten des Sprachsystems, ein andermal auf die Zeichenmaterie, die sie in einer bestimmten Kommunikation realisiert. In beiden Fällen handelt es sich jedoch um einen Selbstbezug, denn es geht um die Darstellungsmittel, um sprachlichen Ausdruck.

— Angenommen, „imprädikabel" ist imprädikabel. Ein Ausdruck ist imprädikabel, wenn er die Eigenschaft, die er bezeichnet, nicht besitzt. „Imprädikabel" bezeichnet die Eigenschaft, imprädikabel zu sein, also ist es nicht imprädikabel. Wenn es nicht imprädikabel ist, kann es nur prädikabel sein.

— Angenommen, „imprädikabel" ist prädikabel. Dann ... usw.

Die Frage nach der Prädikabilität des Ausdrucks „imprädikabel" ist demnach nicht entscheidbar. Aus jeder möglichen Antwort läßt sich deren Gegenteil ableiten. Jede mögliche Antwort führt zu einer Antinomie.

2.2. Die Wahrheitsantinomie. Die Wahrheitsantinomie in der Version des „Kreters" ist die älteste bekannte Antinomie:

> Epimenides ist ein Kreter. Er behauptet: „Alle Kreter lügen immer."

Ist der Satz des Kreters wahr, so folgt aus seinem Inhalt, daß er falsch ist. Wer annimmt, daß der Satz wahr ist, muß also aufgrund dieser Annahme auch die gegenteilige Annahme akzeptieren. Wir haben somit eine Paradoxie vor uns.

Unabhängig von dieser Überlegung kann man den Satz aber auch für falsch halten. Und dann läßt sich allerdings nicht folgern, daß er wahr ist. Der Satz des Kreters stellt somit keine Antinomie dar.

Eine Antinomie entsteht erst in einer seiner moderneren Fassungen: Wir nehmen ein leeres Blatt Papier und schreiben darauf den Satz:

> Der einzige Satz auf diesem Papier ist falsch.

Wer mit diesem beschrifteten Papier konfrontiert wird, hat zwei Möglichkeiten:

— Angenommen, daß der Satz wahr ist, so gilt kraft seines Inhalts, daß er nicht wahr ist; d.h. er ist falsch.

— Angenommen, daß der Satz falsch ist, so gilt kraft seines Inhalts, daß er nicht falsch ist; d.h. er ist wahr.

Die Paradoxie kommt einerseits dadurch zustande, daß der Satz einen Ausdruck enthält, der auf den Satz als ganzen verweist: „der einzige Satz auf diesem Papier". Mit Hilfe des Demonstrativpronomens „diesem" bezieht der Satz sich auf sein eigenes Vorkommnis auf dem Papier. Zum anderen stellt er mit Hilfe dieses Selbstbezugs eine Voraussetzung seiner Verstehbarkeit in Frage. Nimmt der Leser nämlich an, daß es sich um einen Aussagesatz handelt, so muß er versuchen, sich aufgrund seines Inhalts eine Meinung darüber zu bilden, ob er im vorliegenden Kontext wahr oder falsch ist. Wie im Falle von „imprädikabel" gibt es aber nur zwei Möglichkeiten: Entweder der Ausdruck hat die

Eigenschaft, die er von sich aussagt, dann kann er sie gerade deshalb nicht haben. Oder er hat die Eigenschaft, die er von sich aussagt, nicht, dann muß er sie gerade deshalb haben.

Wie man sich auch entscheidet, der Ausdruck ist seine eigene Widerlegung.

Der Unterschied zwischen den beiden Antinomien besteht letztlich nur im Grade der Explizitheit: Während in der Bezeichnungsantinomie die Beziehung zwischen dem Ausdruck „imprädikabel" und seinem eigenen Inhalt erst von außen hergestellt werden mußte, bezieht sich der in der Wahrheitsantinomie formulierte Satz ausdrücklich auf sich selbst. In beiden Fällen besteht jedoch das gleiche dialektische Verhältnis zwischen dem sprachlichen Ausdruck und seinem Inhalt, zwischen dem Darstellungsmittel und dem Dargestellten.

3. Semantische Stufen

Das Auftreten der semantischen Antinomien stürzte die logische Grundlagenforschung in eine ihrer schwersten Krisen. Man hatte gerade größere Erfolge im Streben nach einem Widerspruchsfreiheitsbeweis für die Logik und Mathematik errungen, indem man diese Wissenschaften auf ein System elementarer Operationen zurückführte. Und nun mußte man erkennen, daß eben dieses System eine antinomische Struktur hatte.

Die Konsequenzen waren vorgezeichnet. Wollte man das ganze Programm nicht aufgeben, so mußte man die antinomieverdächtigen Operationen ausfindig machen und eliminieren. Wie wir schon gesehen haben, kamen beim Vorliegen einer semantischen Antinomie immer drei Voraussetzungen zusammen:

1. Die Verwendung der elementaren Gesetze der Logik,
2. die Verwendung der Negation,
3. die Verwendung einer semantisch geschlossenen Sprache.

Semantisch geschlossen ist eine Sprache, wenn man *in* ihr *über* sie sprechen kann. Die semantische Geschlossenheit zeigte sich in unserem Zusammenhang darin, daß das betreffende Prädikat auf sich selbst angewendet wurde und der Satz eine Bezeichnung seiner selbst enthielt.

Da man in den Wissenschaften auf die elementaren Gesetze der Logik und auf die Verwendung der Negation nicht verzichten kann, hat man sich in der Wissenschaftstheorie dafür entschieden, die semantische Geschlossenheit der Sprache aufzugeben. Von nun an wurde streng unterschieden zwischen

a) Sätzen der Objektsprache — in ihnen ist alles ausdrückbar, was nicht die betreffende Sprache selber betrifft — und

b) Sätzen der Metasprache — sie allein dürfen Aussagen über die Objektsprache machen.

Wer wissenschaftliche Aussagen über die Metasprache machen will, muß eine Meta-Metasprache wählen usw. Auf diese Weise entsteht in wissenschaftstheoretischen Darstellungen eine nach oben offene Hierarchie selbständiger Sprachen.

Eine solche Lösung wäre jedoch für den Benutzer der natürlichen Sprache indiskutabel. Abgesehen davon, daß sie für den Alltagssprachgebrauch viel zu kompliziert wäre und eine untragbare Verarmung an Ausdrucksmitteln bedeuten würde, weil ein Teil des außerordentlichen Beziehungsreichtums semantisch geschlossener Sprachen dabei gekappt werden müßte — sie scheint auch gar nicht erforderlich, denn in den meisten Situationen alltäglicher Sprachverwendung ist formale Widerspruchsfreiheit gar nicht notwendig und in manchen Situationen sogar unangemessen (vgl. *Bar Hillel*, 1966).

4. Semiotische Paradoxien

Betrachtet man das Verhältnis von Darstellungsmittel und Dargestelltem in den semantischen Antinomien genauer, so kann man Ähnlichkeiten mit gewissen Witzzeichnungen und Fernseh-Kartoons feststellen.

Da sehen wir zum Beispiel ein Zimmer mit einem Gemälde an der Wand. Das Gemälde eröffnet den Blick auf ein weites und aufgewühltes Meer. Der Bilderrahmen ist jedoch zu schwach, um die dargestellten Wassermassen zu halten, er bricht, und das Wasser ergießt sich in das Zimmer:

Auch hier ist unverhofft eine Beziehung zwischen Dargestelltem und Darstellungsmittel entstanden: Der dargestellte Sachverhalt *und* die Darstellung dieses Sachverhalts sind *beide* so gewaltig, daß sie die Bedingungen der Darstellung sprengen und die Darstellungsmittel beschädigen. Nicht nur das Meer ist schwer und läßt alles bersten, was es halten will, auch das Gemälde ist zu schwer für seinen Rahmen und läßt ihn bersten. Anders ist diese semiotische Selbstbeschädigung nicht zu erklären.

Wenn wir die Struktur dieses Kartoons trotzdem nicht als antinomisch bezeichnen, so liegt das daran, daß der dargestellte Sachverhalt kein semiotischer ist, sondern außerhalb der Kommunikationssituation liegt: Ob es draußen auf der See stürmt oder nicht, ist nicht dadurch beweisbar oder widerlegbar, daß man eine entsprechende Darstellung der See untersucht. Das Wüten eines Sturmes auf dem Meer ist nicht dadurch schon erwiesen, daß der Rahmen des Bildes bricht, das den Zustand des Meeres darstellen soll.[4]

Auch eine Paradoxie liegt nicht vor, denn das Verhältnis zwischen der Gewalt der Darstellung und der Gewalt des Dargestellten ist gleichläufig, es treten keine Mitteilungen auf, von denen die eine genau dann wahr ist, wenn die andere falsch ist.

Anders lägen die Dinge, wenn wir das besagte Gemälde einen stillen See darstellen ließen, es in die Kajüte eines Ausflugsdampfers hängen würden, der diesen See befährt, und mitten auf einer solchen Fahrt einen gewaltigen Sturm ausbrechen ließen. Wenn in dieser Situation die Wand hinter dem Gemälde bräche und die dargestellten Wassermassen sich durch den Bilderrahmen in die Kajüte ergössen, so würde das Bild durch sein eigenes Bezugsobjekt widerlegt. Auch hier haben wir allerdings keine Antinomie, sondern eine Paradoxie vor uns. Beteiligt sind nämlich zwei *faktische* Alternativen: ruhige See kontra unruhige See. Und es ist evident, welche dieser beiden Alternativen wirklich gegeben ist und welche nicht.

Trotzdem handelt es sich um eine Paradoxie besonderer Art: Die dargestellte Wirklichkeit greift in ihre eigene Darstellung ein und verkehrt sie ins Gegenteil. Die Ebene der Darstellung und die Ebene des Dargestellten, die normalerweise so getrennt gehalten werden, wie nur die Beschaulichkeit des traditionellen Kunstliebhabers und die Tätigkeit des Matrosen auf stürmischer See voneinander getrennt sein können, geraten durcheinander. Und derartige semiotische Verflechtungen müssen nicht auf Darstellung und Dargestelltes beschränkt bleiben, sie können alle Situationsbestandteile von der Zeichenmaterie über die beteiligten

---

[4] Vgl. dazu das Kriterium für (i.e.S.) pragmatische Information, das in *Posner*, 1972, S. 15 ff. formuliert wird.

Kodes, Kanäle und Modalitäten bis hin zu Merkmalen der Kommunikationspartner selbst einbeziehen.

Ist eine semiotische Situation so beschaffen, daß in ihr mit Hilfe unterschiedlicher Situationsbestandteile zwei Aussagen zum Ausdruck gebracht werden, deren jede genau dann wahr ist, wenn die andere falsch ist, so sprechen wir von einer *semiotischen Paradoxie*.

Kann jede der beiden Aussagen aufgrund der geltenden Kodes nur zusammen mit der anderen zum Ausdruck gebracht werden, so sprechen wir von einer *semiotischen Antinomie*.

Eine semiotische Paradoxie im Sprachverhalten liegt zum Beispiel vor, wenn jemand sagt: „Ich freue mich, hier zu sein", zugleich aber durch Gesichtszüge, Körperhaltung oder Intonation signalisiert, daß das nicht so ist. Hier widersprechen sich Aussagen, die mit Hilfe unterschiedlicher Kodes zum Ausdruck gebracht werden. Diese Situation ist allerdings nicht antinomisch, da die Koppelung der kontradiktorischen Aussagen jederzeit aufgehoben werden kann.[5]

Besonders leicht lassen sich semiotische Paradoxien in multimedialer Kommunikation erzeugen, wenn zum Beispiel auf dem Bildschirm in Buchstabenschrift das Gegenteil dessen behauptet wird, was der Sprecher gleichzeitig akustisch mitteilt. Auch hier kommt es meist nur zu Paradoxien und nicht zu semiotischen Antinomien.

5. Sternes Autobiographie

Lange bevor das Thema in der logischen Grundlagenforschung relevant wurde, haben die Dichter sich auf ihre Weise damit befaßt. Freilich mit einem entscheidenden Unterschied: Antinomieverdächtige Operationen wurden nicht gesucht, um sie *auszumerzen*, sondern um sie literarisch zu verwerten. Um so aufschlußreicher kann es sein, wenn wir heute mit dem Problembewußtsein der Wissenschaftstheorie und der Semiotik an die literarischen Paradoxien herangehen und als ersten Schritt für eine Analyse ihrer Wirkung ihre Struktur untersuchen.

Ein brillantes Beispiel für die literarische Verwertung von semiotischen Paradoxien ist Laurence Sternes Autobiographie *Tristram Shandy*.

Autobiographien fordern von ihrem Autor, daß er über sich selbst schreibt. Er kann dies tun, indem er einen vergangenen Lebensabschnitt so beschreibt, als hätte ihn ein allgegenwärtiger Zeitgenosse aus objektiver Distanz mitverfolgt und festgehalten. Das wäre eine sehr unspezifi-

---

[5] Typische Fälle semiotischer Paradoxien haben *Watzlawick, Beavin & Jackson* 1969 geschildert.

sche Form der Autobiographie, sie nähert sich dem historischen Bericht und entgeht so allen Verwicklungen, die daraus entstehen, daß der Erzähler mit seinem Helden identisch ist. Andererseits kommt diese Schreibweise jedoch der natürlichen Erzählhaltung entgegen, in der jeder, wie André Gide (1962, S. 54) sagt, „obgleich er eingeschlossen ist, sich draußen wähnt".

Will der Autobiograph der Verdrängung der eigentlich gegebenen kommunikativen Konstellation entgegenwirken, so muß er den vergangenen Lebensabschnitt dauernd auf seine gegenwärtige Schreibsituation zurückbeziehen und seine jetzige Person und seine gegenwärtigen Tätigkeiten mit in den Bericht einbeziehen.

Das geschieht im *Tristram Shandy*. Sterne, alias Tristram, scheint ein sehr ichbezogener Autor gewesen zu sein, und das in mehrfacher Hinsicht: Mindestens ebensosehr wie um seine Vergangenheit, also sein historisches Ich (ich_1), ging es ihm um die Gegenwart als Autor, also sein gegenwärtiges Ich (ich_2).

Im Roman formuliert er
— einerseits (1) so, wie Jung-Tristram sprach, bevor er zum erstenmal Hosen anlegte,
— andererseits (2) so, wie ein Romanautor, der dies (1) beschreibt, und
— schließlich (3) macht er, wo er kann, deutlich, daß er sich dieses Verhältnisses (2) ständig bewußt wird.

Damit aber stehen wir mitten in der Problematik des Sprechens *in* einer Sprache *über* diese Sprache. Aus Zeitgründen können wir nur anhand von ausgewählten Beispielen zeigen, wie sich die semantische Geschlossenheit von Sternes Sprache an den Übergängen vom ich_1-Bericht zur ich_2-Reflexion auswirkt.

In seiner berühmten „digression on digressions" deutet Sterne (1967, I/22, S. 80 f.) an, wie sein Roman gebaut ist:

> Abschweifungen sind unbestreitbar der Sonnenschein, sie sind das Leben, die Seele des Lesestoffes. Nehmen Sie sie z.B. aus diesem Buch heraus, so können Sie gleich das ganze Buch mitnehmen. Ein einziger kalter ewiger Winter wird dann auf jeder Seite herrschen. Billigen Sie aber diese Abschweifungen dem Verfasser wieder zu, so schreitet er alsogleich wie ein fröhlicher Bräutigam einher, grüßt freundlich, bringt Farbe und Abwechslung mit sich und regt den Appetit zum Weiterlesen an.
> Die ganze Kunst liegt auch hier im guten Kochen und Anrichten, so daß nicht nur der Leser, sondern auch der Autor dabei seinen Vorteil findet. Dessen Verlegenheit in dieser Hinsicht ist überhaupt höchst beklagenswert; denn vom Augenblick an, wo er mit der Abschweifung einsetzt, steht, wie ich es in den meisten Fällen beobachtet habe, die Haupthandlung stockstill, und wenn er dann mit der Haupthandlung fortfährt, so hört die Abschweifung wieder auf.

> Doch das heiße ich schlechte Arbeit liefern. Und aus diesem Grunde habe ich, sehen Sie, das Hauptwerk und die vielen zufälligen Nebenbestandteile sich an so vielen Stellen schneiden lassen, habe die fortschreitenden und abschweifenden Bewegungen so ineinander geschachtelt und geflochten, ein Rad so ins andere greifen lassen, daß der ganze Mechanismus im Gange gehalten worden ist und, was mehr ist, vierzig Jahre lang im Gange bleiben soll, wenn es dem Quell der Gesundheit gefällt, mich so lange mit Leben und Lebensmut zu segnen.

Es geht dem Autor nicht um fein-säuberliche Trennung der semiotischen Ebenen des Romans, sondern im Gegenteil: Die Vermischung, Verklammerung, Verflechtung, Verschachtelung von Disparatem ist sein erklärtes Ziel. Diese Technik bringt den Autor, wie er selbst sagt (*Sterne*, 1967, III/36, S. 240 f.), in ungeahnte Verwicklungen und den Leser in ständig neue Verwirrung, die ihn jedesmal zu einer neuen Lagebestimmung gegenüber den Romanereignissen und dem Romanautor zwingt.

Der Übergang von der Haupthandlung zur Abschweifung und von der Abschweifung zur Haupthandlung geschieht am einfachsten durch den Vergleich:

> Mein Vater wechselte augenblicklich seine gegenwärtige Stellung gegen jene ein, in welcher Sokrates so eindringlich von Raffael in dessen *Schule von Athen* gemalt worden ist, welche, wie Eure Kennerschaft natürlich wissen, so ausgezeichnet ausgedacht ist, daß selbst die Sokrates eigentümliche Art und Weise, einem Gedanken nachzugehen, darin ausgedrückt erscheint, denn er hält hier den Zeigefinger seiner linken Hand so zwischen dem Zeigefinger und dem Daumen seiner rechten [...]. (*Sterne*, 1967, IV/7, S. 294 f.)

> [...] da ich entschlossen bin, [...] gegen keinen dieser Ehrenmänner heftigere Worte zu gebrauchen als die, welche Onkel Toby [...]. (*Sterne*, 1967, III/4, S. 173)

Ein derartiger Übergang ist unproblematisch, denn durch die Vergleichswendungen „eine solche Stellung wie" bzw. „heftigere Worte als" werden die beiden Ebenen sauber voneinander getrennt und einander gegenübergestellt.

Mit besonderem Genuß bespitzelt der Autor im fünften Buch seine Mutter, die ihrerseits einen Dialog zwischen seinem Vater und Onkel Toby belauscht. Sterne macht daraus ein Tableau:

> In dieser Stellung will ich sie fünf Minuten lang stehenlassen, bis ich die Begebnisse in der Küche so weit gebracht haben. (*Sterne*, 1967, V/5, S. 365)

In dieser Szene ist jede semiotische Situation Gegenstand einer anderen: Grundlage ist das Gespräch zwischen dem Vater und Onkel Toby. Es wird reflektiert durch die lauschende Mutter. Deren Lauschen ist Gegenstand spöttischer Bemerkungen durch den Autor. Diese Bemerkungen sind wiederum dazu da, vom Leser zur Kenntnis genommen zu werden.

Hier werden nicht, wie in der Wissenschaftstheorie, Sprachen gestaffelt, sondern Kommunikationssituationen ineinander eingebettet. In der nächsthöheren Situation wird nicht bloß auf sprachliche Ausdrücke referiert, sondern auf beliebige Bestandteile der eingebetteten Situation verwiesen. Wir haben somit keine *semantische*, sondern eine *semiotische* Stufung vor uns.

Statt hintereinander gestaffelte Kommunikationssituationen wie in diesem Fall ausdrücklich gegeneinander abzusetzen, läßt Sterne sie gern durcheinanderlaufen. Je deutlicher die semiotischen Situationen nämlich voneinander getrennt werden, um so weniger gibt es beim Übergang von der einen zur anderen zu staunen. Die Übergänge würden mit der Zeit langweilig werden, so daß ein reflektierter Autor wie Sterne sich für die bloß erzähltechnisch bedingten Passagen am Ende noch beim Leser entschuldigen müßte.

Sterne hingegen dreht den Spieß um. Er nähert die vorkommenden Kommunikationssituationen vielfach so stark an ihre Metasituationen an, daß sie zeitweise ununterscheidbar sind. Weil er die Vorrede mitten in den Romantext hineinsetzt, kann er sie mit den Worten einleiten:

> Nein, ich will kein Wort weiter darüber verlieren – hier ist sie [...], sie muß für sich selber sprechen. (*Sterne*, 1967, III/20, S. 204)

Und auch diese Einleitung ist nur ein scheinbarer Übergang zu direkterem Ausdruck. Der Text der Vorrede ist selber nämlich wieder vielfach semiotisch gestuft. Der Autor wendet sich darin mehrfach an den Leser und gesteht ihm dann feixend zu:

> [...] daß Euer Ehrwürden jetzt auch schon darauf gekommen sein dürften, [...] wie sehr der warme Wunsch zu Eurem Wohle, mit dem ich begonnen habe, nichts weiter ist als das erste einschmeichelnde Grüßen eines gar liebenswürdigen Vorwortschreibers, welcher seinem Leser mit einem Kuß sozusagen den Mund stopfen möchte. (*Sterne*, 1967, III/20, S. 210)

Sterne schreibt also nicht nur *vor* und *nach* der Vorrede über die Vorrede, sondern er kann es auch *in* der Vorrede selbst nicht lassen, sich über die Kommunikationssituation zu stellen, an der er gerade teilnimmt. Indem er vor der Vorrede über Äußerungen aus der Vorrede spricht, die ihrerseits andere Äußerungen aus der Vorrede zum Thema haben, bringt er es zu einer dreifachen Stufung.

Dabei bedient er sich zweier Mittel:

1. des Redens über (semiotische Stufung),
2. der Gleichsetzung verschiedener Glieder in der semiotischen Stufenfolge.

Die Gleichsetzung schafft jene Art von Bezug, die sich zur Konstruktion von semiotischen Paradoxien eignet.

6. Typen der semiotischen Paradoxie bei Sterne

In Sternes Roman lassen sich mindestens vier Arten der Gleichsetzung verschiedener semiotischer Ebenen feststellen:

1. Zwischen der Wirkung der Darstellung und der Wirkung des Dargestellten besteht eine Entsprechung.
2. Die Darstellung ist Teil des Dargestellten, und zwischen beiden besteht eine Entsprechung.
3. Die Beschaffenheit des Dargestellten hat Einfluß auf die Art der Darstellung.
4. Die Darstellung hat Einfluß auf die Beschaffenheit des Dargestellten.

Während die semiotischen Bezüge in den Fällen 1, 3 und 4 implizit bleiben und daher durch den Leser selbst ausfindig gemacht werden müssen, werden sie in Fall 2 ausdrücklich formuliert. Dies entspricht dem oben besprochenen Unterschied zwischen der Bezeichnungsantinomie und der Wahrheitsantinomie.

Ein Paradebeispiel für Fall 1 ist das achtundzwanzigste Kapitel des vierten Buches:

> [...] können sie mir sagen, welches das beste Mittel gegen Brandwunden ist? — [...] Am besten, Sie schicken zum nächsten Buchdrucker und vertrauen Ihre Heilung einem so einfachen Mittel wie ganz frisch bedrucktem, sehr weichem Papier an und legen ein Blatt um die fragliche Stelle herum. Das ist alles. — [...] Das trifft sich ja gut, denn die zweite Auflage meines Traktates *De concubinis retinendis* ist eben unter der Presse. — Sie können jedes Blatt davon nehmen, sagte Eugenius, es ist gleichgültig, welches. — Nur dürfen keine Schweinereien darauf stehen, fügte Yorick hinzu.
> Der Drucker ist eben, antwortete Phutatorius, beim neunten Kapitel, dem vorletzten im ganzen Buch. — Wie heißt bitte der Titel dieses Kapitels? fragte Yorick, sich respektvoll vor Phutatorius verbeugend. — Ich denke, antwortete Phutatorius, es ist jenes *De re concubinaria*. — Um Gottes willen, nehmen Sie dieses Kapitel, bitte, nicht dazu, sagte Yorick. — Auf keinen Fall! fügte Eugenius hinzu. (*Sterne*, 1967, IV/28, S. 334 f.)

Das beste Mittel gegen Brandwunden ist druckfeuchtes Papier. Es darf jedoch weder schmutzig, noch brennend sein. Statt diese Voraussetzungen von der formalen Beschaffenheit der Druckseiten zu erwarten, suchen die Gelehrten sie in deren Inhalt. Der Übergang wird durch zweideutige Ausdrucksweisen erleichtert: Es dürfen „keine Schweinereien darauf" sein, sagt Yorick. Form und Inhalt sind hier durch Prädikate charakterisierbar, die, auf denselben Gegenstand angewandt, das Gegenteil voneinander aussagen. Wir haben es also mit einer semiotischen Paradoxie zu tun: Die fraglichen Druckseiten sind zugleich kühlend und brennend — je nach dem semiotischen Aspekt, unter dem sie gesehen werden. Die Wirkung dieses Ebenenwechsels ist ein komischer Effekt, der dazu dient, die Gelehrten zu veräppeln.

Grundlage dieser Paradoxie ist ein Zufall: das Zusammentreffen eines
Inhalts mit einem Zeichenträger von entgegengesetzter Wirkung. Scheinbar zufällige Widerlegungen einer Aussage durch den Kontext, in dem
sie gemacht wird, begegnen dem Sterne-Leser auf Schritt und Tritt, so,
wenn er in der Vorrede, die streckenweise die Form einer gelehrten
Abhandlung hat, lesen muß:

> Ich hasse es, regelrechte gelehrte Abhandlungen zu schreiben. (*Sterne*,
> 1967, III/20, S. 212)

Sterne selber weist auf eine solche Stelle hin:

> Ich habe dem Leser vor zwei Jahren gesagt, daß Onkel Toby kein Redner
> war, und ich habe noch auf derselben Seite einen Beweis des Gegenteils
> gegeben. (*Sterne*, 1967, VI/31, S. 467)

Der Beweis des Gegenteils besteht im Abdruck einer glänzenden Rede,
die besagtem Onkel Toby zugeschrieben ist.

Ein Höhepunkt der scheinbar zufälligen Selbstwiderlegung ist Sternes
Invektive gegen das Plagiieren:

> Sollen wir immer so weiter neue Bücher schreiben, wie die Apotheker neue
> Mixturen machen, indem wir Wasser aus einem Gefäß ins andere gießen?
> Sollen wir beständig dasselbe Seil ein- und wieder aufdrehen? (*Sterne*,
> 1967, V/1, S. 249 f.)

Der Witz liegt hier — wie John Ferriar (1798) einige Jahrzehnte nach
Erscheinen des Romans feststellte — darin, daß der Autor diese Zeilen
selber aus Burtons *Anatomy of Melancholy* abgeschrieben hat. Sterne
plagiiert, um gegen das Plagiieren anzugehen. Jeder der beiden angeführten Sätze hat selber die Eigenschaft, über die er so verächtlich spricht.

Nicht immer muß die besondere Beziehung zwischen Form und Inhalt
der Darstellung aber erst vom Leser entdeckt werden. Oft ist der Autor
verschmitzt genug, den Leser selber darauf aufmerksam zu machen,
welche Beziehung zwischen dem Vollzug der Lektüre und ihrem Thema
besteht (vgl. Fall 2):

> Denn indem ich von meiner Abschweifung rede — so erkläre ich vor dem
> Himmel, habe ich sie bereits gemacht. (*Sterne*, 1967, IX/15, S. 626[6])

An derartigen Stellen wird dem Leser klar, daß Sprechen, auch wenn es
über das Leben geht, nicht *außerhalb* des Lebens möglich ist: Sprechen
ist Handeln — und damit etwas, über das man seinerseits wieder sprechen kann, womit man allerdings die Handlung modifiziert. Besonders
deutlich wird das an einer Stelle, wo der Autor sich über die Grenzen
der semiotischen Teilsituationen hinwegsetzt, um sich vor einer seiner
Erzählfiguren zu verneigen:

---

[6] Die im Text gegebene Übersetzung weicht von der in *Sterne*, 1967, gegebenen
ab.

> Hier — doch, warum lieber hier als an irgendeiner anderen Stelle meiner
> Erzählung, weiß ich eigentlich nicht zu sagen — aber hier ist es nun mal: —
> an dieser Stelle hält mich mein Herz dazu an, dir, lieber Onkel Toby, den
> Dankeszoll zu entrichten, den ich deiner Güte schulde. (*Sterne*, 1967,
> III/34, S. 237 f.[7])

Das ist belustigend sentimental. Aber die Mittel sind keine zufälligen:
Die Würdigung der spontanen und impulsiven Güte Tobys muß ihrerseits spontan und impulsiv sein. Sonst wäre sie, scheint es, nicht angemessen. Der Satz nimmt selber die charakteristische Eigenschaft dessen
an, zu dem er Stellung nimmt — und wäre es auch eine Eigenschaft, die
die Syntax sprengt. „[...] doch warum eher hier als an irgendeiner anderen Stelle [...]? ", unterbricht sich der Autor: „[...] weil das Herz seine
Gründe hat, von denen der Verstand nichts weiß!", heißt es in Anlehnung an Pascal an anderer Stelle des Romans: „[...] an dieser Stelle hält
mich mein Herz dazu an [...]". Solch ein Textstück ist — gerade wenn
man es mit der in ihm enthaltenen Reflexion zusammen nimmt — ein
Beispiel dessen, wovon es handelt (Fall 3).

Die Assimilation der Darstellung an das Dargestellte (Fall 3) hat unter
dem Namen der Mimesis in der Literatur eine lange Tradition. Von
einer Beeinflussung des Dargestellten durch die Darstellung (Fall 4) ist
hingegen in der neueren Literatur kaum mehr ernsthaft die Rede. Derartige magische Anstrengungen sind heute fast ganz auf ritualisierte
Situationen beschränkt. Um so auffälliger ist es, daß Sterne auch diese
Beziehung zwischen den semiotischen Ebenen immer wieder realisiert:

> Da der Leser ohnehin (denn die Worte „wenn" und „falls" sind mir zu-
> wider) eine gründliche Kenntnis des menschlichen Herzens besitzt, brauche
> ich ihm nicht erst zu sagen, daß unser Held in diesem Tempo nicht fort-
> fahren konnte, ohne gelegentliche Mahnungen zu erhalten. (*Sterne*, 1967,
> I/12, S. 34)

In diesem noch ziemlich spitzfindigen Beispiel wird dem Leser *deshalb*
eine gründliche Kenntnis des menschlichen Herzens fest zugeschrieben,
weil der Autor die relativierenden Konjunktionen „wenn" und „falls"
nicht leiden mag: Die Tatsachen scheinen in Abhängigkeit von der
Sprache geraten zu sein, mit der sie beschrieben werden sollen.
Derartige Fälle tauchen auch in der Darstellung der Haupthandlung auf:

> Trim las eine Predigt. Seine Haltung war dabei so, daß der Körper mit der
> Horizontalen einen Winkel von $85^1/2$ Grad bildete, welchen Winkel wirk-
> liche Redner [...] als den wahren Einfallswinkel der Überredung kennen.
> [...] Wie zum Teufel aber [vermochte] Korporal Trim, der sonst einen
> spitzen Winkel von einem stumpfen nicht unterscheiden konnte, diesen so
> genau zu treffen? (*Sterne*, 1967, II/17, S. 131)

---

[7] Die im Text gegebene Übersetzung weicht von der in *Sterne*, 1967, gegebenen
ab.

Wir haben es hier ebenfalls mit einer Umkehrung des natürlichen Verhältnisses von Beschreibung und Beschriebenem zu tun. Der beschriebene Sachverhalt scheint sich nach einer Norm zu richten, die nur dem Beschreibenden bekannt ist. Die Figuren des Romans folgen einer Theorie, von der sie gar nichts wissen können, ihr Verhalten zeugt von magischer Kraft dessen, der es beschreibt.

In jedem der zwei zitierten Beispiele geht die Magie vom Romanautor aus. Der Autor hieße aber nicht Sterne, wenn er den Leser diese Beziehung nicht auch in der Romanhandlung wiederfinden ließe:

> Das war also meines Vaters Theorie, welcher ich nur noch das eine hinzuzufügen habe, daß mein Bruder Bobby ihr alle Ehre machte. (*Sterne*, 1967, II/19, S. 167)

Die Priorität der Darstellung gegenüber dem Dargestellten ist einer der wenigen Grundsätze, die Sterne in seinem Roman mehrfach verkündet und an keiner Stelle zurücknimmt:

> Ist es nicht eine Schande, zwei Kapitel aus dem zu machen, was jetzt auf der Treppe vorgegangen ist? Denn wir sind noch immer nicht weiter als beim ersten Treppenabsatz und es sind noch fünfzehn Stufen bis ganz hinunter. Und da meinem Vater und Onkel Toby heute das Reden leichtfällt, so kann es noch ebensoviel Kapitel wie Stufen geben. — Sei dem, wie ihm wolle, Herr, ich kann das so wenig ändern wie mein Schicksal.
> Plötzlich kommt mir ein Einfall; laß den Vorhang fallen, Shandy! — Ich lasse ihn fallen ... Ziehe eine Linie hier übers Papier, Tristram ... Ich ziehe die Linie — und: Auf in ein neues Kapitel!
> Der Teufel soll mich holen, wenn ich hierbei ein anderes Lineal benutze als mich selber; und wenn ich auch eines hätte — da ich im Leben alles sozusagen ohne Lineal tue —, so würde ich es lieber umbiegen, zerbrechen und ins Feuer werfen. Habe ich mich schon wieder erhitzt? Ich habe allerdings auch Ursache dazu — eine hübsche Geschichte! Soll ein Mensch sich nach dem Lineal richten oder das Lineal nach dem Menschen? (*Sterne*, 1967, IV/10, S. 298)

Sternes Absicht war es, den Leser in den Bewußtseinsstrom eines ständig aktiven Bewußtseins einzubeziehen und ihn an allen nur denkbaren Eingriffen dieses Bewußtseins in die von ihm thematisierte Welt und in sein eigenes Leben teilnehmen zu lassen.

> Zu diesem Ende lasse ich mich manchmal in meinem Schlaf stören, damit ich ihn um so besser und inniger auskoste und spüre. (*Sterne*, 1967, IV/15, S. 308)

Sterne schreibt, um sich *als Schreibenden* erleben zu können, und die angemessenste Reaktion des Lesers ist es, zu lesen, um sich dabei *als Lesenden* zu erleben.

Die angeführten Romanstellen haben allerdings gezeigt, daß beides nur Subjekten möglich ist, die über eine semantisch geschlossene Sprache

verfügen. Die Verwendung einer semantisch geschlossenen Sprache setzt den Menschen in die Lage, seine Umwelt nicht nur getrennt von sich zu verstehen und zu ordnen, sondern sich selber einen Platz in dieser Welt zuzuweisen.
Nach allem, was wir weiter oben über die wissenschaftliche Brauchbarkeit semantisch geschlossener Sprachen ausgeführt haben, bleibt daher die Frage an den Semiotiker, welchen Fähigkeiten der Mensch es verdankt, daß er in der Lage ist, sich semantisch geschlossener Sprachen trotz aller ihrer Gefahren mit solchem Nutzen zu bedienen.

7. Ausblick

Dieser theoretischen Frage sei eine methodologische Anregung hinzugefügt. Kein Kommunikationsverhalten hat so gravierende Konsequenzen für die Kommunikationspartner wie das Äußern von Paradoxien. Die Wissenschaftstheorie hat das Auftreten semantischer Antinomien zum Anlaß für eine neue Analyse der Wissenschaftssprache genommen. Sollte nicht auch die Semiotik der natürlichen Sprache das Auftreten von semiotischen Paradoxien als Anhaltspunkt für ihre Analysen benutzen? Der Grundgedanke dieses Vorschlags ist sehr einfach: Wer simultan zwei einander widersprechende Mitteilungen machen kann, dem steht mehr als eine Ausdrucksebene zur Verfügung. Da trotz aller Kommunikationsmodelle bis heute nicht geklärt ist, wie viele Ausdrucksebenen der Sprachbenutzer gleichzeitig einsetzen kann und welche dies sind, liegt es nahe, die Möglichkeiten zur Erzeugung semiotischer Paradoxien als Kriterium zu verwenden.[8]

Die Wissenschaftstheorie hat mit ihrer Analyse die Konstruktion einer Hierarchie von semantischen Stufen mit stufenspezifischen Sprachen begründet, in denen die betreffenden Antinomien nicht mehr formuliert werden können.
Die semiotische Analyse der natürlichen Sprache läßt die Sprache, wie sie ist. Sie kann uns aber durch die Entwicklung eines Testverfahrens zur Trennung der Ausdrucksebenen unser eigenes Sprachverhalten durchschaubar machen und uns vor der Manipulation durch fremdes Verhalten schützen helfen.

---

[8] Für jede Situation, in der jemand simultan zwei einander widersprechende Mitteilungen machen kann, sind mindestens zwei selbständige Ausdrucksebenen anzunehmen. Die Bedingung, daß die beiden Mitteilungen einander widersprechen, ist für den diagnostischen Zweck wichtig. Denn Informationen, die teilweise oder ganz dasselbe besagen, sind erfahrungsgemäß viel schwerer auseinanderzuhalten.

LITERATUR

I

Sterne, Laurence:
1940   *The Life and Opinions of Tristram Shandy, Gentleman.* Ed. James Aiken
        Work. New York 1940. Taschenbuchausgabe Harmondsworth/England
        1967. Zuerst erschienen 1759—67.

Sterne, Laurence:
1967   *Das Leben und die Ansichten Tristram Shandys.*
        Deutsch von Rudolf Kassner. München 1967.

II

Burton, R.:
1621   *The Anatomy of Melancholy, What it Is.* Oxford 1621, 2. Aufl. 1624.

Cash, A.H. und J.M. Stedmond (eds.):
1971   *The Winged Skull — Papers from the Laurence Sterne Bicentenary Con-
        ference.* London 1971.

Ferriar, J.:
1798   *Illustrations of Sterne.* Manchester 1798.

Fluchère, H.:
1961   *Laurence Sterne — De l'homme à l'oeuvre.* Paris 1961.

Gide, A.:
1962   *Paludes.*
        Deutsch von M. Schaefer-Rümelin. Frankfurt 1962.

Mayoux, J.-J.:
1970   Temps vécu et temps créé dans „Tristram Shandy". In: *Poétique.* 1
        (1970), S. 174—186.

Posner, R.:
1972   *Theorie des Kommentierens — Eine Grundlagenstudie zur Semantik und
        Pragmatik.* Frankfurt a.M. 1972.

Posner, R.:
1973   Linguistische Poetik. In: H.P. Althaus, H. Henne und H.E. Wiegand (eds.):
        Lexikon der germanistischen Linguistik. Tübingen 1973, S. 513—522.

Ricks, Ch.:
1967   Introduction to „Tristram Shandy". In: L. Sterne: *Tristram Shandy.* Ed.
        J.A. Work. Harmondsworth/England 1967.

Šklovsky, V.:
1969   Der parodistische Roman — Sternes „Tristram Shandy". In: Jurij Striedter
        (ed.): *Texte der russischen Formalisten.* Bd 1. München 1969,
        S. 244—299.

Starobinski, J.:
1970 Le style de l'autobiographie. In: *Poétique.* 1 (1970), S. 258—265.

Stedmond, J.M.:
1967 *The Comic Art of Lawrence Sterne.* Toronto 1967.

Traugott, J.:
1954 *Tristram Shandy's World — Sterne's Philosophical Rhetoric.* Cambridge/
Mass. 1954.

III

Bar Hillel, Y.:
1966 Do Natural Languages Contain Paradoxes? In: *Studium Generale.* 19
(1966), S. 391—397.

Bochenski, J.M.:
1959 Formalisierung einer scholastischen Lösung der Paradoxie des „Lügners".
In: J.M. Bochenski: *Logisch-philosophische Studien.* Ed. Albert Menne.
Freiburg und München 1959.

Grelling, K. und L. Nelson:
1907/8 Bemerkungen zu den Paradoxien von Russell und Burali-Forti. In: *Abhandlungen der Friesschen Schule.* 2 (1907/8), S. 300—334.

Kutschera, F.v.:
1964 *Die Antinomien der Logik — Semantische Untersuchungen.* Freiburg und
München 1964.

Marten, R.:
1967 „Selbstprädikation" bei Platon. In: *Kantstudien.* 58 (1967),
S. 209—226.

Peterson, Ph.L.:
1971 Grelling's Paradox — Some Remarks on the Grammar of its Logic. In:
*Proceedings of the IVth International Congress on Logic, Methodology
and Philosophy of Science,* 1971, in Bucharest, Rumania. (Im Druck.)

Prior, A.N.:
1958 Epimenides the Cretan. In: *The Journal of Symbolic Logic.* 23 (1958),
S. 261—266.

Rüstow, A.:
1910 *Der Lügner — Theorie, Geschichte und Auflösung.* Phil. Diss. Erlangen
1910.

Skinner, R.C.:

1959   The Paradox of the Liar. In: *Mind*. 68 (1959), S. 323—335.

Smullyan, R.M.:

1957   Languages in Which Self-Reference is Possible. In: *The Journal of Symbolic Logic*. 22 (1957), S. 55—67.

Stenius, E.:

1949   Das Problem der logischen Antinomien. In: *Soc. Scient. Fennica. Comm. Physico-Math*. T. 14, Nr 4. Helsingfors 1949.

Tondl, L.:

1966   Antinomy of „Liar" and Antinomy of Synonymous Names. In: *Kybernetika Čislo*. I/2 (1966), S. 15—30.

Watzlawick, P., J.H. Beavin und D.D. Jackson:

1969   *Menschliche Kommunikation — Formen, Störungen, Paradoxien*. Bern 1969.

ROLF KLOEPFER (MANNHEIM)

KOMPLEMENTARITÄT VON SPRACHE UND BILD

AM BEISPIEL VON COMIC, KARIKATUR UND REKLAME

1. Zielsetzung

Das Rahmenthema „Zeichenebenen: Komplementarität in multimedialer Kommunikation", angewendet auf Publikationen, in denen Sprache und Bild miteinander verwendet werden, legt zuerst einmal die Suche nach einer Typologie der Beziehungsmöglichkeiten zwischen Bild und Sprache nahe. Tatsächlich können sie sich konvergent oder divergent, wenn konvergent, dann additiv oder parallel, wenn additiv, dann potenzierend oder modifizierend etc. verhalten. Einer binär oder sonstwie angelegten Typologie steht also an sich nichts im Wege; allerdings nur, solange man diese Beziehung relativ statisch und monofunktional sieht und wenn man gleichzeitig dem Bild bestimmte festgelegte Eigenschaften und bestimmte andere den sprachlich realisierten Texten zuordnet. Sobald man aber auf die erfolgreichsten Beispiele multimedialer (besser: multikodaler) Kommunikation eingeht, stellt man fest, daß diese Beziehungen dynamisch sind, polyfunktional und darüberhinaus dazu dienen, die jeweils zugrunde liegenden Kodes zu verändern.

Wenn man zwischen „reiner Semiotik", die eine angemessene Sprache erstellt, um über Zeichen und Zeichenprozesse zu reden, „deskriptiver Semiotik", die wirkliche Zeichen und -prozesse beschreibt, und „angewandter Semiotik" unterscheidet, die das von den beiden anderen erbrachte Wissen verwendet, so kann man das Ziel unseres Beitrags[1] folgendermaßen charakterisieren: Es soll primär gezeigt werden, wie es durch gleichzeitige Verwendung mehrerer Kodes zu erfolgreicher Kommunikation kommt mit den Zielen: Kauf eines Objektes (*Cointreau*-Reklame), kritisches Abstandnehmen (in der Karikatur von Bretécher) und befreiendes Lachen oder Schmunzeln bei zurückhaltenderen Menschen (im Comic von Schulz); dies wird durch die Skizze einer Beschrei-

[1] An dieser Stelle sei Werner Thoma gedankt für die fruchtbaren Hinweise und Anregungen. Mit Ursula Oomen wurden viele Voraussetzungen der Ausführungen über die „Peanuts" diskutiert. (Vgl. *Oomen*, 1976.) Wir haben — den spezifischen Interessen entsprechend — die Ausarbeitung in verschiedenen Richtungen vorgenommen.

bung mittels semiotischer Begriffe geleistet. Damit wiederum soll aber
eine These illustriert werden, die für die reine Semiotik von Interesse
sein kann. Diese These kann man so zusammenfassen: eine Semiotik,
die den Prozeßcharakter der Zeichenfindung, -umwertung, -superisie-
rung in der Zeit zu erfassen nicht imstande ist, eignet sich weder für
eine angemessene Beschreibung noch für eine Anwendung, weil bei vielen Kommunikationsvorgängen gerade dieser Prozeß selbst zum wichtigsten und umfassendsten Zeichen wird.

Man könnte unser Ziel auch dahingehend zusammenfassen, daß wir eine
der pragmatischen Bedingungen erfolgreicher Kommunikation stärker
hervorheben wollen: die Lust an der Semiose beim erfolgreichen Lernen
von Zeichen und ihren vielfältigen Möglichkeiten. Dieses Lernen erfolgt
aufgrund von Indexzeichen. Die Peircesche Definition der drei Zeichen-
typen durch die Relation von Zeichenträger und Interpretanten (vgl.
Peirce, 1931—32, insbes. S. 292—302) wird gerade im Hinblick auf das
Indexzeichen und seine Kontiguitätsrelation von Eliseo Veron (1970,
S. 52—69) diskutiert und verbessert. Auf diesen Ergebnissen beruhen
z.T. die nachfolgenden Ausführungen. Selbstverständlich liegen ihnen
weiterhin Morris (1946) und Eco (1972) zugrunde.

Mit dem oben ausgeführten dreifachen Ziel ist nebenher der Versuch
verbunden, die weitverbreitete Assoziation von Bildern mit ikonischem
Kode und von Sprache mit symbolischem fraglich zu machen. Daher
wird der Prozeß der „Umfunktionierung" eines ikonischen Kodes zu
einem symbolischen (und umgekehrt) mittels metonymischer Indizien
genauer beleuchtet werden.

2.   Kodewandel und Kodeherstellung

2.1.   Kodeerweiterung durch Indexzeichenbildung am Beispiel der
„Peanuts". Ausgangspunkt sei eine Bildergeschichte von Charles M.
Schulz.[2] Traditionell setzt man Bilder mit Realisationen eines ikonischen Kodes gleich. Das ist normalerweise auch richtig. Die Definition
des ikonischen Zeichens, die Eco (1972, S. 213) gegeben hat, ist sehr
brauchbar: „Das ikonische Zeichen konstruiert also ein Modell von Beziehungen (unter graphischen Phänomenen), das dem Modell der Wahrnehmungsbeziehungen homolog ist, das wir beim Erkennen und Erinnern des Gegenstandes konstruieren. Wenn das ikonische Zeichen mit
irgend etwas Eigenschaften gemeinsam hat, dann nicht mit dem Gegenstand, sondern mit dem Wahrnehmungsmodell des Gegenstandes."

---

[2]   *You've Done It Again Charlie Brown.* Selected cartoons from „We're Right
Behind You Charlie Brown". Bd 2, Greenwich/Conn. 1970 (ohne Seitenan-
gabe).

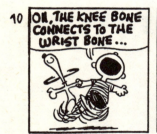

Jedesmal, wenn wir eine bestimmte Anordnung von Strichen auf einem Papier sehen, stellen wir uns einen Jungen vor. Wenn dieses Bild darüber hinaus diesen Jungen mit einem Pullover mit Streifenmuster angezogen zeigt, ihm eine bestimmte Kopfform und eine bestimmte Haltung gibt, bestimmte Mienen und Gesten, so wissen wir: das ist Charlie Brown. Der Comic hat uns diese Person mit Namen vorgestellt. An diesem dominant ikonischen Fixpunkt kann nunmehr ein Kode entwickelt werden, der nicht mehr dominant ikonisch, sondern symbolisch ist. Das geht so vor sich: Jedesmal, wenn Charlie Brown in einem signifikanten Kontext steht, weist das Zeichen für ihn ein bestimmtes Merkmal auf; er sagt z.B. etwas über seinen Gemütszustand und hat dabei eine bestimmte Mundform. Diese graphische Form kann durch Kontiguität zu einem metonymischen Zeichen werden (z.B. als *pars pro toto*), zu einem Indexzeichen oder Indiz im Sinne von Peirce. Je öfter dieses Zeichen wiederholt wird, desto mehr konventionalisiert es sich. Der Grad an Ikonizität nimmt zugunsten einer zunehmenden Symbolhaftigkeit ab. Diese Tendenz läßt sich überall nachweisen. Das Lernen der neuen Zeichenelemente macht zweifellos einen Teil des Reizes dieser Comics aus. Die Überführung der dominant ikonischen Zeichen über eine metonymisch-indexhafte Zwischenstufe in dominant symbolische findet vor allem statt mittels der Bereiche Mund (mit Zunge), Augen (mit Augenbrauen), Arme (mit Händen), Körperhaltung (und -größe).

U. Oomen (1976) hat diesen Gedanken weiterverfolgt. Für die Semiotik interessiert vor allem die Frage, was dabei mit den Figuren und Zeichen im Sinne Prietos geschieht. In dem Kontext „runder Kreis" wird jede Konfiguration in der unteren Hälfte zu einem bedeutungsvollen Mund. Im Rahmen des Kodes der „Peanuts" hat Schulz die — der Möglichkeit nach unzählbar vielen und nichtdiskreten — Figuren aufgrund von Abstraktion einer systematischen Reduktion unterworfen und es auf diese Weise ermöglicht, daß sie immer — oder fast immer — diskret sind. Das steht im Gegensatz zu dem, was man sonst von den Figuren annimmt (vgl. *Eco*, 1972, S. 246 f.). Man könnte ein „Mundsystem" aufstellen, das sich ähnlich systematisch aus distinktiven Merkmalen aufbaut wie das Phonemsystem einer Sprache:
— Es gibt Zeroformen, wo der Kreis ohne Mund aus der Vorder- oder Seitenansicht „Nichtbetroffenheit"/Neutralität im emotiven oder interrelationalen Bereich kennzeichnet.
— Alle Merkmalkombinationen werden mit einem „Vor-Zeichen" dadurch versehen, daß sie in Vorder- oder Seitenansicht gegeben werden, einem konventionellen Zeichen dafür, ob die jeweilige Person gerade Hauptperson ist oder nicht.
— Sodann gibt es die Merkmaloppositionen *Linie* vs. *Fläche, geschwungen* vs. *gerade* und beide vs. *gezackt, nach unten* vs. *nach oben* etc.

— Diese Merkmale werden zu größeren Einheiten kombiniert, die zusammen mit anderen Kombinationen und ikonischen Restbeständen eine so komplexe Aussage ermöglichen wie „Lucy ist perplex und sauer".

Die Entwicklung eines spezifischen Kodes über die Zwischenstufe der metonymischen Indexbildung betrifft nicht nur die Teilsysteme wie Mund oder Augen (vgl. *Oomen*, 1976), sondern auch die Möglichkeiten der Kombination zu komplexeren Einheiten, so daß schließlich die Figuren die Funktion von Zeichen übernommen haben und diese die Funktion ikonischer Aussagen. Dadurch ist es möglich, daß ein „Leser" eindeutig und ohne Worte versteht: „Das ist der im Moment von der gerade wieder dominierenden Lucy verunsicherte Charlie Brown, der nicht weiß, was er sagen soll, und auch sonst alle Zeichen des Schwankens (= Zeroformen) aufweist."
Bei derartigen Prozessen der Kodebildung, die einen Hauptreiz der Comics ausmachen, ermöglicht die Sprache den Schritt zur Indexzeichenbildung, der seinerseits Voraussetzung für einen symbolischen Zeichengebrauch ist. Diese Indexzeichenbildung nennt Veron (1970) treffend eine „codification non codée".
Wir stellen fest: der „Leser" nimmt lernend an der „Verbesserung" eines Kodes teil, wobei Sprache und Bild wechselseitig als indizierender Kontext fungieren können.

2.2.   *Die Überführung sprachlicher Symbole in Ikons am Beispiel von* „*Les frustrés*". Das Kodelernen geht — soweit nicht metasprachlich — auf dem Wege der Indexzeichenbildung nach dem Muster „Immer wenn x, dann y" vonstatten, so daß x dann zum Indiz und schließlich zum Symbol für y wird. Bei den „Peanuts" hatten wir beobachtet, wie die Sprache die Entwicklung bzw. Veränderung des bildlichen Kodes ermöglicht; eine Bildergeschichte der französischen Karikaturistin Claire Bretécher veranschauliche den umgekehrten Vorgang. Bretécher hat in *Pilote* lange Zeit die sehr erfolgreiche Serie „Salade de saison" gezeichnet, sie bringt seit einigen Jahren im *Nouvel Observateur* jede Woche eine neue Folge von „Les frustrés".[3]

Auch hier soll der dynamische Prozeß der Semiose hervorgehoben werden. Während aber bei den „Peanuts" das Lernen jeweils in einer Serie von Geschichten erfolgt, kann es hier innerhalb einer Geschichte nach-

---

[3]   Bei Dargaud sind bislang erschienen: *Les états d'âme de cellulite, Les angoisses de cellulite, Salade de saison*, bei Glénat *Les gnangnans* und im Eigenverlag in diesem Jahr *Les frustrés*.

gewiesen werden. Ging es dort um einen Wandel von ikonischer
Dominanz zu symbolischer, so wird hier die normalerweise dominant
symbolische Sprache zunehmend ikonisch. Den Kontext bildet hier das
Bild. Die Geschichte ist ohne weiteres verständlich. Sie bietet keine
Schwierigkeiten für eine Analyse; interessant ist allein der Prozeß, dem
die sprachlichen Aussagen unterworfen sind: Es geht um einen Verlust
der Eigenschaften *diskret, abstrakt, arbiträr* zugunsten von *Kontinuität, Konkretion* und *Similarität.* Das wird realisiert u.a.

— durch eine Verschiebung im Phonemsystem (Explosivlaute werden
durch Frikative ersetzt) und durch eine Reduktion der Vokale auf die
beiden Extrempunkte (helle und dunkle Vokale); die Frauen regredie-
ren „für ihr Kind" in eine Form der oralen Lustphase, in der letztlich
saugende Schmatzgeräusche denselben Status haben wie Schreie und
Ketten von Lautkombinationen mit gleichbleibenden Merkmalen
(„smack — wouw — chi li piti chiri à chon monmon cha! — guili");

— durch die Überführung von in sich gegliederten Sätzen mit syntaktischen Einheiten und Worten in ein Globalzeichen von der Art großer
idiomatischer Wendungen, die als gesungen gekennzeichnet sind („Ainsi
font font font [les petites marionettes]" — „ah ... les belles menittes
que j'ai ...");

— durch die Überführung dieser Zeichen in ein umfassendes und in-
variables: Immer wenn französische Frauen mit Kleinkindern beschäftigt sind, wird ein Ritual abgespult mit Kuß, Kniehüpfen, Händegefuch-
tel, Lachstimulierung, Hochwerfen und Kitzeln, das von einem ebenso
automatischen Lautkontinuum begleitet ist.

Parallel dazu erfolgt auch auf der Bildebene eine Umwertung: während
der Kontext suggeriert, daß die Frauen mit dem Kind lachend scherzen,
sind Mienenspiel und Gesten im einzelnen geeignet, grimmige Aggres-
sion zu zeigen (das Kitzeln in Bild 8 könnte so als Schlagen gedeutet
werden). Die Handlung wird als Ritual mit gebrochener Perspektive
erkennbar. Die Sprache wird zur ikonischen Kennzeichnung der Einstellung von Mutter und Großmutter gebraucht. Sie wird zu einer großen
Onomatopöie.

*2.3.   Indexzeichenbildung als Werbegag am Beispiel einer „Cointreau"-
Reklame.* Als drittes Beispiel wählen wir die Reklame von *Cointreau,*
die im vergangenen Jahr in allen großen Magazinen zu finden war und
die in vielen Variationen nach ein und demselben Prinzip erfolgreich für
den Kauf des französischen Likörs warb.

Die Reklame als Ganzes braucht keiner Analyse unterzogen zu werden.
Barthes, Eco, Péniou, Durand und viele andere haben seit den 60er

Cointreau trinken ist
überhaupt immer schön.
Pur, auf Eis oder gemixt.

Mit Wolfgang Amadeus Cointreau trinken ist schön.

Jahren gezeigt, wie man so etwas macht.[4] Der visuelle Kode bringt auf
der ikonischen Ebene dominant referenzielle Aussagen, die sich durch
Anordnung, Farbgebung u. dgl. als subdominant ästhetisch erweisen:

---

[4] *Barthes*, 1964, S. 40–52; *Eco*, 1972, insbes. S. 267–292; *Péniou*, 1970,
S. 96–110; *Durand*, 1970, S. 70–96; vgl. auch *Ehmer*, 1971, wo eine Reihe
interessanter Beiträge zu finden sind. Seither ist das Thema Mode geworden,
ohne daß die Methode der Analyse verbessert worden wäre.

Stellung der indiskret bekleideten Frau, die gegenläufige Linie der beiden Männer mit dem signifikanten Schnittpunkt und ihrer Verlängerung in der *Cointreau*flasche. Alle Gegenstände indizieren auf der ikonographischen Ebene, so daß wir sie als nordisches, erlesenes, luxuriöses und durchaus bereites Kulturwesen erkennen und die Männer als erfolgreich in ökonomischer, mondäner, erotischer Hinsicht. Für unsere Belange ist der Exemplum-Charakter dieser Szene wichtig, denn als Ganzes ist sie ja wiederum Teil einer Handlung. Als Element, als ein hervorragendes Moment ist sie metonymisch-indexhaftes Zeichen für diese Handlung als neues Ganzes. Es geht um den Genuß dieser Frau. Der erotische Kontext und die Kenntnis der kodifizierten Form der ästhetischen Vorspiele lassen uns neidvoll erkennen, wo das enden wird und wie. Auf einer vierten — oder fünften, je nachdem — Ebene wird das Ganze aufgrund seiner metonymischen Natur dechiffrierbar. Gleichzeitig gilt jedoch, wie Veron (1970, S. 65) sagt: „Weil aber diese Verbindung ein symbolisches Moment bekommen hat, ergibt sich eine ‚Neutralisation' der gänzlich ‚natürlichen' oder ‚kausalen' Verbindung, die zur folgenden Handlung führt: wenn das [...] Verhalten in ‚natürlicher' Verbindung stände zu dem, was folgt, würde es nicht um eine Nachricht über eine mögliche Handlung gehen, sondern um die Handlung selbst." Warum gibt der Text die Information nicht direkter? Warum benutzt er den Umweg über die Indexzeichenbildung? — Gemeinsam ist mit den vorangegangenen Beispielen, daß nicht ein fertiger Kode zur Übermittlung einer Mitteilung benutzt wird, sondern mit dieser ein Kode entwickelt, verändert, erweitert wird. Eine Handlung wird als Zeichen gesetzt für etwas anderes: Violinspielen ebenso wie *Cointreau*trinken. Entsprechend bedienen sich die verbalen Texte ironisch-indirekter Aussageweisen, die nicht nur den Snob-Appeal der Gegenstände wieder aufgreifen, sondern die fingierte Harmlosigkeit der Sache unterstreichen („Mit Wolfgang Amadeus Cointreau trinken ist schön"). Der kleine Zusatz unter der Flasche („Cointreau trinken ist überhaupt immer schön. Pur, auf Eis oder gemixt.") unterstreicht die Figur der Antonomasie, die dieser „Geschichte" wie allen anderen „exemplarischen Reklamegeschichten" eigen ist. Sie bringt den All-Quantifikator: Zu allen solchen Szenen gehört *Cointreau*.

3. Die Lust an der gelenkten Semiose

Den drei Beispielen ist gemeinsam, daß der Leser über die Indexzeichenbildung etwas Neues lernen kann. Er realisiert die besondere Zuordnung, und damit werden ikonische Bilder zu einer symbolischen Bilderschrift, wird die Äußerung symbolischer Sprachzeichen zur ikonischen Handlung vermittels der Schallwerkzeuge, wird eine nicht denotierende

Handlung wie das Violinspiel zum eindeutigen Indiz. — Es geht also um einen dynamischen Gebrauch der Semiosemöglichkeiten; sein Ziel soll nun in einem zweiten Durchgang genauer bestimmt werden.

3.1. Magischer Zeichengebrauch. Wer die *Cointreau*-Reklame angemessen rezipieren kann, der dechiffriert nicht nur die eben skizzierten Ebenen, indem er ihre monosemierende oder ironisch kontrastierende Relation als Zeichenkörper für die nächsthöhere Ebene nutzt, sondern er erlebt auch mehr oder weniger bewußt seine Eigenleistung dabei. Der „Leser" erfährt sich als Zeichenrealisierender; er vollzieht einen ästhetischen Prozeß mit Erfolg. Für entsprechende Rückkoppelung ist spätestens mit der zweiten *Cointreau*-Reklame gesorgt, die er in der nächsten Illustrierten findet: zwei von der dynamischen Elite beim „Saubermachen" in der Badewanne (statt mit „Wolfgang Amadeus" im Salon oder beim „Kaffee" im seriösen Büro, wo sich die reifen Männer vorfreuen mit dem appetitlichen Revue-Girl, das aus der Torte steigt).

Das Ganze wird also erfahren in einem Prozeß, der der rezipierenden Intelligenz schmeichelt, die Phantasie anregt und die eigene Leistung bestätigt. Der Prozeß dieser Superzeichenbildung wird nun seinerseits zum Analogon der beiden anderen Handlungen: dem *Cointreau*trinken und dem Genuß einer Frau. Erst hier kommen wir der eigentlichen Leistung der Reklame nahe. Das Interessante ist ja, daß der Semioseprozeß gleichgesetzt wird mit den beiden anderen, nur indizierten Handlungen. Eine Homologie wird konstruiert, die über das Verbindungsglied der Reklame eine Gleichsetzung zweier Lüste und ihrer möglichen Erfüllungen herbeiführt, so daß schließlich das durch den Kauf einer Flasche mögliche *Cointreau*trinken als unmittelbare Ursache/Voraussetzung/Begründung des anderen Lusterlebnisses fungiert. Eine kaufbare Ware steht für eine unerreichbare, und für beide steht der Text so, daß die angenehm sinnliche Erkenntnis seiner Mache einen Vorgeschmack der ersten zwei Stufen zum siebten Himmel gibt. Magisch kann man diesen Zeichengebrauch deshalb nennen, weil wiederholt Eigenschaften des Zeichenkörpers (die Frau im Bild, der Text im Bild, das Ganze) für den Gebrauchswert der Ware gesetzt sind.

Natürlich sind für die *Cointreau*-Reklame viele Lesarten denkbar. Sie alle beruhen auf dem „balancement douteux entre la vérité et la volupté", von dem Pascal in seiner *Art de persuader* spricht. Dieses Schwanken, dies Spiel mit verschiedenen Sinnkonfigurationen, deren relative Instabilität durch subsidiäre Redundanzen abgesichert wird, liefert die besonderen Möglichkeiten der Rezeption, die dann zum Erfolg der Kommunikation führen: dem Kauf.[5]

---

[5] Uns interessiert bei diesem Prozeß im Moment nur der semiotische Aspekt; wer mehr von dem „Mirakel dieser Transsubstantiation" unter politisch-ökonomischem Aspekt erfahren möchte, lese nach bei *Haug*, 1971.

3.2. Entlarvender Witz. Man irre sich nicht: Die Frau der *Cointreau*-Reklame bleibt Zeichen für etwas. Auch wenn man sich vorstellt, sie würde als wirkliche „Hostesse" aus dem Bild treten, dient sie doch allein dazu, das Produkt — gerade mit ihrer Nacktheit — zu verkleiden, eine Verbrämung zu sein, eine Verschleierung. Während hier also der aufwendige Semioseprozeß der Verkleidung dient, der Nichtinformation und der magischen Identifizierung, führt die Karikatur von Bretécher zur kritischen Distanz, zur Information darüber, wie's wirklich ist, und zur Entlarvung des Scheins. Während die *Cointreau*-Reklame das *quidproquo*, d.h. das Zeichensein, so weiterentwickelt, daß das Zeichen bereits für die Trieberfüllung stehen kann,[6] reduziert Bretécher das zeichenhafte Verhalten der Frauen auf das, was es wirklich ist, Ablenkung mittels des Kindes in Augenblicken der Langeweile.

Es geht uns in diesem Beitrag darum zu zeigen, daß Semiotik nur dann verwendbar wird zur Erklärung kommunikativer Prozesse, wenn sie die Dynamik des Zeichenprozesses in der Zeit einbezieht. Während bei der *Cointreau*-Reklame die enthymematischen Felder — d.h. der Bereich der quasi-automatischen Schlüsse über das, was als Wirklichkeit angenommen wird — vom Rezipienten akzeptiert werden müssen, wenn er eine erfolgreiche Zeichenerkennung leisten soll, ist es bei der Karikatur umgekehrt: der beschriebene Mißbrauch des symbolischen Sprachkodes, die Reduktion der Sätze zu längeren idiomatischen Onomatopoetika u. dgl. entlarven selbstverständliche Gleichsetzungen wie „Mutter = optimale Erzieherin" oder „Großmutter = optimale Erziehungsberaterin". Die Eigenleistung des „Lesers" besteht nicht in der Hinzufügung des „Ereignisses" zur Vorgeschichte, sondern in der ständigen Umwertung der Zeichen: Ein Kuß ist nicht Ausdruck von Zärtlichkeit, sondern von besitzender Macht; Spiele mit dem Kind sind als zerstörerische Eingriffe in kindliches Glück zu werten. Das vernünftige Kind wird von kindischen Erwachsenen zu deren Lust gestört.
Die Semiosetätigkeit geht also in umgekehrter Richtung: Sie führt durch den Schein zur materiellen Wirklichkeit. Die Konklusion, der Kommentar der beiden Frauen zur Geschichte, ist seinerseits als Stereotype erkennbar. „Keine fünf Minuten Ruhe hat man mit dem Balg" und „ein Nervenbündel wie sein Vater" machen diese Geschichte dadurch,

---

[6] *Haug*, 1971, S. 127, prägt dafür den treffenden Begriff „Bedeutungsding"; Marxens *Kapital* zitierend (*Marx*, 1867, S. 49), stellt er fest: „Der Richtungsausdruck ‚Bedeutungsding' soll besagen, daß der Realitätsgrad und die Seinsart des Warenkörpers als Gebrauchswert sich verschieben, weg vom einfach scheinenden ‚äußeren' Gegenstand, der durch seine physischen Eigenschaften bestimmte menschliche Bedürfnisse befriedigt, in Richtung auf zunehmende Akzentuierung des Bedeutenden und Beziehungsvollen der Ware."

daß sie sie als Bestandteil einer Lebensgeschichte zeigen, zum metonymischen Indiz: Mit dem Ausspruch der Großmutter wird die Gleichförmigkeit der Vergangenheit, mit dem der Mutter die der Gegenwart und
mittels beider die der Zukunft erschließbar. Auch hier liegt die Antonomasie als dominante rhetorische Figur vor: Alle Mütter/Großmütter etc.
verhalten sich so mit immer dem gleichen Ergebnis.

Mit dem Semioseprozeß wird auch hier der Rezipient in ein Verhalten
eingeführt, das man als „aufklärerisch" bezeichnen kann; der Rezipient
erlebt sich als der erfolgreich Aufdeckende der wahren Bedeutung von
Worten, Mienen, Gesten und Tätigkeiten sowie der ganzen Handlung
– ein Analogon für Erziehung. Er wird mit dem Text in ein semiotisches Tun eingeführt, das ihn auch bei anderen Gelegenheiten befähigt,
sich selbst erfüllende Prophezeihungen zu entlarven. Hierzu muß gesagt
werden, daß auch dieser Text von Bretécher in einer Reihe von gleichen
Texten steht, in denen gezeigt wird, wie etwa Frauen mit einer bestimmten Vorstellung vom Kindsein ihren Kindern entsprechende
Handlungsmuster aufzwingen.

3.3. Lust am Zerstören erstarrter Systeme. Ebenso wie bei den vorangegangenen Beispielen läßt sich an den „Peanuts" aufzeigen, wie ein
bloß statisch vergleichendes Nebeneinandersetzen von Bild und Wort
die entscheidenden Qualitäten des Textes zu übersehen zwingt. Bretécher nimmt der Sprache die symbolischen Qualitäten, Schulz – so
hatten wir festgestellt – bereichert die ikonischen und ikonographischen Bilder um ein System diskreter und nicht mehr auf Similarität
beruhender Elemente, die ihrerseits in einer entwickelten Syntax realisiert werden. Was geschieht nun mit der Sprache in unserem Beispiel aus
den „Peanuts"? Wir skizzieren auch diesen Aspekt:
1. Bild: Zitat einiger beschreibender Aussagen aus der Modellbauanlei-
tung, konnotierend:
a) die Bildungsbeflissenheit Lucys und evtl. b) einige Diskrepanzen
zwischen dem Anspruch des Textes (und seines Referenzobjektes) und
der konkreten Szene (Größe von Ur- und Abbild, Lucys Leseschwierig-
keiten),
2. Bild: Kommentar Lucys verstärkt die Konnotationen;
3. Bild: Linus konstatiert und bewundert den Modellbaukasten; er tritt
(mit Snoopy) in eine Relation zu Lucy, die ihrer Intention entspricht
(Frage von Linus und „geschraubte" Erlaubnis Lucys, beim Zusammen-
setzen des Dinosauriers helfen zu dürfen),
4. Bild: die appraisiven Aussprüche von Linus imitieren den bildungsbe-
flissenen Stil Lucys (Konversationsstil bestimmter bürgerlicher Schichten Amerikas);
5. Bild: Linus gibt einen Kommentar zu seinem Tun; absolute Kon-
vergenz von Handeln und Sprechen;

6. Bild: ebenso, doch deutet sich die Repetition des Sprach- und Handlungsmusters an;

7. Bild: das Sprachmuster erinnert Linus an etwas, das Snoopy schon erkannt hat und das im

8. bis 11. Bild steigernd wiederholt wird: das rhythmische Muster der Sprache entspricht einem Spiritual.[7]

Die pseudointellektuelle Sprache mit ihrem hohen Sozialprestige und das entsprechende Tun Lucys, das durch soziale Anerkennung (Bild 3) lustvoll wird (siehe das „Lustzeichen" mit dem Signifikans „Zungenspitze im geschlossenen Mundwinkel"), wird mißbraucht zu einem primär lustvollen Sozialverhalten, dem Tanz. Das führt seinerseits zur stereotyp sprachlosen Aggressionshandlung Lucys, dem Rausschmiß (Bild 11).

Die Sprache wird schrittweise reduziert: auffallend zu Beginn der ungeheuer artifizielle Gebrauch, konnotativ geladen, an Prestigestreben appellierend (lateinische Fachsprache, technische Daten und die abstruse Referenz: Dinosaurier) und primär monologisch. Linus geht auf den Appell ein, dissoziiert jedoch den referenziellen, interpersonalen und aktionalen Bezug (im Sinne Leont'evs) und läßt schließlich die die Handlung begleitende Sprache (beim Dinosaurierzusammensetzen) auf ihre rhythmisch-musikalische Materialität zurückfallen.

Dieses Beispiel ist typisch für die „Peanuts": Bild und Sprache werden gegenläufigen Semioseprozessen unterworfen. Der Bilderkode wird „verbessert", entwickelt, zu immer komplexeren Aussagen befähigt — der Sprachkode wird „demontiert", auf seine primitiven Funktionen reduziert.

Noch ein Blick auf den „Witz" der Geschichte. Bretécher sorgte für einen Umschlag der Botschaft durch die Überladung der sonst nur sekundär und indexhaft vorhandenen Zeichen, so daß diese, weil dominant, erkannt werden. Bei Schulz beruht das Komische auf der typischen Durchbrechung einer normalen narrativen Sequenz. Solche Durchbrechungen in Wort- und Bildergeschichten hat V. Morin (1966; 1970) sehr scharfsinnig analysiert und systematisiert. Wenn wir im Minimalschema einer Erzählung Ausgangspunkt, auslösendes Ereignis, ergebnisbringende Wendung der Ereignisse und Endpunkt haben, so gibt es in

---

[7] Der Song lautet verkürzt: „Ezekiel cried dem dry bones, [rep.]/ Now hear the Word of the Lord!// Ezekiel connected dem dry bones, [rep.]/ Now hear the Lord!// When your toe bone connected to your foot bone,/ Your foot bone connected to your heel bone,/ Your heel bone connected to your ankle bone/ [etc. bis leg, knee, thigh, hip, back, shoulder, neck head, neck etc. bone ...]// Dem bones dem bones gonna walk around [...]/ Now hear the Word of the Lord! [...]"

den „Peanuts" im Mittelteil immer eine disjunktive Normverletzung. Morin unterscheidet verschiedene Disjunktionen; hier geht es um eine antonymische auf der Grundlage einer Inversion:

1. Kinder bekommen ein Spielzeug (Dinosaurierknochenmodell), das sie zur intellektuellen Anstrengung und Einübung in ein soziales System führen soll (Lucy repräsentiert diese Normen).
2. Sie gehen damit um; statt die toten Knochen(modelle) zusammenzusetzen, nehmen sie eine Möglichkeit des „Knochenspiels" wahr (die sprachliche Übereinstimmung mit einem Song), um ihre lebendigen Glieder tanzend zu benutzen (Linus und Snoopy repräsentieren diese Normverkehrung).
3. Das Scheitern der ursprünglichen Intention führt zum aggressiven Abschluß (Lucy gegen die anderen).

Das Material wird mißbraucht. Statt Mittel für ein Ziel wird es Anlaß zur Erreichung des entgegengesetzten Ziels. Der Prozeß der Umwertung vollzieht sich über die Sprache; er wird im Text realisiert. Das Sein der Sprache des Textes (Rekurrentsein, Rhythmischsein etc.) bestimmt das Bewußtsein der Benutzer und führt sie zur befreienden Handlung.[8] Dieser „Mißbrauch der Sprache" wird im Comic breitest dargestellt. Er ist gleichsam eine narrative Einbettung: die Geschichte von den beiden, die gelernt haben, mit der Sprache etwas Vernünftiges anzufangen.

4. Weitere Perspektiven

Die beiden vorangegangenen Kapitel haben — so könnte es scheinen — mehr gezeigt, was die Semiotik nicht leisten kann, als was sie als Möglichkeiten der Beschreibung und Verwendung bietet. Dieser Eindruck ist falsch, denn eine ganze Reihe ziemlich komplizierter Phänomene konnte ja auf relativ knappem Raum mit Hilfe der semiotischen Begrifflichkeit erfaßt werden. Wenn uns allerdings vorläufig die Begriffe zur Erfassung dynamischer Zeichenprozesse fehlen, dann liegt das wohl an der allzu starren und schematischen Art, mit der Peirce und Morris bei uns und wohl auch in USA — Morris hat sich wiederholt darüber beklagt — aufgenommen und weiterentwickelt worden sind.

Die heuristisch notwendige Trennung der semantischen von der pragmatischen Dimension verliert ihren Sinn, wo es um Phänomene der Kodefindung und -veränderung geht. Wenn nämlich mit und in einem Zei-

---

[8] Ähnliche, wenn auch nicht so weitgehende Beispiele finden sich analysiert in *Kloepfer*, 1975.

chen ein neues Zeichen hergestellt oder gar ein Kode entworfen wird, ist der Rezipient in einer ganz anderen Art und Weise am Semioseprozeß beteiligt als normalerweise. Seine Mitarbeit wird in unseren Beispielen sowohl ge- als auch mißbraucht. Sein Spaß an dieser Mitarbeit hat bislang noch keine fundierte semiotische Bezeichnung gefunden.

LITERATUR

Barthes, R.:
1964   Rhétorique de l'image. In: *Communications*. 4 (1964).
          Deutsch in: *Alternative*. 54 (1967).

Durand, J.:
1970   Rhétorique et image publicitaire. In: *Communications*. 15 (1970).

Eco, U.:
1972   *Einführung in die Semiotik*. München 1972.

Ehmer, H.K. (ed.):
1971   *Visuelle Kommunikation — Beiträge zur Kritik der Bewußtseinsindustrie*. Köln 1971.

Haug, W.F.:
1971   *Kritik der Warenästhetik*. Frankfurt 1971, 4. Aufl. 1973.

Kloepfer, R.:
1975   *Poetik und Linguistik — Semiotische Instrumente*. München 1975.

Marx, K.:
1867   *Das Kapital*. Hamburg 1867. 4. Aufl. 1890. (= MEW Bd 23.)

Morin, V.:
1966   L'histoire drôle. In: *Communications*. 8 (1966).

Morin, V.:
1970   Le dessin humoristique. In: *Communications*. 15 (1970).

Morris, Ch.W.:
1946   *Signs, Language and Behavior*. New York 1946.
          Deutsch von A. Eschbach und G. Kopsch: *Zeichen, Sprache und Verhalten*. Düsseldorf 1973.

Oomen, U.:
1976   Wort-Bild-Nachricht: Semiotische Aspekte des Comic Strip „Peanuts".
          In: *Linguistik und Didaktik*. 7 (1976), 1. Quartal.

Peirce, Ch.S.:
1931–32   *Elements of Logic*. In: Peirce: *Collected Papers*. Bd 2. Ed. Hartshorne
          und Weiss. Cambridge/Mass. 1931–1932, 3. Aufl. 1974.

Péniou, G.:
1970   Physique et métaphysique de l'image publicitaire. In: *Communications*.
          15 (1970).

Veron, E.:
1970   L'analogique et le contigu. In: *Communications*. 15 (1970).

HELGA DE LA MOTTE-HABER (HAMBURG)

KOMPLEMENTARITÄT VON SPRACHE, BILD UND MUSIK

AM BEISPIEL DES SPIELFILMS

Einsam reitet auf der Leinwand ein Cowboy durch die Wüste, im Bild nichts als ein Mann, ein Pferd, Staub und Sonne. Dazu aber tönt ein volles Orchester. Mit Variationen wäre diese Szene in unzähligen Western möglich — eine recht triviale Szene. Wer fühlt sich schon an ein Vexierbild erinnert? Dennoch: Wo sitzt das Orchester, wenn weit und breit nicht einmal ein Felsbrocken oder ein Busch zu sehen ist?
Musik zu einer Filmsequenz ist eine Selbstverständlichkeit, die eine solche Frage überflüssig erscheinen läßt; lautlos gespielt wird die Szene jedoch zum Problem. Ein Film ohne Ton wirkt gespenstisch. Nichts als Schatten würden vorüberhuschen, deren beängstigende Wirkung allerdings durch die Geräusche, die in der Umwelt des Zuschauers präsent sind, teilweise aufgehoben, vielleicht aber, weil dieser im Dunkeln sitzt, auch erhöht würde. Schon in den Anfängen des Stummfilms bedurfte es bei den Vorführungen des begleitenden Klaviers, um den gespenstischen Effekt des zweidimensional ablaufenden Geschehens nicht aufkommen zu lassen, auch um eine zufällige Geräuschkulisse zu vermeiden. Daß wir gewohnt sind, außer in sehr großer Entfernung, sich Bewegendes nicht nur zu sehen, sondern gleichzeitig auch zu hören, macht den Ton für den Film unentbehrlich; der Film wäre ohne akustische Kulisse ein Schattenkabinett. Ton heißt nicht unbedingt Musik, das Klavier im Kino war nur ein Hilfsmittel. Als es durch die technische Entwicklung überflüssig wurde, verstand sich die Verbindung von Musik und Film nicht von selbst. In alten Tonfilmen wird das Vorhandensein von Musik meist optisch gerechtfertigt, z.B. dadurch, daß ein Radio oder ein Grammophon sichtbar ist. Nur Wort und Geräusch erwiesen sich jedoch als zu wenig, um den Eindruck zu vermeiden, es handele sich nur um fotografiertes Theater. Das, was das neue Medium von anderen unterschied, nämlich das sich ständig bewegende Bild, verband sich am besten mit einem Medium, das wie kein anderes Bewegung suggeriert, nämlich der Musik. Obwohl der Begriff Bewegung als zusammenhangstiftendes Moment einleuchtet, bleibt psychologisch doch unklar, wie so unterschiedliche Bewegungsempfindungen zu einem Gesamteindruck

verschmelzen. Mir schwebt eine nur schwer abzusichernde Hypothese vor, bei der zunächst das Künstliche der visuellen Wahrnehmung im Film bedacht werden muß. Wir sind gewohnt, unseren Blick auf dieses oder jenes zu richten, das heißt, weitgehend einen zeitlichen Ablauf selbst zu konstruieren. Im Film wird uns dieser in starkem Maße aufgezwungen. Hören von Musik hingegen bedeutet für viele Menschen passive Hingabe, gekoppelt mit allerlei flüchtigen, wechselnden, zuweilen auch bildhaften Eindrücken, die von dem auf sie eindringenden Geschehen wachgerufen werden. Die Begleitung wechselnder Bilder mit Musik könnte vielleicht das Gefühl für ein in Zwang genommenes Auge, das weder kontemplativ ruhen noch abschweifen darf, unterdrücken oder sogar dieses Gefühl als etwas ,,Natürliches'' erscheinen lassen, weil wir ja ein solches Erleiden beim Musikhören gewohnt sind. Mit dieser Hypothese ließe sich nicht nur die Annäherung an einen natürlich erscheinenden Vorgang, sondern zugleich auch an ein höchst fiktives Geschehen erklären, denn wie selbstverständlich uns auch immer Erinnerungen an andere sinnliche Erscheinungen beim Musikhören sind, real sind sie nicht. Verständlich würde allerdings auch, warum für manchen Musik aktiv verarbeitenden Hörer, für einen Hörer also, der der Musik mit einer gänzlich anderen Einstellung begegnet, eine tiefe Abneigung gegen den Film bestehen kann.

Musik ergänzt den Film in anderer Hinsicht. Sie schafft die dritte Dimension. Im Unterschied zu den reproduzierten zweidimensionalen Fotografien auf der Leinwand ruft die Musik durch ihre materielle Präsenz Raumerlebnisse hervor und hebt damit die Restriktionen der Wahrnehmung des im Dunkeln sitzenden Zuschauers teilweise auf. Der durch die akustischen Ereignisse geschaffene Raum ist künstlich; es werden in ihm Schallquellen entweder falsch oder gar nicht lokalisiert. Er ist jedoch nicht nur Repräsentation, sondern unmittelbar sinnlich gegeben und trägt damit wesentlich zum Einbezug des Zuschauers bei. Es wäre interessant zu wissen, inwieweit dieses direkte Hineinversetzen das Ausmaß an Identifikation mit dem gezeigten Geschehen erhöht. Die für den Film typische Haltung der Identifikation wird durch das Fehlen der gewohnten Orientierung sicher erleichtert, der Gedanke jedoch, daß der Einbezug in einen, wenngleich künstlich geschaffenen, auditiven Raum dabei eine wesentliche Rolle spielt, erscheint mir insofern interessant, als bei jenen Phänomenen, wo Identifikation direkt intendiert ist, nämlich beim Schlager, durch eine raffinierte Aufnahmetechnik beim Abspielen von Schallplatten ein ähnlich diffuses Raumerlebnis erzeugt wird.

Die Funktionen der Musik im Film sind vielfältig. Je nach analytischem Ansatz ergeben sich andere Gesichtspunkte. Zunächst einmal sei die zeitliche Korrespondenz untersucht.

Gleichzeitig zu einem bildlich gezeigten Vorgang kann Musik erscheinen, die — wie schon erwähnt — optisch gerechtfertigt ist. Eine Handlungssequenz in einem Zimmer — heute mit einer Hi-Fi-Stereoanlage ausgestattet — wird mit dem alltäglich gewordenen Geräusch „Musik" unterlegt. Von Geräusch zu sprechen ist insofern richtig, als die Szene an einem anderen Ort spielend durchaus auch mit einem anderen Geräusch, dem fahrender Autos oder Vogelgezwitscher, verbunden sein könnte. Durch die angestrebte Realitätsnähe der Szene unterscheidet sich diese Verwendung von Musik von bloßer Begleitmusik, die als Hintergrundskulisse bei vielen Kulturfilmen eingesetzt wird. Eingeborene reiten, fischen, klettern auf Bäumen und ernten zu harmlosen Gitarrenklängen. Was als Begleitmusik konzipiert wurde, kann sich durch Wiederholung in den Vordergrund drängen, zu einem selbständigen Element entwickeln. Dafür bietet *Der dritte Mann* das berühmteste Beispiel; mindestens so stark wie der Film blieb die Musik in der Erinnerung. Musik übernimmt im Film aber auch teilweise Funktionen des erklärenden Wortes, das den stetigen Fluß aufhalten würde. Sie wird nicht illustriert, sondern sie illustriert, so paradox es erscheint, das Bild. Ein Trauerzug wird mit einem Trauermarsch plastischer, eine Jagd durch Hörnerklänge realistischer, Schottland erscheint durch Dudelsäcke nähergerückt, ebenso ein Minarett durch maurische Gesänge; auch zeitliche Distanzen werden überwunden, Perücken und kostbare Gewänder gewinnen wieder Leben durch höfische Musik des 17. Jahrhunderts. Daß Musik Bildvorgänge in dieser Weise unterstreichen, gesprochene Worte durch einen Klang, der uns schneller sagt, wo wir uns befinden, ersetzen kann, ist weniger der Erklärung bedürftig als jene Arten der Illustration, bei denen schluchzende Geigen Liebe besiegeln oder ein gewaltiges Crescendo die Alpenlandschaft überhöht. Ohne die gefühlsunmittelbare Wirkung der Musik würde sich die Bedeutung des Bildes grundsätzlich verändern; die Liebe wäre peinlich, die Alpenlandschaft recht klein.

Musik und gesprochenes Wort können aber auch auseinanderfallen; sie können dem Hörer gleichzeitig verschiedene Information vermitteln; der honigseimende Lügner kann durch Musik für den Zuschauer schon entlarvt sein, nicht aber für die im Film handelnden Personen. Damit gewinnt die Musik dramaturgische Aspekte, an sie heften sich Erwartungen über den weiteren Verlauf einer Handlung. Ein anderes sehr berühmt gewordenes Beispiel für die dramaturgische Verwendung von Musik stammt aus dem Film *Der Mann, der zuviel wußte*, wo während eines Konzertes zusammen mit dem Höhepunkt, einem Beckenschlag, ein Schuß fallen soll. Mörder und Zuschauer werden durch vorangehende Szenen in die Musik eingeübt. Im Unterschied zur Hintergrundskulisse wird Musik zum Gegenstand der Handlung, das Hörerlebnis tritt allerdings zurück gegenüber dem, was visuell darstellbar ist. Mag das Voraneilen der Musik noch so sehr die Eile der die Warnung vermittelnden Person kommentieren und die geräuschübertönende Wirkung der Musik gegenüber einem Schuß eine Rolle spielen: das Herz des Zuschauers zum Stocken bringen jene für einen Piatti-Schlag notwendigen Vorbereitungen. Bei keinem anderen Instrument wird für die Erzeugung eines einzigen Klanges derart viel Zeit und Aufwand beansprucht. Sich hoch aufrichtend im Orchester setzt der Beckenspieler immer einen dramatischen Höhepunkt. Jedoch überwiegt im Film das Sichtbare. Die Musik selbst ist uninteressant gegenüber dem, was ihr visuell abgewonnen werden kann.

Der Kategorie der Gleichzeitigkeit zwischen sichtbarer Handlung und Musik lassen sich neben Aspekten, die die Frage betreffen, inwieweit die Musik die gleiche Bedeutung wie das Bildgeschehen hat oder gar selbst zu einem Bestandteil des Bildes wurde, noch andere Gesichtspunkte abgewinnen, die eher formalen Charakter haben. Häufig soll im Film gerade mit Szenen, in denen kein gesprochenes Wort vorkommen kann, der größte Spannungsgrad beim Zuschauer herbeigeführt werden. Dazu genügen kaum rasch wechselnde Einstellungen oder was sonst Aufregungen visuell vermitteln könnte. Steigerungseffekte sind, abgesehen von ins Bild gesetzten Schlägereien, am besten mit Musik zu erreichen, deren Tempo und Lautstärke einen allgemeinen Effekt der Dynamisierung bewirken und durch plötzliches Abbrechen auch atemberaubende Stille erzeugen kann. Sind Worte unerläßlich, so werden sie mit Musik unterlegt. Die Musik wird vom Zuschauer dabei nicht bewußt aufgenommen; selbst in der Literatur über Filmmusik fehlt der Hinweis, daß die distanzierende Wirkung des Gesprochenen durch musikalische Dynamisierung wettgemacht werden kann. Vor allem in vielen schlechten Filmen ist dies eine gern geübte Praxis.

Es ließe sich darüber streiten, ob bei solchen Beispielen schon von formaler Korrespondenz zu sprechen wäre. Sie sind zumindest aber abzuheben von der nur illustrierenden, einen gleichen Inhalt ausdrückenwollenden Musik. Zu Recht ließe sich aber behaupten, daß ein regelrecht formales Äquivalent zum Bild nur dann vorliegt, wenn z.B. der Bildrhythmus durch den Rhythmus der Musik mitvollzogen wird. Zeitweilig hat Eisenstein eine solche strenge Synchronisation von Bild und Ton angestrebt. Für ihn bedeutete dies nicht nur, daß die gezeigten Gegenstände mit den dazugehörenden Geräuschen auftreten, vielmehr hat er strukturelle Entsprechungen zwischen der Klangfarbe und den Lichtverhältnissen auf der Dimension *hell* vs. *dunkel*, zwischen Bildbewegung und musikalischem Rhythmus hergestellt. Eisenstein ist darob der spätbürgerlichen Dekadenz bezichtigt worden. Unabhängig von ideologisch motivierten Vorwürfen mag es jedoch, weil hier ein Extremfall vorliegt, interessant sein, ein von ihm publiziertes Beispiel zu erörtern. Für den Film *Alexander Newsky*, zu dem Prokofjew die Musik komponierte, hat Eisenstein die Szene des Felsabsturzes erläutert, in Diagrammen die formale Übereinstimmung zwischen Musik und Bild aufgezeigt. Es mag für den Zuschauer noch nachvollziehbar sein, daß ein fallender gis-Moll-Dreiklang in den Bässen den Absturz verdeutlicht; daß aber eine aufsteigende Tonfolge das Äquivalent für einen Lichtstrahl im Bild sein könnte, ist kaum wahrnehmbar, ebensowenig wie zwei in der Zeit aufeinanderfolgende Achtelnoten als Symbol für zwei im Bild simultan erscheinende, aus dem Heer herausragende Fahnen empfunden werden können. Die Ähnlichkeiten sind auf dem Papier konstruiert, wobei gänzlich unberücksichtigt blieb, daß die Musik zu der Szene des Felsabsturzes von Prokofjew wie eine Art dreiteilige Liedform komponiert wurde, also Wiederholungen aufweist, das Bildgeschehen sich jedoch fortentwickelt. Daß den Entsprechungen zwischen Bild und Musik Grenzen gesetzt sind — wie sollte Musik sich als Großaufnahme darstellen? —, wirft die Frage nach jenen Mechanismen auf, die im Sinne von vermittelnden Variablen trotz allem das Erlebnis der Zusammengehörigkeit aufkommen lassen — eine Frage, die ich noch zurückstellen möchte.

Das Beispiel aus dem Film *Alexander Newsky* macht außerdem auch auf ein anderes Problem aufmerksam. Gleichzeitigkeit bedeutet nicht Verdoppelung, sondern Ergänzung. Verdoppelungen wirken eher komisch, wie das aus der Fernsehwerbung stammende Beispiel für das Reinigungsmittel „Der General" beweist. Marschmusik ist bei Filmspots, die den Hausfrauen überzeugende Kraft von Waschmitteln einreden wollen, üblich. Sind aber Bild, gesprochenes Wort, der Name des Produkts *und* die Musik auf das Militärische ausgerichtet, so ist das des Guten zuviel. Man fühlt sich durch die Übertreibung — ein Merkmal, das für Karikaturen typisch ist — zum Lachen gereizt. Eisenstein mag es Prokofjew danken, daß die Musik nicht zu einem Abziehbild wurde.

Unter dem Aspekt der Gleichzeitigkeit war schon auf eine dramaturgische Funktion der Musik hinzuweisen. Diese tritt viel stärker in Erscheinung, wenn Bild und Musik sich asynchron zueinander verhalten. Eine friedliche Landschaft mit friedlichen Menschen, plötzlich drohende, dissonante Klänge. Die Musik weiß — und damit weiß es auch der Zuschauer —, daß gleich ein Unheil hereinbrechen wird. Die Musik ist hier nach Regeln eingesetzt, die in Dramaturgielehrbüchern zu finden sind. Man gebe dem Zuschauer mehr Information als den Handelnden auf der Bühne, das wirkt, weil er einbezogen wird, spannungserhöhend. Natürlich ist es nicht möglich, mit musikalischen Mitteln eine gefährliche Intrige darzulegen; insofern ist das, was mit ihnen gesagt werden kann, häufig auf die bloße Ankündigung einer Überraschung beschränkt. Und auch dabei meist auf die Ankündigung des Unheils. Neben dem, was an düster Drohendem durch dissonante und verfremdete Klänge angedeutet werden kann, spielt das Erinnerungsmotiv eine Rolle: eine beliebige Melodie, die im Film immer wiederkehrt, die häufig mit einer Person verknüpft ist und diese sogar vertreten kann. Der Mörder von *M* pfeift, wie der Zuschauer erfährt, gern ein Thema aus der *Peer-Gynt-Suite*; eine Straßenszene und jene Melodie genügen, um unheilvolles Wissen zu vermitteln. Das Erinnerungsmotiv ist ein dramaturgischer Kunstgriff, der in amerikanischen Krimi-Serien oft verwendet wird. Jedesmal, wenn der Detektiv Mannix in Schwierigkeiten geriet, warnte eine mit seiner Person verbundene musikalische Phrase, noch ehe er selbst sichtbar war. Das Motiv trat dabei in Abwandlungen, nämlich von dissonanteren Harmonien begleitet, oder in Form einer signalartig wirkenden Abspaltung auf — eine Variationstechnik, die im Film seltener zu beobachten ist und die bei Serien wohl der Abnutzung durch Wiederholung vorbeugen soll.

Bei der Ergänzung einer fotografierten Handlung durch Musik ordnet sich diese der Handlung unter, eine zweiseitige Komplementarität gibt es nicht. Denn umgekehrt ordnet sich bei Schlagershows, musikalischen Darbietungen, Opernfilmen — Formen, auf die ich nicht eingehe — das Bild der Musik unter. Einen Grenzfall stellt das Musical dar, bei dem, abgesehen von regelrechten Nummern, allerdings auch die Musik dem Bild gehorcht. Das zeigt die Musik des Films *Women in the Dark*, die mit der Partitur von Kurt Weill nur mehr wenig zu tun hat, weil sie den filmischen Belangen angepaßt werden mußte. Die Unterordnung der Musik bedingt, daß sie, gemessen am Blendwerk der Kamera, für sich betrachtet primitiv erscheint. Nichtsdestotrotz ist sie unentbehrlich, keine Zutat, sondern ein die Wirkung eines Filmes konstituierender Faktor. Die Beschreibung ihrer Funktionen, die so einfach wirkt, weil sie für jeden bekannte Phänomene darstellt, sei ergänzt durch mögliche Erklärungen. Zu beantworten, warum Musik bestimmte Funktionen einnehmen kann, ist allerdings mit erheblichen Schwierigkeiten verbunden, so daß die von mir vorgetragenen Überlegungen mehr der Diskussion als einer endgültigen Erläuterung dienen können.

1) Zeitlich asynchrone Musik kann im Film die Funktion des Anzeigens übernehmen. So wie ein Straßenschild „links abbiegen" bedeuten kann, so bedeutet ein finsterer Klang „Achtung: Unheil". Im Unterschied zu vielen anderen Indizes besitzt die Musik jedoch eine stärkere appellative Wirkung. Sie durchbricht die Zeitebene des Bildes, sie durchbricht zugleich die vom Zuschauer aufgebauten Erwartungsstrukturen. Anders aber als bei Straßenschildern, die auch „rechts abbiegen" anzeigen können, scheint — sonst würden zeitlich asynchron nicht immer nur finstere Klänge auftauchen — die Bedeutung von Musik simpler zu sein. Sie beschränkt sich auf „Achtung: Unheil". Ihre Verwendung wäre damit einerseits durch Mechanismen, die die Aufmerksamkeitsstimulierung betreffen, aufzuklären, und andererseits durch solche, die der Verständniserleichterung dienen. Zur Änderung seiner Wahrnehmungs-

muster aufrufend, erzeugt die Musik beim Zuschauer Redundanz hinsichtlich der subjektiven Wahrscheinlichkeiten für die nachfolgenden Ereignisse.

2) Pfeift ein Dudelsack zu irgendeiner Landschaft und vermittelt den Eindruck „Schottland", so ähnelt die musikalische Aussage einem Untertitel, der die Ortsangabe enthält. Assoziationsmechanismen dürften verantwortlich zu machen sein. Assoziationen, das heißt Verknüpfungen von Elementen des Erlebens, werden gelernt. Ein musikalischer Reiz kann mit dem Wissen um seine zeitliche und örtliche Entstehung, wie auch mit anderen Valenzen verbunden werden. Seine Wahrnehmung löst dieses Wissen aus, es taucht selbstverständlich nicht auf, sofern die entsprechenden Lernprozesse nicht stattgefunden haben. Die Dekodierung einer Nachricht mit Hilfe von Assoziationen ist eine sehr primitive Form des Entschlüsselns. Obwohl sie auch beim Musikhören, etwa beim Erkennen eines Zitats, eine Rolle spielen kann, läßt sich musikalisches Verstehen im engeren Sinne damit nicht erklären. Im Film aber wird durch die automatisch verlaufenden Assoziationen die menschliche Informationsverarbeitung entlastet. Einen Klang, besser nur den Sound von Musik, zu erfassen, dazu bedarf es einer geringeren Aufmerksamkeitszuwendung, als um einen ganzen gesprochenen Satz aufzunehmen; es bedarf auch einer zeitlich kürzeren Hinwendung. Werden dann ganze Assoziationsketten heraufbeschworen, so besitzt der Zuschauer, ohne sich einer besonderen Anstrengung aussetzen zu müssen, genügend Information — nicht über die Musik, wohl aber über die gezeigte Szenerie.

3) In ein Gestrüpp ungeklärter Probleme kann man sich verlieren, wenn man die emotionale Bedeutungsaufladung des Films durch Musik zu interpretieren versucht. Einige Vermutungen seien mir zugestanden, um für die wichtigste Funktion der Verwendung von Musik im Kinofilm — nicht unbedingt bei Fernsehproduktionen — einen Diskussionsansatz zu einer möglichen Erklärung zu gewinnen. Ich greife auf die erwähnten Beispiele zurück: den Filmkuß, die Alpenlandschaft, die ohne schluchzende Geigen, ohne Crescendo eine Bedeutungsverschiebung erleiden, auf die Szenen, die ohne den dynamisierenden Effekt von Musik ihre Spannung verlieren, die also ohne Musik entsemantisiert wären. Ein kleines Repertoire von Formeln steht dem Filmkomponisten zur Verfügung — Formeln, deren Bedeutung er zu kennen scheint, weil er um ihre Wirkung weiß. Wie aber diese Wirkung beim Zuschauer zustandekommt, ist schwer auszumachen. Grundsätzlich ist die menschliche Wahrnehmung nicht nur auf das Begreifen eines Geschehens ausgerichtet, vielmehr auch von gefühlshaften Stellungnahmen begleitet; die erlebten Zuständlichkeiten könnten durchaus mehr als eine bloße Begleiterscheinung sein. Gerade bei akustischen Ereignissen sind in Abhängigkeit von Dynamik, Tempo, Lautstärke, Tonhöhe und Rhythmus phy-

siologisch meßbare affektive Reaktionen besonders stark ausgeprägt. Der der Gestalttheorie verpflichtete entwicklungspsychologische Ansatz von Heinz Werner rekurriert auf diese organismischen Zustände, um Symbolbildung zu erklären. Aber auch Osgoods Theorie der repräsentationalen Vermittlung, eine Assoziationstheorie, bemüht ein affektives Vermittlungssystem, das nach seinen Worten „biologisch bestimmt ist", um die Entstehung konnotativer Bedeutungen zu erklären. Was bei Heinz Werner als Ausgliederung aus einem ursprünglich diffusen physiognomischen Angemutetsein gedeutet wird, stellt bei Osgood den Vorgang einer Konditionierung dar. Beide Theorien sind zur Erklärung des Entstehens sprachlicher Bedeutungen gedacht. Beide hätten bei einer Übertragung auf Musik Vorzüge und Nachteile, die es hier weniger abzuwägen gilt, da ohnehin eine endgültige Entscheidung unmöglich wäre. Interessanter ist, daß die mit einer erlebten Bedeutung verbundenen affektiven Zuständlichkeiten ihrerseits wieder — in der Osgoodschen Theorie wird dies explizit so formuliert — als propriozeptive Stimulation angesehen werden können, daß somit an den für eine Bedeutung bestimmenden psychologischen Mechanismen ein Moment des Selbstinvolviertseins haftet, das je nach Art der gefühlsauslösenden Reize stärker oder schwächer sein kann. Die Hypothese scheint nicht abwegig, daß manche musikalischen Reize, wenngleich durch eine komplizierte Vermittlung, ihre Bedeutung aus der Erregung von Affekten gewinnen, und daß diese Affekte Selbstinvolviertsein schaffen, indem sie sich aufschaukeln.

Filmmusik ist kein präsignifikativer Reiz, der schlicht einen Reflex auslöst; das versteht sich von selbst. Andererseits sagt aber gerade für jene Beispiele, wo ohne sie die Fotografien Veränderungen der Bedeutung erfahren, die oft angebotene Formel vom konventionalisierten gelernten Gefühlswert zu wenig aus. Denn Gefühle, die wir aus Konventionen hegen, sind in der Regel nicht allzu stark. Die musikalischen Phrasen im Film aber zeichnen sich eher durch starke gefühlsauslösende Wirkung, durch einen auf selbststimulierenden Reizen basierenden Einbezug des Zuschauers aus. Es scheint mir nicht der schlechteste theoretische Ansatz, ihre Bedeutung an ein biologisch bestimmtes affektives Vermittlungssystem zu knüpfen, wobei dann die Übertragung auf das Bild, ohne schwierige Ersetzungsregeln konstruieren zu müssen, einfach durch Generalisierung erklärt werden könnte. Der Gedanke einer Reizgeneralisierung wäre allerdings wirklich nur haltbar, wenn die musikalische Bedeutung auf durch organismische Zustände vermittelte Konnotationen eingeschränkt ist. Daß eine solche Einengung in der Tat vorliegt, bestätigt die Regel, daß Filmmusik nicht zum Hören ist. Es ist mittlerweile experimentell bestätigt, daß sie auch nicht gehört wird: sie wird — wenn nicht ständig wiederholt, wie Erinnerungsmotive — nicht behalten. In

jenen Szenen, wo sie der Bedeutungsaufladung des Bildes dient, wäre sie
schlecht gemacht, wenn sie mehr wäre als nur ein Vehikel für den
affektiven Ausdruck. Sieht man von jenen wenigen Beispielen abstrakter Filme ab, zu denen Eisler oder Honegger Kompositionen geschaffen
haben, so fehlt der Musik jeglicher aus Zusammenhang und Entwicklung sich ergebender Sinn. Der Zuschauer — konfrontiert mit wenigen
standardisierten, für ein möglichst breites Publikum verständlichen einzelnen Floskeln — verhält sich der Musik gegenüber nicht unähnlich
dem Pawlowschen Hund, dem ein Glockenton Ersatz für Futter zu
leisten hatte.

LITERATUR

Adorno, Th.W. und H. Eisler:
1969   *Komposition für den Film*. München 1969.

Hörmann, H.:
1967   *Psychologie der Sprache*. Berlin und Heidelberg 1967.

Kracauer, S.:
1964   *Theorie des Films*. Frankfurt 1964.

Lissa, Z.:
1965   *Ästhetik der Filmmusik*. Berlin 1965.

Osgood, C.E., G.J. Suci und P.H. Tannenbaum:
1957   *The Measurement of Meaning*. Urbana 1957.

Werner, H. und E. Kaplan:
1963   *Symbol Formation*. New York 1963.

V ZEICHENSYSTEME

ZUR LEISTUNG SPRACHLICHER, PARASPRACHLICHER
UND NICHTSPRACHLICHER KODES

HANS-HEINRICH LIEB (BERLIN)

GRAMMATISCHE BEDEUTUNG IN NATÜRLICHEN SPRACHEN

1. Problemstellung. Die Semiotik wird traditionellerweise bestimmt als die Wissenschaft von den Zeichen und Zeichensystemen. Dabei sollen Gegenstände wie die natürlichen Sprachen, die sogenannte Sprache der Bienen und die sogenannte Gestensprache in ihren Objektbereich fallen. Hiermit wird unterstellt, daß es sich jedesmal um Zeichensysteme handelt, und zwar um Zeichensysteme *in ein und demselben Sinn* — sofern man an einer einheitlichen Gegenstandsbestimmung für die Semiotik festhalten will.

Genau diese Unterstellung muß als äußerst fragwürdig gelten. Bisher ist jeder ernsthafte Versuch gescheitert — auf exemplarische Weise der Versuch von Morris —, die allgemeine Bestimmung der Semiotik mit ihrem intendierten Gegenstandsbereich in Einklang zu bringen. Es ist gegenwärtig unklar, ob hierfür methodische Fehler verantwortlich sind — die sich vermeiden ließen —, oder ob die traditionelle Bestimmung der Semiotik ihrem intendierten Objektbereich eben nicht gerecht werden kann. Im zweiten Fall würden sich schwerwiegende Konsequenzen ergeben. Es ist deshalb von Interesse, auf einen methodischen Fehler hinzuweisen, der das Scheitern etwa des Morrisschen Versuchs zum Teil erklärt.

Wir dürfen davon ausgehen, daß die natürlichen menschlichen Sprachen nach Struktur und Verwendung die komplexesten Gegenstände sind, die im Objektbereich der Semiotik auftreten. Jeder allgemein-semiotische Begriff von Zeichen und Zeichensystemen muß sich an diesen Gegenständen bewähren. *Jeder derartige Begriff ist daher an diesen Gegenständen zu entwickeln:* Andernfalls läuft man Gefahr, die wichtigsten Objekte der Semiotik, wie Morris, zu verfehlen. Der desolate Zustand der Allgemeinen Semiotik ist sicher mit hervorgerufen durch die hartnäckigen Versuche, die Begriffe des Zeichens und Zeichensystems an den einfachsten statt den komplexesten Gegenständen der Semiotik zu entwickeln. Dies führt nicht nur zu einer Sinnentleerung der Zentralbegriffe, mit der die Ausweitung des Gegenstandsbereichs teuer — zu teuer — erkauft wird; es führt auch zu einer Deutung der Zentralbegriffe, mit der die wichtigsten Gegenstände der Semiotik, eben die natürlichen Sprachen, ausgeschlossen werden.

In einer methodischen Wende möchte ich in diesem Vortrag die natürli-

chen Sprachen wieder ins Zentrum rücken: Wie sind „Zeichen" und
„Zeichensystem" in ihrem Umkreis angemessen zu verstehen? [1] Natürlich kann ich hier nur Vorüberlegungen zu einer Antwort anstellen. Ich
will ein einziges Problem herausgreifen: Welche Konsequenzen hat es
für die Antwort, daß in allen natürlichen Sprachen sogenannte grammatische Bedeutungen einen zentralen Platz einnehmen? Ich werde eine
Behandlung grammatischer Bedeutungen vorschlagen, bei der sich der
sprachwissenschaftliche Zeichenbegriff leichter verallgemeinern läßt; zugleich wachsen jedoch die Anforderungen, die von der Sprachwissenschaft her an einen allgemeinen Begriff des Zeichensystems zu stellen
sind.

Bevor ich mich den grammatischen Bedeutungen zuwende, sind einige
Vorklärungen erforderlich.

Um gewisse, für die Untersuchung nicht relevante Abstraktionspro-
bleme auszuschließen, betrachte ich nicht Sprachen als ganze, sondern
einzelne Idiolekte und ihre Systeme. Ein Idiolekt ist im Hinblick auf die
verschiedenen Ausprägungen einer Sprache (ihre Dialekte usw.) einheit-
lich. Der gesamte Anteil eines Sprechers an der Sprache setzt sich gewöhnlich aus mehreren Idiolekten zusammen. [2]

Ein Idiolektsystem besteht aus mehreren Teilsystemen: dem phonologischen, morpho-syntaktischen und dem semantischen. Die Auffassungen
über das semantische Teilsystem, soweit man es ausdrücklich ansetzt,
sind in der Sprachwissenschaft relativ unentwickelt. Jedenfalls ist klar,
daß man das semantische auf das morpho-syntaktische Teilsystem beziehen muß, um die Zuordnung von ‚Form' und ‚Bedeutung' im Idiolektsystem zu rekonstruieren. [3]

Nach einem ehrwürdigen, bis in die Antike zurückgehenden Ansatz
unterscheidet man zwischen *lexikalischer Bedeutung* von Wörtern oder
Stämmen und *grammatischer Bedeutung* von Wörtern und anderen mor-

---

[1] An dieser Stelle möchte ich den Gebrauch der diakritischen Mittel erläutern,
die ich verwende: Doppelte Anführungszeichen machen zitierte Ausdrücke
kenntlich (die Anführungszeichen zusammen mit dem Ausdruck bilden einen
Namen des Ausdrucks). Einfache Anführungszeichen deuten an, daß der ge-
brauchte Ausdruck mit Vorbehalt verwendet ist; sie stehen insbesondere bei
der Benennung von Bedeutungen. In Kursivdruck erscheinen: 1. hervorgehobene Textstellen, 2. Variablen, 3. die schriftlichen Namen von phonologischen
Ausdrücken (Phonemfolgen), die untersucht werden.

[2] Zu dieser Konzeption vgl. im einzelnen *Lieb* (1970), zu den Abstraktionspro-
blemen ebd., Kap. 13 f.

[3] Zu der hier angedeuteten Auffassung vgl. genauer *Lieb* (1975); die im folgenden dargelegte Konzeption von ‚grammatischer Bedeutung' basiert auf den
dortigen §§ 3 f. und 5.1.

phologischen oder syntaktischen Entitäten. Lexikalische Bedeutung wird meist nur Wörtern gewisser Klassen — Substantiven, Verben, Adjektiven und Adverbien — oder ihren Stämmen zugeschrieben. Ich will von einer solchen Auffassung ausgehen und lexikalische Bedeutung im übrigen unerörtert lassen. Worum handelt es sich nun bei grammatischen Bedeutungen? Ich werde meine Antwort anhand zweier Beispiele skizzieren, eines morphologischen und eines syntaktischen.

2. *Grammatische Bedeutungen in der Morphologie.* Man betrachte die phonologische (im folgenden orthographisch bezeichnete) Wortform

(1) *sonntagsruhe.*

(1) bezeichnet eine Folge von Phonemen. Die Folge läßt sich wieder in eine Folge von Phonemfolgen zerlegen, die eine *morphologische* Wortform ist:

(2) *sonntag s ruhe* = $\{\langle 1, sonntag \rangle, \langle 2, s \rangle, \langle 3, ruhe \rangle\}$.

In (2) haben wir unsere Auffassung von Folgen explizit gemacht, nach der eine Folge eine Relation zwischen den n ersten natürlichen Zahlen und gegebenen Objekten ist; diese Relation ist eine Menge von geordneten Paaren, was durch die Notation in (2) klargemacht wird. Die Teilmenge $\{\langle 1, sonntag \rangle\}$ ist ein Vorkommen einer Form des Paradigmas von Stämmen *sonntag/sonntäg* (etwa in *sonntäglichen*); $\{\langle 2, s \rangle\}$ ist ein Vorkommen einer Form des sogenannten Fugenmorphems, das ebenfalls ein Paradigma von Formen ist (*s, es, en, e*);[4] $\{\langle 3, ruhe \rangle\}$ schließlich ist ein Vorkommen einer Form des Paradigmas von Stämmen *ruhe/ruh* (*ruh* wie in *ruhig* oder *ruhen*). Die Folge

(3) $\{\langle 1, sonntag \rangle, \langle 2, s \rangle\}$

ist eine morphologische Wortform, und ebenso

(4) $\{\langle 1, ruhe \rangle\}$.

Wir nennen (4) eine *uneigentliche* Form des Stammparadigmas *ruhe/ruh*, d.h. eine Form, die zugleich eine morphologische Wortform ist. Den beiden Stammparadigmen lassen sich nun lexikalische Bedeutungen zuschreiben, etwa b_1 = ‚Sonntag‘ bei *sonntag/sonntäg* und b_2 = ‚Ruhe‘ bei *ruhe/ruh* (wir lassen offen, welcher Art diese Bedeutungen sind). Das Fugenmorphem kann offensichtlich keine lexikalische Bedeutung haben; *wenn* es eine Bedeutung hat, muß dies eine grammatische Bedeutung sein.

---

[4] *er* in Zusammensetzungen möchte ich entgegen einer verbreiteten Auffassung nicht als Form des Fugenmorphems betrachten, sondern nur als stammbildendes Element für die Pluralformen gewisser Substantive.

In der Tat hat man in der Sprachwissenschaft immer wieder versucht, Flexionsaffixen (zu denen man auch das Fugenmorphem rechnen kann) eine Bedeutung zuzuschreiben. Beim Fugenmorphem könnte man etwa so argumentieren: Die (oder eine) Bedeutung von (2) ist ungefähr b_3 = ‚Ruhe, die am Sonntag herrscht'. Als *eine* Bedeutung des Fugenmorphems könnten wir daher die Funktion h nehmen, die zwei beliebigen lexikalischen Bedeutungen b_1 und b_2 die folgende Bedeutung zuordnet: 'b_2, der (die, das) an (auf, in ..) b_1 herrscht' (was natürlich eine äußerst informelle Ausdrucksweise darstellt; wir setzen voraus, daß b_2 auf Zustände und b_1 auf Zeit- und Raumabschnitte ‚eingeschränkt' ist).

In der Tat ist die Funktion h — wir wollen sie eine *semantische Funktion für die Morphologie* nennen — ein ausgezeichneter Kandidat für eine grammatische Bedeutung: Sie ist nicht nur kategorial verschieden von lexikalischen Bedeutungen (bei jeder einigermaßen normalen Auffassung von lexikalischer Bedeutung), sie funktioniert auch so, wie man dies für eine Hauptart grammatischer Bedeutungen intuitiv stets angenommen hat: h erzeugt eine Bedeutung einer komplexen Einheit aus Bedeutungen ihrer Bestandteile.

Wir haben also eine grammatische Bedeutung, haben wir jedoch auch den richtigen Bedeutungsträger? In der Tat läßt sich durch ein einfaches Beispiel zeigen, daß h nicht als Bedeutung des Fugenmorphems aufgefaßt werden *darf*: In

(5)   *abendruhe*

kommt eine Form des Fugenmorphems nicht vor. (‚Nullformen' nehmen wir grundsätzlich nicht an.) Dennoch ist es die Funktion h, die aus lexikalischen Bedeutungen von $\{\langle 1, abend \rangle\}$ und $\{\langle 2, ruhe \rangle\}$ eine Bedeutung von

(6) $\{\langle 1, abend \rangle, \langle 2, ruhe \rangle\}$

erzeugt. Es gibt hier überhaupt keinen Teil, mit dem man h assoziieren könnte. Da aber (2) und (6) offensichtlich gleich zu behandeln sind, darf man h auch in (2) nicht mit $\{\langle 2, s \rangle\}$ verbinden; damit kommt h als Bedeutung des Fugenmorphems nicht mehr in Frage.

Offenbar muß die grammatische Bedeutung h mit gemeinsamen Eigenschaften von (2) und (6) verknüpft sein, die abstrakter sind als das Auftreten oder Nichtauftreten von Formen eines bestimmten Affixes. Die folgenden Eigenschaften kommen in Betracht:

(7)   Die gegebene morphologische Wortform besteht aus zwei Teilen der folgenden Art:

    (a) Jeder Teil ist ein Vorkommen einer morphologischen Wortform, die genau ein Vorkommen einer Form eines Stammparadigmas enthält, und dieses Paradigma ist ein Paradigma von

Substantivstämmen; der erste Teil enthält außerdem höchstens noch ein Vorkommen einer Form des Fugenmorphems.

(b) Zu der morphologischen Wortform gehört eine Intonation mit Hauptakzent auf der Stammsilbe des ersten und Nebenakzent auf der Stammsilbe des zweiten Teils.

(c) Das Stammparadigma, dessen Form im ersten Teil vorkommt, hat eine Bedeutung, die ‚sich auf Zeitabschnitte bezieht‘, und das Stammparadigma, dessen Form im zweiten Teil vorkommt, hat eine Bedeutung, die ‚sich auf Zustände bezieht‘.

Aufgrund von (7a) und (7b) können wir sagen, daß die beiden Teile in (2) ebenso wie in (6) in einer bestimmten *morphologischen Relation* zueinander stehen. Diese Relation liegt in einer morphologischen Einheit nur vor, wenn die Einheit eine bestimmte *morphologische Struktur* hat: wenn sie sich auf gewisse Art unterteilen läßt, wenn ihre Teile eine bestimmte Zuordnung zu Kategorien (wie Substantivstamm) erlauben und wenn bestimmte Intonationsbedingungen erfüllt sind. Wir wollen sagen, $\{\langle 1, abend\rangle\}$ in (6) *modifiziere* $\{\langle 2, ruhe\rangle\}$; in einer gleich erläuterten allgemeinen Formulierung: f_1 *modifiziert* f_2 bezüglich f, s und S, symbolisch

(8) $\mathrm{mod}(f, s, S)\, f_1\, f_2$.

Hierbei ist S ein Idiolektsystem, f eine morphologische Einheit von S (etwa (6)) und s eine morphologische Struktur von f in S, so daß gilt: f_1 und $f_2 - \{\langle 1, abend\rangle\}$ und $\{\langle 2, ruhe\rangle\}$ — sind bei dieser Struktur Bestandteile von f; die Vereinigung von f_1 und $f_2 - \{\langle 1, abend\rangle, \langle 2, ruhe\rangle\}$ — ist wieder ein Bestandteil von f (bei (6) ist die Vereinigung gleich f); und f_1 und f_2 erfüllen bei s die in (7a) und (7b) genannten Kategorien- und Intonationsbedingungen. (Diese Bedingungen sind hinreichend, aber nicht notwendig für Modifizieren.)

Wir können sagen, daß der Ausdruck „mod" eine morphologische Funktion bezeichnet, die jedem Tripel $\langle f, s, S\rangle$ eine Menge von Paaren $\langle f_1, f_2\rangle$ — also eine zweistellige *Relation* — zuordnet, eben die Paare, die bezüglich f, s und S Bedingungen der angedeuteten Art erfüllen. Im Falle von (2) und (6) enthält diese Menge nur ein einziges Element; wenn s_1 die angedeutete Struktur für (2) ist und s_2 die Struktur für (6), dann gilt für jedes deutsche Idiolektsystem S, zu dessen morphologischen Einheiten (2) und (6) gehören:

(9) (a) $\mathrm{mod}((2), s_1, S) = \{\langle\{\langle 1, sonntag\rangle, \langle 2, s\rangle\}, \{\langle 3, ruhe\rangle\}\rangle\}$
     (b) $\mathrm{mod}((6), s_2, S) = \{\langle\{\langle 1, abend\rangle\}, \{\langle 2, ruhe\rangle\}\rangle\}$.

Es ist die morphologische Funktion mod, mit der wir nun die semantische Funktion h in Verbindung bringen. Allgemein hat mod bei deutschen Idiolektsystemen einen bestimmten *semantischen Gehalt*, d.h.

dem Teil der Funktion mod, der auf ein gegebenes System *S* beschränkt
ist, hat man eine *Menge* von semantischen Funktionen wie h zuzuordnen, die auf lexikalischen Bedeutungen operieren und lexikalische Bedeutungen erzeugen. Jede dieser Funktionen wollen wir eine *grammatische Bedeutung* der morphologischen Funktion in dem gegebenen Idiolektsystem nennen.

Offenbar reichen rein morphologische Bedingungen aus, um die Funktion mod für ein Idiolektsystem zu bestimmen; man vergleiche die Bedingungen (7a) und (7b). Der semantische Gehalt — die Menge der
grammatischen Bedeutungen der Funktion — läßt sich dann getrennt
ermitteln. Jedoch ist die semantische Rolle von mod mit der Angabe
des semantischen Gehalts noch nicht vollständig bestimmt: Wir müssen
auch wissen, unter welchen Bedingungen eine gegebene grammatische
Bedeutung operiert. Wie aus (7c) hervorgeht, kann es sich dabei sehr
wohl um Bedingungen für die auftretenden lexikalischen Bedeutungen
handeln, also um *semantische* Bedingungen.

Diese Analysen und Überlegungen führen auf die folgenden Konsequenzen. Gegeben sei ein System *S* eines deutschen Idiolekts. Wir nehmen
dann für das morpho-syntaktische und das semantische Teilsystem von
S Komponenten der folgenden Art an:

Das morpho-syntaktische Teilsystem enthält eine *morphologische
Funktionskomponente*, eine Menge von morphologischen Funktionen,
die aus allgemeinen morphologischen Funktionen wie mod durch Beschränkung auf das System *S* und seine morphologischen Einheiten und
Strukturen hervorgehen. So wäre etwa ‚Modifikation in *S*' (md (*S*)) die
Teilfunktion von mod, deren Argumente aus einer beliebigen morphologischen Einheit von *S*, einer Struktur dieser Einheit und *S* selber bestehen.

Das semantische Teilsystem enthält eine *Interpretation der morphologischen Funktionen*: eine dreistellige Relation, die jeweils eine Funktion
aus der morphologischen Funktionskomponente mit einer grammatischen Bedeutung und den Anwendungsbedingungen für die Bedeutung
verbindet. Beispielsweise könnte Modifikation in *S* (md (*S*)) verbunden
werden mit der semantischen Funktion h und einer Verallgemeinerung
der Bedingung (7c).

Diese Konzeption erhält ihr besonderes Gewicht durch die folgende
Hypothese (die natürlich nicht mit einem einzigen Beispiel zu begründen ist):

(10) Die lexikalischen Bedeutungen jeder morphologischen Einheit *f*
von *S* bei einer gegebenen Struktur *s* von *f* in *S* lassen sich berech-
nen, wenn folgendes bekannt ist:
   (a)   die lexikalischen Bedeutungen der Bestandteile von *f*, die
         eine lexikalische Bedeutung haben,

(b) die Bedeutungen der Derivationsaffixe, deren Formen in f als Bestandteile vorkommen und die eine Bedeutung haben,

(c) die Interpretation der morphologischen Funktionen in S für alle morphologischen Funktionen, die f, s und S eine nicht-leere Relation zuordnen.

Die Bedeutungen gemäß (10b) kann man mit den lexikalischen als *morphologische Bedeutungen* zusammenfassen und dann (10) entsprechend einfacher formulieren. Alternativ könnte man auch bei Derivationsaffixen — *lich*, *ung* usw. — auf eine Bedeutungszuordnung verzichten und eine Behandlung mittels morphologischer Funktionen wählen. Ich will mich hier in dieser Frage nicht endgültig festlegen.

Die Hypothese (10) erlaubt die folgende abschließende Feststellung: *Die Interpretation der morphologischen Funktionen ist notwendig und hinreichend, um die lexikalischen Bedeutungen komplexer morphologischer Einheiten aus den morphologischen Bedeutungen ihrer kleinsten Bestandteile aufzubauen.*

An dieser Stelle könnte man nun einwenden: Dies mag alles gut sein für das Deutsche; jedoch gibt es natürliche Sprachen ohne komplexe morphologische Einheiten, also ohne morphologische Relationen. Wenn aber die Ergebnisse für natürliche Sprachen nicht repräsentativ sind, dann erlauben sie auch keine Konsequenzen für die allgemein-semiotischen Fragestellungen, um die es uns eigentlich geht.

Hierauf läßt sich zweierlei erwidern: Die Komplexität morphologischer Einheiten von Idiolektsystemen ist allerdings von Sprache zu Sprache verschieden. Doch ist keine ‚rein isolierende‘ Sprache belegt, in der also die morphologischen Einheiten eines Idiolektsystems sämtlich keine innere Struktur mehr aufwiesen. Bei weitem wichtiger — und nicht zu entkräften — ist jedoch das folgende Argument.

Was wir an den morphologischen Einheiten deutscher Idiolektsysteme erläutert haben, gilt ganz analog bei allen Sprachen für die komplexen syntaktischen Einheiten beliebiger Idiolektsysteme; und an der universellen Existenz solcher Einheiten kann es nicht den geringsten Zweifel geben. Ich habe die Beispiele überhaupt nur aus der Morphologie gewählt, weil es hier leichter ist, sie auf begrenztem Raum darzustellen. Die Verhältnisse im syntaktischen Bereich sollen wenigstens angedeutet werden.

3. Grammatische Bedeutungen in der Syntax.

Man betrachte die syntaktische Einheit

(11) *das gebot der sonntagsruhe* $= \{\langle 1, das \rangle, \langle 2, gebot \rangle, \langle 3, der \rangle,$
$\langle 4, sonntagsruhe \rangle\}$

Den Bestandteilen $\{\langle 2, gebot \rangle\}$ und $\{\langle 4, sonntagsruhe \rangle\}$ lassen sich wiederum lexikalische Bedeutungen zuschreiben, etwa d_1 und d_2.

(Diese Bedeutungen sollen zwar aus morphologischen Bedeutungen resultieren, jedoch der Art nach von ihnen verschieden sein.) Für den Teil

(12) $\{\langle 2, gebot\rangle, \langle 3, der\rangle, \langle 4, sonntagsruhe\rangle\}$

lassen sich zwei Bedeutungen ansetzen, die man so paraphrasieren kann: ,Gebot, das sich aus Sonntagsruhe ergibt' (vgl. ,,Es ist das Gebot der Sonntagsruhe, Arbeit zu unterlassen") und ,Gebot, das sich auf Sonntagsruhe erstreckt' (vgl. ,,Es ist das Gebot der Sonntagsruhe, das wir bekämpfen" — hier sind übrigens beide Deutungen möglich). Offensichtlich haben wir es mit zwei semantischen Funktionen zu tun: Die eine erzeugt die erste und die andere die zweite Bedeutung von (12) aus den Bedeutungen d_1 und d_2. Es handelt sich um *semantische Funktionen für die Syntax*, die wir wiederum als *grammatische Bedeutungen* auffassen können. Man könnte nun versuchen, die Funktionen zu Bedeutungen der Genitivformen von Artikeln zu erklären, also zu Bedeutungen von $\langle 3, der\rangle$ in (12). Hiergegen gibt es durchschlagende, zum morphologischen Fall analoge Argumente (vgl. *Karls Gebot*). Die beiden Funktionen gehören vielmehr in jedem deutschen Idiolektsystem zu den grammatischen Bedeutungen einer einzigen syntaktischen Funktion, nämlich der Funktion Genitivattribut:

(13)   genattr$(f, s, S) f_1 f_2$.

Diese Auffassung ist vereinbar mit der traditionellen Unterscheidung zwischen *genitivus subjectivus* und *genitivus objectivus*, die im Beispiel (12) anwendbar ist; allerdings wird traditionell zwischen der syntaktischen Funktion und ihrem semantischen Gehalt nicht unterschieden. Die Anwendungsbedingungen für die beiden grammatischen Bedeutungen sind derart, daß in (12) beide Funktionen in Frage kommen; daher die Doppeldeutigkeit von (12) und (11).

Allgemein machen wir wiederum folgende Annahmen: Das morpho-syntaktische Teilsystem von S enthält eine *syntaktische Funktionskomponente*, eine Menge von syntaktischen Funktionen, die aus allgemeinen syntaktischen Funktionen wie genattr durch Beschränkung auf das System S und seine syntaktischen Einheiten und Strukturen hervorgehen. Das semantische Teilsystem enthält eine *Interpretation der syntaktischen Funktionen*, die jeweils eine Funktion aus der syntaktischen Funktionskomponente mit einer grammatischen Bedeutung und den Anwendungsbedingungen für die Bedeutung verbindet. Und schließlich nehmen wir an: *Die Interpretation der syntaktischen Funktionen ist notwendig und hinreichend, um die Bedeutungen komplexer syntaktischer Einheiten aus den Bedeutungen ihrer kleinsten Bestandteile aufzubauen.*

Diese Annahmen — ebenso wie die Annahmen für die Morphologie — habe ich in anderem Zusammenhang präzisiert und ausführlich begründet.[5]

Was ergibt sich nun aus diesen Analysen für einen allgemeinen Begriff von Zeichen und Zeichensystem, der zugleich sprachwissenschaftlich sinnvoll ist?

4. Konsequenzen für die Begriffe des Zeichens und Zeichensystems.

Unsere Behandlung der grammatischen Bedeutung entlastet zunächst den Begriff des Zeichens, bezogen auf Idiolektsysteme S. Für Zeichen in S wird man vernünftigerweise fordern: 1. Sie sind morphologische oder syntaktische Einheiten oder Einheitenparadigmen von S. 2. Sie haben eine Bedeutung in S. Nach unserer Darstellung haben die Einheiten und Paradigmen, denen man nur grammatische Bedeutungen zuschreiben könnte, *keine* Bedeutung, sind also keine Zeichen in S. Umgekehrt sind die Entitäten, denen grammatische Bedeutungen zugeschrieben werden, keine Einheiten oder Paradigmen, sind also ebenfalls keine Zeichen. Kurz: *grammatische Bedeutungen konstituieren keine Zeichen in S.* Damit eröffnet sich die Möglichkeit eines Zeichenbegriffs, der weder auf der Form- noch auf der Bedeutungsseite Heterogenes zusammenfassen muß; von einem solchen Zeichenbegriff darf man dann eher erwarten, daß er sich semiotisch verallgemeinern läßt. Es ist hierbei eine terminologische Frage, ob man den Zeichenbegriff auf die kleinsten Einheiten (oder Paradigmen von kleinsten Einheiten) einschränkt, die eine Bedeutung haben, oder aber ob man alle bedeutungstragenden Einheiten zu Zeichen erklärt. Wir wollen den eingeschränkten Begriff voraussetzen.

Für Zeichensysteme Z erheben wir nun provisorisch die folgenden Forderungen (es muß hier offen bleiben, worüber genau „Z" variiert):

(13) Für jedes Zeichensystem Z gilt:

    (a)   Es gibt ein morpho-syntaktisches und ein semantisches Teilsystem von Z.

    (b)   Es gibt komplexe syntaktische Einheiten von Z.

    (c)   Jede syntaktische Einheit von Z hat in Z eine syntaktische Struktur.

    (d)   Das morpho-syntaktische Teilsystem von Z enthält eine syntaktische Funktionskomponente, d.h. eine nichtleere Menge von Funktionen der folgenden Art: Die Argumente jeder Funktion sind Tripel aus einer syntaktischen Einheit, einer Struktur der Einheit und Z; der Wert der Funktion für ein gegebenes Argument ist eine Relation zwischen Bestand-

---

[5] S. Anm. 3.

teilen der Einheit (oder Bestandteilen der Einheit und gewissen anderen Entitäten des Teilsystems).

(e)   Das semantische Teilsystem von Z enthält eine Interpretation der syntaktischen Funktionen, d.h. eine dreistellige Relation, deren Erstglieder die Elemente der Funktionskomponente sind und die jedem Erstglied eine semantische Funktion und Anwendungsbedingungen zuordnet.

(f)   Die Bedeutungen, die eine syntaktische Einheit bei einer bestimmten Struktur in Z hat, ergeben sich aus den Bedeutungen der in der Einheit vorkommenden syntaktischen Zeichen wie folgt: Man sucht die syntaktischen Funktionen auf, die in der Einheit bei der Struktur nichtleere Werte haben, stellt die zugeordneten semantischen Funktionen und Anwendungsbedingungen fest und wendet die semantischen Funktionen an, deren Anwendungsbedingungen erfüllt sind.

(g)   Falls es komplexe morphologische Einheiten in Z gibt, gelten (c) bis (f) entsprechend.

In diesen Formulierungen sind Ausdrücke wie „syntaktisch" oder „morphologisch" natürlich in einem verallgemeinerten Sinne zu verstehen; andernfalls hätten wir uns gleich auf Idiolektsysteme beschränken können.

Diese Forderungen für Zeichensysteme sind bewußt an natursprachlichen Verhältnissen entwickelt worden. Ich schließe mit dem methodologischen Vorschlag, nunmehr zu untersuchen: 1. Welche Gegenstände aus dem intendierten Objektbereich der Semiotik erfüllen diese Forderungen? 2. Wie weit lassen sich einzelne Forderungen modifizieren, ohne daß der Begriff des Zeichensystems trivialisiert würde oder sprachliche Idiolektsysteme ausschließen müßte? Mit dieser Fragestellung greift die Semiotik auf ihren bestentwickelten Zweig zurück, und bei dieser Fragestellung könnte auch die Sprachwissenschaft endlich wieder Gewinn aus der Semiotik ziehen.

LITERATUR

Lieb, H.-H.:
1970   *Sprachstadium und Sprachsystem. Umrisse einer Sprachtheorie.* Stuttgart 1970.

Lieb, H.-H.:
1975   Grammars as Theories: The Case for Axiomatic Grammar (Part II). In: *Theoretical Linguistics.* 2 (1975).

WILLIAM C. STOKOE (WASHINGTON)

DIE „SPRACHE" DER TAUBSTUMMEN

Wer das Kommunikationsverhalten bei Taubstummen semiotisch beschreiben[1] will, muß von der Zeichenfunktion der Verhaltenselemente
ausgehen. Es sind einerseits die verwendeten Zeichenträger zu identifizieren, andererseits ihre Denotate zu charakterisieren, und schließlich
ist die besondere Art der Beziehung zwischen beiden zu kennzeichnen.
Von größtem Interesse ist dabei außerdem, wie sich die Beschränkung
auf eine bestimmte Sinnesmodalität und die Besonderheiten der Raum-
Zeit-Wahrnehmung in der Kommunikation zwischen Taubstummen auswirken und welche Einflüsse hier von der Kultur auf die Zeichensysteme und von den Zeichensystemen auf die Kultur ausgehen.
Das Hauptverständigungsmittel der Taubstummen in den USA ist als
„American Sign Language" bekannt, abgekürzt „ASL". Den Umständen
entsprechend haben die Zeichensysteme von Kommunikationsgemeinschaften Taubstummer in aller Welt in Aufbau und Verwendung viele
Eigenschaften gemeinsam. Wir bezeichnen jedes solche Zeichensystem
daher grundsätzlich als „Sign Language" und sprechen abgekürzt einfach von „Sign".

1. Die Zeichenträger. In *Sign* sind die Zeichenträger ausschließlich für
die Wahrnehmung durch den Gesichtssinn bestimmt. Sie werden allerdings auch häufig beschrieben, besprochen und durch Zeichnungen und
Fotografien abgebildet, so als ob jedes Zeichen eine ebenso klare und
diskrete Einheit wäre wie ein Wort, das der Laie in seinem Wörterbuch
nachschlägt. Die dahinterstehende vereinfachende Konzeption vom lexikalischen Zeichen mag Linguisten und Semiotikern theoretisch höchst
anfechtbar erscheinen, sie ist aber für die Praxis recht nützlich. Geradeso wie die geschriebene Form eines im Lexikon aufgeführten Wortes
eine komplexe Sequenz von Lauten darstellt, die aus einem besonderen
Phoneminventar ausgewählt und nach generativen Regeln kombiniert
sind, so stellt auch das Taubstummenzeichen in seiner beschriebenen
oder abgebildeten Form einen Komplex visueller Merkmale dar, die teils
sequentiell, teils simultan wahrgenommen werden. Sie sind nach rekon

[1] Große Teile der Forschung, auf denen diese Arbeit basiert, wurden durch einen
     Zuschuß der National Science Foundation ermöglicht (SOC 7414724).

struierbaren Regeln zusammengestellt. Eine Anzahl solcher Regeln ist
auch bereits formuliert worden, andere werden folgen. Und mit der Zeit
wird *Sign* vielleicht mindestens ebensogut beschrieben sein wie andere
Zeichensysteme.

Eine weitere Parallele: ebenso wie gedruckte Wörter für hörbare Phänomene stehen, die von der menschlichen Stimme hervorgebracht werden,
so steht die verbale oder visuelle Repräsentation von Taubstummenzeichen für menschliche Tätigkeit, die real in Raum und Zeit abläuft.

Nur wenige Taubstummenzeichen bleiben allerdings in der Kommunikation so lange konstant, wie man normalerweise eine Zeichnung oder eine
Fotografie anschaut. In *Sign* ist der Zeichenträger nichts Statisches, das
von einem Augenblick zum andern sichtbar wird und dann ebenso
plötzlich wieder verschwindet, vielmehr befindet sich der Zeichenträger
ständig im Übergang, sind eine oder mehrere seiner Eigenschaften kontinuierlich in Veränderung begriffen.

Doch machen wir noch einmal von einer Analogie (wenn nicht sogar
Homologie) Gebrauch: Einem sprachlichen Laut entspricht seiner Natur
nach ein sich stetig verändernder Schallfluß. Experten des „Sprech-
kodes" reden einerseits von Ansatz, Übergang und Verteilung der
Schalldruckenergie und stellen dies in einem Amplitude/Zeit-Diagramm
dar, in dem die Hauptverdichtungen sich als Formanten des Sprechlauts
identifizieren lassen. Sie legen andererseits aber auch Gewicht auf die
Tatsache, daß nur die kategoriale Wahrnehmung durch einen menschlichen Hörer, *der diese gesprochene Sprache beherrscht*, den Schallfluß
in diskrete Einheiten transformieren kann. Ganz gleich ob wir diese
Einheiten als Wörter oder Morpheme oder lexikalische Zeichen bezeichnen, ihre Existenz als diskrete Einheiten ist in der Gehirnfunktion des
menschlichen Empfängers begründet und nicht durch eine Eins-zu-eins-
Abbildung der Eigenschaften des Sprechsignals zu erklären (*Abbott*,
1975; *Lieberman*, 1975).

Auch die Kommunikation in *Sign* ist durch ständige Veränderung und
fließenden Ablauf gekennzeichnet. Bei der Beobachtung eines aktuellen
Zeichenprozesses zwischen Taubstummen oder bei der Analyse im
Laboratorium aufgenommener Zeichenprozesse ist man gewöhnlich nur
in der Lage, jeweils ein einziges Merkmal zu verfolgen — z.B. die Art
und Weise, wie sich eine Hand von einer Konfiguration mit ausgestreck-
tem Daumen und kleinen Finger in eine geschlossene Faust verwandelt,
aus der sich zwischen Zeige- und Mittelfinger der Daumen vorschiebt
(ein altes Handzeichen, bekannt als *manus ficus*). Während nun der
Beobachter auf diesen Ablauf achtet, können sich aber in der kontinuierlich sichtbaren Bewegung verschiedene andere figurative Eigenschaften ebenfalls verändern und tun es gewöhnlich auch. *Nur wer das be-
nutzte Zeichensystem beherrscht*, kann diese amorphe Bewegungsmasse
mit ihrer reichhaltigen Mischung von Textur und fließenden Details

kategorial gliedern und als diskrete Zeichen wahrnehmen, die eine Bedeutung tragen. — Den meisten bisherigen Beschreibungen von *Sign* ist leicht anzusehen, daß ihre Autoren so sehr davon angetan waren, wie die Hände aussehen, was die Hände tun und wo die Hände agieren, daß sie den Rest des Zeichenträgers zu bemerken oder zu erwähnen vergaßen. Das Gesicht, insbesondere die Augen des tauben Zeichengebers sind aber mindestens ebenso stark an der Realisation des Zeichens beteiligt. Am treffendsten wäre vielleicht die Charakterisierung, daß der gesamte Körper des Senders das Zeichen gibt und daß der Empfänger nicht von den Händen abliest, nicht einmal von Händen und Gesicht, sondern von dem Gesamtbild, das der Sender auf seine Netzhaut wirft.

Alle Zeichentätigkeiten, die speziell mit menschlicher Kommunikation verbunden sind, haben bei Primaten begonnen, die sich von der Notwendigkeit befreit hatten, ihre vorderen Gliedmaßen zur Fortbewegung zu benutzen (*Steklis & Harnad*, 1975). Rumpf, Kopf und vordere Gliedmaßen sind auch in *Sign* viel stärker an den Zeichenprozessen beteiligt als der untere Teil des Körpers; dennoch werden auch Veränderungen der Körperhaltung sowie Fuß- und Beinbewegungen eingesetzt und als integrierter Teil der Zeichentätigkeit wahrgenommen.

Eine interessante Perspektive im Hinblick auf den Zeichenträger ist die Entdeckung, daß der Empfänger in *Sign* seine Augen nicht auf die Hände des Zeichengebers richtet, sondern auf dessen Gesicht schaut; dabei nimmt er die Bewegungen und Konfigurationen der Hände größtenteils ein wenig außerhalb der Stelle schärfsten Sehens im fovealen Wahrnehmungsbereich auf und rezipiert einen weiteren Teil der Zeichentätigkeit im Bereich unscharfen Sehens, in dem allerdings Bewegungen besonders leicht wahrnehmbar sind (*Siple*, 1973; *Baker*, 1975). Sarles (1975), der dem Gesicht eine Hauptrolle in der menschlichen Kommunikation und Sprache zuspricht, hat also auch in unserem Falle recht. Dazu paßt außerdem gut die Beobachtung, daß *Sign*empfänger den Gesichtern der *Sign*sender große Aufmerksamkeit widmen. Die Konzentration des Forschungsinteresses auf den Laut als einzigen Zeichenträger der sprachlichen Kommunikation und auf die Hände als alleinigen Zeichenträger der Taubstummenkommunikation ist also künstlich und fehlgeleitet.

2. *Die Denotate.* Es ist nicht schwer, die Denotate von *Sign* kurz zu charakterisieren: zu ihnen gehören all die Dinge, Personen, Ereignisse, Vorstellungen und Empfindungen, die das Leben der Kommunikationsgemeinschaft ausmachen, deren Zeichensystem *Sign* ist. Wie sich diese Denotate im einzelnen von den Denotaten des Englischen, des Kikyu, des Deutschen oder des Kiowan unterscheiden, kann nur durch sorgfältige ethnographische Studien erforscht werden. Eine ungefähre Vorstel-

lung davon läßt sich aber durch einige Vergleiche gewinnen. Im Englischen unterscheiden sich das Verb „fahren" und das Substantiv „Auto" in der phonologischen Form und nehmen auch im Lexikon und der Grammatik eine verschiedene Stelle ein. In *ASL* ist das gebräuchlichste Zeichen für „Auto" mit einer Form des Zeichens für „fahren" identisch, oder scheint es wenigstens für den naiven Beobachter zu sein, der diese Zeichen einem zweisprachigen Informanten dadurch entlockt, daß er ihn fragt, wie er die Zeichen für „Auto" und „fahren" macht. Ein solches Vorgehen enthält freilich zwei Fehlerquellen: Zum einen können sich Zitatformen stark von den Formen unterscheiden, die in natürlichen Äußerungen produziert werden, so daß sie den Beobachter leicht in die Irre führen; zum anderen sind Zeichen, die mitgeteilt werden, um Wörter zu übersetzen, häufig tatsächlich nur geeignet, Wörter zu übersetzen. Das Schließen der Hände um ein imaginäres Steuerrad wird in solchen Situationen also deshalb einmal das Wort „Auto" und ein andermal das Wort „fahren" zum Denotat haben, weil der Informant jeweils genau das tut, worum er gebeten wurde. Wenn ein *Sign*benutzer jedoch nicht bloß das Spiel „Gib mir ein Zeichen passend zu meinem Wort!" mitmacht, sondern ernsthaft kommuniziert, ist die Stelle in der Äußerung, an der ein Deutschsprechender das Wort „Auto" benutzen würde, vielleicht durch folgendes Zeichen besetzt: Hand mit aufwärts gerichtetem Daumen und mit gespreizt vorwärts weisendem Zeige- und Mittelfinger; oder aber es erscheint gar kein offensichtliches Zeichen für „Auto", da andere Zeichen innerhalb der Äußerung, z.B. die für „Scheinwerfer" und „Bremse", dem Adressaten klarmachen, daß der Bezugsrahmen noch immer durch das Zeichen für „Auto" bestimmt ist, das in einer vorhergegangenen Äußerung gegeben wurde.

Die Erklärung für derartige Unterschiede zwischen *Sign* und Wortsprachen ist eher im kulturellen als im sprachlichen Bereich zu suchen. In jenen Sprachen, in die ein moderner Kriminalroman gewöhnlich übersetzt wird, braucht man keine Erläuterungen für einen Satz wie diesen zu geben: „Als ich mir Einlaß in sein Penthouse-Apartment verschafft hatte, klingelte das Telefon." Wollte man den Satz aber einem Kung-Buschmann oder einem australischen Ureinwohner verständlich machen, so müßte man erläutern, was Städte sind, Gebäude, Architektur, sozio-ökonomische Schichten, Wohnungen mit abschließbaren Türen, und ebenso, was das für kleine tragbare Gegenstände sind, die wie eine angeschlagene Speerspitze klingen und die sprechen und zuhören können — ob man's glaubt oder nicht.

Wer *Sign* nicht beherrscht, dürfte mit *Sign* und dem, was *Sign*benutzer sagen und ungesagt lassen, ebensowenig vertraut sein wie ein Buschmann mit unserer kriminalisierten Zivilisation und ihrer Sprache. Wer *Sign* nicht beherrscht, muß erst lernen, daß, wenn die Hände in der bereits beschriebenen Haltung des Steueranfassens kurze ruckartige Be-

wegungen auf- und abwärts machen und das Gesicht gleichzeitig Verwirrung erkennen läßt, das Denotat sehr wahrscheinlich dem Satz entspricht „Das Auto begann ungleichmäßig zu laufen". Oder, wenn beide
Hände sich nebeneinander in einem aufwärts gebogenen Halbkreis nach
oben bewegen, dann ist die Bedeutung wahrscheinlich soviel wie „von
einem Platz zu einem anderen fahren". In diesem Zusammenhang ist es
außerdem erforderlich, daß Abfahrtsort und Zielort im unmittelbaren
Kontext gegeben sind, daß also, falls der Abfahrtsort vor diesem
„Fahr"-Zeichen gegeben wurde, das Ziel sofort im Anschluß daran mitgeteilt wird.

Einer der Unterschiede zwischen den Denotaten von Wortsprache und
Sign, die den Zeichenforschern aufgefallen sind, betrifft die Unterscheidungen von Substanz und Qualität, Qualität und Intensität, Handlung
und Art ihrer Ausführung [„manner"]. Im Englischen braucht man ein
Substantiv und ein Adjektiv, um die Bedeutung von „kleines Haus"
auszudrücken, in Dänischer Zeichensprache läßt sich die gleiche Bedeutung jedoch mit einem einzigen Zeichen ausdrücken, indem man einfach
das Zeichen für „Haus" kleiner ausführt als gewöhnlich (*Hansen*, 1975;
Sørensen, 1975). Entsprechend erfordert auch das Denotat von „sehr
groß" in Amerikanischer Zeichensprache nur ein Zeichen: die hochge-
hobene gebogene Hand — mit einer größeren Armstreckung als gewöhnlich für „groß", eventuell sogar auf Zehenspitzen. Das Denotat vieler
*Sign*verben kann außerdem solche semantischen Begriffe einschließen,
wie wir sie mit „wiederholt", „für lange Zeit", „wieder und wieder"
ausdrücken (vgl. *Fischer*, 1971[2]).

Der auffallendste Unterschied zwischen dem, was ein Zeichen der Zeichensprache, und dem, was ein Wort denotieren kann, zeigt sich an
jenen Phänomenen, die wir als einheitliche „Zeichen" auffassen, obwohl sie die Funktion von Substantiv und Verb, oder die von Subjekt
und Prädikat in sich verbinden.

Es ist möglich, derartige Erscheinungen als abgeschlossene Zeichen zu
betrachten, die Substantiv-, Verb- und Prädikatsfunktionen in sich kombinieren; es könnte aber auch sein, daß uns dabei die Art und Weise, wie
wir gewöhnlich die gesprochene Sprache betrachten, irregeführt hat. In
diesem Fall wäre der Ausdruck für „Fahrt", den wir zunächst als *ein*
Zeichen genommen haben, eigentlich eine Struktur, in der mehrere Zeichen kombiniert sind. Ein hervorragendes Beispiel liefert eine auf Band
aufgenommene Erzählung eines *Sign*benutzers über eine Autofahrt quer

---

[2] *Fischer*, 1971, scheint allerdings bisweilen selbst Eigenschaften des Zeichenträgers mit denen des Denotats zu vermischen; ihr Ausdruck „langweilig" kann
z.B. einerseits auf die Eigenschaften der sichtbaren Bewegung im Zeichenträger
bezogen und andererseits als semantisches Merkmal im Denotat verstanden
werden.

durch den Kontinent. Im Zusammenhang mit der flachen, geraden Straße im Mittleren Westen benutzt der Erzähler seinen rechten Zeigefinger, um die Masten der Hochspannungsleitung zu denotieren. (Daß sie keine Zaunpfähle sind, wird durch ihre Größe relativ zur Augenhöhe klargemacht sowie durch ein vorhergehendes Zeichen für das lose Durchhängen der langen Leitungsdrähte.) Im Gesamtkontext wird die Hand, die einen Pfeiler denotiert, von vorne am Kopf vorbeibewegt und während dieser Bewegung beschleunigt. Der Oberflächenstruktur, die in dieser Bewegung zum Ausdruck kommt, liegen folgende Strukturen zugrunde: „Ein Mast flog vorüber", „Ich fuhr", „Die Geschwindigkeit erhöhte sich", „Ich konnte den Mast sehen", „Ich konnte den Mast nicht sehen".

3. *Ikonizität.* Seit über bedeutungtragende Körperbewegungen geschrieben wird, konzentriert man sich mit Vorliebe auf eine spezielle Art der Zeichenrelation, nämlich die Annahme, daß die Denotate und die Zeichenträger als ähnlich wahrgenommen werden. Nach der Terminologie von Peirce handelt es sich dabei dann um eine ikonische Beziehung. Zwischen einem Hochspannungsmast und einem senkrecht nach oben ausgestreckten Finger besteht ja auch eine gewisse Ähnlichkeit (obwohl diese Ähnlichkeit auch für viele andere dünne vertikale Gegenstände gilt). In unserer Erzählung hat der Fahrer die Masten auf der rechten Seite gesehen; um die Ähnlichkeit zu bewahren, repräsentiert also auch der *Sign*sender sie rechts von sich. Die relative Bewegung von Mast und Fahrer ist somit der von Finger und *Sign*sender ähnlich; es handelt sich allerdings um transformationelle Ähnlichkeit. In Wirklichkeit fuhr ja der Fahrer an den Pfeilern vorbei, während sich in *Sign* die Hände als Pfeiler-Zeichen am Gesicht des Senders vorbeibewegen. Unsere Forschungsassistenten transkribieren eine derartige Zeichenäußerung mit einem Bindestrich-Ausdruck: „Pfeiler-Passieren", und sie fügen in Klammern die Zahl „4" hinzu, um anzuzeigen, daß die geschilderte Zeichenbewegung nach der ersten Durchführung noch dreimal wiederholt wird.

Eine derartige Behandlung semiotischer Erscheinungen ist aber ethnozentrisch. Der *Sign*benutzer hat viel mehr mitgeteilt, als der Transkribent registriert und aufzeichnet, denn die Art der Mitteilung ist der Spracherfahrung des Transkribenten überhaupt fremd. Hier wurde zunächst einmal die Bewegung des Fahrers vorbei an den stehenden Masten in die Bewegung der einen Mast bezeichnenden Hand transformiert, die sich an dem das Gesicht des Fahrers bezeichnenden Gesicht des *Sign*senders vorbeibewegt. Die wahrgenommene Beschleunigung — eine interessante Bewegungseigenschaft — wurde in eine Handlung transformiert, die einfach aussieht, aber nur mit viel Zeit und Sorgfalt physikalisch als Bewegung oder physiologisch als Armtätigkeit zu beschreiben wäre. Außerdem beschleunigt sich die Bewegung der Pfeiler nur für das Auge des Vorbeifahrenden, es handelt sich um eine Täuschung, die durch den sich ständig verändernden Blickwinkel des Fahrers zustande kommt. Dies alles mit Worten zu erklären, die ein Sprecher des Englischen oder Deutschen ohne Physikkenntnisse leicht verstehen würde, wäre eine so anspruchsvolle Aufgabe, daß wir sie hier gar nicht in Angriff nehmen können. Doch für *Sign*sender und -empfänger verwandeln sich solche visuellen raumzeitlichen Erfahrungen unmittelbar in Zeichen und umgekehrt.

Zusammenfassend kann man sagen, daß sehr vieles dafür spricht, daß *Sign*benutzer

a) komplizierte Raum-Zeit-Strukturen wahrnehmen, einschließlich relativer Bewegung, Beschleunigung und Blickwinkel des Beobachters,

b) semantische Strukturen bilden (ihre Interpretation dessen, was sie wahrnehmen), indem sie die wahrgenommenen Relationen abstrahierend analysieren,

c) diese in Zeichenstrukturen übertragen, die zu ihrer Denotation dienen,

d) das Ganze in Oberflächenstrukturen ausdrücken, die von bestrickender „Einfachheit" sind.

Der Eindruck der Einfachheit bei einem Zeichen wie dem für „Pfeiler-Passieren" kommt dadurch zustande, daß die Transformationen des zugrunde liegenden Materials selbstverständlich in der Oberflächenstruktur nicht als solche sichtbar sind, und hängt damit zusammen, daß naive Beobachter nichts anderes als Ähnlichkeiten sehen, die ihnen ganz „natürlich" vorkommen.

Ch.S. Peirce hat vor langer Zeit klargemacht, daß ein kommunikatives Zeichen, ganz gleich wieviel Ähnlichkeit zwischen ihm und seinem Referenzobjekt gefunden werden kann, nicht von Natur Zeichen ist, sondern eine Referenzbeziehung braucht; d.h. „bei der ikonischen Zeichenrelation handelt es sich um Ähnlichkeit, die *als Gleichartigkeit hingestellt* wird" (*Greenlee*, 1974, S. 77; vgl. *Stokoe*, 1975,.S. 107). Was der *Sign*benutzer *als gleichartig hinstellt*, kann folglich recht verschieden sein von dem, was dem *Sign*unkundigen als gleichartig hingestellt erscheint — mit der bloßen Ähnlichkeit zwischen einem Finger und einem Hochspannungsmast ist das Wesen der ikonischen Zeichenrelation eben bei weitem nicht erfaßt.

4. Die Zeichenrelation. Schon in einfachen Zeichensystemen ist nichts schwerer zu verstehen als die Relation zwischen Zeichenträger und Denotat. Bei Systemen, die, aus welchen Gründen auch immer, als Sprachen bezeichnet werden, wächst das Problem in Komplexität, Größen-

ordnung und Konsequenzen exponentiell. Dennoch — und trotz der
eben berührten Unterschiede (zwischen dem *Sign*benutzer und dem
naiven Transkribenten) —, das beste Beschreibungsinstrumentarium
dafür, wie sich die Zeichenträger in den Zeichensystemen der Taubstummen auf die Bedeutungen beziehen, die ihre Benutzer sich durch
sie mitteilen, ist in der Linguistik zu finden. Die Zeichen von *Sign* sind
ja in mancher Hinsicht wie Wörter und in anderer wieder nicht, wie
bereits angedeutet. Auch Strukturen, die Zeichen kombinieren, und
Strukturen, die Wörter miteinander verketten, sind einerseits gleichartig, andererseits verschieden. Nach der Meinung einiger Linguisten ist
jedoch der Unterschied zwischen der *Sign*grammatik und der Grammatik einer gesprochenen Sprache kaum größer als der zwischen den
Grammatiken zweier gesprochener Sprachen, die verschiedenen Sprach-
familien angehören.

Wenn wir uns von der Grammatik im allgemeinen, als dem Gesamtsystem, das die Bedeutungen von Zeichenhandlungen mit ihren Zeichenträgern verbindet, abwenden und uns speziellere Teile der Zeichenrelation näher ansehen, finden wir ebenfalls wieder Entsprechungen.

Nichtsprachliche Laute können ziemlich einfach sein und sogar auf
natürliche Weise mit Denotaten bestimmter Art verbunden werden. Im
dichten Dschungel wird es vernünftig sein anzunehmen, daß ein schril-
ler, hoher, kurzer und nicht sehr kräftiger Schrei jeweils von einem
relativ kleinen Tier ausgestoßen wird, während ein dunkles, tiefes,
langes und kräftiges Brüllen von einem großen Tier stammt. Wescott
(1971) hat aufgewiesen, in welcher Form diese Art der Zeichenrelation
sich in den Sprachen der Welt erhalten hat und daß uns auf diese Weise
die Erfahrungen vormenschlicher Lebewesen in der Wahrnehmung von
Beziehungen zwischen physikalischem Ton und Größe der biologischen
Gestalt zum großen Teil bis heute verfügbar geblieben sind. Doch erfordert die Reaktion auf einen Laut *als* hohen oder tiefen, lauten oder
leisen, langen oder kurzen, einfach oder komplex geformten Ton viel
Zeit, ist ungenau und überbeansprucht den Sinnesapparat. Die Reaktion
auf Tonhöhe, Lautstärke, Dauer und andere Dimensionen von *Sprach-
lauten* ist dagegen rasch, genau, automatisch und nicht ermüdend (*Lieberman*, 1975). Es scheint sich in der menschlichen Gattung eine besondere Kombination von Struktur und Funktion entwickelt zu haben, die
die Beziehung zwischen dem Sprachlaut als Zeichenträger und dem
Phonem als dessen Denotat überraschend verändert hat, vergleicht man
sie mit der bei der Diskriminierung nichtsprachlicher Laute auftretenden Beziehung.

Die Zeichenrelationen einer Sprache sind vielschichtig und außerge-
wöhnlich schnell, präzise und leicht zu handhaben. Ein akustischer Zei-
cheninput wird simultan kodiert, durch den Kontext modifiziert, parallel verarbeitet und doch kategorial wahrgenommen (*Abbott*, 1975).

Semiotisch ausgedrückt: kontinuierlich variierbare Lautzeichen haben feststehende Phoneme zum Denotat. Die Phoneme werden wiederum simultan und sequentiell zu Mustern kodiert und als Morpheme wahrgenommen, d.h. als Zeichen mit Denotaten einer Art, die sich mit dem allgemeinen Bedeutungsbegriff sinnvoll in Einklang bringen läßt. Schließlich fungiert auch die Gruppierung von Morphemen in Phrasen, Sätze und längere Absätze als Zeichenträger und hat als solcher verschiedenartige Bedeutungsweisen und -ebenen, wie semiotische Untersuchungen in zunehmendem Maße deutlich machen.

Es ist durchaus möglich, einige der Produktionsmechanismen (Artikulatoren) von *Sign* auf *sign*fremde Weise zu verwenden. Zum Beispiel können die beiden Finger, die dem Daumen am nächsten sind, nach unten gerichtet und abwechselnd vorwärts bewegt, soviel wie „gehen" oder „jemand geht" bedeuten. Mit einigen Veränderungen, die nicht beschrieben zu werden brauchen, und mit Hilfe der anderen Hand als Basis kann die Bewegung als ikonisches, metaphorisches und metonymisches Zeichen gebraucht werden, das Springen, Stehen, Reiten, Tanzen oder dergleichen denotiert. Auch der *Sign*unkundige nimmt die Details dieser Zeichenträger wahr. Er erkennt ihre Denotate in gleicher Weise, wie ein Hörer auf nichtsprachliche Laute reagiert; so kann das Läuten einer Glocke besagen, daß die Kirche in zehn Minuten beginnt, kann eine Sirene auf einen Polizeiwagen verweisen, usw.

Wenn Bewegungen der Hände und des Gesichts aber im Sinne von sprachlichen Äußerungen verwendet werden, dann wird das Handzeichen von einem Ikon (für einen Fußgänger, Reiter, Tänzer usw.) zu einem visuellen Signal mit kontinuierlichen Übergängen, die vom *Sign*empfänger kategorial und somit als Phoneme von *Sign* wahrgenommen werden. Durch Regeln bestimmte konventionalisierte Gruppierungen von *Sign*phonemen in Raum und Zeit bilden morphemähnliche Zeichen, deren Denotate schließlich typische Bedeutungseinheiten einer visuellen Sprache sind, usw.

Derartige sprachähnliche Zeichentätigkeit wird um vieles schneller vollzogen und wahrgenommen als ikonisches, pantomimisches oder gestisches Zeichengeben von Personen, die versuchen, mit Hilfe von Gesten zu kommunizieren, ohne einen gemeinsamen Kode dafür zu haben. Quantitativ genaue Messungen müssen noch gemacht werden, jedoch läßt sich mit einiger Sicherheit voraussagen, daß die Zahl und Geschwindigkeit visueller Unterscheidungen, die ein *Sign*empfänger machen muß, der gleichen Größenordnung angehört wie jene, die ein Sprachempfänger machen muß, wenn er die akustischen Signale eines Sprechers dekodiert.

5. Phoneme und unterscheidende Merkmale. Der Nachweis, daß ein Zeichensystem, das von einer Kommunikationsgemeinschaft Taubstummer gebraucht wird, Informationen in ähnlicher Weise denotiert wie der Sprechkode, verlangt nicht weniger als eine vollständige Beschreibung der *Sign*phonologie. Hier bleibt nur Raum für einen kurzen Blick auf diesen Teil der Zeichenrelation.

Abbott (1975) hat gezeigt, daß in *ASL*, dem amerikanischen *Sign*, einige Merkmale als kontextabhängige, parallel verarbeitete, abstrakte und automatische Zeichen kodiert sind. Schon vorher fand Bellugi (1975), daß *Sign*zeichen von *Sign*kundigen kategorial wahrgenommen werden. Um eine ungefähre Vorstellung davon zu bekommen, wie dies vor sich geht, wollen wir aus der Menge der Merkmale, die beim Zeichenprozeß und seiner Wahrnehmung durch *Sign*benutzer eine Rolle spielen, vier Merkmale näher betrachten. Diese vier Merkmale lassen sich binär kennzeichnen als Strecken oder Nichtstrecken des Daumens, des Zeige- und des Mittelfingers und als Spreizen oder Nichtspreizen der ausgestreckten Finger.

Der entscheidende Punkt bei diesen vier ebenso wie bei allen anderen *Sign*merkmalen ist, daß sie von Natur aus subphonemisch sind.
Erst wenn mehrere Merkmale zugleich in der richtigen Kombination im Zeichenträger sichtbar werden, wird der Empfänger sie als ein Phonem von *Sign* erkennen. Selbst bei den wenigen hier ausgewählten Merkmalen sind nur bestimmte Kombinationen signifikant, andere nicht. In *ASL* kann das Daumen-Strecken meist ignoriert werden; z.B. werden die ersten zwei Finger nach oben gerichtet und gestreckt aber ungespreizt mit zum Zeichengeber gerichtetem Handteller für ein Zeichen benutzt, mit dem *Sign*kundige gewöhnlich soviel wie „süß", „reizend" oder „Zucker" denotieren. Einige *Sign*benutzer halten den Daumen gestreckt, wenn sie das Zeichen geben, andere nicht. Das Zeichen, das mit und ohne Strecken des Daumens gemacht wird, unterscheidet sich zwar sichtbar in der Form, die Denotation ist aber die gleiche. Das Merkmal [± Daumen] hat hier also keine bedeutungsverändernde Funktion, es gibt jedoch einen Hinweis auf die regionale Herkunft und andere soziale Eigenschaften des *Sign*benutzers (*Battison, Markowicz & Woodward*, 1975).
Wenn ein *ASL*-Benutzer die Hand schräg an der Nase vorbei oder von der Nase abwärts nach unten bewegt, und dabei Zeige- und Mittelfinger gestreckt sind, kann der Zeichenempfänger den Daumen ruhig unbeachtet lassen, muß aber darauf achten, ob die Finger gespreizt oder geschlossen sind. Sind sie gespreizt, kann das Zeichen soviel wie „ignorieren" denotieren; sind sie geschlossen, wird ein anderes Phonem wahrgenommen, und das Zeichen denotiert „Spaß".
Diese (partiellen) Merkmalskonstellationen, die ein Phonem darstellen, gehören nur zur *ASL*-Phonologie. Interessanterweise benutzen Teilneh-

mer des dänischen *Sign* (*DSL*) andere Merkmalsanordnungen.[3] Der dänische Zeichenempfänger ignoriert das Spreizen oder Nichtspreizen der gestreckten Finger, achtet aber auf jedes Vorkommen eines gestreckten Daumens oder dessen Fehlen. In *DSL* dient das Vorhandensein oder Fehlen des gestreckten Daumen zusammen mit den Merkmalen des Streckens der anderen Finger nämlich zur Unterscheidung zwischen verschiedenen Zeichen. Tab. 1 faßt diese Beziehungen zwischen Merkmalen und Phonemen zusammen.

6. Schluß. Wie in jeder Wortsprache dienen auch die Phoneme des amerikanischen und des dänischen *Sign* dazu, verschiedene Zeichen auseinanderzuhalten. Phoneme können sich auch hier durch ein oder mehrere (sichtbare) Merkmale voneinander unterscheiden. Die Wahl, die ein besonderes *Sign*system bei der Zuordnung von Phonemen zu Merkmalskombinationen trifft, ist völlig arbiträr. Merkmalskonfigurationen, die von einem *Sign*sender produziert werden und auf die ein *Sign*empfänger reagiert, scheinen akustischen Sprachzeichen an Komplexität, Geschwindigkeit und Abstraktheit nicht unterlegen zu sein.

Aus dem Amerikanischen übersetzt von Karin Köppel-Wosgien und Roland Posner.

---

[3] Diese Information verdanke ich Gesprächen mit R.M. Battison, I.K. Jordan und C.A. Padden.

AMERIKANISCHE ZEICHENSPRACHE

Merkmale	*Phoneme*	*gebraucht in Zeichen, die soviel bedeuten wie*
[± Daumen]		
[+ Zeigefinger]		
[+ Mittelfinger]		„sehen", „ignorieren",
[+ Gespreizt]	/V/	„lesen", „Stimme", ...

⋮

[± Daumen]		
[+ Zeigefinger]		
[+ Mittelfinger]		„Spaß", „Unterschrift",
[− Gespreizt]	/H/	„durstig", „reizend", ...

⋮

[+ Daumen]		
[+ Zeigefinger]		
[+ Mittelfinger]		
[+ Gespreizt]	/3/	„drei", „Hahn", „lausig", ...

DÄNISCHE ZEICHENSPRACHE

[+ Daumen]		
[+ Zeigefinger]		
[+ Mittelfinger]		
[± Gespreizt]	/3/ [4]	„besuchen"

⋮

[− Daumen]		
[+ Zeigefinger]		
[+ Mittelfinger]		
[± Gespreizt]	/U/ [4]	

Tab. 1: *Die (partielle) Merkmalsverteilung in drei Phonemen der Amerikanischen und zwei Phonemen der Dänischen Zeichensprache*

---

[4] Die Symbole für Phoneme der Dänischen Zeichensprache sind *ad hoc* gewählt. Zu beachten ist, daß das dänische Phonem /3/ eine andere Merkmalskombination hat als das amerikanische Phonem /3/.

LITERATUR

Abbott, C.F.:
1975 Encodedness and Sign Language. In: *Sign Language Studies*. 7 (1975), S. 109—120.

Baker, Ch.:
1975 Regulators and Turn-Taking in American Sign Language Discourse. Arbeitspapier, University of California, Berkeley/California.

Battison, R.M., H. Markowicz und J.C. Woodward:
1975 A Good Rule of Thumb: Variable Phonology in ASL. In: Fasold und Shuy (eds.): *Analyzing Variation in Language*. Washington/D.C. 1975.

Bellugi, U., E.S. Klima und P. Siple:
1975 Remembering in Signs. In: *Cognition: International Journal of Cognitive Psychology*. Den Haag. (Im Druck.)

Fischer, S.:
1971 Two Processes of Reduplication in American Sign Language. Arbeitspapier, Salk Institute, La Jolla/California.

Greenlee, D.:
1974 *Peirce's Concept of Signs*. Den Haag und Paris 1974. (= Approaches to Semiotics. Bd 5.)

Hansen, B.:
1975 Varieties in Danish Sign Language and Grammatical Features of the Original Sign Language. In: *Sign Language Studies*. 8. (Im Druck.)

Lieberman, Ph.:
1975 *On the Origin of Language*. New York 1975.

Sarles, H.:
1975 On the Problem: The Origin of Language. Arbeitspapier.

Siple, P.:
1973 Constraints for Sign Language from Visual Perception Data. Arbeitspapier, Salk Institute, La Jolla/California.

Sørensen, R.K.:
1975 Indications of Regular Syntax in Deaf Danish School Children's Sign Language. In: *Sign Language Studies*. 8. (Im Druck.)

Steklis, H. und S. Harnad:
1975 From Hand to Mouth: Some Critical Stages in the Evolution of Language. Arbeitspapier.

Stokoe, W.C.:
1975 Review of: Greenlee: Peirce's Concept of Signs. In: *Sign Language Studies*. 6 (1975), S. 104—108.

Wescott, R.W.:
1971 Linguistic Iconism. In: *Language*. 47 (1971), S. 416—428.

PAUL EKMAN (SAN FRANCISCO)

BEWEGUNGEN MIT KODIERTER BEDEUTUNG: GESTISCHE EMBLEME

Unsere Forschungen[1] über Gesichtsausdruck und Körpergebärden sind durch den Versuch gekennzeichnet, die verschiedenartigen Tätigkeiten, die im Rahmen eines Gesprächs auftreten, voneinander zu trennen. Die von uns getroffenen Unterscheidungen (*Ekman & Friesen*, 1967; 1969) basieren auf Verschiedenheiten in Herkunft, Kodierung und Gebrauch dieser Tätigkeiten. Von den fünf einschlägigen Handlungstypen, die wir untersucht haben, will ich jedoch im folgenden nur einen besprechen, den der symbolischen Gesten oder, wie David Efron sie getauft hat (1941; 1972), der *Embleme*. Es wird sich als notwendig erweisen, Embleme von einer anderen Klasse von Tätigkeiten zu unterscheiden, den sogenannten *Illustratoren*.

Embleme sind Handlungen, die durch folgende Eigenschaften gekennzeichnet sind:

„a) Sie lassen sich direkt verbalisieren, und zwar in einem kurzen sprachlichen Ausdruck, bestehend aus ein oder zwei Wörtern oder einer Wendung;

b) [...] ihre dadurch charakterisierte Bedeutung ist den meisten oder allen Mitgliedern einer Gruppe, Klasse, Subkultur oder Kultur bekannt;

c) sie werden in den meisten Fällen willentlich eingesetzt, mit der bewußten Absicht, anderen Personen einen bestimmten Inhalt mitzuteilen;

d) die Empfänger kennen gewöhnlich nicht nur den Inhalt, den ein Emblem ausdrückt, sondern wissen auch, daß er mit Absicht mitgeteilt wurde;

e) der Sender übernimmt gewöhnlich die Verantwortung dafür, diesen Inhalt mitgeteilt zu haben.

---

[1] Viele der hier beschriebenen Gedanken stammen aus Gesprächen mit Wallace V. Friesen, mit dem ich auf diesem und anderen Forschungsgebieten zusammengearbeitet habe. Die Untersuchung von Emblemen in Japan und Neu-Guinea wurde durch einen Zuschuß von ARPA, AF-AFOSR-1229-67, unterstützt. Die Untersuchung von Emblemen in den Vereinigten Staaten und die Niederschrift dieses Berichtes wurden durch das National Institute of Mental Health, MH-11976, finanziell unterstützt.

Abb. 1: *Amerikanisches Emblem für „okay"*

Ein weiteres Kriterium für das Vorliegen eines Emblems ist, daß es sich im Gespräch leicht durch ein oder zwei Wörter ersetzen läßt, ohne daß die Verbalisierung seines Inhalts die Unterhaltung wesentlich stört." (*Ekman & Friesen*, 1972, S. 357)

Wenn eine Handlung ein echtes Emblem ist, dann ist der durch sie mitgeteilte Inhalt eindeutig, selbst wenn die Handlung außerhalb jeden Kontextes betrachtet wird. Nehmen wir als Beispiel das amerikanische Emblem für „okay" (Abb. 1). Man braucht weder zu wissen, wer dieses Zeichen wann zu wem gemacht hat, noch welches Verhalten vorhergegangen ist, es begleitet hat oder folgte, um sicher zu sein, daß diese Handlung soviel wie „okay" besagen sollte. Selbstverständlich können kontextuelle Faktoren die Interpretation der Mitteilung beeinflussen — z.B. bestimmen sie mit, ob das „okay" ernstgenommen werden soll oder nicht. Der Kontext ist jedoch nicht erforderlich, um zu wissen, welche Bedeutung die Gebärde hat.

Demgegenüber sind *Illustratoren* als Gebärden charakterisiert, die eng an den Sprechrhythmus gebunden sind und dazu dienen zu illustrieren, was gerade gesagt wird. Illustratoren können Gebärden sein, die ein Wort hervorheben — ähnlich wie die Primärbetonung durch die Stimme — oder Gebärden, die einen Gedankengang nachzeichnen, sie können den Rhythmus oder Ablauf eines Ereignisses nachvollziehen, die Form eines Gegenstandes veranschaulichen oder auf irgendein Ereignis hinweisen. Unsere und die Ergebnisse anderer legen die Vermutung nahe, daß die Art und Häufigkeit der Illustratoren mit der Volkszugehörigkeit und Kultur wechselt. Wahrscheinlich variieren sie auch mit der sozialen Schicht. Neben diesen Unterschieden hat man in Untersuchungen bei weißen Mittelschicht-Amerikanern herausgefunden, daß Illustratoren bei affektiver Anteilnahme an dem Mitgeteilten häufiger vorkom-

men, daß ihre Zahl hingegen bei Langeweile oder Uneinigkeit über die
Kommunikationsziele abnimmt. Ihre Zahl steigt auch, wenn der intendierte Mitteilungsinhalt schwierig mit Worten zu umschreiben ist (z.B.
läßt sich eine Zickzacklinie schwer mit Worten umreißen, aber leicht
mit einer Handbewegung zeigen). Illustratoren häufen sich schließlich,
wenn ein Sprecher in einer grammatischen „Sackgasse" landet und den
Satz nicht mehr in akzeptabler Weise beenden kann oder aber ein Wort
nicht findet.

Embleme sind hauptsächlich von Forschern untersucht worden, die viel
mit Fremdsprachenunterricht oder mit Kommunikation zwischen
Sprechern verschiedener Sprachen zu tun haben und die an Körpergebärden oder Gesichtsausdrücken anderer Art weniger interessiert sind
(vgl. *Brault*, 1962; *Green*, 1968; *Saitz & Cervenka*, 1972). Außerdem
sind Embleme auch für diejenigen von Interesse, die sich in erster Linie
mit der Kommunikation bei Taubstummen beschäftigen (vgl. *Stokoe*,
1974; *van der Leith*, 1973). Jedoch haben die meisten, die sich mit dem
Studium der sogenannten nichtverbalen Kommunikation befassen (ein
Ausdruck, der erst kürzlich scharf kritisiert worden ist: *Sebeok*, 1976),
die Embleme als solche ignoriert. Sie haben Embleme mit Illustratoren
verwechselt und beide mit einem anderen Gebärdentyp kontrastiert, bei
dem ein Teil des Körpers einen anderen Körperteil manipuliert (vgl.
Freedman & Hoffmann, 1967; *Knapp*, 1974; *Mahl*, 1968; *Mehrabian*,
1971; *Rosenfeld*, 1966). Weiner (vgl. *Weiner, Devoe, Rubinow & Geller*,
1972) ist der einzige Forscher im Bereich der sogenannten nichtverbalen Kommunikation, der in seiner Arbeit überhaupt Embleme und
Illustratoren unterschieden hat.

Vielleicht rührt die Verwechslung von Emblemen und Illustratoren
daher, daß bei beiden häufig die Hände beteiligt sind (freilich sind auch
Gesichtsembleme und Gesichtsillustratoren und sogar Fußembleme
oder -illustratoren denkbar).[2] Im allgemeinen werden die Hände dabei
frei im Raum bewegt, obgleich sie sowohl bei den Illustratoren als auch
bei den Emblemen auch den Körper oder das Gesicht berühren dürfen.
Ein anderer Grund für die mangelnde Unterscheidung von Emblemen
und Illustratoren ist möglicherweise darin zu sehen, daß es für beide
untypisch ist, von einer Person vollzogen zu werden, wenn sie allein ist.
Sie können selbstverständlich auch dann auftreten, doch abgesehen von

---

[2] Wir beschäftigen uns zwar im vorliegenden Bericht nicht mit vokalen Emblemen, doch können auch Laute, die keine Wörter sind, den Kriterien für Embleme entsprechen (vgl. den Beitrag Scherers in diesem Band). Wir vermuten,
daß das Repertoire der vokalen Embleme im Vergleich zur Größe des Repertoires der Körpergebärden ziemlich klein ist. Die in Frage kommenden Laute
werden meist nicht dem Kriterium der eindeutigen Identifizierbarkeit ohne
Kenntnis kontextueller Faktoren genügen können.

Fällen wie einer Einstudierung oder Wahnvorstellungen sind Illustratoren und Embleme Verhaltensweisen, die in der Gegenwart anderer Personen vorkommen, genauer, bei Anwesenheit einer Person, mit der man ausdrücklich zu kommunizieren versucht.[3] In dieser Hinsicht unterscheiden sich Embleme und Illustratoren gleichermaßen von den Hand-Körper-Manipulationen und von vielen Gesichtsausdrücken.

Sowohl Embleme als auch Illustratoren treten zwar immer dann auf, wenn Informationen ausgetauscht werden sollen, die Embleme unterscheiden sich aber von den Illustratoren dadurch, daß bei ihrem Vorkommen weder begleitendes Sprechen noch überhaupt irgendwie verbale Unterhaltung stattfinden muß: Embleme *können* während eines Gesprächs vorkommen und tun es auch, aber sie sind nicht daran gebunden. In der Tat werden Embleme oft gerade in sozialen Situationen gebraucht, in denen Sprechen eingeschränkt oder gar nicht möglich ist – z.B. bei Kriegspatrouillen, auf der Jagd oder in einer Schulklasse hinter dem Rücken des Lehrers.

Ein zweiter entscheidender Unterschied zwischen Emblemen und Illustratoren betrifft die Eigenschaften des *signifiant*. Embleme müssen aufgrund ihrer Definition eine feste Bedeutung haben oder wenigstens eine begrenzte Zahl alternativer Bedeutungen (von denen jede feststeht).[4] Der Kontext, in dem ein Emblem eingesetzt wird, erlaubt allerdings eine Bedeutungsschattierung des Emblems. Wenn die Gebärde eine begrenzte Zahl fester Bedeutungen hat, dann bestimmt der Kontext auch, welche Bedeutung in einem gegebenen Fall vorliegt. In dieser Hinsicht verhalten sich Embleme wie Wörter. Es ist deshalb durchaus möglich, ein Emblemwörterbuch zu schreiben, und das ist genau das, was wir gegenwärtig für eine Reihe von Kulturen tun. Die meisten Illustratoren hingegen haben keinen solchen präzis-semantischen Inhalt. Ohne die

[3] Wie zu erwarten, treten Illustratoren häufiger auf, wenn sich die Gesprächspartner gegenüberstehen, als in Fällen, in denen der eine den anderen nicht sehen kann (*Cohen & Harrison*, 1973; *Mahl*, 1968). Aber selbst dann, wenn der Gesprächspartner nicht sichtbar ist, kommen Illustratoren vor, so daß man annehmen muß, daß entweder Gewohnheit ihr Auftreten bewirkt, oder daß Illustratoren eine selbst-stimulierende Funktion haben.

[4] Beispiele für amerikanische Embleme, die eine begrenzte Zahl alternativer feststehender Bedeutungen haben, ist das Nase-Rümpfen, das einerseits „Es ekelt mich.", andererseits „Es stinkt." bedeutet; weiter das Zeichnen einer Sanduhr in der Luft, das „Frau" oder „hübsche Figur" bezeichnet. Läßt man für Embleme alternative feststehende Bedeutungen zu, statt genau eine einzige zu fordern, so erhöht das die Gefahr, daß mehrdeutige Gebärden, die eine Vielzahl wenig feststehender Bedeutungen haben, ebenfalls als Embleme bezeichnet werden.

begleitenden Wörter haben Illustratoren nur einen vagen Referenten. Embleme dagegen können leicht ein Wort ersetzen und kommen überhaupt ohne Rückgriff auf Sprache aus.

Unsere Forschungsstrategie beim Studium der Embleme besteht darin, zunächst das Emblem-Repertoire für eine Gruppe aus einer gegebenen Kultur festzustellen. Ist das Emblemwörterbuch erst einmal erstellt, können verschiedene Fragestellungen angeschlossen werden. Wir können beobachten, wann Kinder spezifische Embleme zum erstenmal verwenden und wo innerhalb der Gesprächsstruktur sie sie zunächst einsetzen. Wir können das Repertoire, die Struktureigenschaften und die Verwendungsregeln für Embleme bei verschiedenenen Gruppen einer Kultur vergleichen und sie der *American Sign Language*[5] gegenüberstellen. Ohne ein Wörterbuch, das die Embleme identifiziert, gleicht das Beobachten dem Suchen nach einer Stecknadel im Heuhaufen; denn Embleme stellen nur einen Typ von Körpergebärden und Gesichtsausdrücken dar, und sie sind in Kontexten, in denen es keine Beschränkungen für das Sprechen gibt, nicht einmal der am häufigsten auftretende Typ nichtverbaler Kommunikation.

Wir haben für das Emblem-Repertoire eine Untersuchungsmethode entwickelt, die sowohl für Kulturen mit als auch ohne Schriftsprache zufriedenstellend zu funktionieren scheint. Unsere Methode macht Anleihen bei der Linguistik und der Sozialpsychologie. Wir gehen in drei Schritten vor. Der erste Schritt besteht darin, Informanten zur Ausführung von Emblemen zu bewegen, die ihrer Meinung nach in ihrer Gruppe oder Kultur benutzt werden. Einfach zu fragen, hat sich als unproduktiv erwiesen. Stattdessen lesen wir den Informanten eine Liste verbalisierter Mitteilungsinhalte vor, und sie erinnern sich jeweils an Körpergebärden und Gesichtsausdrücke, die für die Mitteilung eines bestimmten Inhalts bekannt sind, und reproduzieren sie. Wichtig ist, daß diese Methode sie auch dazu anregt, Embleme zu benutzen, die nicht auf unserer Liste stehen; wir ermutigen sie dazu. Vorher werden die Informanten zur Vorsicht darauf aufmerksam gemacht, daß sie mitunter für einen Mitteilungsinhalt kein passendes Emblem kennen werden, weil die Liste aus vielen verschiedenen Kulturen zusammengestellt ist. Nach dem zehnten oder fünfzehnten Informanten werden unserer Erfahrung nach nur wenige neue Embleme hinzugesetzt, und so wenden wir uns dann dem zweiten Schritt zu.

Nun werden die Gebärden für jeden Mitteilungsinhalt miteinander verglichen. Wenn mehr als die Hälfte der Informanten für einen Inhalt überhaupt keine Gebärde gefunden haben oder wenn ihre Gebärden ungleichartig ausfallen, dann bleibt dieser Inhalt unberücksichtigt. Eine Ausnahme wird nur dann gemacht, wenn emblematische Synonyme

---

[5] Zur *American Sign Language* vgl. den Beitrag von Stokoe im vorliegenden Band.

auftreten, d.h. mehr als eine Gebärde für einen Mitteilungsinhalt. Die Informanten werden dazu ermutigt, zu jedem Inhalt so viele Embleme zu reproduzieren, wie ihnen bekannt sind.

Das Haupthindernis bei der Anwendung dieses Verfahrens ist die Versuchung, neue Embleme zu erfinden. Die Informanten bemühen sich manchmal so stark, gefällig zu sein, daß sie auf der Stelle ein Emblem erfinden, selbst wenn sie vorher gewarnt wurden, es nicht zu tun. Wir hatten gehofft, solche Erfindungen durch visuellen Vergleich der Gebärden ausschalten zu können, da sie von verschiedenen Mitgliedern einer Kultur verschieden ausgeführt werden würden. Aber das hatte nur teilweise Erfolg, da es kulturspezifische Erfindungsweisen zu geben scheint — Gebärden für einen Mitteilungsinhalt, die von allen befragten Personen auf gleiche Weise spontan improvisiert werden. Betrachten wir als Beispiel die Darstellung für ,,einen Nagel in die Wand schlagen". Wenn Amerikaner gefragt werden, wie sie diesen Inhalt mitteilen, werden sie sich gewöhnlich recht ähnlich verhalten: die eine Hand wird hämmernde Bewegungen ausführen, während die andere Hand einen unsichtbaren Nagel hält. Wenn die Informanten unsere Anweisung befolgen würden, nur solche Gebärden zu machen, die sie in normaler Konversation gesehen haben, wären derartige Erfindungen ausgeschlossen. Einen sicheren Weg, solche Fehler auszuschalten, gibt es aber nicht, einfach weil die Gebärden bei den verschiedenen Informanten gleich sind. Gewöhnlich gilt allerdings, daß erfundene Gebärden oder Pantomimen sorgfältiger ausgeführt werden und weniger stilisiert sind als Embleme; aber zur weiteren Unterscheidung ist noch ein dritter Schritt notwendig.

Im dritten Schritt wird eine neue Gruppe von Informanten (oder *Versuchspersonen*, denn sie nehmen an etwas teil, was mehr einem sozialpsychologischen Experiment gleicht) mit den dargebotenen Gebärden konfrontiert. Sie erhalten eine Meßskala, um zu bewerten, ob die jeweilige Gebärde eine Erfindung, Pantomime, Scharade oder eine symbolische Geste ist, die sie schon häufig bei anderen Leuten in natürlichen Situationen beobachtet haben. Die Versuchspersonen interpretieren auch die Bedeutung der Gebärde. Wir sind ziemlich streng in unserer Forderung, daß diese ,,Rückübersetzung" nahezu identisch ausfallen muß.

Dieses dreistufige Verfahren wurde in einer Untersuchung von Wally Friesen und mir auf das städtische Japanisch angewandt, ferner auf eine Papua-Kultur im südöstlichen Hochland von Neu-Guinea, die Süd-Foren, die keine Schriftsprache haben. Die Methode ist auch von drei Studenten verwandt worden, die mit uns gearbeitet haben: von Harold Johnson in seiner Dissertation über männliche weiße Amerikaner der Mittelschicht (*Johnson, Ekman & Friesen*, 1976), von Carol Trupin[6] in

---

[6]   Department of Linguistics, University of Michigan, Ann Arbor.

Abb. 2:   *Embleme für Selbstmord*

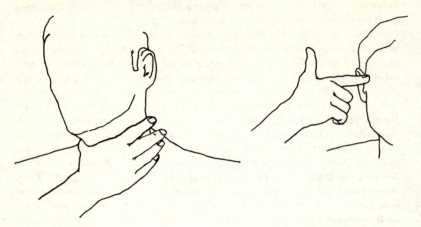

in Papua-Neuguinea   *in den Vereinigten Staaten*

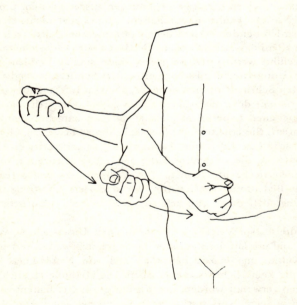

in Japan

ihrer Dissertation über Perser und von Nitza Brodie[7] in ihrer Magisterarbeit über israelische Studenten, die weniger als ein Jahr in den Vereinigten Staaten gelebt haben. Meine Ausführungen basieren auf den Ergebnissen all dieser Untersuchungen des Emblem-Repertoires und auf einer noch nicht abgeschlossenen Studie über den Emblemgebrauch bei Gesprächen zwischen Amerikanerinnen der Mittelschicht.

Der Umfang des Emblem-Repertoires variiert bei den untersuchten Gruppen ganz beträchtlich. Das kleinste Repertoire scheint das der Mittelschicht-Amerikaner mit weniger als 100 und das größte das der israelischen Studenten mit mehr als 250 Emblemen zu sein. Obwohl wir berücksichtigen, daß die beschriebenen Methoden vielleicht nicht alle Embleme erfassen, sind wir doch der Meinung, daß sie die meisten Embleme verfügbar machen.

Efron hat argumentiert, daß Embleme über kulturelle Gruppen hinweg differieren, und Saitz und Cervenka (1972) haben viele Unterschiede in den Emblemen von Amerikanern und Kolumbianern aufgeführt. Wir stimmen mit Efron darin überein, daß sich die meisten Embleme von Kultur zu Kultur unterscheiden, aber wir erwarten andererseits immer dann für denselben Inhalt die gleiche Gebärde, wenn die Embleme „eine körperliche Tätigkeit zum Inhalt haben, die aus anatomischen Gründen nur in gleichartiger Weise ausgeführt werden kann" (*Ekman & Friesen*, 1972, S. 364). Da wir beispielsweise alle mit unserem Mund essen, ist es wahrscheinlich, daß, sofern Kulturen ein Emblem für diese Handlung haben, die Hand zum Mund geführt wird, nicht aber zum Ellenbogen. Unsere Erwartungen sind zum größten Teil bestätigt worden, vor allem, wenn man Kulturen vergleicht, die nur wenig Kontaktmöglichkeiten haben. Gibt es in mehreren Kulturen für einen Inhalt ein Emblem, so fällt es allerdings oft unterschiedlich aus. Das wird am ehesten deutlich, wenn die Botschaft den Gebrauch eines Werkzeugs einschließt und in jeder Kultur dafür ein anderes Werkzeug benutzt wird. Nehmen wir als Beispiel den Selbstmord, dessen Emblem bei den Süd-Foren von Papua-Neuguinea Hängen simuliert, in den Vereinigten Staaten Erschießen und in Japan den spezifischen Gebrauch eines Messers oder Schwertes (Abb. 2). Entgegen unserer Vorhersage gibt es aber auch viele Embleme, die mehreren Kulturen gemeinsam sind, besonders in den Vereinigten Staaten. Man kann das wahrscheinlich mit der heterogenen Kultur der Amerikaner und dem enormen Ausmaß erklären, in dem sie durch das Fernsehen mit den Emblemen anderer Gruppen konfrontiert werden.

Wir haben uns auch dafür interessiert, ob die verschiedenen Kulturen die gleichen Inhaltstypen oder Informationsbereiche emblematisch ausdrücken — unabhängig davon, ob die ausgeführte Gebärde dann die

---

[7] Department of Psychology, Tel Aviv University, Tel Aviv, Israel.

gleiche ist. Dieser Vergleich ist noch nicht vollständig abgeschlossen, aber bisher haben wir in jeder untersuchten Kultur Embleme gefunden für Beschimpfungen, für Aufforderungen zur Änderung der Bewegungsrichtung (z.B. für „Geh weg!", „Komm her!", „Halt!" etc.), für Begrüßungen und Verabschiedungen, für Antworten (z.B. für „Ja.", „Nein.", „Ich weiß nicht." etc.), für körperliches Befinden und für Emotionen.

Eine Diskussion des Unterschieds zwischen einem Emblem, das eine Emotion bezeichnet, und einem *Ausdruck* der Emotion erfordert einen kurzen Exkurs über Gefühlsausdrücke in den verschiedenen Kulturen. Unsere eigenen Forschungen (*Ekman*, 1968; *Ekman, Sorenson & Friesen*, 1969; *Ekman & Friesen*, 1971; *Ekman*, 1972; 1973) und die einer Anzahl anderer Forscher (siehe besonders *Eibl-Eibesfeldt*, 1970; *Izard*, 1971) haben gezeigt, daß es einige universelle Gesichtsausdrücke für Emotionen gibt. Die Kombinationen der Muskelbewegungen, die aus Ärger, Furcht, Überraschung, Trauer, Abscheu, Freude (und vermutlich auch aus Interesse) gemacht werden, sind bei allen Vertretern unserer Gattung die gleichen. Kulturelle Unterschiede gibt es bei dem Bemühen, solche Gesichtsausdrücke zu steuern und die Ursachen einer Emotion zu verbergen.

Wenn ein Emblem eines dieser Gefühle mit Hilfe des Gesichts bezeichnet, wird sich das Emblem wahrscheinlich gewisser Merkmale dieses universellen Gefühlsausdrucks bedienen. Dabei wird das Emblem dem Betrachter deutlich machen, daß die Person, die das Emblem zeigt, in diesem Moment gar nicht dieses Gefühl hat, sondern daß sie die Emotion nur erwähnt. Wäre es anders, müßte der Betrachter in Verwirrung geraten und nicht mehr in der Lage sein zu unterscheiden, wann eine Person ein Emblem gebraucht, das auf eine Emotion verweisen soll, und wann sie eine tatsächlich empfundene Emotion zur Schau stellt.[8] Das Emblem für eine Emotion wird sich von dem direkten Gefühlsausdruck sowohl in den Muskelbewegungen als auch in der zeitlichen Dauer unterscheiden. Das Emblem kann kürzer oder länger als der normale Ausdruck der Emotion ausfallen, und es wird stilisiert, entweder durch eine stärkere oder eine schwächere Muskelspannung, als man normalerweise bei diesem Gefühlsausdruck sieht.

In jeder Kultur kann es Embleme für einige oder alle genannten Emotionen geben, braucht es aber nicht. Wir haben den (noch unbestätigten) Eindruck, daß in den Vereinigten Staaten die unteren Gesichtszüge dazu

---

[8] Zu beachten sind außerdem simulierte Gesichtsausdrücke, die, obwohl sie nicht direkter Ausdruck eines Gefühls sind, sich doch diesen Anschein geben. Eine gelungene Nachahmung ist offensichtlich von einem wahren Ausdruck nicht zu unterscheiden. Der Unterschied zwischen Gefühlsemblemen, simulierten Emotionen und dem Ausdruck tatsächlich empfundener Gefühle wird in *Ekman*, 1973, S. 180—185, und *Ekman & Friesen*, 1975, Kapitel 12, erklärt.

benutzt werden, Freude (Lächeln), Abscheu (erhobene Oberlippe oder Naserümpfen) oder Furcht (horizontal gestreckte Lippen) auszudrücken. Überraschung wird emblematisch entweder mit herabgefallenem Kinn oder gehobenen Augenbrauen ausgedrückt. In jedem dieser Fälle unterscheidet sich die Ausführung des Emblems für diese Emotion von dem direkten Gefühlsausdruck dadurch, daß es nur auf einen Teil des Gesichts beschränkt bleibt und entweder viel kürzer oder viel länger ausfällt. Es wird auch bei den Gefühlsemblemen interkulturelle Ähnlichkeiten geben. Nicht, daß jede Kultur ein Emblem für jedes Gefühl hätte, aber die Kulturen, die zum Hinweis auf eine Emotion ein Gesichtsemblem benutzen, gründen es sehr wahrscheinlich auf den universellen Gesichtsausdruck für dieses Gefühl. Doch auch dann kann es noch Unterschiede geben; z.B. kann eine Kultur zum Bezeichnen von Angst die Stirn- und Augenpartie des universellen Gefühlsausdrucks einsetzen, eine andere Kultur hingegen in diesem Falle die Lippen bevorzugen.

Das Kodieren von Emblemen geschieht meistens ikonisch. Gewöhnlich bildet die Gebärde die Form oder den Ablauf ihres Denotats ab; seltener bezieht sich die Ikonizität auf Rhythmus oder räumliche Beziehungen. Zwar sind auch Erfindungen oder Pantomimen ikonisch, aber ein Emblem ist gewöhnlich auch verkürzter und stärker stilisiert als eine Pantomime. Einige Embleme scheinen allerdings arbiträr kodiert zu sein. Vielleicht waren sie ursprünglich ebenfalls ikonisch, und der Prozeß der Stilisierung und Verkürzung hat ihre ikonische Herkunft verdunkelt. Damit wollen wir jedoch nicht behaupten, daß es nicht auch Embleme gäbe, die immer arbiträr kodiert waren.

Über die Ontogenese von Emblemen ist uns wenig bekannt. Wir vermuten, daß sich zwischen Mutter (oder Pflegeperson) und Kind jeweils ein begrenztes Repertoire von Emblemen entwickelt. Diese Embleme werden wahrscheinlich ikonisch kodiert. Es müßte sich leicht untersuchen lassen, wie zielgerichtete Bewegungen und andere instrumentelle Handlungen verkürzt und stilisiert werden, wenn sie in der Kommunikation als Signale benutzt werden sollen. Wir wissen nicht, wer hier wen beeinflußt, Mutter oder Kind, und wir wissen auch nicht genau, wann das erkennbar wird. Vermutlich gibt es bei diesem vorverbalen Emblem-Repertoire beträchtliche Ähnlichkeiten innerhalb der menschlichen Gattung — vorausgesetzt, daß die Kommunikationsprobleme zwischen Pflegeperson und Kind und die kindlichen Fähigkeiten überall vergleichbar sind.

Ein anderer mit dem Alter zusammenhängender Aspekt ist die Möglichkeit, daß gewisse Embleme nur dann akzeptabel sind, wenn es einen wesentlichen Altersunterschied zwischen Sender und Empfänger gibt. Ein Beispiel, das diese Möglichkeit nahelegt, ist die verbietende Fingerbewegung für „Nein!" (Abb. 3), die nur von einem Erwachsenen einem Kind gegenüber gemacht werden kann. Wenn ein Erwachsener diese

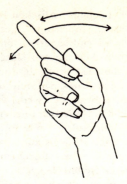

Verbietende Fingerbewegung (Vereinigte Staaten)

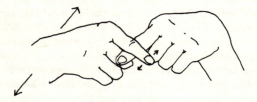

Emblem für „Schäm dich!" (Vereinigte Staaten)

Abb. 3:   *Embleme, bei denen das Alter des Senders oder Empfängers*
            wichtig ist

Gebärde an einen anderen Erwachsenen richtet, ist das entweder eine
Beleidigung oder ein Scherz. Gibt es Embleme, die diesen Sachverhalt
umkehren, solche, die nur von Kindern gegenüber Erwachsenen benutzt
werden? Das „Schäm dich!" (Abb. 3) ist so ein Beispiel für ein Emblem, das nur unter Kindern gebraucht wird, aber nicht zum Erwachse-
nen-Repertoire gehört. Kumin und Lazar (1974) haben kürzlich berichtet, daß 4-jährige amerikanische Kinder mehr Embleme dekodieren
können als 3-jährige. Aber sie haben nicht den gesamten Umfang amerikanischer Embleme untersucht. Wir wissen noch nicht, wann spezifische
Embleme im kindlichen Repertoire hervortreten, wie sie auf den
Spracherwerb zu beziehen sind und welche Beziehung besteht zwischen
dem Alter, in dem Kinder Embleme dekodieren lernen, und dem Alter,
in dem sie sie auch selbst kodieren können.

Trupin hat bei ihrer Analyse persischer Embleme gezeigt, daß die Anwendung der Formulierungen von Stokoe (1974) für das Verstehen der Unterschiede zwischen Emblemen von Nutzen ist. Sie hat gezeigt, daß dieselben Bewegungskonfigurationen unterschiedliche Dinge bezeichnen, wenn sie an unterschiedlichen Stellen im Kommunikationsprozeß erscheinen, und daß Gebärden trotz gleicher Plazierung verschiedene Dinge bezeichnen, wenn es um eine andere Handlung geht, usw. Obwohl diese Arbeit noch nicht abgeschlossen ist und dieser Gesichtspunkt noch nicht systematisch auf Emblem-Repertoires anderer Gruppen angewandt worden ist, scheint das doch für das Verständnis der Natur von Emblemen fruchtbar zu werden.[9]

Bevor ich schließe, muß ich bekennen, daß ich bewußt die Frage vermieden habe, ob Embleme eine Sprache sind oder nicht. Ich halte das für keine nützliche Frage. Stattdessen scheint es mir — Counts (1973) und Sebeok (1976) folgend — wichtig, die Natur dieses Kommunikationstyps als solchen zu beleuchten, zu klären, wie er sich von anderen Typen des Gesprächsverhaltens unterscheidet, seien sie nun verbal oder, um diesen diskreditierten Ausdruck zu gebrauchen, nichtverbal. An anderer Stelle (*Ekman & Friesen*, 1969; *Ekman*, 1973) haben wir nachgewiesen, daß Embleme sich in vielerlei Hinsicht von den Körpermanipulationen unterscheiden, die wir „Adaptoren" genannt haben. Vorhin habe ich den subtilen Unterschied zwischen Emblemen und Illustratoren einerseits und zwischen Emblemen über Emotionen und den emotionalen Gesichtsausdrücken andererseits besprochen. Lassen Sie mich nun noch auf die Verwendung von Emblemen eingehen; dabei werden ihre besonderen Eigenschaften klarer hervortreten. Meine Ausführungen basieren auf der Untersuchung amerikanischer Embleme in einer — allerdings begrenzten — Anzahl von Gesprächen, doch habe ich bislang keinen Grund gefunden anzunehmen, daß die Ergebnisse nur für diese Gespräche und diese Kultur spezifisch sind.

Wörter treten während eines Gesprächs in typischer Weise in Ketten oder Folgen auf, die durch eine Syntax geregelt sind. Auch die amerikanische und indianische *Sign Language*[10] involviert das Senden einer

---

[9] Wenn der Zeigefinger nach oben gestreckt, die anderen Finger mit dem Daumen zur Faust geschlossen werden und diese Haltung ohne Bewegung in der Schulter etwa einen halben Meter von der sprechenden Person entfernt beibehalten wird, so bedeutet das „Eine Sekunde, bitte!". Wenn die Stellung verschoben und der Finger senkrecht zu den Lippen geführt wird und sie dabei berührt, so bedeutet das „Sei still!". Wenn die Hand etwa in Schulterhöhe einer Person in dieser Stellung gehalten, der Finger aber wiederholt nach unten geschlagen wird, so entsteht die Mitteilung „Entschieden hervorheben!" oder „Ausschimpfen!".

[10] Vgl. den Beitrag von Stokoe im vorliegenden Band.

Zeichenkette. Embleme jedoch werden während einer Konversation gewöhnlich nicht verkettet, sondern einzeln gebraucht. Wir haben nur dort Embleme zu einer Folge von drei oder vier Emblemen verkettet gesehen, wo die verbale Kommunikation in irgendeiner Weise behindert wird. Wenn Sie z.B. während eines Telefongesprächs jemanden an Ihre Bürotür kommen sehen, mit dem Sie verabredet waren, dann können Sie ihm emblematisch signalisieren, daß er sich noch eine Minute gedulden müsse, und vielleicht ein Emblem folgen lassen, das ihn anweist, sich zu setzen. Sind zwei Personen aber im Wortgebrauch nicht eingeschränkt, so haben wir nur selten eine derartige Emblemfolge beobachtet.

Interessant wäre auch die Erforschung der Syntax von Emblemketten in der vorsprachlichen Mutter-Kind-Kommunikation.

Ein anderes Problem, bei dem wir auf bloße Vermutungen angewiesen sind, ist die Frage, ob es bei Emblemen Äquivalente zu den Morphemen der Wortsprache gibt. Dies scheint nicht der Fall zu sein. Offenbar gibt es auch nur wenige komplexe Embleme, deren Teile denselben Inhalt mitteilen. Ein Sonderfall ist das Emblem des Schulterzuckens, denn die Schulterbewegung und die Handgebärde geben hier für sich genommen denselben Inhalt wieder wie die Kombination beider. — Für die Inhalte, die sich durch ein Emblem mitteilen lassen, gelten komplizierte Beschränkungen. Die spezielle Art und Weise der Ausführung von Emblemen, die begrenzte Geschwindigkeit der Körperbewegung und die Maße des dabei durchmessenen Raums erlegen auch dem Embleminhalt Beschränkungen auf. Der soziale Kontext beeinflußt die Embleminhalte ebenfalls. Der Kontext umfaßt nicht nur die vorher, gleichzeitig oder anschließend gesprochenen Wörter, sondern auch die Intonation, Stimmhöhe usw. Beeindruckend ist die Wichtigkeit, die der Gesichtsausdruck bei der kontextuellen Modifikation des Embleminhalts haben kann. Nehmen wir etwa das „Fingeremblem" (Abb. 4), das eine ziem-

Abb. 4:   *Fingeremblem (Vereinigte Staaten)*

lich starke Beleidigung zum Inhalt hat. Begleitet von einem gewissen Lächeln ist das „fuck-you" ein Scherz, mit einem anderen Lächeln oder mit einem wütenden, angeekelten oder verächtlichen Gesichtsausdruck versehen wird das Emblem dagegen mit großer Wahrscheinlichkeit zu einer Auseinandersetzung führen. Wir haben gerade erst begonnen, kontextuelle Modifikationen zu untersuchen.

Lassen Sie mich nun noch einige Bemerkungen zur Anwendung der Emblemforschung machen. Personen verschiedener Kulturen können sich leicht mißverstehen, wenn eine Körperbewegung in ihren Kulturen verschiedene Inhalte repräsentiert. Als Breschnjew die Vereinigten Staaten besuchte, benutzten Nixon und er bei ihren öffentlichen Auftritten bestimmte Embleme, um den „Geist der Entspannung" zu verbreiten. Nixon setzte das typische amerikanische Handwinken ein, ein Grußemblem. Breschnjew pflegte bei diesen Auftritten mit gestreckten Armen in die Hände zu klatschen und die Hände dabei bis zur Höhe seines Gesichts hochzuheben. Dies ist ein sowjetisches Freundschaftsemblem. Es war ihm bedauerlicherweise wohl unbekannt, daß diese Gebärde das amerikanische Emblem für „Ich bin der Sieger." darstellt, das fast ausschließlich im Zusammenhang mit Boxkämpfen benutzt wird. Die Erforschung der Emblem-Repertoires und ihrer nationalen Unterschiede sollte solche Entgleisungen ausschalten helfen.

In einer Stadt wie San Francisco gibt es eine große Zahl von Leuten, die nur wenig oder gar kein Englisch sprechen, sondern Spanisch, Chinesisch, Japanisch, Samoisch oder Tagalog. Es ist unrealistisch zu erwarten, daß Zollbeamte oder die Belegschaften von Krankenhäusern und Kliniken all diese Sprachen beherrschen lernen. Die Emblem-Repertoires aller dieser Gruppen (wahrscheinlich etwa 1000 Embleme) könnten sie jedoch bewältigen und wären dann wenigstens zu einer rudimentären Kommunikation mit ihren ausländischen Klienten in der Lage. Es könnte ferner nützlich sein, zusätzlich einige pantomimische Gebärden einzuführen, die für das beabsichtigte Handeln relevante Mitteilungen ermöglichen und wegen Lücken im bisherigen Emblem-Repertoire fehlen.

Eine andere Anwendungsmöglichkeit liegt in der Frühdiagnose neurologischer Defekte; hier kann die Aneignung des kindlichen Emblem-Repertoires hilfreich sein. Wenn ich mit meiner Vermutung recht habe, daß gewisse Embleme regelmäßig in bestimmten Altersstufen zum erstenmal auftreten, dann könnte ihr Ausbleiben medizinisch signifikant sein. Mängel oder Verzögerungen im Emblem-Erwerb könnten dem Arzt Hinweise auf spezifische neurologische Defekte geben, die bisher erst in einer späteren Entwicklungsperiode an Eigenheiten des Spracherwerbs erkennbar werden. Damit ergibt sich auch die Chance, daß das Verwenden und Beibringen von Emblemen in der Kommunikation mit autistischen Kindern Erfolg hat.

Wenn einzelne Embleme während eines Gesprächs vorkommen, so ist ihre Plazierung in bezug auf das umgebende verbale Verhalten keineswegs zufällig. Einige Embleme treten als *Hörer-Respons* auf, wie Dittman (1972) es nannte. Der Hörer mag Zustimmung (Kopfnicken), Ablehnung (Kopfschütteln), Zweifel oder Erstaunen (Heben der Augenbrauen), oder allgemeine Ermutigung (Lächeln) zum Ausdruck bringen. Wenn der Hörer diese Embleme einsetzt, sollten sie nach Dittman der Rede des Sprechers zugeordnet werden und sind meist am Ende eines phonemischen Segments während der Fugenpause eingefügt zu denken. Auch der Sprecher verwendet Embleme während seiner Rede. Häufig werden sie ans Ende oder an den Anfang eines Gesprächsbeitrags gesetzt. Ergreift jemand das Wort, um auf eine Frage zu antworten, so kann er seine Antwort mit einem Emblem einleiten und dann mit einer verbalen Äußerung fortfahren. Ganz ähnlich kann der Sprecher vorgehen, wenn er seine Äußerung mit einem Emblem beendet, um dann das Wort einem anderen Gesprächsteilnehmer zu überlassen. Aber auch innerhalb eines Gesprächsbeitrags können Embleme auftreten. Häufiger als während ausgefüllter Pausen oder Redeunterbrechungen kommen sie in unausgefüllten Pausen vor, jedoch sind unsere Daten auf diesem Gebiet sehr dürftig.

In keinem der Beispiele, in denen der Sprecher oder Hörer während eines Gesprächs Embleme als Einzelhandlungen äußert, können wir von einer Syntax der Embleme sprechen, selbst wenn sie nur an ganz bestimmten Stellen innerhalb der verbalen Kommunikation eingesetzt werden. Wie steht es aber mit den Emblemen, die als Ketten auftreten, wenn keine verbale Unterhaltung stattfindet? Gibt es dort eine Syntax? Es sollte eine geben, aber da wir bisher keine Beobachtungen über natürlich auftretende Emblemketten sammeln konnten, sind wir auf Mutmaßungen angewiesen. Bei den Amerikanern sind Emblemketten sehr selten, wenn man sich nicht gerade auf das Verhalten besonderer Berufsgruppen spezialisiert, wie etwa das von Piloten und Bodenpersonal.[11] Vielleicht ist die Seltenheit von Emblemketten ein Anzeichen dafür, daß gar keine Strukturregel entwickelt oder bekannt ist. Eine andere Möglichkeit ist die, daß die zeitliche Aufeinanderfolge beim Äußern der Embleme schon die ganze Syntax darstellt. Die Folge der Embleme könnte parallel zur Folge der Ereignisse verlaufen, auf die sie verweisen, etwa in der Art einer „path expression" (vgl. *Fillmore*, 1971). Die Emblemfolge könnte auch mit der möglichen Wortfolge in den sprachlichen Ausdrücken parallel verlaufen, in die sich die Embleme

---

[11] Umberto Eco behauptet, daß Italiener oft während der Unterhaltung Emblemketten verwenden (persönliche Mitteilung, 1975). Sollte das tatsächlich der Fall sein, so geschähe es im Unterschied zu Amerikanern, Engländern und wahrscheinlich auch anderen Sprachgruppen.

übersetzen lassen. Um unter diesen Alternativen eine Wahl treffen zu können, brauchen wir weitere empirische Untersuchungen. Von größtem Interesse wäre dabei die Erforschung von Emblemketten in Situationen, in denen nicht die Berufsausbildung das Signalisieren mitformt, wie das bei den erwähnten Piloten und dem Bodenpersonal der Fall ist.

Die letzte Anwendung, die ich vorschlagen will, ist paradox. Bei der Definition von Emblemen habe ich hervorgehoben, daß sie Handlungen seien, von denen der Empfänger glaubt, daß sie vom Sender auf eine genau festgelegte Weise ausgeführt werden, um eine Information mitzuteilen. Wenn ich mich jetzt am Kinn kratze, können Sie aus dieser Handlung Informationen ableiten. Sie können daraus schließen, daß ich Ausschlag habe oder nervös bin, aber Sie werden wahrscheinlich nicht annehmen, daß ich mich gerade deshalb gekratzt habe, um Ihnen das mitzuteilen. Das Kratzen des Kinns ist in den Kulturen, die ich untersucht habe, kein Emblem. Obwohl Embleme die am bewußtesten ausgeführten Körpergebärden sind, besteht das Paradox, daß es emblematische Äquivalente zum Versprechen geben kann. In meiner ersten Untersuchung über Körpergebärden im Jahr 1955 beobachtete ich solche „Versprecher". Ich hatte für den Leiter des Graduierten-Programms ein „Streß"-Interview mit einer Kommilitonin vorbereitet. Er griff ihre Fähigkeiten an, kritisierte ihre Moral, Motive usw. Obwohl sie sich dieser Beschimpfung freiwillig ausgesetzt hatte, gelang es ihm offensichtlich, sie aufzuregen. Wichtig war dabei, daß die Studentin sich wegen der ungleichen Machtverhältnisse nicht wehren konnte und so ihren Ärger und Unwillen zurückhalten mußte. Meine Filmaufnahme zeigte, daß sie während des Gesprächs einige Minuten lang mit einer Hand das „Fingeremblem" sehen ließ. Weder die Studentin noch der Professor hatten aber das Emblem wahrgenommen, bis ich es ihnen im Film zeigte. Ähnliche emblematische Versprecher haben wir in unseren gegenwärtigen Untersuchungen über Täuschungshandlungen gefunden (*Ekman & Friesen*, 1976). Wenn Konflikte über die Kommunikationsziele auftreten, wenn soziale oder kontextuelle Beschränkungen eine Mitteilung verbieten, obwohl sie wichtig ist, können einem solche Embleme „entschlüpfen", ohne daß man es bemerkt. —
Gegenstand dieses Berichtes war ein Typ nichtverbalen Kommunikationsverhaltens: symbolische Gesten oder Embleme, Gebärden mit kodierten Bedeutungen. Gebärden sind es wert, untersucht zu werden, und ihre Untersuchung verlangt, daß die gestischen Embleme von all den anderen Dingen unterschieden werden, die die Leute mit ihrem Gesicht oder Körper anstellen.

Aus dem Amerikanischen übersetzt von Karin Köppel-Wosgien und Roland Posner.

LITERATUR

Brault, G.J.:
1962 Kinesics and the Classroom: Some Typical French Gestures. In: *French Review*. 36 (1962), S. 374–382.

Cohen, A. und R. Harrison:
1973 Intentionality in the Use of Hand Illustrators in Face-to-Face Communication Situations. In: *Journal of Personality and Social Psychology*. 28 (1973) H. 2, S. 276–279.

Counts, E.W.:
1973 *Being and Becoming Human: Essays on the Biogram*. New York 1973.

Dittman, A. T.:
1972 Developmental Factors in Conversational Behavior. In: *Journal of Communication*. 22 (1972), S. 404–423.

Efron, D.:
1941 *Gesture and Environment*. New York 1941. Neuausg.: *Gesture, Race and Culture*. Den Haag 1972.

Eibl-Eibesfeldt, I.:
1970 *Ethology: The Biology of Behavior*. New York 1970.

Ekman, P.:
1968 The Recognition and Display of Facial Behavior in Literate and Nonliterate Cultures. Arbeitspapier, American Psychological Association Convention 1968.

Ekman, P.:
1972 Universals and Cultural Differences in Facial Expression of Emotion. In: J.K. Cole (ed.): *Nebraska Symposium on Motivation 1971*. Lincoln/Nebraska 1972.

Ekman, P.:
1973 Darwin and Cross Cultural Studies of Facial Expression. In: P. Ekman (ed.): *Darwin and Facial Expression: A Century of Research in Review*. New York 1973.

Ekman, P. und W.V. Friesen:
1967 Origin, Usage and Coding: The Basis for Five Categories of Nonverbal Behavior. Arbeitspapier, Symposium on Communication Theory and Linguistic Models. Buenos Aires, Oktober 1967.

Ekman, P. und W.V. Friesen:
1969 The Repertoire of Nonverbal Behavior: Categories, Origin, Usage and Coding. In: *Semiotica*. 1 (1969), S. 49–98.

Ekman, P. und W.V. Friesen:
1971 Constants Across Cultures in the Face and Emotion. In: *Journal of Personality and Social Psychology*. 17 (1971) H. 2, S. 124–129.

Ekman, P. und W.V. Friesen:
1972 Hand Movements. In: *Journal of Communication*. 22 (1972), S. 353–374.

Ekman, P., R. Sorenson und W.V. Friesen:
1969 Pan-cultural Elements in Facial Displays of Emotion. In: *Science.* 164 (1969) Nr 3875, S. 240—243.

Ekman, P. und W.V. Friesen:
1975 *Unmasking the Face.* New Jersey 1975.

Ekman, P. und W.V. Friesen:
1976 Hand Movements in Deception. (In Vorbereitung.)

Fillmore, Ch.J.:
1971 Some Problems for Case Grammar. In: *Georgetown University Monograph Series on Languages and Linguistics. 22nd Annual Roundtable.* Washington/D.C. 1971.

Freedman, N. und S.P. Hoffmann:
1967 Kinetic Behavior in Altered Clinical States: Approach to Objective Analysis of Motor Behavior During Clinical Interviews. In: *Perceptual and Motor Skills.* 24 (1967), S. 527—539.

Green, J.R.:
1968 *A Gesture Inventory for the Teaching of Spanish.* New York 1968.

Izard, C. E.:
1971 *The Face of Emotion.* New York 1971.

Johnson, H.G., P. Ekman und W.V. Friesen:
1976 Communicative Body Movements: American Emblems. In: *Semiotica.* (Im Druck.)

Knapp, M.L., R.P. Hart und H.S. Dennis:
1974 An Exploration of Deception as a Communication Construct. In: *Human Communication Research.* 1 (1974) H. 1, S. 15—29.

Kumin, L. und M. Lazar:
1974 Gestural Communication in Preschool Children. In: *Perceptual and Motor Skills.* 38 (1974), S. 708—710.

Leith, L.v.d.:
1973 Tekster om gestikulation. In: *I deudkast.* Kopenhagen 1973.

Mahl, G.F.:
1968 Gestures and Body Movements in Interviews. In: J. Shlien (ed.): *Research in Psychotherapy.* Bd III. Washington/D.C. 1968.

Mehrabian, A.:
1971 Nonverbal Betrayal of Feeling. In: *Journal of Experimental Research in Personality.* 5 (1971), S. 64—73.

Rosenfeld, H.M.:
1966 Instrumental Affiliative Functions of Facial and Gestural Expressions. In: *Journal of Personality and Social Psychology.* 4 (1966), S. 65—72.

Saitz, R. und E. Cervenka:
1972 *Handbook of Gestures: Colombia and the United States.* Den Haag 1972. (= Approaches to Semiotics. 31.)

Sebeok, T.A.:
1976 The Semiotic Web: A Chronicle of Prejudices. In: *Semiotica*. (Im Druck.)

Stokoe, W.C. jr.:
1974 *Semiotics and Human Sign Languages.* Den Haag 1974. (= Approaches to Semiotics. 21.)
       Vorabdruck in: *Semiotica.* 9 (1973), S. 347—382.

Weiner, M., Sh. Devoe, S. Rubinow und J. Geller:
1972 Nonverbal Behavior and Nonverbal Communication. In: *Psychological Review.* 79 (1972) H. 3, S. 185—213.

KLAUS R. SCHERER (GIESSEN)

AFFEKTLAUTE UND VOKALE EMBLEME

Die vokale Kommunikation von Affekt, ein wesentlicher Untersuchungsgegenstand der semiotischen Forschung, wurde bislang in erster Linie von der deutschen Ausdruckspsychologie (*Rudert*, 1965) sowie neuerdings im Rahmen der Erforschung nichtverbaler Kommunikation (*Davitz*, 1964; *Dittman*, 1973; *Scherer*, 1970) bearbeitet. In den dazu vorliegenden Arbeiten wurden in erster Linie parasprachliche Phänomene untersucht, also affektbedingte Zeit-, Kontinuitäts- und Frequenzvariationen der Sprechweise, wobei in den meisten Fällen standardisierte Texte zugrundeliegen, die (zumeist von Schauspielern) mit wechselndem emotionalen Ausdruck gesprochen wurden. In diesem Beitrag[1] soll die Aufmerksamkeit auf einen für diesen Untersuchungsbereich außerordentlich wichtigen, bislang aber sowohl von der psychologischen als auch von der linguistischen Forschung weitgehend vernachlässigten Typ vokaler Phänomene gelenkt werden: auf die häufig emotional bedingten Lautäußerungen, die als Ausrufe, Einwürfe oder Geräusche einen wesentlichen Teil der „parole" ausmachen und eine bedeutsame Zwischenstellung zwischen sprachlichen und nichtsprachlichen Kodesystemen einzunehmen scheinen.

Diese Phänomene, häufig als „Interjektionen" bezeichnet, sind insofern besonders bedeutsam für den hier skizzierten Untersuchungsbereich, als 1. der Zusammenhang zwischen den physiologischen Begleiterscheinungen des jeweiligen Affektzustandes und den akustischen Eigenschaften der sie begleitenden Lautäußerungen sowie deren Beziehung zu mimischen und gestischen Verhaltensweisen besonders deutlich hervortritt und 2. die Annahme einer Entwicklung von unwillkürlichen, reflexhaft auftretenden Lautäußerungen zu intentional eingesetzten Lautsymbolen mit eindeutigem Kodecharakter und quasi-lexikalischer Verwendung hier besonders naheliegt, wodurch wichtige Einsichten in den Prozeß der Kodeentstehung zu erwarten sind.

In diesem Referat sollen Klassifizierungsmöglichkeiten und Funktionen solcher Lautäußerungen diskutiert werden. Besondere Aufmerksamkeit gilt den weitgehend konventionalisierten „Interjektionen", die hier als „vokale Embleme" bezeichnet werden, und den Bedingungen, die an

[1] Der Autor dankt Dipl.-Psych. Hede Helfrich und Dipl.-Psych. Reiner Standke für wichtige Hinweise und Anregungen.

einen Kodecharakter solcher Zeichen zu stellen sind. Darüber hinaus werden psychologische Aspekte der Ursachen und Eigenschaften von Affektlauten behandelt.

Ausgewählte Literaturdarstellungen zu „Interjektionen". Im Zusammenhang mit naheliegenden Spekulationen über den Ursprung der menschlichen Sprache finden sich vor allem in frühen sprachpsychologischen Werken häufig Abhandlungen über Genese und Funktion von „Interjektionen". So schreibt Kleinpaul (1888), daß die reflexhaften Natur- und Empfindungslaute gleichsam zum Haushalt des Organismus gehören und daher in allen Völkern und Kulturen weitgehend gleich lauten, was er durch eine Anzahl von Beispielen einander lautlich entsprechender Interjektionen in verschiedenen Sprachen zu belegen versucht. Kleinpaul weist bereits darauf hin, daß die gleichen Laute, z.B. „o", sowohl als Ausruf als auch als Zuruf verwandt werden können, besteht aber auf einer scharfen Trennung zwischen emotional bedingten Ausrufen oder Interjektionen einerseits und Lockrufen oder Zurufen mit eindeutiger Kommunikationsabsicht andererseits.

Auch Wundt diskutiert in seiner Völkerpsychologie (1900) ausführlich die Naturlaute der Sprache, die er in erster Linie auf unartikulierte Schrei- und Wutlaute bei sehr intensiven Unlustgefühlen bei Mensch und Tier zurückführt. Wundt unterscheidet zwischen primären Interjektionen, Naturlauten, die als „vereinzelte Trümmer einer vorsprachlichen Stufe den Zusammenhang der Rede unterbrechen", und sekundären Interjektionen, die, bereits in sprachliche Form assimiliert, mit zunehmender Entwicklung einer Kultur die primären Interjektionen ersetzen. Er weist jedoch darauf hin, daß die Zahl der in einer Sprachgemeinschaft anzutreffenden primären Interjektionen nicht nur von der Kulturstufe, sondern vor allem auch von der „von der Sitte gebotenen Mäßigung der Affektäußerung" abhänge.

Kainz (1962) übernimmt die Unterscheidung zwischen primären und sekundären Interjektionen und grenzt sie von „amorphen Schreilauten und Seufzern" ab, die er als reflexhafte, außersprachliche Ausdruckslaute in voller Reinheit, ausschließlich der Affektentladung dienend, ansieht. Kainz nimmt an, daß bei stärkerem Affekt eher vorsprachliche Naturlaute auftreten, die vom Hörer „intuitiv" und „sympathisch" erfaßt werden und somit auch „zu kundgebender Verständigung taugen". Er grenzt diese Laute jedoch insofern von den Interjektionen ab, als sie nicht intentional hervorgebracht würden und ihnen aufgrund sehr großer intra- und interindividueller Varianz die erforderliche Lautzeichenkonstanz fehle. Dies wird bei den Interjektionen, die wegen der erfolgten Stilisierung und Konventionalisierung zu Bestandteilen des Sprachschatzes gezählt werden, vorausgesetzt. Kainz unterscheidet dabei zwischen ausdrückenden und kundgebenden Interjektionen

(„pfui", „oh", „ah", „aua") und auslösenden Interjektionen („he", „holla", „pst"), wobei eine Entwicklung von Ausdruck über Kundgabe zu Auslösung im Rahmen eines „Signifikativwerdens" reflexhafter Ausdruckslaute angenommen wird.

Kainz ist der Ansicht, daß der Kulturmensch mit wachsender Zivilisation Affektentladungen immer weniger durch reine Naturlaute vornehme, sondern sich in zunehmendem Maße sprachlich geformter Interjektionen bediene, da durch zunehmende kortikale Steuerung des Verhaltens eine progressive „Versprachlichung und Verzeichlichung" der reflexmäßigen Affektsymptome möglich werde.

Typen und Funktionen von Lautäußerungen. Die in der Literatur vorgenommene Unterscheidung zwischen reflexhaft hervorgebrachten Naturlauten zur Affektentladung oder „Reizausleitung" und intentional verwandten, sprachlich geformten Interjektionen mit Kundgabe- und Mitteilungsabsicht erscheint sehr problematisch. Die Trennung von reflexhaften und intentionalen Verhaltensweisen ist nicht nur im Bereich der Kommunikation nahezu undurchführbar, da selbst bei sehr einfachen Reflexen eine intentionale Steuerung möglich ist. Selbst wenn ein „au" als reflexhafte Reaktion auf einen schlimmen Zahnschmerz auftreten sollte, so ist es dem Betroffenen dennoch möglich, im Beisein anderer Personen diese Lautäußerung zu unterdrücken oder abzukürzen oder aber mitleidheischend zu intensivieren. Andererseits gibt es eine Vielzahl stilisierter „primärer Interjektionen", die so überlernt und mit bestimmten Affektsituationen gekoppelt sind, daß auch sie ohne unmittelbare Absicht oder Mitteilungsintention ausgestoßen werden können, wenn der betreffende Affekt auftritt. Selbst wenn keine Zuhörer zugegen sind, können die Lautäußerungen eines Sprechers nicht ohne weiteres als reine Affektentladungen bezeichnet werden, da sein Verhalten auch durch in der Isolation durchgehaltene Selbstpräsentation oder Rollenspielcharakter geprägt sein kann.

Es soll nicht abgestritten werden, daß unter bestimmten Bedingungen Lautäußerungen relativ spontan ohne vorherige Planung auftreten, während in anderen Fällen die Produktion eines Lautes eindeutig geplant und mit bestimmten Mitteilungsabsichten verbunden ist. Es handelt sich hier um das bekannte, in der Kommunikationswissenschaft allgemein sehr umstrittene Problem der Unterscheidung zwischen Informationsverarbeitung des Empfängers und Kommunikationsabsicht des Senders (vgl. *MacKay*, 1972). Es ist jedoch nicht anzunehmen, daß eine bestimmte Klasse von Lauten immer reflexhaft, eine andere immer intentional gesteuert auftritt. Vielmehr ist zu vermuten, daß die überwiegende Zahl menschlicher Lautäußerungen, außer vielleicht bei unerträglichem Schmerz, einem „monitoring" des Zentralnervensystems unterliegt, durch das Intensivierung oder Abschwächung bis hin zur

Unterdrückung gesteuert werden können, so daß verschiedene Grade von „Intentionalität" vorliegen können. Eine Unterscheidung zwischen reflexhaften und intentionalen Lautäußerungen ist somit wenig sinnvoll.

Sieht man Kundgabe und Affektentladung als Funktion einer Lautäußerung an, so muß man auch die weiteren Funktionen solcher Lautäußerungen mit in die Betrachtung einbeziehen. Ich habe an anderer Stelle (*Scherer*, 1974) den Versuch einer Systematisierung der Funktionen nichtverbaler Verhaltensweisen im Gespräch gemacht. Es scheint, daß die hier diskutierten Lautäußerungen nahezu alle der dort beschriebenen parasemantischen, parasyntaktischen, parapragmatischen und dialogischen Funktionen übernehmen können. Da eine solche funktionale Analyse der Lautäußerungen im Kommunikationsverhalten sinnvoller erscheint als Klassifizierungsversuche, sollen die vorgeschlagenen Funktionen anhand einiger Beispiele aus dem Bereich der Lautäußerungen erläutert werden.

Die parasemantischen Funktionen, mit denen die Beziehungen spezifischer nichtverbaler Verhaltensweisen zu den Bedeutungsinhalten der sie begleitenden verbalen Äußerungen gemeint sind, scheinen vor allem dem in der Literatur betonten Kundgabe- oder Mitteilungsaspekt zu entsprechen. Besondere Bedeutung kommt hier der *Substitution* zu, bei der ein nichtverbales Zeichen an die Stelle eines verbalen Zeichens tritt. Voraussetzung für die quasi-lexikalische Verwendung nichtverbaler Zeichen ist die eindeutige und invariante Kodierung, zumindest in der Subkultur, in der diese Zeichen regelmäßig als „Sprachersatz" verwandt werden. Einige der Eigenschaften, die solche Substitute im nichtvokalen Bereich charakterisieren, hat Paul Ekman in seinen Ausführungen über gestische Embleme[2] dargelegt. Da die hier besprochenen Lautäußerun-

---

[2]   Vgl. Ekmans Beitrag im vorliegenden Band.

[3]   Im folgenden werden die Begriffe Lautäußerungen, Affektlaute und vokale Embleme nebeneinander verwandt, ohne daß zunächst eine genaue Definition oder Abgrenzung versucht wird. Die dieser Terminologie zugrunde liegende Annahme läßt sich am besten durch folgendes Diagramm darstellen:

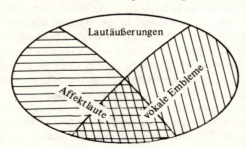

gen ähnliche Funktionen wie solche Gesten übernehmen können, wird die Bezeichnung „*vokale Embleme*" für eine Teilmenge von Lautäußerungen vorgeschlagen, die den an Embleme zu stellenden Anforderungen in bezug auf ihren Kodecharakter entsprechen. Die Abgrenzungsproblematik wird später wieder aufgenommen.[3]

Während gestische Embleme vorwiegend auf die Substitutionsfunktion beschränkt zu sein scheinen, können Lautäußerungen und vokale Embleme (ähnlich wie nichtemblematische Gestik, z.B. Illustratoren) eine Vielzahl anderer Funktionen übernehmen. Andere parasemantische Funktionen beziehen sich auf die *Amplifikation, Kontradiktion* und *Modifikation* von verbal mediierten Bedeutungsinhalten durch die sie begleitenden nichtverbalen Verhaltensweisen. Anders als Gestik, Mimik, aber auch Intonation, treten spezifische Lautäußerungen nicht gleichzeitig mit akustischen Phonemrealisierungen auf, so daß die Kontexteinheiten, innerhalb derer von einer Beziehung zwischen verbalen und nichtverbalen Äußerungen im Sinne der beschriebenen Funktionen gesprochen werden kann, näher definiert werden müssen. Leider stellt die Linguistik für diese Zwecke noch keine geeigneten makrosegmentalen Einheiten zur Verfügung; ob es der Pragmalinguistik gelingt, den Sprechaktbegriff in geeigneter Weise zu präzisieren, bleibt abzuwarten. Somit bleibt man zunächst auf den vagen Begriff der „Äußerung" beschränkt, um die parasemantischen Funktionen affektbezogener Vokalisierungen zu verdeutlichen.

Es wird angenommen, daß das „oh" in der Äußerung „Oh — wie freue ich mich" eine amplifizierende, d.h. einen höheren Freudigkeitsgrad darstellende Funktion hat. Eine solche Amplifikation muß jedoch nicht notwendigerweise vorliegen, vor allem dann nicht, wenn vokale Embleme verwandt werden, die bereits auch einen festen Platz in der Schriftsprache gefunden haben. So läßt ein gleichgültig dahingesprochenes „Oh, wie schade" kaum auf ein stärkeres Bedauern schließen als ein „Schade" mit starker Betonung der ersten Silbe. Dieses Beispiel zeigt, wie sehr Bedeutung und Funktion dieser vokalen Embleme von der Art ihrer akustischen Realisierung abhängen. Es ist anzunehmen, daß sie die ihnen zugedachte Funktion um so besser erfüllen, je mehr ihre akustische Lautgestalt der bei tatsächlichem Vorliegen einer bestimmten Emotion auftretenden Lautäußerung entspricht. Inwieweit hier das in der Literatur erwähnte „intuitive" Verstehen von Naturlauten (vielleicht sogar in Form von *feature detectors!*) vorliegt, ist noch zu erforschen.

Kontradiktion liegt vor, wenn das „Gern" einer erzwungenen Zustimmung von tiefem Stöhnen begleitet wird. Als Beispiel für die Modifikationsfunktion mögen das entschuldigende Räuspern oder das verlegene Hüsteln im Zusammenhang mit einer verbalen Äußerung dienen.

Die parasyntaktischen Funktionen nichtverbaler Verhaltensweisen, worunter zunächst die *Segmentation* des Sprachflusses und die *Synchronisation* der Verhaltensweisen in verschiedenen Kommunikationskanälen verstanden wird, bereiten große konzeptuelle Schwierigkeiten und sind bislang auch kaum empirisch untersucht worden. Als Beispiel sei hier nur die Segmentierung des Sprachflusses durch die verschiedenen Formen des „äh", „ähm", „em" usw. angesprochen. Diese häufig in sogenannten gefüllten Pausen auftretenden Laute werden von einer Reihe von Psychologen (vgl. *Goldman-Eisler*, 1968; *Dittman*, 1972) als wichtige Hilfen bei der Umsetzung kognitiver Prozesse in Sprechhandlungen angesehen, die durch ihre Segmentationsfunktion auch wichtige Verständnishilfen für den Hörer bieten.

Zu den parapragmatischen Funktionen nichtverbaler Verhaltensweisen werden *Expression* und *Reaktion* gezählt.[4] Expression bezieht sich dabei auf den Ausdruck von Affekt, Persönlichkeit und anderen ideosynkratischen Sprechercharakteristika wie Zugehörigkeit zu bestimmten sozialen Schichten und kulturellen Gruppen. Die Mehrzahl der Affektlaute ist hier einzuordnen. Die Beziehungen zwischen emotionalem Zustand und Lautäußerungen werden weiter unten ausführlicher diskutiert. Affektlaute und vokale Embleme können aber auch persönlichkeitsspezifische Ausdrucksfunktion besitzen, wenn beispielsweise bestimmte Laute bevorzugt und häufig angewandt werden oder wenn bestimmte, vom Normalfall abweichende akustische Realisierungen auftreten. Hierzu gibt es jedoch noch keinerlei empirische Untersuchungen.

Als reaktiv werden nichtverbale Verhaltensweisen gesehen, die eine Bewertung einer Äußerung oder eines Verhaltens des Interaktionspartners darstellen, z.B. ein Nicken, Kopfschütteln oder zweifelndes Lächeln im mimischen und gestischen Bereich. Diese Funktion wird außerordentlich häufig durch Affektlaute und vokale Embleme übernommen, z.B. das bejahende „mhm, mhm", das verneinende „eh, eh", das verächtliche „pah", das „pfui" des Abscheus, usw. In vielen Fällen, wie beispielsweise bei „pfui", sind Expression und Reaktion kaum zu trennen, wenn das Verhalten des Interaktionspartners beim Sprecher eine bestimmte Emotion hervorgerufen hat. Ein bestimmtes nichtverbales Verhalten kann häufig mehrere Funktionen gleichzeitig oder auch in verschiedenen Kontexten verschiedene Funktionen erfüllen.

Am Beispiel der Reaktionsfunktion von Lautäußerungen läßt sich zeigen, daß diese wiederum von parasprachlichen Phänomenen modifiziert werden können. So kann die Reaktion „mhmm" als Antwort auf eine Äußerung Zweifel, Zustimmung, Überraschung, Freude u.a. ausdrücken.

---

[4] Es ist zu diskutieren, ob hier auch die u.a. von Bühler (1934) betonte Appellfunktion einzuordnen wäre.

Neben anderen akustischen Variablen spielt hier sicher die Intonationskontur eine wichtige Rolle. Außerordentlich bedeutsam ist jedoch auch der die Lautäußerung begleitende Gesichtsausdruck — vor allem für die Dekodierung durch den Empfänger — vielleicht aber auch, wie noch im Detail zu erörtern sein wird, für die artikulatorische Ausformung des Lautes selbst.

Die dialogischen Funktionen schließlich, eine Ergänzung des Morrisschen Schemas aus der Sicht der Interaktionsforschung, umfassen *Regulation* des Interaktions- und Dialogablaufs, z.b. die Steuerung des Sprecherrollenwechsels und die Bezeichnung der *Relation* zwischen den Interaktionspartnern, z.b. Dominanz/Submission oder Sympathie/Abneigung. Bei der Relation, die besonders durch Körperhaltung, Blickkontakt u.ä. bestimmt wird, handelt es sich um eine relativ stabile, für den gesamten Zeitraum der Interaktion oder des Dialogs geltende Einstellung, im Unterschied zu der Reaktion auf spezifische Äußerungen.

Während mögliche Relationsfunktionen von Lautäußerungen noch relativ unerforscht sind, gibt es eine Reihe gut dokumentierter Beispiele für deren Regulationsfunktion, wie etwa die *backchannel*-Signale, die dem Sprecher zeigen, daß man ihm noch zuhört und ihn ermuntert, fortzufahren (z.B. ,,mhm ... mhm ... mhm''), oder die Überbrückung von Sprechpausen durch langgezogene ,,ähhs'', um eine Unterbrechung zu verhindern oder anzudeuten, daß man gleich weitersprechen wird (vgl. *Duncan*, 1974).

Gerade letzteres Beispiel zeigt die Multifunktionalität parasprachlicher Lautäußerungen besonders deutlich: diese Laute haben eine Regulationsfunktion, indem sie vorzeitige Unterbrechungen verhindern; sie können Segmentationsfunktion haben, wenn sie gleichzeitig den Sprachfluß des Sprechers mit kognitiven Verarbeitungsprozessen in Einklang bringen, und sie können Expressionsfunktion haben, wenn sie Unsicherheit des Sprechers signalisieren. An diesem Beispiel wird wiederum deutlich, daß die Rolle der Intentionalität nicht kategorial bestimmt werden kann, sondern in jedem Einzelfall in durchaus unterschiedlichem Grad vorhanden sein kann. So mag ein Sprecher ganz bewußt sein ,,äh'' verlängern, weil sein Gesprächspartner schon mehrfach zur Unterbrechung angesetzt hat, er kann aber dieses Signal des ,,floor-holding'' auch völlig unbewußt einsetzen, da es sich um ein häufig geübtes und mithin weitgehend ritualisiertes Verhalten handelt. Auch bei der Ausdrucksfunktion läßt sich kaum generell feststellen, daß ein Sprecher sich *nicht* so ausdrücken will, daß sich der Ausdruck quasi automatisch aufzwingt — der Sprecher kann, wie schon eingangs gezeigt, durchaus bewußt versuchen, den Ausdruck zu modifizieren, auch zu verstärken oder ganz zu unterdrücken.

So wie beim Sender ein bestimmter Effekt mehr oder weniger bewußt angestrebt werden kann, so kann ein Empfänger von den durch die

Lautäußerungen des Senders bereitgestellten Informationen mehr oder weniger Gebrauch machen. Die Funktionen, die Lautäußerungen und nichtvokales Verhalten *im allgemeinen haben können*, sind also durch die psychischen Prozesse und Verhaltensweisen von Sender und Empfänger in konkreten Situationen nicht eindeutig bestimmt.

Diese Diskussion führt zu dem Schluß, daß parasprachliche Lautäußerungen weder aufgrund von Sendercharakteristika, besonders Intentionalität oder Mitteilungsabsicht, noch aufgrund von Empfängercharakteristika, etwa Art der Informationsverarbeitung und Ursachenattribution, klassifiziert werden können, da beide — auch bei völlig gleichen Lautäußerungen — in jedem Einzelfalle verschieden sein können. Auch eine kategoriale Einteilung nach Funktionen im Dialog scheint wenig sinnvoll, da viele Lautäußerungen mehrere Funktionen, u.U. sogar gleichzeitig, haben können.

Eine Einordnung nach Lautzeichenkonstanz, wie sie Kainz (1962) versucht, scheint ebenfalls problematisch. Eine Lautzeichenkonstanz kann sicher nicht schon durch die Existenz einer schriftsprachlichen Umschreibung für eine Lautäußerung angenommen werden, da nur bei sehr wenigen Lauten Konsens über die Art der Umschrift besteht. In vielen Fällen wird versucht, durch eine Buchstabenkombination eine ähnliche Artikulationseinstellung wie bei dem betreffenden Laut zu erzeugen, wobei es oft viele Möglichkeiten gibt. So wird der Schnalzlaut der Mißbilligung im Amerikanischen u.a. als „tsk tsk", „tusk tusk", „tisk tisk" wiedergegeben (*Key*, 1975, S. 73). Auch bei schriftlich relativ eindeutigen Lauten wie „ach" und „oh" ist bei der lautlichen Realisierung der Nachweis der Lautzeichenkonstanz sehr schwer zu führen.

Natürlich müssen bei Lautäußerungen konstante Strukturmerkmale im akustischen Signal aufweisbar sein, wenn sie nichtzufällig und informationshaltig sein sollen. Hierzu genügen jedoch einige wenige in gewissen Grenzen invariante Merkmale, die, wie Bühler (1934) im Vergleich mit der Heraldik betont, das Wesentliche herausstreichen, um „fruchtbare Momente" für die Unterscheidung zu liefern. Solche invarianten Strukturmerkmale können aber bereits bei den „amorphen Schreilauten und Seufzern" vorliegen, denen Kainz (1962) die Lautzeichenkonstanz abspricht und die er damit von den eigentlichen Interjektionen abgrenzt. So ist es beispielsweise möglich, daß es akustische Strukturmerkmale gibt, die ein „verdrossenes Stöhnen" von einem „schmerzhaften Stöhnen" unterscheiden. Falls ein Hörer diese Unterscheidung bei kontextfreier Darbietung treffen kann, ist dies sogar mehr als wahrscheinlich.

Der Kodecharakter von vokalen Emblemen. Wie bereits bei der Besprechung der Literatur gezeigt wurde, ist die Frage der Entwicklung quasilexikalischer Einheiten aus der zunehmenden Konventionalisierung und

Kodierung von „Naturlauten" ein außerordentlich interessantes Problem im Zusammenhang mit der ja noch immer heftig umstrittenen Frage nach dem Ursprung der Sprache. Davon abgesehen, scheint hier besonders fruchtbarer Boden zur Untersuchung der Prozesse bei der Herausbildung des Zeichencharakters von Signalen vorzuliegen. Ohne auf die in diesem Bereich besonders prekären terminologischen Probleme eingehen zu wollen, seien einige der Voraussetzungen diskutiert, die es erlauben, eine bestimmte Lautäußerung als kulturell akzeptiertes vokales Emblem mit eindeutigen Hinweisen auf die Zugehörigkeit zu einem Kode zu bezeichnen. Ekman und seine Mitarbeiter fordern von visuellen Emblemen, a) daß sie eine verbale „Übersetzung" von ein oder zwei Worten oder einem Ausdruck besitzen, b) daß alle oder nahezu alle Mitglieder einer Gruppe, Klasse, Subkultur oder Kultur diese Bedeutung kennen, c) daß diese Verhaltensweise ganz bewußt eingesetzt wird, mit der Intention, eine bestimmte Mitteilung an andere Personen zu übermitteln, d) daß der Empfänger die Bedeutung des Emblems kennt und im allgemeinen weiß, warum der Sender es verwandt hat, und e) daß der Sender im allgemeinen die Verantwortung für die Produktion des Emblems übernimmt.

Leider sind diese auf visuelle Embleme zugeschnittenen Kriterien nicht ohne weiteres auf vokale Embleme zu übertragen. Die mit dem Postulat der Intentionalität und Mitteilungsabsicht verbundene Problematik wurde bereits angedeutet. Hinzu kommt, daß anders als bei Gesten, die Aktionen oder relativ eindeutige Zustände oder Intentionen bezeichnen, von den meisten vokalen Emblemen ein emotionaler Zustand bezeichnet wird, der als solcher bereits außerordentlich schwer zu verbalisieren ist. Hinzu kommt, daß bei der Bezeichnung von Affektzuständen sehr viel mehr Abstufungen und Spielarten zu bezeichnen sind (z.B. ein „oh" der gespielten Überraschung mit leicht aggressivem Unterton), als dies bei vielen relativ wenig differenzierten Bedeutungsinhalten visueller Embleme der Fall ist (z.B. „O.k.", „Ich habe Hunger", „Der ist verrückt", etc.). Es müßte daher sehr viel eindeutiger definiert werden, wie eine verbale Umschreibung für ein Vokalemblem aussehen müßte, um einen präzisen Bedeutungsinhalt zu garantieren.

Anders als bei den z.T. gruppenspezifischen visuellen Emblemen würde man bei den vokalen Emblemen davon ausgehen müssen (aufgrund der Annahme, daß sie aus „reflexhaften Naturlauten" entstanden sind), daß alle Mitglieder der Sprachgemeinschaft, wenn nicht sogar darüber hinaus, die Bedeutung eines vokalen Emblems verstehen müßten.

Die von Ekman aufgestellte Forderung, daß sich der Produzent eines Emblems immer zu diesem bekennen muß, scheint ebenfalls für vokale Embleme nur bedingt zuzutreffen. Einer der großen Vorzüge der Verwendung von vokalen Emblemen scheint es ja gerade zu sein, daß man relativ leicht abstreiten kann, eine bestimmte Mitteilung intendiert zu haben, wenn man deswegen zur Rechenschaft gezogen wird. So läßt sich ein demonstrativ gemeintes Hüsteln oder Räuspern sehr leicht mit einer beginnenden Erkältung erklären, wenn man damit ins Fettnäpfchen getreten zu haben glaubt. Hieran zeigt sich sehr deutlich die Problematik der Definition emblematischer Charakteristika bei Verhaltensweisen, die einen kontinuierlichen und kaum abgrenzbaren Übergang zwischen physiologisch bedingten Lautäußerungen und kulturell durchaus recht gut definierten emblematischen Lautäußerungen (vgl. „entschuldigendes Hüsteln") darstellen.

Ein zentraler Aspekt des gestischen Emblems, die Unabhängigkeit der Dekodierung vom Kontext, gilt jedoch in gleicher Weise für vokale Embleme. Ähnlich wie visuelle Embleme kann die Bedeutung vokaler Embleme durch den Kontext modifiziert werden — so kann z.B. der die Lautäußerung begleitende Gesichtsausdruck die im allgemeinen damit verbundene Bedeutung ins Gegenteil verkehren (welches die eigentlich intendierte Mitteilung sein kann) oder zumindest diesen Anschein erwecken.[5] Auch die Produktion bestimmter Lautäußerungen wie Rülpsen und Gähnen in offensichtlich unpassenden Situationen kann Bedeutung schaffen oder Bedeutungsverschiebungen herbeiführen, wie man in revolutionären Phasen an den Hochschulen nicht selten in Lehrveranstaltungen oder Gremiensitzungen beobachten kann. Abgesehen von diesen Modifikationsmöglichkeiten sollte die Bedeutung eines Emblems jedoch völlig kontextfrei sein, eine Forderung, die sich nur durch systematische Untersuchungen, in denen Empfänger Embleme in kontextfreier Darbietung dekodieren müssen, nachweisen läßt. Welche der Lautäußerungen, bei denen man Emblemcharakter vermuten könnte, diesen Test überstehen und mithin als Emblem bezeichnet werden können, bleibt bis zum Vorliegen entsprechender empirischer Daten ungeklärt.

Ursachen und Eigenschaften von Affektlauten. Für die Psychologen ist in erster Linie der bereits eingangs angeschnittene Zusammenhang zwischen den bei verschiedenen Arten affektiver Erregung auftretenden physiologischen Prozessen und den hierbei auftretenden Lauten von Interesse.

1) Einmal gilt es, die *Auswirkungen physiologischer Prozesse wie Respiration und Muskelspannung auf die Sprachorgane* und die sich hieraus ergebenden Veränderungen im akustischen Sprachsignal zu untersuchen. Es ist anzunehmen, daß anders als bei Phonemrealisierungen, bei denen die sprachlich bedingten, komplexen Artikulationsprozesse die Arbeit der Sprachorgane und die resultierende akustische Struktur weitgehend bestimmen, der Einfluß affektiver Erregung bei

---

[5] Dies gilt natürlich auch für verbale Äußerungen.

parasprachlichen Lautäußerungen leichter aufweisbar ist. Dies ist besonders der Fall, wenn anzunehmen ist, daß die Lautproduktion einen wesentlichen Teil der physiologischen Prozesse darstellt. So entstehen beispielsweise Schreckens- und Entsetzenslaute durch plötzliches Einziehen eines großen Luftvolumens. Lautäußerungen können also das Nebenprodukt physiologischer Veränderungen sein, die bei emotionaler Erregung, einem Alarmzustand des Organismus, funktional darauf gerichtet sind, den Organismus in die Lage zu versetzen, mit dem jeweiligen Zustand fertigzuwerden. So erhöht der durch tiefes plötzliches Einatmen entstehende Sauerstoff den Energievorrat des Organismus zur Bewältigung der Notsituation, die den Schreck erzeugt hat.

2) Die zweite Erklärungsmöglichkeit für das Zustandekommen und die besonderen Eigenschaften einer Lautäußerung ist nicht sender-, sondern signalspezifisch. Es handelt sich um die Möglichkeit, daß ein Laut *wegen seiner akustischen Übermittlungseigenschaften produziert wird.* Ein Beispiel hierfür wäre der Zischlaut „sssss", der in einer Reihe von Kulturen zur Erregung der Aufmerksamkeit einer anderen Person, ohne selbst allzu störend zu wirken, benutzt wird. Der geräuschhafte Laut hat akustische Eigenschaften, z.B. die gleichmäßige Verteilung der Energie über den Frequenzbereich, die ihn weithin hörbar machen und daher für diesen Zweck als besonders geeignet erscheinen lassen.

3) Eine dritte Möglichkeit ist das Auftreten eines Lautes als *Nebenprodukt eines bestimmten emotionalen Gesichtsausdrucks.* Einige auf Darwin zurückgehende Emotionstheorien (*Tomkins*, 1962; *Izard*, 1971; *Ekman et al.*, 1971) weisen der Gesichtsmuskulatur eine zentrale Rolle bei der Entstehung und Empfindung von Emotionen zu. Dabei wird häufig angenommen, daß Gesichtsausdruck ursprünglich eine Begleiterscheinung funktionaler Aktivitäten und reflexhafter Verhaltensweisen auf bestimmte Stimuli war und im Laufe der Evolution Signalcharakter angenommen hat, wodurch sowohl Intentionen als auch Emotionen ausgedrückt werden. So kann man sich den bei Ekel auftretenden Gesichtsausdruck als Residualerscheinung von Würgebewegungen bei einem zum Erbrechen reizenden Stimulus vorstellen. In diesem Falle, in dem der Gesichtsausdruck einen funktionalen Aspekt, oder zumindest Residuen oder Anklänge an einen solchen darstellt, käme einem gleichzeitig auftretenden Laut[6] keine eigene funktionale Bedeutung zu.

Das auditiv wahrnehmbare akustische Signal bei einer menschlichen Lautäußerung entsteht über die Modifizierung der durch die Phonation

---

[6] Eine Lautäußerung ohne physiologische Funktion (Punkt 1) und ohne spezifische Mitteilungsabsicht (Punkt 2) könnte z.B. der phatischen Kommunikation dienen. Es lassen sich sicher noch andere Ursachen finden.

bestimmten Grundschwingungen mit Hilfe der Filtereigenschaften des Vokaltraktes. Diese Filtereigenschaften werden auch, in bislang allerdings weitgehend unbekanntem Ausmaß, durch die Stellung der Gesichtsmuskulatur, wie z.B. den Grad der Mundöffnung, die Form der Lippen, die Spannung der Wangenmuskulatur, etc., beeinflußt. Die Auswirkung des jeweiligen Gesichtsausdrucks auf eine gleichzeitig realisierte Lautäußerung, bei der keine affektspezifischen Einflüsse auf Phonations- und Artikulationsorgane erfolgen, ist daher wahrscheinlich besonders stark.

Forschungsfragen und Untersuchungspläne. Um eine Bestimmung der Emblemeigenschaften bestimmter Lautäußerungen vornehmen und um Ursachen und Eigenschaften von Affektlauten bestimmen zu können, sind empirische Untersuchungen vonnöten, in denen sich u.a. folgende Aufgaben stellen: 1) Bestimmung der akustischen Strukturmerkmale von Lautäußerungen, die unter bestimmten Affektzuständen auftreten oder die bestimmten Funktionen in der sozialen Interaktion dienen, 2) Erfassung des mit der Lautäußerung einhergehenden Gesichtsausdrucks, 3) Analyse der Beziehungen zwischen akustischen Eigenschaften des Lautes und den Veränderungen der Gesichtsmuskulatur, 4) Erhebung von Hörereinschätzungen und -reaktionen auf eine kontextfreie Darbietung der entsprechenden Laute.
Die Forschungsgruppe „Interaktion und Kommunikation" am Fachbereich Psychologie der Universität Gießen, die im Rahmen mehrerer Forschungsprojekte an der Entwicklung objektiver Methoden zur Analyse psychoakustischer und nichtverbaler Verhaltensvariablen arbeitet, hat mit einem ersten bescheidenen Projekt in dieser Richtung begonnen. Im folgenden seien einige erste Überlegungen zum Forschungsansatz dargestellt.
Zunächst sollen für eine Reihe von Lautäußerungen, die in unterschiedlichen emotionalen Kontexten auftreten können, wie etwa „oh", „ah" und „mhmm", akustische Merkmale wie Verlauf der Grundfrequenz und Energieverteilung im Stimmspektrum bestimmt werden. Es ist geplant, eine Reihe von emotional besetzten Szenen, die es erfordern, den gleichen Laut mit einem jeweils anderen emotionalen Gehalt zu produzieren, z.B. ein enttäuschtes „oh", ein erfreutes „oh", ein überraschtes „oh", etc., von einigen Schauspielern durchspielen zu lassen und diese Darstellungen sowohl auf Video- als auch auf Tonband aufzunehmen. Die Analyse von Grundfrequenz und Stimmspektrum bei der jeweiligen Lautäußerung erfolgt mit Hilfe der von unserer Forschungsgruppe entwickelten Methoden zur computergestützten Sprachanalyse auf einem digitalen Prozeßrechner. Die hierbei anfallenden Stimmspektren werden *in real time* in das Videobild, das das Gesicht des Sprechers zeigt, eingemischt, so daß eine simultane Betrachtung von Gesichtsausdruck, insbe-

sondere Mundstellung, und zugehörigem Spektrum möglich ist. Gegenwärtig wird an rechnergestützten Verfahren gearbeitet, die die Synchronizität von Veränderungen der Gesichtsmuskulatur und bestimmten Spektralmerkmalen bestimmen sollen.

Diese Analysen sollen ersten Aufschluß darüber liefern, wie sich eine, wenn auch gespielte, Emotion bei sehr ähnlicher Einstellung der Artikulationsorgane, aber unterschiedlicher Aktivation der Gesichtsmuskulatur im Spektrum auswirkt. Obwohl sich hieraus noch nicht entnehmen läßt, welche physiologischen Veränderungen bei einer tatsächlich vorliegenden emotionalen Erregung auftreten und wie sie die Sprachproduktion und das resultierende akustische Signal beeinflussen, so lassen sich doch erste Hypothesen darüber gewinnen, welche an der Sprachproduktion beteiligten Mechanismen vom Sprecher eingesetzt werden können, um eine bestimmte Emotion vorzuspiegeln. Da der Sprecher, gerade bei gespielter Emotion, auf eine entsprechende Dekodierung durch den Hörer Wert legt, ist nicht ausgeschlossen, daß die entsprechende Lautäußerung zumindest Ähnlichkeit mit der unter echter emotionaler Erregung zu erwartenden Lautäußerung besitzt. Dennoch ist die mögliche Stereotypisierung bei der gespielten Darstellung emotionaler Phänomene ein ernsthaftes Problem. Daher soll in zukünftigen Forschungsvorhaben die Möglichkeit der experimentellen Erregung von Affekten untersucht werden.

Schließlich werden die zu untersuchenden Lautäußerungen aus dem Kontext der Szenen herausgelöst und die isolierten akustischen Signale einer Reihe von Probanden zur Einschätzung des emotionalen Gehalts dargeboten. Hierdurch soll festgestellt werden, ob die in der akustischen Untersuchung festgestellten Signalunterschiede ausreichen, um eine präzise Zuordnung der Laute zu bestimmten Emotionen durch die Hörer zu gewährleisten. Mit Hilfe dieses Verfahrens soll geprüft werden, welche Laute die Forderung der kontextfreien Dekodierbarkeit erfüllen und somit als Embleme zu bezeichnen sind. Da mit den Arbeiten an diesem Projekt gerade erst begonnen wurde, lassen sich noch keinerlei Ergebnisse berichten. Diese Darstellung sollte lediglich dazu dienen, die Vorgehensweisen zu verdeutlichen, mit denen von psychologischer Seite ein spezielles Problem der semiotischen Forschung bearbeitet wird. Natürlich handelt es sich hier, wie bereits erwähnt, um einen ersten Schritt. Die Untersuchung der parasprachlichen Lautäußerungen müßte auf den verschiedensten Ebenen erfolgen. So wäre es besonders wichtig, in Zusammenarbeit mit Biologen und Ethologen, die an Fragen der Tierkommunikation arbeiten, Kontinuitäten in der Evolution der vokalen Kommunikation von Emotion zu bestimmen. Gibt es ähnliche akustische Merkmale in den Spektren von Alarmrufen von Primaten und anderen Spezies und den Schreckenslauten — oder vielleicht auch Kundgebungen des Ärgers — beim Menschen? Bereits Wundt (1900) hat die Hypothese aufgestellt, daß heftig erregende Affekte durch hohe, deprimierende Affekte durch tiefe Vokalklänge begleitet würden (vgl. auch *Scherer*, 1975).

Vielleicht ließen sich durch den Nachweis von evolutionären Kontinuitäten in der vokalen Kommunikation wichtige Aufschlüsse über die Evolution von Emotionen gewinnen. Über die Untersuchung von Ähnlichkeiten zu tierischen Lautäußerungen hinaus ist es ein besonders dringendes Anliegen, in systematischen interkulturellen Untersuchungen die oft geäußerte Vermutung (s.o.), daß die menschlichen Affektlaute (wie auch deren schriftsprachliche Umschreibungen, soweit sie Emblemcharakter haben) in verschiedenen Sprachgemeinschaften außerordentlich ähnlich sind, zu überprüfen.

Zu der Erforschung der phylogenetischen und interkulturellen Aspekte sollte auch eine Untersuchung der ontogenetischen Entwicklung von Affektlauten und vokalen Emblemen stoßen. Hierbei stellt sich eine große Zahl interessanter Fragen. Inwieweit lassen sich die frühkindlichen Lautäußerungen bereits auf das Vorliegen bestimmter Affekte hin differenzieren? Über den diagnostischen Wert des Babyschreis gibt es bereits eine relativ große Zahl empirischer Untersuchungen (*Ostwald*, 1973; *Sedláčková*, 1967), in denen die Frage der Entwicklung der relativ undifferenzierten Lautäußerungen zu spezifischen Affektlauten jedoch kaum diskutiert wird. Man würde allerdings annehmen, daß das Postulat reflexhafter — und aus angeborenen Reaktionsmustern zu erklärender — Affektlaute auf einer relativ frühen und ungelernten Differenzierung von Lautäußerungen je nach emotionalem Zustand beruht. Hierbei stellt sich die Frage nach dem Erlernen des Emblemcharakters bestimmter Vokalisierungen im Zusammenhang mit dem Spracherwerb.

Der hier vorgelegte Beitrag war als *tour d'horizon* gedacht, ein Versuch, das Interesse an der empirischen Erforschung parasprachlicher Lautäußerungen des Menschen in der sozialen Interaktion wiederzubeleben. Es bleibt langwierigen und notwendigerweise interdisziplinären Forschungsanstrengungen vorbehalten, Antworten auf die hier angedeuteten Fragen zu liefern. Nach Vorliegen zumindest einiger dieser Antworten wird der Versuch, einen Kodevergleich zwischen sprachlichen und nichtsprachlichen Kodes in der menschlichen Kommunikation durchzuführen, und die gerade bei dem Phänomen der vokalen Embleme bedeutungsvollen Interdependenzen zwischen sprachlichen und nichtsprachlichen sowie zwischen vokalen und visuellen Kodesystemen herauszuarbeiten, erfolgreicher sein können, als dies gegenwärtig der Fall ist.

LITERATUR

Bühler, K.:
1934 *Sprachtheorie — Die Funktion der Sprache.* Jena 1934.

Davitz, J.R.:
1964 *The Communication of Emotional Meaning.* New York 1964.

Dittman, A.T.:
1972 The Body Movement Speech Rhythm Relationship as a Cue to Speech Encoding. In: A.W. Siegman und B. Pope (eds.): *Studies in Dyadic Communication.* New York 1972.

Dittman, A.T.:
1973 *Interpersonal Messages of Emotion.* New York 1973.

Duncan, S.:
1974 On the Structure of Speaker-Auditor Interaction During Speaking Turns. In: *Language in Society.* 2 (1974), S. 161—180.

Ekman, P., P. Ellsworth und W.V. Friesen:
1971 *Emotion in the Human Face — Guidelines for Research and an Integration of Findings.* New York 1971.

Goldman-Eisler, F.:
1968 *Psycholinguistics — Experiments in Spontaneous Speech.* New York 1968.

Izard, C.E.:
1971 *The Face of Emotion.* New York 1971.

Kainz, F.:
1962 *Psychologie der Sprache.* I. Bd. *Grundlagen der allgemeinen Sprachpsychologie.* (3. Aufl.). Stuttgart 1962.

Key, M.R.:
1975 *Paralanguage and Kinesics (Nonverbal Communication).* Metuchen/N.J. 1975.

Kleinpaul, R.:
1888 *Sprache ohne Worte — Idee einer allgemeinen Wissenschaft der Sprache.* Leipzig 1888. Neudruck: Den Haag 1972.

MacKay, D.M.:
1972 Formal Analysis of Communicative Processes. In: R.A. Hinde (ed.): *Non-Verbal Communication.* Cambridge 1972.

Ostwald, P.F.:
1973 *The Semiotics of Human Sound.* Den Haag 1973.

Rudert, J.:
1965 Vom Ausdruck der Sprechstimme. In: R. Kirchhoff (ed.): *Ausdruckspsychologie.* (= Handbuch der Psychologie. Bd V.) Göttingen 1965.

Scherer, K.R.:
1970 *Nonverbale Kommunikation.* IPK-Forschungsbericht. Bd 35. Hamburg 1970.

Scherer, K.R.:
1974   Acoustic Concomitants of Emotional Dimensions: Judging Affect From
       Synthesized Tone Sequences. In: S. Weitz (ed.): *Nonverbal Communica-
       tion.* New York 1974.

Scherer, K.R.:
1975   Funktionen des nonverbalen Verhaltens im Gespräch. Unveröffentlichtes
       Manuskript. Universität Gießen.

Sedláčková, E.:
1967   *Development of the Acoustic Pattern of the Voice and Speech in the
       Newborn and Infant.* Prag 1967.

Tomkins, S.S.:
1962   *Affect, Imagery, Consciousness.* Vol. 1: The Positive Affects. New York
       1962.

Wundt, W.:
1900   *Völkerpsychologie. Eine Untersuchung der Entwicklungsgesetze von
       Sprache, Mythos und Sitte.* I. Bd. Die Sprache. 1. Teil. Leipzig 1900.

HELMUT RICHTER UND DIRK WEGNER (BONN)

DIE WECHSELSEITIGE ERSETZBARKEIT SPRACHLICHER UND NICHTSPRACHLICHER ZEICHENSYSTEME

Die Frage nach der wechselseitigen Ersetzbarkeit sprachlicher und nichtsprachlicher Zeichensysteme hat zwei Aspekte. Empirisch steht außer Zweifel, daß verbale und nichtverbale Verhaltenselemente füreinander eintreten können, und es wird über einschlägige experimentelle Untersuchungen aus dem Institut für Kommunikationsforschung und Phonetik der Universität Bonn zu berichten sein. Zugleich aber begründet die Tatsache einer wechselseitigen Ersetzbarkeit verbaler und nichtverbaler Elemente in der Kommunikation keineswegs theoretische Aussagen von der Art, verbale und nichtverbale Zeichensysteme seien als solche durcheinander ersetzbar. Derart hängt das Thema auch mit grundlegenden Erwägungen zur Problematik zeichenförmiger Manifestationen von Gemeinschaftshandlungen oder zur Äquivalenz von sprachlichen Ausdrücken zusammen (vgl. *Ungeheuer*, 1972; 1974).

Die wechselseitige Ersetzbarkeit sprachlicher und nichtsprachlicher Verhaltenselemente ist für uns zum Problem geworden, als wir uns an die Frage nach der Effektivität zwischenmenschlicher kommunikativer Interaktion heranwagten, womit wir besonders die Mittel und Methoden meinen, die Interaktionspartner anwenden, um Verständigung zu erzielen und zu überprüfen.

Es ist offensichtlich unvermeidlich, daß zwei oder mehrere menschliche Individuen, die in einer *face-to-face*-Situation sprachlich miteinander interagieren, dabei auch nichtverbale Verhaltensweisen realisieren (vgl. *Argyle*, 1972, S. 118). Diese besonders visuell und auditiv wahrnehmbaren nichtverbalen Verhaltensweisen scheinen einen kommunikativen Wert zu haben. Sie werden zeichenhaft eingesetzt oder zeichenhaft interpretiert und bestimmen nicht unerheblich die als primär sprachlich zu bezeichnenden Interaktionsverläufe (vgl. *Schuham & Freshley*, 1971). Im Vergleich zur Sprache scheint jedoch die Beziehung zwischen nichtverbalen Verhaltensweisen und Zeichen eher idiosynkratischer Natur zu sein. Sie scheint, da sie nicht institutionalisiert wird, stärker mit der Verhaltens- und Erlebniswelt des Einzelnen verknüpft zu sein, als das bei der Sprache der Fall ist.

Diese stark an das Individuum gebundenen Beziehungen zwischen nichtverbalen Verhaltensweisen und zeichenhaften Deutungen sind im Interaktionsprozeß eine bedeutende, aber schwer abschätzbare Größe. Wenn etwa Watzlawick sagt: „Es ist leicht, etwas mit Worten zu beteuern, aber schwer, eine Unaufrichtigkeit auch analogisch glaubhaft zu kommunizieren. Eine Geste oder eine Miene sagt uns mehr darüber, wie ein anderer über uns denkt, als hundert Worte" (*Watzlawick*, 1969, S. 64), so steht dahinter die plausible Annahme, daß nichtverbales Verhalten unbewußter, unkontrollierter und unzensierter eingesetzt wird als verbales Verhalten und daß es somit ursprünglicher und echter ist. Aber selbst wenn man davon ausgeht, daß realisierte nichtverbale Verhaltensweisen echte Informationsreize sind, ist die Gültigkeit der Bedeutungsgebung dieser Reize wegen der idiosynkratischen Beziehung zwischen nichtverbalen Verhaltensweisen und ihrer Deutung vielfach allein auf den Deutenden beschränkt. Aber die zwischenmenschliche Verständigung wird nicht nur durch die Vielfalt persönlicher Deutungen für nichtverbale Verhaltensweisen erschwert, hinzu kommen auch noch die verschiedenen Möglichkeiten für Selektion und Gewichtung der angebotenen Informationsreize. Wenn es uns auch so erscheint, daß z.B. verunsicherte und ängstliche Individuen die Wichtigkeit von nichtverbalen Verhaltensweisen gegenüber verbalen beträchtlich überschätzen, so scheinen auch unter „normalen" Interaktionspartnern die nichtverbalen Verhaltensweisen bevorzugt als Quelle der Inferenz über den Interaktionspartner benutzt zu werden.

Hiermit wird eine funktionale Differenzierung des Kommunikationsprozesses in eine Funktion der Beziehung und eine des Inhalts unumgänglich. Und wir können uns Argyle (1972) anschließen, der sagt, daß in einem kommunikativen Interaktionsprozeß die Sprache allgemein dazu dient, Tatsachen, Meinungen und Probleme zu diskutieren, und nichtverbale Verhaltensweisen dazu verwendet werden, um Emotionen, Bedürfnisse und interpersonelle Einstellungen auszudrücken. Es ist evident, daß Emotionen, Bedürfnisse und interpersonelle Einstellungen auch verbal kommuniziert werden können; doch ist in der konkreten *face-to-face*-Situation ihre Wirkung geringer als die der nichtverbalen Signalreize. So konnten Argyle u.a. (1970) überzeugend demonstrieren: wenn nichtverbale und verbale Signale mit der gleichen Kommunikationsintention gleichzeitig in einer Interaktion realisiert werden, bestimmt die Wirkung der nichtverbalen Signale die Einstellungsbildung viereinhalb mal stärker als die verbalen Signale. Diese Wirkung nichtverbaler Verhaltensweisen kann von den kommunizierenden Individuen kaum ignoriert werden, da sie direkt auf deren Persönlichkeit trifft. Die Folge davon ist, daß eine Veränderung der interpersonellen Einstellung eintritt, die dem Kommunikationsprozeß dann zwangsläufig eine andere Verlaufsrichtung gibt. Dieser Einstellungswandel kann nun nicht nur durch nichtverbale Signale bewirkt werden, die direkt als personbezogen interpretierbar sind, sondern auch durch solche, die Objektbewertungen darstellen; denn nach dem allgemein anerkannten A-B-X-Modell Newcombs führen unterschiedliche Objektbewertungen auch zu einer Veränderung in der Beziehung der Interaktionspartner. In welchem Maße eine Objektbewertung Einfluß auf den Rezipienten nehmen kann, konnte in einer von uns durchgeführten Untersuchung abgeschätzt werden.

Die Bedeutung des Anlächelns in den Pausen eines Vortrags mit „ernstem" Inhalt für die Einstellung der Rezipienten gegenüber dem Sprecher wurde von Wegner (1972) experimentell untersucht. Es konnte gezeigt werden, daß gegenüber der Kontrollbedingung (ohne Anlächeln) die Einstellung der Versuchspersonen gegenüber dem Sprecher für die Dimensionen Potenz und Valenz signifikant negativer ausfielen: der Vortragende wurde schwächer und wertmäßig negativer beurteilt. Auch mit einer anderen abhängigen Variablen, nämlich mit Eigenschaften aus den Primärfaktoren der Emotionalität (vgl. *Pawlik*, 1970), konnte die Bedeutung des Anlächelns für die gesamte kommunikative Situation herausgestellt werden. So zeigte sich, daß der Sprecher unter der Bedingung des Anlächelns signifikant stärker beurteilt wurde mit dem Faktor Argwohn (mit den Eigenschaften Mißtrauen und mangelnde Toleranz), mit dem Faktor Furchtsamkeit (mit den Eigenschaften Ängstlichkeit und reduziertes Selbstvertrauen) und mit dem Faktor Spannung (im Sinne von Sprunghaftigkeit des Stimmungswechsels) als bei der Kontrollbedingung.

Das Anlächeln während des Vortrags eines ernsten Inhalts führt also dazu, daß der Sprecher von der Zuhörerschaft als ängstlich, ablenkbar und intolerant charakterisiert wird. Das Anlächeln wird in dieser situativen Einbettung somit als eine inkonsistente Kommunikationskomponente aufgefaßt. Ihre Bedeutung erstreckt sich allerdings nicht nur auf die Beurteilung des Vortragenden; so führt das Anlächeln etwa dazu, daß der Inhalt des Vortrags gegenüber der Kontrollbedingung als signifikant weniger interessant und wichtig erlebt wird.

Wenn das nichtverbale das verbale Verhalten bei der Kommunikation begleitet, so ist dies jedoch nicht nur unter dem Bewertungsaspekt zu betrachten. Das nichtverbale Verhalten bekräftigt und illustriert auch die verbal ausgedrückten Inhalte. Diese quasi-semantische Funktion nichtverbalen Verhaltens wird nach Ekman und Friesen (1969) als die der Illustration bezeichnet. Ihre Wichtigkeit für den kommunikativen Interaktionsprozeß ist beträchtlich. So wären empfangene verbale Zustandsbeschreibungen wie Trauer ohne begleitendes „trauriges Gesicht" und „schlaffe Körperhaltung", Wut ohne Spannung in Stimme, Körperhaltung und Gesicht, Freude ohne Entspanntheit für den Dekodierer nicht recht glaubwürdig. Daß diese zunächst illustrativen nichtverbalen Verhaltensweisen schon nach dem lerntheoretischen Prinzip der Konti-

guität auch als Indikatoren für innerpsychische Zustände verwendet
werden können, wenn sie ohne Verbalisierung auftreten, ist leicht ein-
sehbar. Aber es gibt dennoch nur wenige nichtverbale Verhaltensweisen,
bei denen eine völlige Loslösung von der Sprache gelungen ist. Diese
nichtverbalen Verhaltensweisen, die den entsprechenden verbalen Zeichen gleichwertig sind, werden nach Efron (1941) als Embleme bezeichnet. Ein Beispiel hierzu wäre etwa das Kopfnicken, das für das „ja"
stehen kann.[1]

Der große Teil nichtverbaler Verhaltensweisen, der losgelöst von dem
rein illustrierenden Charakter als Inferenzquelle für innerpsychische Zustände benutzt wird, weist nach bisheriger Erfahrung einen weniger
starken indexikalischen Charakter auf. So zeigt die oft in Experimenten
zur Personwahrnehmung festgestellte fehlerhaft gestiftete Verbindung
zwischen nichtverbalem Verhalten und psychischer Disposition, daß
z.B. eine bestimmte Lautheit der Stimme nicht nur Anzeichen eines
bestimmten Zustandes ist, sondern auch „Symptom" für erlebnismäßig
völlig verschiedene Zustände sein kann.

Das Problem des Rezipienten besteht also immer darin, die Menge der
„*kann*-Bedeutungen" eines Signals auf möglichst eine zu reduzieren.
Wenn dieses Reduktionsverfahren einen hohen Gültigkeitsgrad erreichen
soll, müssen nach bisheriger Erfahrung folgende Faktoren berücksichtigt
werden: *spezifisch* vs. *grundlegend, situativer Kontext, Figur* vs. *Grund,
gleiche* vs. *verschiedene Bedeutung anderer gleichzeitig oder kurzfristig
verzögert auftretender Signale.*

Mit dem Faktor *spezifisch* vs. *grundlegend* ist gemeint, daß eine Verhaltensweise sowohl eine spezifische als auch eine allgemeine Bedeutung
hat. Nachdem mit Hilfe der Methode der Faktorenanalyse wiederholt
die Reduktion der vielfachen Erlebnisqualitäten des menschlichen
Individuums auf drei Grunddimensionen gelungen ist, könnte die richtige Einordnung einer spezifischen Einstellung oder eines spezifischen
Affekts in die richtige Dimension als eine gültige Signalverarbeitung
verstanden werden.

Weiterhin kann das Verstehen oder adäquate Bedeutungsverleihen eines
Signals durch die Betrachtung des *situativen Kontextes* abgesichert werden. Da einem Signal innerhalb eines kommunikativen Interaktionspro-
zesses in besonderem Maße der Charakter der Reaktion zukommt, wird
seine Bedeutung teilweise durch zurückliegendes Verhalten bestimmt.
So wird die Bedeutungsbestimmung der Lautstärke, des Blickkontakts
usw. in der Regel gültiger dadurch, daß man z.B. weiß, daß zwischen
den Interaktionspartnern verbal ein Beziehungskonflikt ausgetragen
wird.

---

1   Vgl. hierzu den Beitrag von Ekman im vorliegenden Band.

Die zuletzt genannten Faktoren betreffen den Vergleich der Verhaltensweisen eines Individuums untereinander. Einmal ist es das bisher erfahrene Gesamtverhalten eines Individuums und zum anderen sein zeitlich simultan realisiertes Verhalten. Festgestellte Abweichungen von dem erwarteten Verhalten sind als gewichtige kommunikative Bedeutungsträger zu betrachten. Das ist z.B. dann der Fall, wenn eine ansonsten ruhige Sprechweise schnell und hektisch wird, eine ansonsten stark illustrierende Körper- und Gesichtsmobilität in Immobilität fällt. Dieses Verhalten ragt dann gleichsam figurhaft aus dem Prozeßverhalten des Individuums heraus.

Besonders Mehrabian und Argyle gehen von der wohlbegründeten Annahme aus, daß eine bestimmte kommunikative Bedeutung im allgemeinen nicht nur von einer Verhaltensweise, sondern von mehreren signalisiert wird. So ist z.B. die Stärke der Intimität zwischen Interaktionspartnern eine Funktion der räumlichen Nähe, des Augenkontakts, des Lächelns, der persönlichen Gesprächsthemen usw. Werden die Ausprägungsgrade einzelner Verhaltensweisen verändert, führt das automatisch zu einer Veränderung der empfundenen Intimität. Ängstlichkeit kann recht gut aus der Anzahl von Sprachstörungen aus der Klasse der „Nicht-äh-Sprechfehler" nach Kasl und Mahl (1965) geschlossen werden. Ob aber nicht unter Zuhilfenahme anderer Verhaltensweisen als *potentieller Indikatoren* für Ängstlichkeit die Gültigkeit eines solchen Schlusses erhöht würde, ist bisher noch ungeklärt. Diese beiden Beispiele verweisen deutlich auf die hier bestehende wissenschaftliche Problematik. Es geht einerseits darum, die Menge der Verhaltensweisen auszumachen, die für eine bestimmte Einstellung oder einen bestimmten Affekt stehen, und es geht andererseits darum, den relativen Aufschlußwert jeder einzelnen Verhaltensweise für das Vorliegen einer Einstellung oder eines Affekts zu ermitteln.

Gerade wenn man den „semantischen Bereich" nichtverbalen und verbalen Verhaltens betrachtet, läßt sich die Vermutung aufstellen, daß die Leistungsfähigkeit der Signalgebung durch das Zusammenwirken beider Signalquellen eine Qualität (aber auch Quantität) erhält, die weder von der einen noch von der anderen allein erreicht werden kann. Darüber hinaus läßt sich die so erreichte Signal- wie Nachrichtenqualität auch nicht exakt aus den getrennt festgestellten Signalbedeutungen ableiten. Das jeweilige Zusammenwirken nichtverbalen und verbalen Verhaltens ergibt eine Signalgestalt mit einer sogenannten „Mehrbedeutung". Damit wird die eingangs eingeführte Illustrationsfunktion des nichtverbalen Verhaltens stark relativiert; denn in der Regel illustriert das nichtverbale Verhalten das verbale nicht nur, sondern es präzisiert und modifiziert auch den Bedeutungsbereich des verbalen Signals. Die Modifikation kann allerdings eine Konfliktquelle sein. Das erscheint plausibel, wenn z.B. die Bedeutung des nichtverbalen der des verbalen Verhaltens kontradiktorisch gegenübersteht. Es ist aber auch nicht so, daß das nichtverbale Verhalten in Interaktionsprozessen immer eine sogenannte veränderliche Variable des verbalen ist. Gerade in Interaktionen, die thematisch als Kommunikation von Gefühlen, Einstellungen und Bedürfnissen klassifiziert werden können, scheint das verbale Verhalten der Begleiter des nichtverbalen zu sein. Das verbale Verhalten sollte diese Begleiterfunktion übernehmen, so müßte man fordern, denn es gehört zur allgemeinen Erfahrung, daß oft dann ein Interaktionskonflikt zu beobachten ist, wenn ein Interaktionspartner das nichtverbale Signalangebot nicht wahrnimmt oder seinen kommunikativen Stellenwert mißachtet, so daß verbalen Explikationsmitteln eine notwendige kontrakonfliktäre Funktion zukommen würde.

Die funktionalen Leistungen nichtverbaler Verhaltenselemente sind offenbar nicht geeignet, einen prinzipiellen Unterschied zwischen verbalem und nichtverbalem Verhalten zu etablieren. Auch die Rolle verbaler Verhaltenselemente in Verstehensprozessen unterliegt einer Abhängigkeit von situativen Determinanten; dies zu bemerken, erscheint beinahe trivial angesichts der mannigfachen Versuche, die Grenzen einer als selbstgenügsam kritisierten linguistischen Semantik durch Herstellung pragma- und soziolinguistischer oder kommunikationswissenschaftlicher Bezüge zu überwinden. Die bisherige Darstellung resümierend, können wir sagen: auch verbales Verhalten kann idiosynkratisch bis zur diagnostischen Verwertbarkeit sein; auch verbales Verhalten wird kommunikativ wirksam nur im Zueinander von Inhalts- und Beziehungsaspekt. Letztlich ist eine Disparatheit der kommunikativen Funktion des verbalen und des nichtverbalen Bereichs dadurch ausgeschlossen, daß konkretes kommunikatives Interagieren in *face-to-face*-Situationen stets verbale und nichtverbale Züge vereinigt.
Damit ist freilich die Frage nach dem systematischen Charakter dieser prozessualen Koexistenz verbaler und nichtverbaler Verhaltenselemente in der Kommunikation aufgeworfen. Den Abriß einer solchen Systematik versuchen wir im folgenden mit fünf Grundsätzen zu geben, die als Postulate benutzbar sein sollen, ohne daß sie un-bedingt wären; vielmehr fassen sie einen guten Teil einschlägiger Ergebnisse der empirischen Interaktionsforschung zusammen. Eine wesentliche Tendenz unseres Versuchs besteht darin, das Verhältnis koexistierender verbaler und nichtverbaler Verhaltenselemente als Spezialfall des funktionalen Zueinanders material unterscheidbarer Elemente in Kommunikation überhaupt zu behandeln.
1) Grundsatz der prozessualen Äquivalenzbildung: Zwischen Verhaltenselementen in Kommunikationsprozessen bilden sich funktionale Äquivalenzen heraus, die für Mengen von Situationen bzw. Prozeßphasen recht verschiedenen Umfangs gelten.

Einen realistischen Grenzfall sehr umfassender Geltung liefern die Manifestationen der semantischen Invarianten einer Nationalsprache, die in Sozialisierungsprozessen erworben wurden, den entgegengesetzten Grenzfall unwiederholbare paraphrastische *ad-hoc*-Beziehungen. Dazwischen rangieren bei einer zeitlichen Indizierung der Situationsmengen individual- oder gruppengeschichtlich relative, bei einer soziologischen und regionalen Konstituierung der Situationsmengen dialektische Inhaltsentsprechungen.

Es leuchtet ein, daß dieser Grundsatz insofern Postulatcharakter hat, als er, hierin dem klassischen Postulat des gemeinsamen Symbolvorrats vergleichbar, Denknotwendigkeiten im Vorfeld einer Erklärung des Phänomens der Verständigung fixiert. Er betont jedoch unter Berufung auf empirische Befunde wie die funktionale Mehrdeutigkeit kommunikativ relevanter Verhaltenselemente den relativen, prozeßabhängigen Charakter der Äquivalenzbildung. Daß für die Äquivalenzen von vornherein unterschiedliche Grade übersituativer Geltung konstatiert werden, trägt dem Umstand Rechnung, daß auch eine paraphrastisch-momentane oder subkulturell-modische Konvention zu ihrer Ausbildung an früher vorhandenen Äquivalenzen anknüpfen muß.

2) Grundsatz der Vereinbarkeit konkomitanter Verhaltenselemente: Zwischen konkomitanten Verhaltenselementen in Kommunikationsprozessen bilden sich Standards der Vereinbarkeit heraus, deren Verletzung die kommunikative Interaktion konflikthaft beeinträchtigt.

Dieser Grundsatz spezialisiert die Konzeption des Kommunikationskonflikts, der bei kategorialer Unvereinbarkeit signalabhängig deduzierter Nachrichten (vgl. *Richter & Weidmann*, 1975) auftritt, auf das Verhältnis zusammenwirkender Interaktionssphären oder Kommunikations-„kanäle" und entspricht damit besonders dem hinter unseren Grundsätzen stehenden Programm. Den Gebrauch des Ausdrucks „konkomitant" legen wir wie folgt fest:

Zwei potentiell unabhängig voneinander auftretende Verhaltenselemente stehen in der Relation der Konkomitanz, wenn sie zu verschiedenen merkmalsorientiert bestimmten, disjunkten Mengen gehören und in aktueller Kommunikation zusammen auftreten, derart daß ihre Funktion dabei wesentlich anders ist als in Isolation voneinander. So verstanden, sind konkomitante Verhaltenselemente nicht einfach Begleitphänomene von etwas irgendwie Eigentlichem; unser Wortgebrauch hebt vielmehr auf eine symmetrische Kontextfunktion der zusammen auftretenden Verhaltenselemente füreinander ab.

Beispiele für Konkomitanz liefern neben Elementen der Mengen „verbale Verhaltenselemente" und „nichtverbale Verhaltenselemente" auch Elemente der Mengen „mimische Aktionen" und „gestische Aktionen", der Mengen „Blickverhalten" und „parasprachliche Signale" oder der Mengen „(geäußerte) Konjunktionen" und „(geäußerte) Adverbien".

Inkonsistenz zwischen Paaren jeweils konkomitanter Elemente kann durch Verunsicherung der Partner hinsichtlich des Standes einer Argumentation, der Kategorisierung des Gegenübers oder hinsichtlich der eigenen sozialen Kompetenz bedingt sein und zu Beeinträchtigungen der Interaktion führen. Nicht zuletzt die oben referierten Befunde von Wegner (1972) über durch Lächeln in Lesepausen hervorgerufene Einstellungsveränderungen lassen eine Interpretation nach dem zweiten Gesichtspunkt zu.

3) Grundsatz der Standardisierung in der Konkomitanz äquivalenter Verhaltenselemente: Zwischen potentiell konkomitanten und dabei äquivalenten oder zumindest funktional ähnlichen Verhaltenselementen (vgl. die Grundsätze 1 und 4) bilden sich in Kommunikationsprozessen Standards tatsächlicher Konkomitanz heraus; ist das gemeinsame Auftreten von n äquivalenten oder funktional ähnlichen Elementen in einem Repräsentanten der Menge Q_i von Situationen bzw. Prozeßphasen standardgemäß und gehören einige der n, aber keine weiteren Verhaltenselemente zu den in einem Repräsentanten einer anderen Situations- bzw. Phasenmenge Q_j standardgemäßen Elementen, so folgt daraus nicht, daß die Konkomitanz aller n Elemente in einem Repräsentanten der Menge Q_j standardgemäß ist.

3.1) Sind in einer Situation *mehr* als die standardgemäße Zahl äquivalenter Elemente konkomitant, so kann dies zu einer konflikthaften Beeinträchtigung der kommunikativen Interaktion führen, ähnlich wie bei Unvereinbarkeit konkomitanter Elemente.

3.2) Sind in einer Situation *weniger* als die standardgemäße Zahl von äquivalenten Elementen konkomitant, kann eine konflikthafte Beeinträchtigung der kommunikativen Interaktion, aber auch ein Fortschreiten der Interaktion mit stärker explorativer Orientierung resultieren. Explorative Fortsetzung scheint hier häufiger zu sein als konflikthafte Beeinträchtigung.

Zur Aufstellung des dritten Grundsatzes haben uns empirische Befunde veranlaßt: Eine unter Freunden unangemessene Häufung von Freundschaftsbezeugungen in verschiedenen (verbalen und nichtverbalen) „Kanälen" kann u.U. die Freundschaft in Frage stellen; auf der andern Seite besteht der (objektivierbare) Eindruck, daß beim Wegfall eines üblicherweise konkomitanten Signals dem verbleibenden Verhalten ein besonderes Gewicht zuzuwachsen scheint — sei es als soziale Dignität der sparsamen Kundgaben in intakten zwischenmenschlichen Beziehungen, sei es als ästhetische Qualität lapidarer Formulierungen oder medial restringierter Kunsterzeugnisse. Ähnlich der Applikation des Kommunikationskonflikte-Konzepts im zweiten Grundsatz handelt es sich beim dritten Grundsatz um eine Anwendung des Prinzips der optimalen Explizitheit aus *Richter & Weidmann*, 1975. Er ist außerdem verträglich mit der u.a. von Argyle (1972) vertretenen wechselseitigen Kompensierbarkeit von Änderungen verschiedener Verhaltensvariablen für konkomitantes Verhalten — wobei zu beachten ist, daß nach unserer Redeweise *Werte* solcher Variablen zu Mengen konkomitanter Verhaltenselemente zusammenzufassen wären.

4) Grundsatz der bedingten Wahlfreiheit von Ersetzungen: Es gibt mehr oder weniger umfangreiche Mengen von Situationen bzw. Prozeßphasen, in denen Verhaltenselemente ähnlicher kommunikativer Funktion alternativ zur Verfügung stehen. Auf diese Weise sind wahrscheinlich auch verbale und nichtverbale Verhaltenselemente durcheinander ersetzbar.

Dieser Grundsatz hängt naturgemäß eng mit dem ersten Grundsatz zusammen, besagt aber nicht dasselbe. Wohl haben wir oben an Hand von Beispielen den anvisierten Objektbereich funktionaler Äquivalenz umrissen, aber mit Bedacht die Angabe von Äquivalenzkriterien vermieden. Solche Kriterien setzen u.E. eine leistungsfähige Theorie über die relevanten Dispositionen der Kommunikationsteilnehmer bzw. über die in Verständigungsprozessen involvierten „inneren Handlungen" (vgl. *Ungeheuer*, 1974) voraus. Jedenfalls sehen wir keine Veranlassung, Ersetzbarkeit selbst ohne weiteres als Äquivalenzkriterium zu betrachten: es mag äquivalente Verhaltenselemente geben, denen mit keiner materialorientierten Substitutionstechnik beizukommen ist, und eine solche Technik könnte unbeschadet einer selbständigen Operationalisierung der immerhin geforderten funktionalen Ähnlichkeit Artefakte von kommunikativer Äquivalenz liefern. Von den hier auftretenden Schwierigkeiten überzeugt man sich leicht durch empirische Überprüfung eines Synonymlexikons (*Richter*, 1969). Auf der anderen Seite wäre es töricht, den deskriptiven Wert synonymieartiger Relationen auch für die Kommunikationsforschung zu ignorieren: bei allen kategorialen Vorbehalten eröffnen sie einen wesentlichen Zugang zur Äquivalenzproblematik — ganz abgesehen von der Frage, ob nicht auf Möglichkeiten der wechselseitigen Substitution nicht oder nicht ganz äquivalenter Verhaltenselemente ein Teil der Dynamik von Kommunikationsprozessen beruht; dies würde allerdings um so mehr zu einer begrifflichen Trennung von Äquivalenz und Ersetzbarkeit veranlassen.

Wir sprechen speziell im Hinblick auf die vermuteten Effekte einer Diskrepanz von Äquivalenz und Substitutionsmöglichkeit von bedingter Wahlfreiheit. Wenn der Kommunikator als Initiant und Akzeptant (!) auf eine der bereitstehenden Alternativen zurückgreift, so könnte dies oft mehr *nolens* als *volens* geschehen und die ursprünglich intendierte Interpretation der Situation unter der Hand verschieben.

Ein Beispiel für synonymieartige Beziehungen zwischen parasprachlich-nichtverbalen und verbalen Verhaltenselementen dürfte sich aus den kommunikativ relevanten Inhalten verschiedener Intonationen der — als Antwort auf Interaktionszüge in der sprachlichen Form von Alternativ-

fragen geäußerten — Wörter „ja" und „nein" (*Richter*, 1967; 1975)
ergeben, wenn man annimmt, daß sich zu diesen Intonationen wenigstens teilweise verbale Entsprechungen der Art „doch", „wenn du
meinst", „nein, oder soll ich vielleicht trotzdem" finden lassen. Bei
deren alternativer Verwendung ist übrigens nach dem dritten Grundsatz
eine Reduzierung des konkomitanten Intonationsverhaltens zu erwarten.

5) *Grundsatz der Prozeßabhängigkeit des Ersetzens von Verhaltenselementen:* Sind in einem Repräsentanten der Menge Q_i von Situationen bzw. Prozeßphasen m_i Verhaltenselemente und in einem Repräsentanten der Situations- bzw. Phasenmenge Q_j m_j Verhaltenselemente von
untereinander sowie zwischen Q_i und Q_j ähnlicher Funktion wechselseitig ersetzbar, so braucht es sich dabei nicht um die gleichen Elemente
zu handeln, und es kann bei Gleichheit der Elemente m_i/m_j sein. Wahrscheinlich variiert auch die Ersetzbarkeit verbaler und nichtverbaler
Verhaltenselemente situations- bzw. phasenabhängig.

5.1) Umfaßt Q_i frühere und Q_j spätere Phasen eines zusammenhängenden Kommunikationsprozesses, so dürfte sehr häufig der Fall eintreten,
daß $m_j < m_i$.
Mit dem fünften Grundsatz ist parallel zur Konkomitanz die Prozeßabhängigkeit auch von Synonymie- oder Paraphrasephänomenen angesprochen.
Hinter der bloßen Parallelität lassen sich wesentlichere Beziehungen vermuten. Zumal wenn man berücksichtigt, daß unser Konkomi-
tanzbegriff die potentielle Selbständigkeit der beteiligten Verhaltenselemente nicht ausschließt, eröffnet sich hier die Möglichkeit, Hypothesen
über einen prozeßabhängigen Statuswechsel der Verhaltenselemente
eines Kommunikationsprozesses zu bilden: Hängt der Verlust der Kon-
komitanzfähigkeit mit dem Übergang in die Menge möglicher Synonyme zusammen? Umgekehrt reduziert sich nämlich die Menge möglicher Synonyme mit zunehmender Eindeutigkeit im Situationsbezug
der Partner. Konkomitanz wäre dann ein Zwischenstadium in der Entwicklung vom obligatorischen Zusammenvorkommen äquivalenter, aber
nicht wechselseitig ersetzbarer Verhaltenselemente zur Ausbildung selbständiger Alternativen. Mangels spezifischer Empirie wollen wir hier
jedoch ein kombinatorisches Aufschaukeln der eigenen Setzungen vermeiden — trotz ihres unbestreitbaren heuristischen Werts.

Abschließend kann nunmehr die im engeren Sinn zeichentheoretische
Schicht der Thematik behandelt werden, namentlich Fragen der
Systemhaftigkeit einschlägiger Verhaltenselemente und der wechselseitigen Ersetzbarkeit ganzer Systeme. Es ist im Rahmen dieses Beitrags
unmöglich, einen Satz grundlegender Definitionen über das Zeichen und
über aus Zeichen gebildete Systeme vorzulegen. Immerhin müssen wir

aber die Menge der Zeichenbegriffe umreißen, die mit den im folgenden vertretenen Auffassungen vereinbar sind.

Ein Zeichensystem sei als strukturierte Menge von Elementen aufgefaßt, denen eben durch die jeweilige Strukturierung ein bestimmter Zeichencharakter zukommt. Ausarbeitungen dieser Quasi-Definition sollten an allgemein-strukturtheoretische Konzepte anknüpfen (vgl. *Piaget*, 1968; *Klix*, 1971; *Schwabhäuser*, 1971).

Das Relationengefüge über der jeweiligen Grundmenge müßte die allgemein von Zeichen geforderte Eigenschaft konkretisieren, für etwas zu stehen, das selbst nicht zeichenhaft ist (jedenfalls nicht kraft des betrachteten Systems). Auch müßte das Relationengefüge die relative Unabhängigkeit der Identität von Zeichenketten von deren jeweiliger Stofflichkeit etablieren. Es erscheint uns allerdings nicht praktisch, den Elementen der Grundmenge jegliche stoffliche Bestimmtheit abzusprechen — besonders wenn ein Vergleich verbaler und nichtverbaler Zeichen zum Thema gehört. Die Elemente der Grundmenge wären demgemäß als von der raumzeitlich fixierten Okkurrenz abstrahierte Typen bzw. Invarianten materieller Gebilde oder Ereignisse zu bestimmen.

Um Ersetzbarkeit bzw. Äquivalenz zu etablieren, müssen im jeweiligen Zeichensystem geeignete Operationen der Zuordnung definiert sein. Diese Bestimmung ist freilich nicht hinreichend, wenn die Ersetzbarkeit funktional oder effektivitätsbezogen sein soll. Die Zuordnungsoperationen können derart nicht beliebig sein, sondern hängen spezifisch von dem systemkonstituierenden Relationengefüge ab, entweder von der Rolle der Zeichen im syntagmatischen „Funktionieren" des Systems oder von der Bedeutung der Zeichen und Zeichenketten.

Unsere eingangs angedeutete Skepsis gegen die Behauptung wechselseitiger Ersetzbarkeit verbaler und nichtverbaler Zeichensysteme läßt sich nach diesen Festlegungen in einer Reihe von Thesen explizieren, wobei wir uns zunächst der Technik bedienen, naheliegende Begriffskoppelungen aufzulösen.

These 1: Die Funktionalität der Elemente eines Zeichensystems ist nicht gleich der Funktionalität des Zeichensystems.

Diese einigermaßen triviale These kann sich darauf berufen, daß die Funktionalität der Elemente einen umfassenden Bezug verlangt, der im Fall von Zeichen eben durch das Zeichensystem hergestellt wird. Wir reden mit dieser These allerdings keiner zwangsläufigen inhaltlichen Disparatheit der Funktion einerseits der Elemente und andererseits des Systems das Wort und wollen deshalb nicht den Unterschied zwischen der Funktion einer Geste im indischen Theater und der Funktion des indischen Theaters in der indischen Gesellschaft überstrapazieren. Nehmen wir als anderes Beispiel das Kasussystem einer indogermanischen Sprache und seine Elemente, so wird deutlich, daß die Funktion des Kasussystems im Rahmen der Sprache als ganzer transparent für die

Funktion einzelner Kasuszeichen als Mittel quasi-logischer Relationierungen ist und vice versa, ohne daß ihr Status jedoch als Summe, Produkt oder etwas wie eine übersummative Vereinigung der Kasusfunktionen bestimmbar wäre.

Das Beispiel legt als wesentliche Spezifizierung von *These 1* nahe:

These 1.1: Die Funktionalität eines Teilsystems von Zeichen ist weder gleich der Funktionalität der Elemente noch gleich der Funktionalität des Gesamtsystems.

These 2: Die Funktionalität von Zeichen und Zeichenketten in raumzeitlich fixierter Verwendung ist nicht notwendig auf das Zeichensystem beziehbar.

Der oben umrissene, auf weitgehenden Konsens hin angelegte Zeichenbegriff läßt zu, daß — trotz der Abhängigkeit des jeweiligen Zeichencharakters von der Konstituierung eines bestimmten Systems — den Zeichen und Zeichenketten durch den Verwendungszusammenhang Funktionen zuwachsen, die gar keine Voraussetzungen in der Konstitution des Systems als eines Systems von Zeichen haben. Man darf hierzu an parasprachlich kundgegebene soziale Geltungsansprüche oder die mit manchen Gebrauchsweisen des Konjunktivs verbundene Behutsamkeitsprätention erinnern.

Akzeptiert man *These 2* und läßt dabei Äquivalenzbildungen auch zwischen den in raumzeitlicher Fixierung verwendeten Zeichen zu, so folgt:

These 3.1: Zeichen und Zeichenketten, die in einem Zeichensystem funktional äquivalent sind, können funktional nichtäquivalent verwendet werden.

These 3.2: Zeichen und Zeichenketten, die in einem Zeichensystem nicht funktional äquivalent sind, können funktional äquivalent verwendet werden.

Die beiden Teilthesen *3.1* und *3.2* rangieren nicht völlig gleich: *3.1* leuchtet eher ein als *3.2.* Auch wir wollen nicht ignorieren, daß Zeichensysteme Geltung reflektieren derart, daß eher durch stilistische Verfeinerung eine systematische Zeichenäquivalenz aufgehoben als durch Nivellierung *ad hoc* der Differenzierungsgrad des Zeichensystems unterschritten wird. Nichtsdestoweniger ist auch das zweite möglich.

Die *Thesen 3* waren vorbehaltlich der Akzeptierung von *These 2* aufgestellt worden. Gegen Beispiele wie die parasprachliche Kundgabe von Geltungsansprüchen wird man vorbringen können, auch in solchen Fällen ließe sich prinzipiell ein Zeichensystem angeben, das eben lediglich noch unbekannt oder ungewohnt, weil weiterreichend als etwa eine Grammatik sei. Ein durch Problemgemäßheit begründbarer *ad-hoc*-Charakter der Systematisierung von Zeichen wird von uns durchaus honoriert. Auch möchten wir es nicht für unmöglich erklären, vermeintliche Freiräume stilistischer oder soziokommunikativer Art semiotisch oder linguistisch auszuloten. Nur ist es angesichts unserer Grundsätze über kommunikative Äquivalenz, Ersetzbarkeit und Konkomitanz eine offene Frage, ob die Determination wie auch die Funktionalität in jenen vermeintlichen Freiräumen restlos durch Aufstellung von Zeichensystemen zu bewältigen ist.

Was nun Alternativen zur Aufstellung von Zeichensystemen betrifft, so scheint uns eine Differenzierung angezeigt, die wir in die zwei folgenden Thesen fassen:

These 4: Funktionalität und funktionale Äquivalenz von Zeichen und Zeichenketten in raumzeitlich fixierter Verwendung können auf ein Aktionssystem beziehbar sein.

These 5: Funktionalität und funktionale Äquivalenz von Zeichen und Zeichenketten in raumzeitlich fixierter Verwendung können auf raumzeitlich fixierte Aktionen beziehbar sein.

Wir verfolgen unsere Entkoppelungstechnik mit *These 4* in der Weise weiter, daß ein neuer, von Zeichenhaftigkeit abgesetzter Systemcharakter in Betracht gezogen wird. Allerdings bleibt die Semiotik auch in diesem Bereich insofern relevant, als die im Verhältnis der Äquivalenz stehenden Größen Zeichen bleiben sollen, wobei die Zeichensystematik mit einer weiteren, durch den Ausdruck „Aktionssystem" bezeichneten, Strukturierung ineinandergreifen würde. *These 5* behauptet demgegenüber die Möglichkeit einer asystematischen Funktionalität bzw. Äquivalenz, nach wie vor von Zeichen.

Es ist zu fragen, was unter „Aktionssystem" verstanden werden soll. Als eine Unterklasse von Aktionssystemen verstehen wir Kommunikationsprozesse im Sinn von *Richter & Weidmann,* 1975, und *Weidmann,* 1972, d.h. metaphorisch als spielförmig charakterisierbare regelhafte Zug-um-Zug-Folgen. Ein regelhaft-standardisierter Didaktikprozeß oder ein Flirt in seiner soziokulturellen Normierung wären Beispiele für Aktionssysteme. Wahrscheinlich ist im semiotischen Kontext die wichtigste Unterklasse der Aktionssysteme die der kommunikativen Aktionssysteme. Doch muß prinzipiell zugelassen werden, daß nicht wesentlich oder nicht primär kommunikative Prozesse — etwa der Objektmanipulation — systematisch die Funktionalität von Zeichen bestimmen können.

Prinzipiell ist also wohl der Gesamtbereich des Handelns in die Begrifflichkeit der Aktionssysteme einzubeziehen. Gegen eine Substitution von „Handlung" für „Aktion" in den *Thesen 4* und *5* wäre kaum etwas einzuwenden. Wir halten einfach „Aktion" für den voraussetzungsärmeren Terminus, dessen gegenwärtige Verwendung beispielsweise offenläßt, ob nicht gerade eine Systematizität entsprechend *These 4* Aktionen den speziellen Rang von Handlungen verleiht.

Was aber wären die Besonderheiten der Konstitution eines Aktionssystems im Unterschied zu denen eines Zeichensystems? Wie u.a. ein

Vergleich zwischen *These 4* und *These 5* zeigt, intendieren wir mit der Unterscheidung zwischen Zeichen- und Aktionssystemen keine Rekonstruktion von Gegensatzpaaren wie *geltend* vs. *raumzeitlich fixiert* oder *statisch* vs. *dynamisch.* Auch Aktionssysteme sollen geltende Standards quasi als Inventar bereitstellen; der mit der Quasi-Definition von Zeichensystemen angestrebte Konsens sollte ja prozeßhaltige „signification" wie beim späten Morris (1964) mit umfassen. Wesentlich ist vielmehr der u.E. in systematischen Aktionen stets gegenwärtige Eigenschaftskomplex der Zielorientierung, des Zweck-Mittel-Bezugs, der Strategie als Standardisierung von Prozeßgeschichten.

Diesen Eigenschaftskomplex können wir auch einem dynamisierten Zeichen nicht aufgrund des Zeichensystems zuschreiben. Die Konzeption von Morris (1964) überschreitet mit ihrer Einbeziehung von „significance" bereits den Rahmen einer Zeichentheorie, und ein Wittgensteinsches Sprachspiel, das wirklich auf eine „Lebensform" hinausläuft (nach *Stegmüller*, 1969, S. 589—600), hört auf, *Sprach*spiel zu sein. Hierbei geht es nicht bloß um die Nomenklatur. Eine Systematik nach Maßgabe von *aliquid-stat-pro-aliquo*-Eigenschaften und eine Systematik nach Maßgabe von Strategie-Eigenschaften heben sich voneinander ab, kollidieren oft genug und haben jeweils ihre Vorzüge. Zum Beispiel sind Zeichensysteme auch im Hinblick auf Alltagskommunikation Voraussetzung einer den Mitgliedern der Sprachgemeinschaft — über die stets nur aktualiter erzielbare Verständigung hinaus — „gemeinsamen Praxis von Definitions- und Explikationsverfahren und [...] gemeinsamen an sprachlichem Material betätigten Praxis der Generalisierung und Konstruktion" (*Richter*, 1970, S. 6).

Es bleibt ein Problem, in welcher Form die hier durch den Eigenschaftskomplex der Zielorientierung, Strategiehaftigkeit usw. eingeführte Besonderheit von Aktionssystemen strukturtheoretisch zu behandeln wäre. Wir halten eine Vereinheitlichung und Reduzierung dieses Komplexes für möglich, ohne hier in diesem Punkt einen Konsens herbeiführen zu wollen. Eine nur mäßige Verschiebung der Proportionen zwischen systemkonstituierenden „Gleichungsrelationen" und „Abhängigkeitsrelationen" im Bühlerschen Sinn (vgl. *Günther*, 1968) über verschiedenen, aber nicht notwendig disjunkten Grundmengen könnte ausreichen, formal von einem Zeichensystem zu einem Aktionssystem zu gelangen — und das in einer Weise, daß auch die mit *These 4* behauptete Funktionalitätsdifferenz resultieren würde.

Wir sehen keine Veranlassung, jeglicher raumzeitlich fixierten Aktion Systematizität zuzusprechen (womit übrigens die Frage der Determiniertheit nicht präjudiziert ist). Aus *These 5* ergibt sich aber zumindest, daß der funktionale Bezug konkret auftretender Verhaltenselemente auf ein raumzeitlich konkretes Umfeld dem Bezug auf standardisierte Aktionsmuster (Fall von *These 4*) vorgeordnet ist.

Welche Perspektiven lassen die zeichentheoretischen Überlegungen für die Forschungslage auf dem Gebiet des nichtverbalen Interaktionsverhaltens, insbesondere bei gemeinsamem Auftreten mit verbalem Verhalten, erkennen? Hierzu seien am Schluß drei Thesen formuliert:

These 6: Eine Systematisierung nichtverbaler Verhaltenselemente in der Form von Zeichen liegt im Bereich des Möglichen.

These 7: Wenig umfangreiche Teilsysteme verbaler Zeichensysteme dürften sich von Fall zu Fall als funktional äquivalent mit Teilsystemen nichtverbaler Zeichensysteme erweisen lassen.

So könnte unter der Voraussetzung von 6 (semiotische Systematisierbarkeit) eine funktionale Äquivalenz *in toto* zwischen den beim vierten Grundsatz behandelten Intonationstypen und verbalen Manifestationen von Kommunikationsakten herstellbar sein. Es erscheint nicht einmal unrealistisch, eine (Teil-)Systemäquivalenz zwischen den Inhalten bestimmter kurzzeitiger Intonationsverläufe und bestimmten modaler Formulierungen ins Auge zu fassen, die somit unabhängig von dem Gegensatz zwischen Affirmation und Negation wäre.

Der dennoch vorsichtige Tenor der *Thesen 6* und 7 ist zum einen darin begründet, daß uns hinsichtlich der effektiven Realisierbarkeit allgemeiner Anforderungen an eine funktionale Äquivalenz von Teilsystemen wenig bekannt ist. Dabei beschwören schon zu große Hoffnungen in eine semiotische Systematisierung nichtverbaler Verhaltenselemente die Gefahr herauf, daß Ansätze der älteren Ausdruckspsychologie, etwa die „nun wohl als historisch anzusehende These von der Konstanz der Zuordnung bestimmter Ausdrucksbewegungen oder -vorgänge zu bestimmten Affekten oder Emotionen" (*Gottschaldt*, 1958, S. 214), ohne Not wiederholt werden.

These 8: In bezug auf Aktionssysteme können verbale und nichtverbale Verhaltenselemente (zeichenhafter oder nicht zeichenhafter Art) funktional äquivalent sein. Dieser Fall einschließlich der zugehörigen Ersetzbarkeitsproblematik stellt eine aussichtsreiche und auch notwendige Perspektive für die Erforschung der nichtverbalen Kommunikation dar.

In dieser Perspektive wird sich erweisen können, welche Leistung distinktive Charakterisierungen des Nichtverbalen – z.B. als Kode in *Ungeheuer* (1974) – zu erbringen vermögen. Eine Vielzahl der Befunde zur Funktionalität nichtverbalen Verhaltens (vgl. *Wegner*, 1976) spricht zugunsten einer Problematisierung von Ersetzbarkeit und kommunikativer Äquivalenz im Rahmen von Aktionssystemen.

LITERATUR

Argyle, M.:
1972   *Soziale Interaktion.* Köln 1972.

Argyle, M., V. Salter, H. Nicholson, M. Williams und P. Burgess:
1970   The Communication of Inferior and Superior Attitudes by Verbal and Nonverbal Signals. In: *Brit. Journ. Soc. Clin. Psychol.* 9 (1970), S. 222–231.

Efron, D.:
1941   *Gesture and Environment.* New York 1941.

Ekman, P. und W.V. Friesen:
1969   Nonverbal Leakage and Clues to Deception. In: *Psychiatry.* 32 (1969), S. 88–106.

Gottschaldt, K.:
1958   Handlung und Ausdruck in der Psychologie der Persönlichkeit. In: *Zeitschrift für Psychologie.* 162 (1958), S. 206–222.

Günther, A.:
1968   *Zeichenbegriff bei K. Bühler und G.H. Mead.* Bonn und Hamburg 1968. (= IPK-Forschungsbericht. 11.)

Kasl, S.V. und G.F. Mahl:
1965   The Relationship of Disturbances and Hesitations in Spontaneous Speech to Anxiety. In: *Journal of Personality and Social Psychology.* 1 (1965), S. 425–433.

Klix, F.:
1971   *Information und Verhalten.* Bern, Stuttgart und Wien 1971.

Mehrabian, A.:
1971   Nonverbal Betrayal of Feeling. In: *Journal of Experimental Research in Personality.* 5 (1971), S. 64–73.

Morris, Ch.W.:
1964   *Signification and Significance.* Cambridge/Mass. 1964. Deutsch von A. Eschbach in: Morris: *Zeichen, Wert, Ästhetik.* Frankfurt a.M. 1975, S. 195–311.

Pawlik, K.:
1970   *Dimensionen des Verhaltens.* Bern und Stuttgart 1970.

Piaget, J.:
1968   *Le structuralisme.* Paris 1968. (= Que sais-je? 1311.)

Richter, H.:
1967   Zur Intonation der Bejahung und Verneinung im Hochdeutschen. In: *Sprache der Gegenwart.* Bd 1. Düsseldorf 1967.

Richter, H.:
1969   Rezension zu: Der Große Duden. Bd 8: Vergleichendes Synonymwörterbuch. In: *Phonetica.* 20 (1969), S. 205–221.

Richter, H.:
1970   Drei Begriffe des Inhalts in natürlichen Sprachen. In: *Linguistische Berichte.* 10 (1970), S. 1–12.

Richter, H.:
1975   Interest-changing Questions and the Intonation of „ja" and „nein". Arbeitspapier, Vortrag für den 8. Internationalen Kongreß für Phonetische Wissenschaften 1975.

Richter, H. und F. Weidmann:
1975   *Semantisch bedingte Kommunikationskonflikte bei Gleichsprachigen.* 2. Aufl. Hamburg 1975. (= IPK-Forschungsbericht. 17.)

Schuham, A.J. und H.B. Freshley:
1971   Significance of the Nonverbal Dimension of Family Interaction. In: *Proceedings of the Annual Convention of the APA.* 6 (1971), S. 455–456.

Schwabhäuser, W.:
1971   *Modelltheorie I.* Mannheim, Wien und Zürich 1971. (= BI-Hochschulscripten. 813 a.)

Stegmüller, W.:
1969   *Hauptströmungen der Gegenwartsphilosophie.* 4. Aufl. Stuttgart 1969.

Ungeheuer, G.:
1972   *Paraphrase und syntaktische Tiefenstruktur.* 2. Aufl. Hamburg 1972. (= IPK-Forschungsbericht. 13.)

Ungeheuer, G.:
1974   Kommunikationssemantik: Skizze eines Problemfeldes. In: *ZGL.* 2 (1974), S. 1–24.

Watzlawick, P., J.H. Beavin und D.D. Jackson:
1969   *Menschliche Kommunikation — Formen, Störungen, Paradoxien.* Bern und Stuttgart 1969.

Wegner, D.:
1972   Eine experimentelle Untersuchung zur Konsistenz zwischen Text und nonverbaler Begleitinformation. Manuskript 1972. (Veröffentlichung vorgesehen in: H. Richter und D. Wegner (eds.): *Kommunikationskonflikte: Zur Operationalisierung und Applikation eines theoretischen Begriffs.* Forschungsberichte des Landes Nordrhein-Westfalen.)

Wegner, D.:
1976   *Zum Problem der experimentellen Messung von Eindrucksqualitäten einander widersprechender mimischer Signale.* Hamburg 1976. (= IKP-Forschungsbericht. In Vorbereitung.)

Weidmann, F.:
1972   *Grundlagen einer Kommunikationssoziologie.* Hamburg 1972.

VI ÄSTHETISCHE ZEICHENPROZESSE

EIN MUSIKSTÜCK – DREI BESCHREIBUNGSWEISEN

Der Freischütz.

Molto vivace.

5373 (6246)

HANS HEINRICH EGGEBRECHT (FREIBURG i.Br.)

DIE *FREISCHÜTZ*-OUVERTÜRE: EINE HISTORISCHE INTERPRETATION [1]

Als geschichtlicher Gegenstand — d.h. erkennbar nur in der geschichtlichen Zeit, in der sie entstanden ist und die sie durch und durch in sich enthält — entläßt die *Freischütz*-Ouvertüre von Carl Maria von Weber eine virtuell unausschöpfbare Zahl analytisch zu beantwortender Fragen, von denen viele in der Literatur schon gestellt und behandelt wurden, z.B. die gattungsspezifische Frage nach der Lösung des Ouvertüren-Problems, hier in Auseinandersetzung mit der Sonatensatzform und dem textlich-musikalischen Gebilde der Oper, mit dem ganzen Fragenkomplex der Einflüsse auf Webers Lösung dieses Problems und deren Auswirkungen; ferner z.B. die Fragen nach der Stellung dieser Ouvertüre in der Entwicklung der Programmusik und Symphonischen Dichtung, nach ihrer Position in bezug auf Klassik, Romantik, Nationalismus und Biedermeier, nach ihrer instrumentalmusikalischen Widerspiegelung sozialer Wirklichkeit, nach ihrer Publikums-Zielvorstellung und ihrer nach Nationen, Zeiten und Personen unterschiedlichen Rezeption.

So geschichtlich wie der Gegenstand ist die Interessenlage seines Interpreten, der die Fragen stellt und als Wissenschaftler darauf bedacht ist, eine neue Interpretation zu geben, d.h. den geschichtlichen Gegenstand von einer neuen Interessenlage her zu verstehen. Zwischen der virtuell unerschöpflichen Zahl von Fragen, die der Gegenstand aus sich entläßt, und der virtuell unendlichen Variabilität der geschichtlichen Interessenlage des Fragenden spielt jede Interpretation auch der *Freischütz*-Ouvertüre sich ab, die demnach selbst nicht anders denkbar ist als geschichtlich in dieser gedoppelten Weise.

---

[1] Von Semiotik ist in meinem Referat direkt nicht die Rede, indirekt aber bekundet es eine Einstellung zu ihr, die gekennzeichnet ist einerseits durch Interesse an dem semiotischen Anspruch, die musikalische Kommunikation zu systematisieren auf der Basis des Systems der Semiotik und von dieser Basis her mit anderen Medien der Kommunikation vergleichbar zu machen, andererseits durch Skepsis, da gerade dieser Anspruch jener ist, der meinen methodologischen Erfahrungen widerspricht. Diese machen es mir schwer, ein historisches Konkretum der Kunst von einem Denkansatz her erfassen zu wollen, dessen Begriffssystem Anspruch auf umfassende Geltung erhebt. Um dies zu explizieren, gehe ich in meinem Referat so vor, daß ich selbst zu systematisierenden Ansätzen gelange, diese aber gleich selbst wieder in Frage stellen muß.

Dabei ist ein systematisierendes Fragen allerdings möglich z.B. im Sinne der kommunikationsspezifischen Frage nach dem Verhältnis von Tradition und Innovation überhaupt, oder der abbildtheoretischen Frage nach den Möglichkeiten musikalischen Meinens und Verstehens überhaupt, oder der soziologischen Frage nach den Prozessen der musikalischen Einspiegelung sozialer Wirklichkeit überhaupt.

Aber das Systematisieren findet seinen Widerstand an der Geschichtlichkeit des Stoffes. Daß die *Freischütz*-Ouvertüre — um verstehbare Musik zu sein — in allen ihren Details an Traditionen anknüpft und dabei — um informative Musik zu sein — auf Innovationen bedacht ist, hat sie mit allen kunstgeschichtlichen Gebilden gemeinsam. Für sich allein aber hat sie die konkrete Art des Anknüpfens und Innovierens, die gebunden ist an den Raum ihrer geschichtlichen Position und ohne den Einstieg des Interpreten in die Geschichte nicht erklärbar ist. An der Konkretheit des geschichtlichen Gebildes hat der systematisierende Aspekt, z.B. der der Ästhetik, seine Grenzen. Ein ästhetisches System ist selbst allemal ein Stück Geschichte: es hat den Geruch des geschichtlichen Stoffes, auf den es sich bezieht, und die Farbe des geschichtlichen Subjekts, das das System erdenkt.

Der historische Relativismus ist nicht aufhebbar durch ein System, sondern allein durch die je neue Interessenlage, die als je gegenwärtige so unrelativistisch aktuell ist wie die *Freischütz*-Ouvertüre, als sie entstand, um dann, wie sie, selbst zu einem Stück Geschichte zu werden.

Meine Frage an die *Freischütz*-Ouvertüre ist — auch hier wieder — die nach dem „Gehalt" dieser Musik, ihrer spezifischen Art des Sprechens und was sie sagt, — die Frage nach ihrem Bedeuten und wie dieses zustandekommt. Ich expliziere diese Frage und meine Interpretationsmethode und dabei zugleich eine Auffassung über den Wissenschaftscharakter der Interpretation von Kunst an dem die Ouvertüre einleitenden Adagio und hauptsächlich an dessen ersten acht Takten.

Das Adagio besteht aus drei Gedanken: der achttaktigen Unisono-Periode, der Hörnerpartie und der elftaktigen Schlußpartie. Dabei handelt es sich um drei verschiedene Arten des musikalischen Sprechens oder Bedeutens, und indem ich diese Arten anspreche und benenne und dabei notwendig systematisierend verfahre, versuche ich mir klar zu machen, warum es mir bis zur Unmöglichkeit schwerfällt, mich mit meinem Denken und Sprechen an ein System zu binden.

Die elftaktige Schlußpartie des Adagios hat ihre Keimzelle in den Takten 26 und 27 (und es muß hier genügen, diese allein zu beschreiben). Alle ihre Details sind daran beteiligt, das — wie Weber sagt — „Unheimliche" empfinden zu lassen. Diese Empfindung wird bewirkt durch das Abweichen vom (geschichtlich geltenden) Normalen zum Ungewöhnlichen in Richtung auf *dunkel* (Klangfarben der Klarinetten und Streicher), *leise* (pp), *erregend* (Tremolo), *bewegungslos* (stehender Klang), *unbestimmt gespannt* (verminderter Septakkord, Paukenschläge und Kontrabaß-Pizzikato auf der 2. und 4. Zählzeit). „Unheimlich" ist ein Begriff, der den intendierten Gehalt dieser Takte benennt, und das musikalische Zusammenwirken der kompositorischen Details ergibt auf der Ebene ihrer partikularen Benennung das Begriffsfeld, dem das Wort „unheimlich" zugehört: eine Empfindungs-, Gefühls- oder Stimmungsqualität.

Diese Takte 26 und 27 sind — wie dann fast alle Themen und Motive des folgenden Molto vivace — aus der Oper entnommen. Hier bezeichnen sie — in quasi leitmotivischer Bedeutungsdefinition — das Erscheinen Samiels. Sie sind in bezug auf dieses „unheimliche" Konkretum erfunden; aber nur, wer die Oper schon kennt, der gebildete *Freischütz*-Hörer, versteht diese Takte der Ouvertüre als musikalische Benennung Samiels. Aus sich heraus kann diese Art von Musik ein solches Konkretum nicht bezeichnen, ebensowenig wie andererseits (ich zitiere aus dem Buch von Listl) „die Schauer des vom Sturme erschütterten Waldes".

Diese Art von Musik ist auf das Empfinden gerichtet, Gefühls- oder Empfindungsmusik, die als solche — wenn auch von einem Konkretum initiiert — kein Konkretum benennen kann und doch einen Gehalt hat, der als musikalischer zwar nicht in Sprache übersetzbar, jedoch im Sinne eines Begriffsfeldes eindeutig anzusprechen ist.

Andersartig spricht die Hörnerpartie. Sie bezeichnet ein Konkretum; sie ist Assoziationsmusik. Aufgrund partieller Übereinstimmung mit einer kodifizierten Vorstellung assoziiert der Hörnerklang in Verbindung mit Dreiklangsmelodik, C-Dur, Terz-Sext-Klängen, volksmäßiger Liedhaftigkeit, T-D-Harmonik die Imagination „Wald" (als „Welt des Jägers"), präzisiert noch als Still-Daseiendes, Still-Bewegtes durch die ausgehaltenen Klänge der tiefen Streicher und die ruhige Bewegung der Violinen. Die musikalische Benennung einer konkreten Gegenständlichkeit, die die Empfindungsmusik nicht leisten kann, ist hier durch das Mittel der Assoziation vollkommen eindeutig und in allen Dokumenten der Rezeption in dieser gegenständlichen Eindeutigkeit verstanden worden.

Wiederum anders sprechen die ersten acht Takte des Adagios. Sie sind in allen Details ihres zweimaligen Sich-Öffnens und -Schließens darauf angelegt, den Typus einer Achttaktperiode auszuprägen. In dieser Intention sind sie, auf eine Formel gebracht, primär keine Empfindungs- und keine Assoziations-, sondern ´— es fällt mir hier noch kein besserer Ausdruck ein — „Erlebensmusik" im Sinne einer Identifikation des Subjekts mit sich selbst.

Die Hörnerpartie malt; aufgrund einer Assoziationsmatrix (bei der ein akustisch Wesentliches für das Ganze steht) ist sie konkret objektbezogen, gegenständliche Musik: sie bewirkt die Empfindungsidentifikation mit einem Stück Wirklichkeit, das sie benennt. Die Empfindungsmusik malt ebenfalls, aber keinen Gegenstand, sondern eine Empfindung („Malen des Unheimlichen", sagt Weber). Die achttaktige Perioden-symmetrie aber malt nicht. Sie stammt, wo sie sich (wie hier) als sie selber zeigt, aus der klassischen Musik, die keine malende Musik ist, sondern die im korrespondierenden Aufstellen und Antworten ihres Periodenprinzips, im aufeinander bezogenen Gegensätzlichen des Sich-Öffnens und -Schließens, des Erregens und Erfüllens von Erwartungen, die Identifikation des erlebenden Subjekts mit sich selbst bewirkt — Erleben oder Miterleben im Sinne jenes Begriffsfeldes, das durch die soeben genannten Beschreibungswörter „Aufstellen" vs. „Antworten", „Erregen" vs. „Erfüllen von Erwartungen" usw. angesprochen ist. Es ist ein Kunstgriff Webers, daß er der Hörnerpartie ein Stück derartiger Musik voranstellt: das durch die Kontrastpartikel des Periodenbaues affizierte Subjekt versinkt in die Waldesstimmung wie in sein Anderes.

Aus diesem Interpretationsansatz können Schlüsse auf das Methodische gezogen werden:

1) Meine Interpretation hat den Charakter nicht eines (im naturwissenschaftlichen Sinne) exakt Bewiesenen, sondern einer Deutung. Interpretation im Sinne von Deutung ist das den Sinngefügen der Kunst adäquate Wissenschaftsverfahren. Die Wissenschaftlichkeit der Deutung beruht auf ihrer Evidenz, ihrem „Einleuchtenden" — in bezug auf eine Fragestellung, die selbst einleuchten muß.

2) Mit der Unterscheidung dreier Musikarten (Sprach- oder Bedeutungsweisen von Musik) scheine ich von einem System des musikalischen Bedeutens auszugehen oder es errichten zu wollen — einem ästhetischen oder semantischen. In Wirklichkeit aber habe ich nur einen konkreten Fall von Musik anzusprechen versucht, der mehrere Arten des musikalischen Bedeutens aufweist, die ich begrifflich systematisierend zu fassen suchte. Daß aber das Systematisieren an der Konkretheit des Historischen seine Grenzen hat, oder schärfer ausgedrückt: daß die Interpretation von Kunst sich vor dem systematisierenden Aspekt scheuen muß, um den historischen nicht zu verfehlen, wird evident, wenn wir die Beschreibung der die Ouvertüre eröffnenden Achttakt-periode noch einen Augenblick fortsetzen.

Diese acht Takte reflektieren kompositorisch auf das oben beschriebene latente Bedeuten der klassischen Periode, indem sie es nach außen kehren: die zweitaktige Aufstellung öffnet sich im Ambitus einer None aufwärts vom Grundton zur Quinte der Dominante und vom pp zum f anschwellend, und die Antwort kontrastiert als Erwartungserfüllung in der Reduktion der dominantischen, weiblich endenden Abwärtsbewegung auf das piano der ersten Violinen allein. In dieser reflektiven Hervorkehrung ihres musikalischen Wesens hat die Achttaktperiode das naiv Selbstverständliche, das musikalisch Prinzipielle der klassischen Musik, aus der sie stammt, verloren: sie wird zu etwas Veranstaltetem; indem sie sich selbst in Szene setzt, veranstaltet sie die dramatische Erregung des Subjekts, die Identifikation mit einem Drama *en miniature*, und zugleich (durch das pp der zweiten Antwort, deren Endigung auf dem dominantischen g und die folgende Fermate) den Doppelpunkt für die Hörnermusik.

In ihrer Intention, ihrer Faktur und Funktion, ist die Periodensymmetrie hier so weit von Klassik weg, wie sie der Hörnerpartie nahesteht: wie diese hat sie keinerlei musikalisch-thematische Konsequenzen (beide Gebilde kommen nur einmal vor), und obwohl sie — vor dem Hintergrund ihrer Herkunft — anders spricht als die malende Musik, ist sie hier mit dieser doch verbunden durch ihre Funktion als Signum eines konkret Gemeinten, das Moment der musikalischen Inszenierung eines gedanklichen Sujets: Die Periodensymmetrie fungiert hier gleichsam als das klassizistische Portal, durch das der Hörer ins Theater geht, wo ihn die Hörnermusik empfängt.

Der Beginn der *Freischütz*-Ouvertüre fasziniert als Bekundung eines bestimmten historischen Prozesses: wie nämlich aus demselben hier konkret ein anderes wird. Die Systematisierung, vor der sich der Historiker scheut, um seinen Gegenstand nicht zu verfehlen, ist jene, die intentional darauf bedacht ist, sowohl die Phänomene als auch die konkreten Fälle und die in ihnen erscheinenden historischen Prozesse in ein System zu bringen, ausfindig zu machen, was in ihnen „dasselbe" sei, um dem System den Anspruch der umfassenden Gültigkeit zuschreiben zu können.

Im Blick auf die elftaktige Schlußpartie des Adagios sei nochmals angedeutet, wie der Interpret sich von dem eigenen Systematisieren, jetzt sogar in doppelter Weise, losmachen muß, um seinen Gegenstand zu erreichen. Das Besondere der Takte 26 und 27 ist nämlich nicht, *daß* sie „Empfindungsmusik" sind (für den Begriff „unheimlich") und darin einem systematisierenden Aspekt entsprechen, sondern *wie* sie es sind: daß sie nämlich — jenen Systematisierungsbegriff hinter sich lassend — als Kombination intensiver musikalischer Benennungspartikel ein Benennungssignum konstituieren, das als solches ohne wesentliche konstruktive Folgen bleibt. Darin scheinen diese Takte „dasselbe" zu sein wie die das Adagio eröffnende Achttaktperiode. Während diese jedoch jene Eigenschaft dadurch bestätigt, daß sie in der Oper nur hier, nur einmal vorkommt, wird bei den Takten 26 und 27 jene Eigenschaft gerade dadurch evident, daß sie an verschiedenen Stellen der Oper erscheinen und zwar eben dann, wenn die Empfindung, die sie benennen, an der Reihe ist.

Der systematisierende Aspekt, der die Arten der Musik benannte, wird — läßt man sich auf die besonderen Fälle des näheren ein — seitens der konkreten Funktion durchkreuzt, präzisiert oder in den Hintergrund gerückt. Mit anderen Worten: Weiß man oder glaubt zu wissen, was ein musikalisches Gebilde bedeutet als Phänomen für sich oder in seinem Prinzip, so weiß man noch wenig oder nichts über das Bedeuten in den konkreten Fällen. Bringt man aber das erste Wissen in ein System mit umfassendem Anspruch, so macht man sich blind für das zweite.

LITERATUR

Abert, H.:
1927   Carl Maria von Weber und sein Freischütz. In: *Jahrbuch der Musikbibliothek Peters* 33 (für 1926). Leipzig 1927, S. 9–30.

Eggebrecht, H.H.:
1973   Über begriffliches und begriffsloses Verstehen in der Musik. In: P. Faltin und H.-P. Reinecke (eds.): *Musik und Verstehen. Aufsätze zur semiotischen Theorie, Ästhetik und Soziologie der musikalischen Rezeption.* Köln 1973, S. 48–57.

Listl, P.:
1936   *Weber als Ouvertürenkomponist.* Würzburg 1936.

Steinbeck, S.:
1973   *Die Ouvertüre in der Zeit von Beethoven bis Wagner.* München 1973. (= Freiburger Studien zur Musikwissenschaft. III.)

HANS-PETER REINECKE (BERLIN)

DIE *FREISCHÜTZ*-OUVERTÜRE: EINE PSYCHOLOGISCHE INTERPRETATION

Der Part, in dieser Diskussion je einem musikhistorischen und semiotischen Standpunkt einen musikpsychologischen gegenüberzustellen, bedeutet keineswegs den Versuch, etwa für die eigene Position zuungunsten der anderen eine Option herbeiführen zu wollen. Vielmehr geht es darum, unterschiedliche Akzente der einzelnen Positionen deutlich zu machen. Man sollte sich überhaupt davor hüten, vorschnell einem bestimmten Blickwinkel das Wort zu reden und — mit welchen Begründungen auch immer — ihm den Primat reservieren zu wollen. Jeder „Standpunkt" ist notwendigerweise das Ergebnis einer spezifisch selektiven Betrachtungsweise, die bestimmte Aspekte auf Kosten anderer in den Vordergrund rückt. Es kann also nicht darum gehen, eine Betrachtungsweise für die zentrale auszugeben. Vielmehr liegt mir daran, aus einem musikpsychologischen Blickwinkel heraus — auch hier lassen sich mehrere denken — deutlich zu machen, daß verschiedene Modelle oder „Sichtweisen" den Sachverhalten um so eher gerecht werden, je deutlicher sie in ihrer Komplementarität erkannt und anerkannt werden.

Psychologische Interpretation — gleich welcher Richtung — trachtet vor allem danach, Aussagen über Individuen zu machen, und zwar auch dann, wenn sie ausdrücklich als in steter sozialer Interaktion befindlich anerkannt werden. Sie strebt verallgemeinerbare Aussagen an, oder aber sie geht von solchen Aussagen aus, um Einzelfälle an ihnen zu „messen".

Allein dieser Aspekt setzt bei der Betrachtung des „Falles" *Freischütz*-Ouvertüre klare Akzente. So wäre z.B. anzumerken, daß das „Werk", der „Gegenstand" oder das „Gebilde" *Freischütz*-Ouvertüre dadurch seine Identität erhält, daß es als denkbares, wahrnehmbares, kommunizierbares oder auch diskutierbares „Opus" in den Köpfen interagierender Individuen (und erst aus diesen heraus: Gruppen usw.) „existiert". Hier trifft sich der psychologische Standpunkt sowohl mit dem historischen als auch mit dem semiotischen: Das, was der Historiker in einer anschaulichen Metapher den „geschichtlichen Raum" nennt, läßt sich für den Psychologen etwa als ein Beziehungsnetz von Kommunikationen, Interaktionen, Selbstverständlichkeiten, Traditionen usw. interpretieren. Ihm geht es vornehmlich darum, dieses Netz transparent zu machen. Eine semiotische Betrachtungsweise ist hier durch die Tatsache

nahegelegt, daß solche Beziehungen als durch Zeichenprozesse usw. ermöglicht oder aufrechterhalten interpretiert werden können. Das
„Opus" *Freischütz*-Ouvertüre, dessen Existenz bestimmte Einstellungen,
wie u.a. die des „distanzierten Beobachters", voraussetzt, wird in der
semiotischen Interpretation z.B. zum „Bedeutungsträger", wiewohl
— wie Peter Faltin erläuterte[1] — „die Bedeutungen in einem [...] unscharf konventionalisierten System" ablaufend verstanden werden
können, als welches er die Musik auffaßt. Die Frage der Unschärfe soll
hier nicht weiter untersucht werden. Sicher ist, daß Konventionalisierung bei musikalischen Verhaltensformen auch andere Ebenen betrifft,
als wir sie von der verbalen Sprache her gewöhnt sind. Vielleicht liegt
eine gewisse Schwäche semiotischer Betrachtung darin, daß sie stark an
den Vorbildern verbaler Sprache und ihren Handlungsmustern orientiert
ist.

Wie immer man die artifizielle Musik des 19. Jahrhunderts als „Bedeutungsträger" interpretieren mag, feststeht, daß sie nicht von den handelnden Menschen gelöst werden kann. Sie ist nur denkbar — wie erwähnt — in der sozialen Interaktion, auch wenn man z.B. bei der Werk-
Betrachtung davon absehen zu können glaubt. Dabei muß der Begriff
„handeln" hier sehr weit gefaßt werden; die Verhaltensformen des
Hörens sind als quasi-interne Handlungsformen selbstverständlich mit
eingeschlossen.

Die rationale Analyse von Handlungen aber besteht im allgemeinen zunächst in dem Versuch, Ketten von „Elementen" zu konstatieren, genauer: Handlungssequenzen zu rekonstruieren. Andererseits ist mit dem
Begriff der Handlung im allgemeinen die Erwartung verbunden, daß
solche Sequenzen zu einem Ziel führen oder einem Ziel dienen, zumindest aber dienen sollen, auch wenn es nicht erreicht wird oder erreicht
werden kann, was häufig gleichgesetzt wird. Sieht man davon ab, daß
Handlungen ggf. mehreren überlagerten und vielleicht unterschiedlich
gewichteten Zielen unterstellt sein können, so muß im Falle musikalischer Verhaltensformen bedacht werden, daß hier die Rekonstruktion
eines Ziels, mithin die Annahme finaler Handlungsorientierung, u.U. ein
Fehler sein kann. Gerade in der Musik könnte das „nur so", also die
nicht streng oder gar nicht zielorientierte Handlung, sich zuweilen als
wichtiger Faktor herausstellen, wobei Wortgebilde, die ein „nur so"
nachträglich doch in ein „um zu" zu transformieren trachten, möglicherweise zu Scheinaussagen führen. Ich will hier über dieses Problem
hinweggehen und auf eine für den Fall *Freischütz* — oder allgemeiner:
Kunstmusik im 19. Jahrhundert — konstitutive Interaktionsstruktur zu
sprechen kommen: Das als Beziehungsnetz beschreibbare Zusammenwirken, das den *Komponisten* in eine Wechselbeziehung nicht nur mit

---

[1] Vgl. Faltins Beitrag im vorliegenden Band.

Interpreten, sondern vor allem auch mit einem bestimmten *Publikum*
bringt.

Der Komponist ist hier Carl Maria von Weber. Eine seiner Zielorientie-
rungen liegt auf der Hand. Sie ist z.B. von Erwin Kroll mit dem Topos
des „längst auf neues Opernschaffen Erpichte[n]" (*Kroll*, 1934, S. 134)
auf ein Klischee gebracht worden. Daß Weber konkret etwas zu erzielen
gedachte, daß er sich explizit als Interaktionspartner verstand und
— wie der Sozialpsychologe Michael Argyle es in seiner Interpretation
des Begriffs „Interaktion" ausdrückt — versuchte, „die anderen zu
manipulieren, um bestimmte erwünschte Reaktionen hervorzurufen"
(*Argyle*, 1972, S. 177), geht aus einer Reihe seiner Äußerungen deutlich
hervor. Er ist offenbar als Stratege ans Werk gegangen, denn er hat
genau geplant, was, wann und wie bzw. warum er es tat. Er hatte — so
kann man es ausdrücken — für sein Handeln ein klares rationales Konzept. Dieses war vor allem durch die Maxime geleitet, daß man sein
Publikum kennen müsse, um bei ihm anzukommen. So läßt sich denn
auch die Ouvertüre innerhalb des Kontextes der Oper *Freischütz* als Teil
eines solchen strategischen Konzepts interpretieren, dem sowohl ästhetische wie „kommunikationsstrategische" Überlegungen vorausgingen.
Mit der Ouvertüre zielte Weber darauf ab, das Publikum zunächst in
erster Näherung mit dem „Hauptcharakter seines Werkes" vertraut zu
machen. Auch sonst ging es ihm darum, ein „Ganzes", einen „Charakter", eine Art von integrativem Eindruck zu erwecken, der über den
gesamten Ablauf der Handlung hinweggreift. Diese Ganzheit bereitet er
durch die Ouvertüre bereits programmatisch vor.

Die Erwartungen hinsichtlich seines Partners „Publikum" waren nicht
gerade freundlich, gleichwohl sicher nicht ganz realitätsfern. Es liest
sich bei Lobe (1855, S. 6) so: „[...] das kalt und matt und gleichgültig
vor eine Kunsterscheinung tretende Publikum muß stark angegriffen,
muß zur Aufmerksamkeit und Teilnahme gezwungen, muß mit Macht
in den Kreis derselben hineingerissen werden, denn freiwillig erhitzt es
sich nicht [...]. Und das Mittel, das nur zur Energie des Ausdruckes
hilft, das heißt — *Übertreibung*."

Weber verstand sich ohne Zweifel in einer — würde man heute sagen —
quasi dyadischen Interaktion begriffen: Komponist — Publikum. Dabei
spielen die Partner die Rollen von konkreten bzw. Quasi-Individuen:
Dem Komponisten steht das Publikum zumindest in Webers Konzept
als eine ziemlich konkrete Quasi-Person gegenüber; es ist — wie er sich
Lobe gegenüber ziemlich drastisch ausgedrückt haben wird — „einem
Greise zu vergleichen".

Doch Webers Konzept geht noch weiter. Fast erinnern seine Gedanken
an die Spiralen reziproker Perspektiven, wie sie Ronald D. Laing,
H. Phillipson und A.R. Lee in ihrer Arbeit über interpersonelle Wahrnehmung beschrieben haben: „Menschen denken ständig über andere

nach und darüber, was andere über sie denken und was andere denken, daß sie über andere denken" (*Laing, Phillipson & Lee*, 1973, S. 37). Denn — so Weber nach Lobe — „freilich ist Übertreibung ein großer Fehler, wenn sie vom Publikum an dem Kunstwerk bemerkt wird" (*Lobe*, 1855, S. 6). Selbst die Selektivität der Wahrnehmung von Reizen wird von Weber erkannt und in seine Werkskonzeption einbezogen: „Dem Liebenden gefallen alle Züge, Bewegungen usw. an seiner Geliebten, er findet alles an ihr reizend, was den Unbeteiligten oft gleichgültig läßt oder ihm gar unschön dünkt. So hält nun auch der Künstler in der Stunde der Begeisterung leicht jeden Tongedanken, den ihm die Phantasie vorstellt, für einen energischen Zug des Gefühls, das bereits warm in ihm lebt, und hierin täuscht er sich natürlich nicht immer, aber oft" (*Lobe*, 1855, S. 6).

Es ist nicht nötig, hier in die Materie weiter einzudringen; das Gesagte müßte ausreichen, um die Möglichkeiten anzudeuten, die ein Modell wie das der sozialen Interaktion für die Beschreibung sozialhistorischer Sachverhalte zu bieten vermag.

Carl Maria von Weber war offenbar ein Meister der Beherrschung der ihm vorgegebenen Interaktionsbedingungen. Ihm ging es vor allem darum, seine Werke so zu konzipieren, daß sie die von ihm gewünschten Vorstellungen im Publikum erweckten. Er muß seine Kompositionen rigoros geändert haben, wenn es ihm aus solchen Gründen nötig erschien, denn er macht sich über die kleinen Geister lustig, die an einmal Verfertigtem kleben: „Jede Zeile, jedes Wort ist ihnen ans Herz gewachsen [...]. Ich habe eine solche Liebe für jede Einzelheit nie begreifen können, ich habe sie immer nur vom Standpunkte des Ganzen betrachtet und sie ohne das geringste Bedenken geopfert, wenn sie mir zu diesem nicht zu passen oder ihm gar schädlich zu sein schien" (*Lobe*, 1855, S. 8).

Vor diesem Hintergrund läßt sich die *Freischütz*-Ouvertüre als Paradigma für ein bewußt auf die Publikums-Interaktion angelegtes Geschehen interpretieren, das vor allem dem Ziel unterstellt ist, in konzentrierter Weise die Dramatik der folgenden Opernhandlung zu umreißen, um das Publikum auf das Kommende vorzubereiten. Diesem Gesichtspunkt wird auch die formale Gestaltung unterworfen; vor diesem Hintergrund müßte sie also zuvorderst gesehen werden.

Ich will hier kurz ein weiteres Problem ansprechen, die Frage nämlich, in welchen Kategorien Weber gedacht hat. Eine außerordentlich interessante psychologische Problematik, auf die ich hier nur hinweisen kann, steckt wohl in der Tatsache, daß die Art von Webers musikalischem Schaffen durch sein begriffliches Denken in starkem Maße bestimmt und von ihm abgeleitet war. Gerade die *Freischütz*-Ouvertüre scheint mir hierfür ein Beispiel besonderer Deutlichkeit darzustellen. Weber denkt — wie es Kurt Lewin einmal ausgedrückt hat — in zwei-

schnittartigen Klassifikationen (*Lewin*, 1971, S. 7). Seine begrifflichen
Kategorien sind entsprechend zeitgenössischen Denkformen weitgehend
als Gegensatzpaare aufgebaut. Doch das allein wäre noch nichts Ungewöhnliches. Die Besonderheit besteht m.E. darin, daß er diese Zweischnitte direkt in musikalische Metapher umsetzt und auf diese Weise
— darauf bauend, daß diese Form das Alltagsdenken besonders stark
bestimmt — offenbar, eine tiefe Bresche des Verständnisses, des Akzep-
tierens schlägt. Zweischnitte, die von *himmlisch* vs. *irdisch* bis zu
wesentlich vs. *unwesentlich* reichen, beherrschen sein begriffliches wie
musikalisches Denken. Dazu gehört auch die Wertschätzung der Häufigkeit, die in dem Konzept des „Wesentlichen" steckt, gegenüber der das
„Individuelle" eher als das „Zufällige" erscheint. Sie bestimmt auch die
Kategorie des „Hauptcharakters", der ja dieses Wesentliche zum Ausdruck bringen soll.
Logische Zweischnitte finden sich überall bei Weber, etwa wenn es gilt
— um der Einfachheit halber Erwin Kroll zu zitieren (1934, S. 140 f.) —,
die „volkstümliche Innigkeit und Frische" einem „ritterlichen
Schwung" gegenüberzustellen, wenn „satanische Tonketten" zugleich
auf ihr Gegenteil verweisen, wenn es um den „Sieg des Guten über die
Mächte der Finsternis" geht oder wenn „Gute und böse Mächte [...]"
sich in C-Dur und c-Moll" gegenüberstehen.
In diesem Zusammenhang sei der Hinweis erlaubt, daß sich für eine
Tendenz zur Polarisierung sehr wohl Hinweise in neuropsychologischen
Forschungsbefunden auffinden lassen, die eine Erklärung als semantische Konventionen unwahrscheinlich machen (vgl. hierzu *Reinecke*,
1976). Hier scheinen vielmehr zwei konkurrierende, wiewohl komplementäre Aspekte der Verarbeitung sensorischer Reize im Gehirn die
primäre Rolle zu spielen. Einmal handelt es sich um die Verarbeitung
primär sequenzieller Reize, also zeitlich linearer Folgen von Ereignis-
„Elementen". Die hier beteiligten Zentren sind zugleich mit denjenigen
für sprachliche Operationen eng verknüpft. Das verwundert kaum, wenn
man bedenkt, daß rationale, sprachliche Operationen primär sequenziell
orientiert sind.
Zum anderen geht es um die Verarbeitung gleichzeitiger, d.h. räumlicher oder raumanaloger Strukturen, die im wesentlichen unbenannt
vor sich geht, und wenn eine Benennung doch erfolgt, dann lediglich in
umrißhaften, „ganzheitlichen" Begriffen. Daher wird dieses „Denken"
auch „ganzheitlich" genannt; es hat große Ähnlichkeit mit Verhaltensformen, die wir unter dem Begriff „Meditation" kennen.
Der konkurrierende Aspekt dieser beiden Operationsformen des Gehirns schlägt sich z.B. in der polaren Gegenüberstellung von *Licht* (der
Erkenntnis) und *Dunkel* (unbenannten Denkens) nieder. Es zeigt sich
auch in der Spannung zwischen rational organisierbaren Beziehungen
(z.B. von Tönen) einerseits und Ganzheitserfahrungen andererseits, die

Peter R. Hofstätter (1954) einmal als „physiognomisches Wissen" bezeichnet hat und die — wenngleich nur in den „Umrissen" benannt — einen wesentlichen Teil musikalischer Erfahrungen auszumachen scheinen.

LITERATUR

Argyle, M.:
1972   *Soziale Interaktion.* Dt. Ausg. ed. C.F. Graumann. Köln 1972.

Hofstätter, P.R.:
1954   Die beiden Wissensbegriffe und die Psychologie. In: *Jahrbuch für Psychologie und Psychotherapie.* 2 (1954).

Kroll, E.:
1934   Carl Maria von Weber. In: E. Bücken (ed.): *Die großen Meister der Musik.* Potsdam 1934.

Laing, R.D.; H. Phillipson und A.R. Lee:
1973   *Interpersonal Perception.* o.O. 1966.
        Deutsch von H.-D. Teichmann: *Interpersonelle Wahrnehmung.* Frankfurt a.M. 1973.

Lewin, K.:
1930/31 *Der Übergang von der aristotelischen zur galileischen Denkweise in Biologie und Psychologie.* 1. Bd: Erkenntnis. o.O. 1930/31, S. 421—460. (= Annalen der Philosophie. Bd IX.) Reprogr. Nachdr. Darmstadt 1971.

Lobe, J.C.:
1855   Selbsterkenntnisse eines Schaffenden. Eine Unterredung mit C.M. von Weber im Jahre 1825. In: *Fliegende Blätter für Musik.* Bd 1, S. 27—34. Leipzig 1855. Abgedr. in: *Blätter der Staatsoper (Berlin).* 1 (1921) H. 8, S. 2—8.

Reinecke, H.-P.:
1976   Verbale und nonverbale Kommunikation. In: *Musik und Medizin.* 2 (1976) H. 2, S. 37—41.

PETER FALTIN (GIESSEN)

DIE *FREISCHÜTZ*-OUVERTÜRE: EINE SEMIOTISCHE INTERPRETATION DER BEDEUTUNGSGEBENDEN PROZESSE

1. Ästhetisch wirksam ist nicht nur, was der unmittelbaren Wahrnehmung zugänglich ist, sondern darüber hinaus all das, was die Elemente eines Kunstwerks bzw. deren Beziehungen zueinander für das wahrnehmende Subjekt bedeuten. Ein musikalisches Werk semiotisch zu interpretieren — d.h. seinen „Sinngehalt" in der vollzogenen Bedeutung x zu extrapolieren, ohne dabei deren vollständige Verbalisierung als oft mißverstandenes Kriterium einer solchen Analyse anzustreben — heißt daher nicht, danach zu fragen, was die Elemente des Werkes bezeichnen (worauf sie hinweisen), sondern was sie bedeuten. Diese scheinbare Spaltung des herkömmlichen Zeichenbegriffs soll nicht zu dem absurden Schluß verleiten, es gäbe Bedeutung ohne Bezeichnung (ohne Bezug auf etwas), sondern soll darauf hinweisen, daß das musikalische Zeichen über seine durch mögliche direkte Bezeichnungen gewonnenen Bedeutungen hinaus (die oft falsch als die einzigen der Programmusik verstanden werden) seine eigentliche Bedeutung nicht durch die Bezeichnung erlangt, sondern aus sich selbst im Prozeß der Semiose — d.h. in einer Interaktion zwischen Komponist, Werk und Hörer — entwickelt. Erst auf diese Weise kann es im nachhinein als ein „Bezeichnendes" interpretiert werden. Die entscheidende Frage lautet daher zunächst: Welches ist die Realität, zu der musikalische Zeichen in Bezug gesetzt werden? (Stünden sie in keinem solchen, wären sie keine Zeichen.) Des weiteren gilt es zu fragen, wie dieser Bezug (der keiner der sprachlichen „Bezeichnung" ist) durch Mittel des musikalischen Materials realisiert wird.

Da die Bedeutungen in einem so unscharf konventionalisierten System wie dem der Musik nicht unmittelbar, fest und beständig mit ihren materiellen Trägern verknüpft sind — die musikalischen Sinnzusammenhänge sind nicht aus den Noten ablesbar, sondern werden ebenfalls erst durch den Hörvorgang realisiert —, kann auch die umstrittene „Autonomie" (*Mukařovský*, 1970, S. 140) bzw. „Autoreflexivität" (*Eco*, 1973, S. 73) dieser Zeichen nicht dahingehend gedeutet werden, daß sie realitätsfremd lediglich auf sich selbst, d.h. auf ihre Materialität hinweisen, indem sie diese als die einzige Realität präsentieren, sondern daß sie vielmehr als materielle Strukturen in dem angedeuteten Prozeß der

Semiose die Bedeutung derjenigen ästhetischen Kategorien annehmen, denen sie entsprechen. Werden z.b. zwei materialverschiedene Strukturen als kontrastierend wahrgenommen, so ist deren Bedeutung dieser Kontrast selbst, und nicht ein möglicherweise durch ein Sujet vorgegebener Kontrast. Anders gesagt: außermusikalische Entitäten können nur als musikalische Zeichen, die deren konnotative Substanz zu erfassen vermögen, dargestellt werden. Bedeuten heißt daher nicht: für etwas, auf dessen Bedeutung hingewiesen werden soll, stellvertretend stehen, sondern: als etwas — d.h. in der Bedeutung x — vollzogen werden.

Jenseits der für die Musik nicht spezifischen semantischen Ebene, der der direkten Bezeichnungen, findet ein syntaktischer und pragmatischer Prozeß der musikalischen Sinngebung statt, dessen Mechanismus im folgenden aufgezeichnet werden soll.

2. Der Prozeß der Semiose, der von den Säulen *Künstler—Werk—Hörer* getragen wird, vollzieht sich in drei unterschiedlichen, jedoch miteinander verknüpften Stadien: in dem der *Produktion* (Intention des Künstlers), in dem der *Realisation* (Eigengesetzmäßigkeit des Materials und der Situation, in der sich die Intention als Werk verwirklicht) und dem der *Reproduktion* (dem Rezeptionsprozeß selbst). Sie alle prägen in unterschiedlichem Maße die konkrete Physiognomie des Zeichens, das jedoch als solches keine Bedeutung zu haben vermag, sondern eine solche erst durch den Bezug zu diesen seinen, keineswegs statischen, Determinanten — der eigentlichen Realität des Kunstwerks — erlangt.

In jedem dieser drei Stadien findet analog zu dem Modell des Richardsschen Dreiecks (*Ogden & Richards*, 1923, S. 11) ein semiotischer Mikroprozeß statt:

Auf der Ebene der *Produktion* wird das Designat (D_1), d.h. ein Aspekt der Realität, auf die sich das Werk bezieht, durch die Klasse der subjektiven und objektiven Merkmale des künftigen Werkes gebildet, die in die Struktur des Zeichens (Z_1) auf musikspezifische Weise als die vom Künstler intendierte Bedeutung (M_1) eingehen:

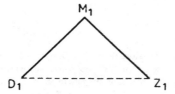

Der tragende Konflikt der *Freischütz*-Thematik, der zwischen „Wald-und Jägerleben" und dem „Walten dämonischer Mächte" (*Lobe*, 1855,

S. 4), findet als subjektive Intention (Denotat D_1) sein Zeichen in der Struktur der vermuteten Sonatenform[1], die selbst als das Zeichen Z_1 zu verstehen ist. Weder durch die konkrete Gestalt der Motive oder Akkorde noch durch die Instrumentationseffekte, sondern durch eine strukturelle Korrelation der Substanz der Idee mit der Substanz der Form wird die Form selbst zum Zeichen der intendierten Bedeutung — die auch unabhängig von der Thematik die eigentliche Bedeutung der Sonatenform ist —, nämlich zum Zeichen des Konflikts.

Gleichzeitig wird diese Musik durch angewandte Stilmittel zum Zeichen ihrer objektiven geschichtlichen Verankerung und durch markante Attribute der Überwindung geltender ästhetischer und technologischer Normen zum Zeichen eines neuen ästhetischen Ideals. Die neu verstandene Funktion der Gattung „Ouvertüre" selbst, die sich von einem Potpourri bzw. von einem Stück, das die Stimmung zu einer Oper vorbereiten sollte, zu einem Mikrodrama wandelte, die Autonomie der Form als Träger dieses Dramas und die sich daraus ergebenden hörbaren Widersprüche (das Vorwegnehmen des glänzenden Schlusses — der Lösung — der Oper zu Anfang des Dramas), die auffallende Originalität der Instrumentation, die die Klangfarbe als selbständiges dramatisches Element begreift: dies alles sind Merkmale, durch die der Komponist weit über das hinausweist, was der „zu vertonende" Stoff verlangte.

Auf der Ebene der *Realisation* wird diese, zum Zeichen gewordene, Idee zum erklingenden Designat (D_2) des Zeichens (Z_1).

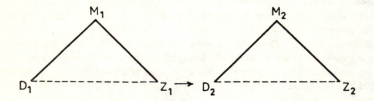

---

[1] Eine detaillierte Diskussion über den Sonatensatz-Charakter der *Freischütz*-Ouvertüre würde den Rahmen dieses Aufsatzes weit überschreiten. Wir gehen davon aus, daß diese Ouvertüre auf einem thematischen und tonalen Kontrast, dem in speziellen Untersuchungen der Sonatensatz-Charakter zugesprochen wurde, beruht. Wir werden im weiteren zeigen, daß mangels einer echten Durchführung dieses Stück dem Idealtypus der Sonatenform nicht restlos entspricht.

Das Zeichen Z_1 — die im Notenbild fixierte Idee des Komponisten — nimmt in diesem Stadium zwangsläufig Merkmale einer geistigen, gesellschaftlichen, kulturpolitischen und ästhetischen Situation an, in der es zur Musik wird. Infolge einer Konfrontation des Z_1 mit dieser Situation D_2 (die dadurch zu einem weiteren Denotationsfeld dieser Musik wird) entsteht die Bedeutung M_2, zu deren Zeichen (Z_2) das nunmehr realisierte Zeichen Z_1 wird. Diese Bedeutung M_2 ist aus der Differenz zwischen Z_1 und Z_2, die durch die Eigenart von D_2 bedingt ist, bestimmt und modifiziert die ursprüngliche Bedeutung M_1. (Ein aus kulturpolitischen Gründen nicht aufgeführtes Werk nimmt über seine ursprüngliche Intention hinaus die Denotation[2] eines „verbotenen" Werkes an, das nach längerer Zeit nicht in seiner intendierten Bedeutung, sondern eher als Dokument dieser Situation aufgefaßt wird.)

Die Verschiebungen bzw. die ungünstigen Vorbereitungsbedingungen der Aufführung der „Zauberoperette von C.M.v. Weber" wegen der bevorzugten Premiere von Spontinis *Olympia* verliehen zu dieser Zeit dem Werk eine semiotische Dimension des Kampfes um das erwachende nationale Bewußtsein, den die Gruppe um den damaligen Intendanten Graf Brühl (Schinkel, Humboldt, Gebrüder Grimm u.a.) gegen den vorherrschenden Kosmopolitismus führte. Die Identifikation des liberalen Bürgertums mit dem noch unbekannten Werk bereits vor der Premiere (vgl. *Weber*, 1865, S. 312 ff.) wurde zweifellos auch durch diese Konnotationen und nicht nur durch die musikalischen Qualitäten des Werkes bedingt.[3]

Auf der Ebene der *Reproduktion* — deren Aspekte von der soeben beschriebenen Ebene oft schwer zu trennen sind — nimmt das semiotisch bereits ausgestattete Werk weitere Merkmale eines konkreten soziokulturellen Kontextes an, in dem es wirksam wird. Aus einer Wechselwirkung zwischen der strukturellen Beschaffenheit des Werkes und einem Komplex ästhetischer Normen, bzw. anderen situationsbedingten Erwartungsmustern, entstehen reflektierte oder emotionale Stellungnahmen wertenden Charakters, die trotz ihrer Variabilität zum festen Be-

---

[2] Wie der Leser bemerkt hat, wird in diesem Aufsatz der Morrisschen Unterscheidung zwischen „Denotat" und „Designat" nicht gefolgt, sondern beide Termini werden im Russellschen Sinne zur Benennung idealer und realer Gegenstände verwendet, auf die sich Zeichen beziehen.

[3] Daß die Bedeutungsebene nach einiger Zeit verblaßt, ändert nichts an der Tatsache, daß sie unter Umständen auch für ein späteres Interesse eine wichtige semiotische Rolle erfüllen kann. So bleibt wahrscheinlich Schostakowitschs *Lady Macbeth* für immer eher Zeichen einer absurden Kulturpolitik als einer ästhetischen Qualität.

standteil des Bedeutungsfeldes eines musikalischen Zeichens werden.
Die umstrittene Morrissche Behauptung, Designate ästhetischer Zeichen
seien Werte (*Morris*, 1939, S. 108 f.), besagt nicht, daß Kunstwerke
abstrakte Werte bezeichnen oder als Zeichen vertreten, sondern eher,
daß sie diese im Prozeß der Semiose hervorbringen. Z_2 tritt jeweils in
eine veränderte Situation D_3 ein, die eine seiner weiteren Denotations-
ebenen bildet; sie wird jedoch in dem Zeichen Z_3 nicht passiv abgebildet (wie es die Widerspiegelungstheorie annimmt), sondern transformiert sich infolge einer Interaktion zwischen *Werk* und *Hörer* zur kon-
notierenden Bedeutung M_3 des komplexen Designats $D_1 + D_2 + D_3$,
dessen Zeichen Z_3 das nun wahrgenommene Werk wird.

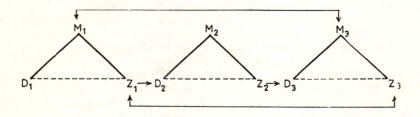

Besteht zwischen Z_3 und Z_1 eine strukturelle Identität, so ist zwischen
den Bedeutungen M_1 und M_3 kein derartiger Zusammenhang herzustellen. Durch diese Feststellung sei auf die Grenzen einer strukturellen
(syntaktischen) Analyse, wie auch auf die einer semantischen, die sich
auf ein durch Zeichen bezeichnetes Sujet der Programmusik stützte,
hingewiesen.
Der *Freischütz* — dessen Ouvertüre bei einer semiotischen Untersuchung
von der Oper nicht zu trennen ist — ist nicht nur Zeichen eines universa-
len Konflikts bzw. der durch seine Aufführungsschwierigkeiten mitbe-
dingten Konnotationen, sondern ist als Oper „die erste, in der das durch
die Freiheitskriege mächtig entfachte deutsche Nationalgefühl [...] geradezu einen elementaren Ausdruck fand" (*Abert*, 1927, S. 16). Er griff
den Zeitgeist auf, der sich im allgemeinen Bewußtsein dieser Jahre
durch Attribute der vermenschlichten Naturromantik (das Volk agiert
nicht zufällig im Wald) bzw. durch einen pittoresken Realismus artiku-
liert (der Held wird nicht Opfer eines allmächtigen Faustus, sondern ein
„natürliches" Mädchen — das in der ursprünglichen Textvorlage das
Opfer war — wird zu seiner Retterin), und vermochte diese durch spezifisch musikalische Mittel anzusprechen. Zwischen Intention, Struktur
des Werkes und Erwartungen der Hörer (die zum Mitbezeichneten
dieser Musik werden) entsteht eine fruchtbare Koinzidenz („Es entspricht durchaus dem deutschen Volksempfinden, daß [...] die Macht

des Bösen eine besonders scharfe und breite Zeichnung erfährt. Das Gute versteht sich sozusagen von selbst" (*Abert*, 1927, S. 21)). Weder durch die bereits zu dieser Zeit zum Klischee gewordenen Symbole (einfache Hörnermelodien für Wald und Volk, verminderter Septakkord für das ,,Unheimliche") noch durch den genauen Bezug der Themen zu konkreten Situationen der Oper[4], sondern ,,durch Kraft des Milieus" (*Waltershausen*, 1920, S. 59), d.h. durch die konnotative Aura dieser Musik als eines Ganzen, das mit den vorgegebenen ,,Designaten" einer geistigen Situation ästhetisch resoniert, erlangt diese Musik ihre eigentliche Bedeutung M_3. Auch die verborgenen Symbole dieser Musik — ihr gesamtes ,,Programm" — sind nicht das Ziel, sondern ein Mittel.

Daß diese Musik im Jahre 1821 etwas anderes bedeutete als 1975, braucht hier nicht näher erläutert zu werden. Und ihre Belanglosigkeit in der Situation heutigen Theaterbetriebs gehört auch zu der von ihr mitbezeichneten Bedeutung, deren Zeichen sie selbst ist. (Sogar zu ein und demselben Zeitpunkt kann ein Zeichen für verschiedene Hörergruppen unterschiedliche Bedeutungen annehmen; man stelle sich vor, welch unterschiedliche Bedeutung Beethovens *Egmont* für einen Nationalsozialisten und einen Kommunisten hatte, die in den 30-er Jahren dasselbe Konzert hörten. Für eine Hörergruppe ist z.B. die *Alpensinfonie* ein Zeichen ihres Programms, während sie für eine andere darüber hinaus, oder genauer gesagt, gerade dadurch, zum Zeichen einer ,,eigenartigen" Haltung von R. Strauß gegenüber der europäischen Gegenwart des Kriegsjahres 1915 wird.) Es gibt keine Bedeutung ,,an sich", die an Strukturen oder Intention des Werkes haftete, sondern nur eine ,,für jemanden", die durch den Prozeß seiner *Reproduktion* immer erneut generiert wird.

3. Wäre die Sonatenform das einzig greifbare Zeichen dieser Musik, so wäre der Konflikt des *Freischütz* derjenige aller Sonatenformen dieser Zeit. Eine Semiotik, die die Individualität des Werkes nicht zu erfassen vermag, entzöge sich nur schwer dem Vorwurf, banale Feststellungen der Musiktheorie in modischem Gewand zu verkaufen. Sie steht zweifellos der Musiktheorie insofern nahe, als sie mittels analytischer Methoden Elemente des Zeichenprozesses zu finden versucht, unterscheidet sich von ihr jedoch grundsätzlich dadurch, daß sie die gefundenen Elemente und deren in den Noten ohnehin nicht zu findende musikali-

---

[4] Die Tatsache, daß die tragende Figur des ganzen Stückes aus der Arie Kaspers ,,Umgebt ihn, ihr Geister" stammt, die Rache bezeichnet und z.B. in Takt 77 die Funktion des eigentlichen ,,Umgarnungsmotivs" übernimmt, ist keinem gewöhnlichen Hörer, sondern nur dem Experten zugänglich, ohne daß dadurch allerdings der ,,Genuß" des Hörers geschmälert würde.

sche Sinnzusammenhänge über die syntaktische Ebene hinaus auf allen
aufgezeichneten Ebenen reflektiert. Die spezifische Bedeutung der
Musik ist in der Struktur des musikalischen Materials begründet (sonst
wären ihre Zeichen keine musikalischen), auch wenn sie auf diese nicht
restlos zurückzuführen ist.

Das Material der Musik stellt eine Art von Zeichen dar, zu dessen
Designat der eigentliche Zeichenträger gehört. So ist z.B. die Sonatenform bereits durch ihre materielle Beschaffenheit, also bereits als Zeichenträger, das Zeichen eines Konflikts (wogegen die Lautgestalt des
Wortes „Konflikt" als Zeichenträger mit der bezeichneten Bedeutung
keinerlei Gemeinsamkeit besitzt und aus sich selbst den Konflikt nicht
zu artikulieren vermag).

Morris nannte diese Zeichen bekanntlich „Ikons". Sie wurden jedoch
infolge eines Mißverständnisses ihrer Definition zu Unrecht aus musik-
semiotischen Überlegungen ausgeschlossen. Der Morrisschen Definition
„Ein Ikon denotiert jeden Gegenstand, der dieselben Eigenschaften
[„properties"] aufweist, wie es selbst" (vgl. *Morris*, 1938, S. 45) ist
nämlich keineswegs das oft unterstellte Postulat einer „Homomorphie"
zwischen Zeichengestalt und Designat zu entnehmen (was natürlicher-
weise zur Folge hätte, daß diejenigen Zeichen, die als ästhetische funktionieren können, aus den Überlegungen über Musik — im Unterschied
zur solchen über die bildenden Künste — a priori ausgeschlossen bleiben,
da im Material der Musik keine andere Realität genau abgebildet werden
kann). Gerade das von Morris genannte Beispiel für ein ikonisches Zeichen — ein Modell — ist kein Abbild der Realität (das Modell des Atoms
bildet doch das Atom, das ja überhaupt noch niemand zu sehen bekam,
keineswegs homomorph ab), sondern ein willkürlich und künstlich ge-
schaffenes Bild einer Vorstellung darüber, wie diese Realität aussieht
und funktioniert, ohne daß es mit ihr selbst übereinstimmen müßte.
Ikonische Zeichen stellen nämlich die bezeichnete Realität selbst dar.

Die Realität der *Freischütz*-Ouvertüre ist — wie die jeder Programmusik — eine paradoxe und in sich gespaltene: die außermusikalische Realität, die nicht aufgegeben werden soll, wird durch eine musikalische
ersetzt. Einer Abbildung gelingt es nicht, diese Substitution zu verwirklichen: wer nicht weiß, daß das instrumentale Hauptthema Maxens Arie
„Doch mich umgarnen finst're Mächte" entstammt, merkt kaum, daß es
in den Takten 42 ff. eine „gequälte Seele" (*Waltershausen*, 1920, S. 53)
darstellt. Was eine direkte Bezeichnung musikalisch nicht vermag, kann
einer musikalisch geschaffenen Realität gelingen. Der plötzliche Tempo-
und Instrumentationswechsel zwischen Adagio und Molto vivace
(Takte 36 und 37), die unruhigen Synkopen der beweglichen Begleitung, der punktierte Rhythmus des folgenden Vordersatzes mit in unge-
wöhnlich tiefer Lage verdoppelten Klarinetten (Takt 42), die Wiederholung der sich im Nachsatz sprunghaft erhebenden Sexte (die zur bis-

herigen schreitenden Linie deutlich kontrastiert), deren plötzlicher Sturz in die offenbleibende Dominante (Takte 47, 49), der unerwartete Einbruch einer energisch sinkenden Staccato-Figur der zum erstenmal im hohen Register exponierten Geigen (Takte 47, 49), die durch ein synkopiertes Umkreisen des verminderten Septakkords im Tutti der Streicher abgelöst wird, auf dem folgenden Ostinato der Bässe zu einer sich innerlich beschleunigenden Gradation wird und auf der folgenden Dominante geöffnet bleibt …: all das sind Attribute, die in rascher Folge in einem kurzen Abschnitt von 24 Takten aneinandergereiht wurden, um dadurch — d.h. durch ihre Materialität und durch die sich aus ihr ergebenden musikalischen Sinnzusammenhänge — das intendierte Erleben der inneren Dynamik, Spannung und nicht erfüllten Erwartung zu stimulieren. Gelingt dies, so erübrigt sich die (für mißverstandene Semiotik typische) Frage: „Was bedeuten" diese Strukturen? Es handelt sich um autonome musikalische Zeichen, die allein durch ihre vollzogene Materialität diese Qualitäten als ihre eigentlichen Designate darstellen. Wird in ihnen auch ein konkreter Bezug zum außermusikalichen Programm hergestellt, so geschieht dies musikalisch ausschließlich durch strukturelle Korrelation einer Idee mit der musikalischen Eigenbedeutung des strukturierten Materials. Nur wenn das außermusikalische Programm in ein musikalisches transformiert wird, hat es die Chance, als integraler Bestandteil des musikalischen Werkes wirksam zu werden. Einen solchen ikonischen Charakter weisen auch weitere Strukturen auf: das als einziges sich durch seinen regelmäßigen motivisch-periodischen Bau von allen anderen Gestalten stark absetzende zweite Thema (Takt 123 ff. „Agathe"), die dramatische Engführung am Höhepunkt der Durchführung (Takt 183 ff. „Umgarnungsmotiv"), die sequenzartig fallende und steigende Unisono-Figur der Streicher (Takt 81, 246 ff. „die Kollapsfigur"), die Hörner in der Introduktion, die verzerrte Reprise ohne das zweite Thema, der Tonartwechsel in der Koda, das Dreiklangmotiv der zum erstenmal in hoher Lage exponierten Solo-Klarinette über dem Kontrast der tiefen Tremolo-Streicher (Takt 96 ff. „O dringt kein Strahl durch diese Nächte"), die allmähliche Auflösung aller festen melodischen Konturen gegen Ende der Reprise mit dem Auftreten des verminderten Septakkords (Takt 264 ff. „Samiel"); usw.

Die Elemente erlangen auf einer höheren syntaktischen Ebene ihre eigentliche musikalische Bedeutung gerade dadurch, daß sie miteinander in Beziehung gesetzt werden. Der Kontext beruht auf seinen Elementen, die jedoch nur durch ihn ihre Bedeutung erlangen. Auch wenn durch Hören nicht zu erschließen ist, daß das zweite Thema Agathe bezeichnet und somit das „unschuldige Gute" symbolisiert, ist aus den musikalischen Wandlungen dieses Themas — von zurückhaltender Kantabilität zum jubelnden Pathos der Schlußapotheose – dessen siegreicher Gang hörbar. Dieser hörbare Prozeß ist selbst das ikonische Zeichen einer Entwicklung. Sogar seine qualitative Eigenart ist in diesem Zeichen erfaßt: der Sieg wächst nicht organisch aus einem Konflikt der exponierten Gegensätze, sondern ist von Anfang an vorgegeben und wird lediglich durch eine quantitative Manipulation (Hervorhebung des zweiten und Verdrängung des ersten Themas) äußerlich und mechanisch geschildert. Nicht nur in der mangelnden Dramatik der Textvorlage, sondern in der Verbindung des Unverbindbaren ist die widersprüchliche Bedeutung dieses Zeichens begründet: die Gestalt der Themen, die nach bester Art der Programmusik der Personen- und Situationsbezeichnung entstammen, kann nicht erst in einem organisch musikalischen Prozeß entwickelt oder in einer instrumentalen Durchführung zerstört werden. Beide Themenkomplexe stehen als vorgefertigte Charaktertypen nebeneinander; ihr Aufeinanderprallen bleibt aus. Die Dramatik der ganzen Ouvertüre ist eher in einigen „Durchführungen" des ersten — bereits an sich dramatischen — Themenkomplexes gegeben als durch eine musikalisch-dramatische Konfrontation der beiden.

Das zweite Thema, das die Lösung des Spiels bereits von Anfang an in sich trägt, erscheint als Episode an verschiedenen Stellen der Ouvertüre, unterbricht den eigentlichen dramatischen Prozeß und weist durch seine materiellen Abwandlungen auf seine Entwicklung hin: in der Exposition ist es in solistischer Instrumentation, in sanftem piano und dolce zu hören; in der Durchführung schrumpft es (nicht nur dynamisch) zu seinem Vordersatz zusammen, erhebt sich zwar noch zweimal zu einer Fortsetzung, wird jedoch durch seine eigene Karikatur (tiefe groteske Posaune) abgebrochen, fällt in der Reprise ganz aus, und erst in der Koda — in der das erste Thema einfach nicht auftaucht — erscheint es, ohne logisch entwickelt zu werden, im strahlenden fortisimo des ganzen Orchesters. Dieser — mit ausschließlich musikalischen Mitteln dargestellte — paradoxe Sieg ohne Kampf denotiert darüber hinaus mit denselben musikalischen Mitteln die dramatische Schwäche des zu erwartenden Spiels, deren Zeichen die Ouvertüre ebenfalls ist.

Jede Beziehung materieller Elemente zueinander setzt bereits an geringsten Flächen einen sinngenerierenden Mikroprozeß in Gang. Ein solcher soll im folgenden an der Überleitung vom ersten zum zweiten Themenkomplex dargelegt werden (Takte 77—123). Auch wenn die syntaktisch entstandenen Sinnzusammenhänge eines pragmatischen Verarbeitungsprozesses bedürfen und sich in der gesamten Bedeutung nicht mechanisch und direkt abbilden, stellen sie eine unbedingte Voraussetzung eines solchen pragmatischen Wertungs- und Deutungsprozesses dar. (Die semantisch relevanten Bezüge dieser Strukturen zu den durch sie „bezeichneten" Inhalten des Programms sind in Klammern angegeben.)

Nachdem ein erneutes Aufsteigen der melodischen Linie in Takt 71 und Takt 80 („Umgarnungsmotiv") an ihrem Höhepunkt (es^3) endgültig ab-

gebrochen wird, ohne den im Takt 61 breit eröffneten Raum des Drei-
klangmotivs („Wolfsschlucht") organisch auszufüllen, stürzt plötzlich
der gesamte Prozeß zum erstenmal in deutlicher Homophonie der ver-
selbständigten Streicherfigur des Taktes 47 bzw. 69 („Max") tief hinab.
Ob diese Stelle in der Tat den „Kollaps" (*Walterhausen*, 1920, S. 81)
darstellt, ist mit Mitteln der Semiotik schwer nachzuprüfen; fest steht
jedoch — und jeder, der zu hören vermag, hört es —, daß nach einer
Folge bunter Elemente das durch den punktierten Rhythmus getragene
Streben nach einem Ausweg, d.h. zu einer klaren Linie (deren Erwartung durch die Dominante verstärkt wird), nicht gelingt. Das wieder-
holte Aufsteigen endet nach diesem Zusammenbruch mit einer schwe-
benden Tonika in piano und bleibt somit offen. Das leichte crescendo
der sich wieder zu erheben scheinenden Geigen ist erneut durch das
aggressive fortissimo eines fremden B-Dur-Akkordes durchbrochen, dem
eine sich energisch emporhebende diatonische Skala im deutlichen
Unisono der Streicher in fortissimo (mit Flöte, jedoch ohne die bereits
typisch gewordene Klarinette) folgt. Diese Linie erreicht das lang erwar-
tete hohe c^3 endlich in fortissimo; es ist jedoch keine Tonika mehr,
woran durch den fortdauernd „fremden" Akkord b—d—f der Hörner
deutlich erinnert wird. Anstelle einer Lösung stürzt auch diese Linie
(jetzt in der Klarinette), in markantem staccato, hinab, um endlich in
Es-Dur die neue Tonika zu erreichen. Diese wird jedoch wieder para-
doxerweise in piano exponiert; die Tremoli der tiefen Streicher weisen
unüberhörbar eine Ähnlichkeit mit dem verminderten Septakkord der
Introduktion auf („Samiel"). Daß die endlich erreichte neue Tonika
auch den erwarteten Ruhepunkt nicht darstellen soll, wird darüber hinaus aus dem unerwarteten plötzlichen Einbruch der Hörner mit der
viermal im strahlenden fortissimo wiederholten Tonika deutlich. Die in
der ganzen Ouvertüre nicht wieder auftretende volkstümliche Melodie
der Hörner aus der Introduktion wird hier zu einem konzentrierten
Klangprodukt, das durch seinen ungewöhnlichen und charakteristischen
Klang (Hörner in Es und C) einfach als „etwas anderes" gegenüber allem
bisher Gehörten empfunden wird. Trotz der Verdoppelung der Tonika
steht dieser markante Klang, der eine Zäsur sein wollte, in krassem
Kontrast zum Orgelpunkt der tiefen Streicher. Daß auch das scheinbar
erlösende Klarinettensolo keine Katharsis ist, wird nicht nur im fort-
dauernden Tremolo der Streicher hörbar, sondern vor allem durch das
erneute Eindringen der prägnanten Streicher-Figur des vorangegangenen
Sturzes (Takt 109). Erst danach wird über eine typische akkordische
Überleitungspassage („Eremit—Ottokar") der Weg zur endgültigen Auflösung der aufgestauten Spannungen freigegeben.
Eher als diese Stelle hermeneutisch zu deuten, sollten die hörbaren und
somit spezifisch musikalischen Zusammenhänge zwischen einzelnen
Elementen aufgedeckt werden, die es bewirken, daß diese Stelle als ein

dramatischer Prozeß voller Spannung erlebt wird. Hat diese Musik Bedeutung, so muß sie in den spezifischen Sinnzusammenhängen des Materials begründet und durch deren entsprechenden Vollzug realisiert werden. Gelingt es der Semiotik nicht, das Vorhandensein einer solchen syntaktischen und pragmatischen Bedeutungserzeugung nachzuweisen, so muß sie entweder sich als musikalische Semantik mit der Rolle einer Ästhetik der außermusikalischen Aspekte der Programmusik abfinden oder sich in bezug auf die Musik für überflüssig erklären.

LITERATUR

Abert, H.:
1927　Carl Maria von Weber und sein Freischütz. In: *Jahrbuch der Musikbibliothek Peters, 33 (für 1926)*. Leipzig 1927, S. 9—30.

Eco, U.:
1973　*Das offene Kunstwerk*. Frankfurt a.M. 1973.

Lobe, C.J.:
1855　Selbsterkenntnis eines Schaffenden. Eine Unterredung mit C.M. von Weber im Jahre 1825. In: *Fliegende Blätter für Musik*. Bd 1, Leipzig 1855, S. 27—34. Abgedruckt in: *Blätter der Staatsoper (Berlin)*. 1 (1921) H. 8, S. 2—8.

Morris, Ch.W.:
1938　*Foundations of the Theory of Signs*. Chicago 1938.
　　　Deutsch v. R. Posner u. Mitarbeit v. J. Rehbein in: Morris: *Grundlagen der Zeichentheorie — Ästhetik und Zeichentheorie*. München 1972. 2. Aufl. 1975, S. 15—88.

Morris, Ch.W.:
1939　Esthetics and the Theory of Signs. In: *Journal of Unified Science*. 8 (1939), S. 131—150.
　　　Deutsch v. R. Posner u. Mitarbeit v. J. Rehbein in: Morris: *Grundlagen der Zeichentheorie — Ästhetik und Zeichentheorie*. München 1972. 2. Aufl. 1975, S. 89—118.

Mukařovský, J.:
1970　*Kapitel aus der Ästhetik*. Frankfurt a.M. 1970.

Ogden, C.K. und I.A. Richards:
1923　*The Meaning of Meaning*. London 1923. 10. Aufl. 1949.

Waltershausen, H.W.v.:
1920　*Der Freischütz — Ein Versuch über musikalische Romantik*. München 1920.

Weber, M.M.v.:
1865　*Carl Maria von Weber*. Bd 2. Leipzig 1865.

SEMIOTIK IN DER KUNSTWISSENSCHAFT

PETER GERLACH (AACHEN)

PROBLEME EINER SEMIOTISCHEN KUNSTWISSEN-SCHAFT

Die Diskussion um die Bedeutung semiotischer Modelle für die Kunstwissenschaft befindet sich im Verhältnis zur Sprachwissenschaft und der dort geführten methodologischen Diskussion noch in einem sehr vagen Stadium der Problemklärung.[1] Bisher scheint es nicht gelungen zu sein, ein hinreichend widerspruchsfreies begriffliches Gerüst für eine semiotische Kunstwissenschaft zu entwerfen, das auch die durch die visuelle Kommunikation im weiteren Sinne tangierten Wissenschaften und deren Erkenntnisse berücksichtigen würde.[2]

Auffällig, auch für den unbefangenen Leser, wenn er einmal zu fragen beginnt, ist die unterschiedliche Intention gegenüber dem Gegenstand kunstwissenschaftlichen Interesses.[3] Entweder steht *die Kunst* oder das *einzelne Kunstwerk* oder der *gesellschaftliche Gebrauch* von Kunst und Kunstwerk in Rede. Doch ist bereits eine derartige Aufzählung — wollte man daran einen der zahlreichen kunstwissenschaftlichen Texte (Aufsätze, Ausstellungskataloge, Ausstellungskommentare) messen — eine Überforderung dieser Texte: solche Unterscheidungen scheinen hinfällig angesichts der Überfülle historischer Informationen.

Mindestens der Begriff *Kunst* findet sich synonym mit dem des *Kunstwerks* verwendet. Und das reicht aus, um die ganze Unklarheit zu inszenieren, die in der Kunstwissenschaft gegenüber ihrem Erkenntnisgegenstand herrscht. Ebenso ergeht es der Frage nach dem *Erkenntnisziel* kunstwissenschaftlicher Praxis: es wird höchst selten zur Sprache

---

[1] Vgl. die umfangreiche Bibliographie von *Eschbach*, 1974, in der die Literatur zur visuellen Kommunikation / bildenden Kunst leider nicht getrennt aufgeführt, sondern in einer anders orientierten Systematik versteckt ist. Eine gute Orientierung auch über den Diskussionsstand der Sprachwissenschaft vermittelt *Lewandowski*, 1973. Leider sehr einseitig orientiert ist *Bense & Walther*, 1973.

[2] Eine Übersicht bietet *Otto*, 1974.

[3] Beispielsweise seien genannt *Adorno*, 1970; *Werckmeister*, 1971; *Badt*, 1971, vgl. dazu die sehr unterschiedlichen Besprechungen von L. Dittmann in *Zeitschrift für Ästhetik und allgemeine Kunstwissenschaft* 16 (1971), S. 56—78 und O.K. Werckmeister in *Werckmeister*, 1974, S. 64—78; *Schmidt*, 1968; *Kagan*, 1970.

gebracht, zumeist kommt es angesichts der Faktenmenge zum Verschwinden. Gerade diese Fülle historischer Fakten hat aber auf der anderen Seite seit einigen Jahren eine Kritik methodischer Modelle in Gang gesetzt, und das darf nicht verschwiegen werden.[4] An dieser Kritik anzuknüpfen scheint mir der geeignete Weg, die Fragen zu umschreiben, die sich eine semiotische Kunstwissenschaft stellen muß.

1. Welches sind die *wahrnehmungstheoretischen* Positionen, auf denen die Kunstwissenschaft bisher aufbaut? Hier fallen Entscheidungen, die zu Divergenzen in der Bestimmung auch des ikonischen Zeichens geführt haben.

2. In welcher Beziehung stehen die Strukturen der *visuellen Kommunikation* zur *sprachlichen Kommunikation*? Die Metapher von der „Sprache der Kunst" ist zu wörtlich genommen worden.[5] Hier ist zu untersuchen, ob die Gliederung des sprachlichen Kodes sich mit möglichen Gliederungen des visuellen Kodes deckt oder ob hier eine ganz andersartige Gliederung aufzuweisen ist.[6] Diese wird sich auch an der älteren Kunsttheorie zu bewähren haben.

3. Eng damit steht das folgende Problem im Zusammenhang, das schon immer ein Gegenstand der Künstlertheorie (der von Künstlern entwickelten Konstruktions- und Kompositionsprinzipien) gewesen ist: Wie sind in der visuellen Kommunikation überhaupt *distinktive Merkmale* und *diskrete bedeutungstragende Einheiten* zu bestimmen, und sind diese auch diejenigen des Kunstwerks? [7]

4. An diese Frage schließt sich des weiteren jede Überlegung zum *Gegenstand* einer semiotischen Kunstwissenschaft an: Hat sie es nur mit *„ausgezeichneten* Gegenständen" zu tun, die sich prinzipiell von anderen Gegenständen unterscheiden, die Gegenstand einer Semiotik visueller Kommunikation sind, oder handelt es sich dabei bereits um ein komplexes Problem historisch entfalteter und konventionalisierter

---

[4] Vgl. *Dittmann*, 1967; *Ackermann*, 1962; *Gombrich*, 1972, darin bes. den Beitrag „Aims and Limits of Iconology", S. 1—22; *Warnke*, 1970.

[5] Vgl. *Schlosser*, 1935; *Weidlé*, 1962; *Wallis*, 1964; *Mothersill*, 1965; *Zemsz*, 1967; *Goodman*, 1968, vgl. dazu A. Savile in *British Journal of Aesthetics*, 11 (1971), S. 3—27.

[6] Vgl. *Eco*, 1971.

[7] Vgl. *Gombrich*, 1960, bes. 1.2: „Truth and the Stereotype", S. 63—90.

Hierarchisierung in der Beziehung von Gegenstand und Produzent/Betrachter, die *durch den wissenschaftlichen Diskurs vermittelt* ist?[8]

5. Dahinter liegt schließlich die Frage nach der *Funktion* von Bild-Kunst als Medium visueller Kommunikation im Kultur- und Erkenntnisprozeß menschlichen Denkens und Handelns. Die Antworten in der kunstwissenschaftlichen Literatur darauf sind nicht immer frei von Mystifikationen. „Rekonstruieren"[9] oder „vormals unbewußte ‚symbolische' Werte bewußt machen und als symbolische Werte erfassen"[10], das sind ungenügende Vorschläge, wenn es darum gehen muß, die sinnlichen Erfahrungen in der visuellen Kommunikation um die Dimension des wissenschaftlichen Diskurses zu erweitern, damit Geschichte letztlich bewußt gestaltet werden kann.[11]

Kunst ihrem Wesen nach und in ihrer Erscheinung ist Gegenstand der philosophischen Ästhetik seit Baumgarten und Gegenstand kunstwissenschaftlicher Theorien. Die vielfältigen Kontroversen in der kunstwissenschaftlichen Theorienbildung entzünden sich an dem Problem, wie die unterschiedliche Erscheinungsweise historischer Kunstwerke mit dem Postulat eines historischen Ideals einerseits und der abstrakten Idee von „der Kunst" als einer Erscheinungsform der Wahrheit andererseits zu harmonisieren sei. Kunst wird dabei im Begriff zu einem selbsttätigen Wesen hypostasiert (indem „Kunst" als aktives Substantiv dynamische Verben regiert), dem das aktive Dasein des Menschen, der das historische Kunstwerk erst produziert, entweder zufällig oder allenfalls akzidentell zugeordnet ist.[12]

Verstehen wir menschliche Aktivität als tätige (aktive oder kontemplative) Aneignung von Welt, dann muß dem einzelnen Kunstwerk eine bestimmbare Funktion in diesem Lern- und Aneignungsprozeß zuge-

---

[8] Vgl. Hegels Bestimmung der Funktion der Kunstgeschichte in *Hegel*, 1842, Einleitung II, 1 b: „Nur die Gelehrsamkeit der Kunstgeschichte hat ihren bleibenden Wert behalten und muß ihn um so mehr behalten, je mehr durch jenen Fortschritt der geistigen Empfänglichkeit ihr Gesichtskreis nach allen Seiten hin sich erweitert hat. Ihr Geschäft und Beruf besteht in der ästhetischen Würdigung der individuellen Kunstwerke und Kenntnis der historischen, das Kunstwerk äußerlich bedingenden Umstände; eine Würdigung, die im Sinn und Geist gemacht, durch die historischen Kenntnisse gestützt, allein in die ganze Individualität eines Kunstwerks eindringen läßt."

[9] Vgl. *Sedlmayr*, 1958, S. 88: „In Wahrheit ist das Interpretieren von Werken der bildenden Kunst genauso wie von jenen der Musik — denn die Kunst ist *eine* — ein Wiedererschaffen, ist Re-Produktion."

[10] *Panofsky*, 1940. Vgl. dagegen *Gadamer*, 1965, S. 158—161, S. 354—355.

[11] Vgl. *Bense*, 1954, S. 34 ff; *Bense*, 1969; *Nake*, 1974, S. 23 f.

[12] Vgl. *Hinz*, 1972.

sprochen werden, insofern es vom Menschen produziert ist. Wissenschaft von der Kunst ist demzufolge auch der Versuch, den historischen Prozeß der Produktion und ihrer Bedingungen aufzuhellen. Da Kunstwerke in den uns bekannten Gesellschaften nun nicht in einem exterritorialen, von den übrigen gesellschaftlichen Ereignissen abgetrennten Bereich hervorgebracht werden, sondern ständig wechselnden Einbindungen in kultische oder kulturelle Institutionen unterworfen sind[13], liegt es für eine historische Erfahrungswissenschaft nahe, sich nicht nur ihren technischen Aspekten und deren wechselnden Bedingungen zuzuwenden[14], sondern das Gefüge ihrer kommunikativen Funktionen und die Bedingungen für diese Funktionen zu untersuchen: Aneignung des Kunstwerks heißt es entschlüsseln.

Dieses Vorhaben hat sich nach zwei Seiten hin zu orientieren, muß sich *zwei Fragen* vorlegen, um sich seines spezifischen Gegenstandes zu vergewissern: Aus der These von der aktiven oder kontemplativen Aneignung von Welt ergibt sich die *erste Frage* nach dem individuellen Aneignungsvermögen, das auf der psycho-physiologischen Konstitution einerseits und der phylogenetischen Entstehung dieser Konstitution andererseits beruht; zu beantworten ist, wie die Möglichkeiten für sinnliche Erkenntnis über die Kanäle der optischen Wahrnehmung nach dem heutigen Stand der Forschung erklärbar sind. Da es aber nicht nur um die Klärung gegenwärtiger Produktionsmöglichkeiten geht, sondern um die Untersuchung historisch unterscheidbarer Kunstproduktion, muß die *zweite Frage* eben jene historisch vorliegenden Erklärungsmodelle der Wahrnehmungsbedingungen im Rahmen historischer Kunstproduktion einbeziehen, die Bestandteil der voridealistischen Ästhetik, der historischen Kunsttheorie und auch Bestandteil der allgemeinen Kunstwissenschaft unter der Herrschaft idealistischer Ästhetik gewesen sind.[15]

Der wissenschaftlich konventionalisierte Begriff für die Analyse historischer Kunstwerke ist der vom *Stil.*[16] Dort, wo er in der Analyse appliziert worden ist, wird mit ihm graphisch oder plastisch produzierte Formspezifik auf distinktive Merkmale hin untersucht. ,,Weil unsere Vorstellung vom Stil keine Entdeckung, sondern ein Konstrukt ist, eine Abstraktion bestimmter Merkmale von Kunstwerken zum Zweck historischer und kritischer Untersuchungen, ist es sinnlos zu fragen, obwohl

---

[13] Vgl. *Bourdieu*, 1970.

[14] Einen Überblick liefert *Wolters*, 1970, S. 69—91.

[15] Vgl. *Holländer*, 1973, S. 103—131, bes. S. 107.

[16] *Dittmann*, 1967, S. 13—83; *Piel*, 1963, S. 18—37; *Ackermann*, 1962; *Ackermann*, 1963; Meyer Schapiro in *Kroeber*, 1953, S. 287—312; ders. in *Philipson*, 1961, S. 81—113; *Chatman*, 1971.

es häufig geschieht: ‚Was ist Stil?' Die entscheidende Frage heißt vielmehr: ‚Welche Definition von Stil verspricht die sinnvollste Struktur für
die Geschichte der Kunst?' [...] Es gibt kein objektives Korrelat für
unsere Stilvorstellung [...]. Der Vorteil dieser Konzeption von Stil ist,
daß sie durch die Herstellung von Beziehungen Ordnung verschiedener
Art in etwas hineinbringt, was ansonsten ein riesiges Kontinuum selbst-
genügsamer Produkte wäre."[17] Diese radikalen Formulierungen Acker-
manns reduzieren den Anspruch, der aus dem Stilbegriff Riegls und
Wölfflins abgeleitet worden ist. Sollte mit dem älteren Stilbegriff das
Ganze der Geschichte in einem Gesetz des permanenten Ausgleichs
diverser Oppositionen (*haptisch* vs. *optisch*, *malerisch* vs. *plastisch*
etc.)[18] erfaßt werden, sollten wirkende Prinzipien jenseits der Geschichte dingfest gemacht werden, so wird in der Konzeption Acker-
manns eine ganz andere Intention deutlich: er begreift Stil als eine dem
analysierenden Verstand entspringende Abstraktion, die in der Betrachtung historischer Produkte gewonnen ist: Stil ist kein Moment der Geschichte, sondern ein Modell zur deskriptiven Einordnung historischen
Materials. Die intendierte Ordnung ist für den Historiker die absolute
Chronologie.

Gemeinsam ist der älteren Kunst und der extremsten Entwicklung
innerhalb der europäischen Bildkunst des 20. Jahrhunderts — der gegen-
standslosen Malerei —, daß durch sie Abbildungen vorgestellt werden.
Diese Abbildungen stehen in einem Bezug zu vorgefundener Realität,
sowohl zu Gegenständen als auch zu Konzepten und Vorstellungen in
der Imagination des Malers, die er zur Darstellung bringen will; dabei
stellt sich für ihn das Problem, diese seine Sicht möglichst so vollkommen zur Darstellung zu bringen, daß sie seiner Vorstellung entsprechend
ausfallen. Das Maß für das Gelungensein oder Verfehlen dieser Absicht
nach den vielfältigen Einflüssen während der Herstellung stellt *das erste
Problem*.

Das Werk ist aber nicht nur an das Urteil des Künstlers, sondern auch an
das Urteil derjenigen gebunden, die dieses Werk betrachten. Dazu sind

---

[17] *Ackermann*, 1962, S. 165: „Because our image of style is not discovered but
created by abstracting certain features from works of art for the purpose of
assisting historical and critical activity, it is meaningless to ask, as we usually
do, ‚What is style?' The relevant question is rather ‚What definition of style
provides the most useful structure for the history of art?' [...] There is no
objective correlative for our image of a style [...]." S. 166: „The virtue of the
concept of style is that by defining *relationships* it makes various kinds of
order out of what otherwise would be a vast continuum of self-sufficient
products."

[18] *Wölfflin*, 1915; vgl. L. Salerno, „„Storiografia dell'Arte", in *Enciclopedia Universale dell'Arte*, Bd 13, Venedig und Rom 1965, Sp. 66—67 u. 92 mit Lit.;
Verspohl, 1975.

Objekte auf der Abbildung zu identifizieren (Objekte können Gegenstände, Farben, Strukturen und deren Kombinationen sein) und ihre Beziehungen zu erfassen. Der Künstler muß seine Darstellung so verfassen, daß sie verständlich werden kann.

Das zweite Problem stellt sich also in bezug auf ein interpretierendes Bewußtsein, d.h., wie denn ein Bild „gelesen" wird. Im einfachsten Fall nimmt das interpretierende Bewußtsein durch die Entdeckung von Beziehungen zwischen Teilen des Bildes das Merkmal eines Gegenstandes wahr, indem es zwischen dem Abbild und dem Vorbild aufgrund der Ähnlichkeit von Beziehungen einen Zusammenhang erkennt.

Diese Ähnlichkeit muß mindestens durch ein Merkmal (z.B. Umriß) gewährleistet sein, damit ein Objekt identifiziert werden kann. Selbstverständlich kann dieses eine Merkmal kein beliebiges Merkmal des realen Objektes sein, z.B. ist das Gewicht eine Eigenschaft, die sich bildlich nur vermittels seiner Wirkungen festhalten läßt und damit nicht *signifikantes optisches* Merkmal dieses Objekts ist.

Das Merkmal muß also ein optisch relevantes und für den Gebrauch des Gegenstandes signifikantes Merkmal sein. Die älteste und durch alle Kulturen hindurch aufzufindende Konvention ist die Wiedergabe eines Objektes durch den Umriß, durch die von ihm verdeckte oder bedeckte Fläche vor einem Hintergrund.

Mit dieser Feststellung erschließt sich die Peircesche Definition des ikonischen Zeichen, die lautet: „Ein Ikon ist ein Zeichen, das sich auf das von ihm bezeichnete Objekt nur aufgrund eigener Eigenschaften bezieht, Eigenschaften, die es besitzt, gleichgültig, ob solch ein Objekt tatsächlich existiert oder nicht. Es ist wahr, daß das Ikon nur dann als Zeichen fungiert, wenn ein solches Objekt wirklich vorhanden ist; aber das hat nichts mit seinem Zeichencharakter zu tun. Alles, sei es Qualität, existierendes Individuum oder Gesetz, ist ein Ikon von allem, insofern es diesem ähnlich ist und als Zeichen dafür benutzt wird."[19]

Aus dem letzten Teil der Definition wird ersichtlich, daß nicht nur die Ähnlichkeit mit dem Objekt den Zeichencharakter ausmacht, sondern ebenso entscheidend die Forderung ist, daß diese ähnliche Abbildung, durch die ein Objekt repräsentiert wird, von einem Interpretanten benutzt werden muß, um den Charakter eine ikonischen *Zeichens* zu erlangen. Damit es aber „benutzt" werden kann, muß es bestimmten Bedingungen genügen, die durch das Sinnesorgan determiniert sind. Das führt uns zu der auch in der Untersuchung des älteren Stilbegriffs vorausliegenden Frage nach den wahrnehmungstheoretischen Grundlagen der visuellen Kommunikation. Umberto Eco[19] hat folgende Überlegung dazu angestellt: „Das ikonische Zeichen konstruiert also ein Modell von

---

[19] Vgl. *Peirce*, 1931, § 2.247; siehe auch *Greenlee*, 1973, S. 77 f.; *Eco* 1972, S. 213.

Beziehungen (unter graphischen Phänomenen), das dem Modell der Wahrnehmungsbeziehungen homolog ist, das wir beim Erkennen und Erinnern des Gegenstandes konstruieren. Wenn das ikonische Zeichen mit irgend etwas Eigenschaften gemeinsam hat, dann nicht mit dem Gegenstand, sondern mit dem Wahrnehmungsmodell des Gegenstandes. Es ist konstruierbar und erkennbar aufgrund derselben geistigen Operationen, die wir vollziehen, um das Perzept zu konstruieren, unabhängig von der Materie, in der sich diese Beziehungen verwirklichen."

Mit Vorsicht ist angesichts historischer Kunstwerke zu fragen, inwieweit das Modell der Wahrnehmungsbeziehungen, das wir beim Erkennen und Erinnern derartiger Gegenstände (hier: Zeichnungen, Gemälde, Skulpturen, Architektur) konstruieren, demjenigen homolog ist, das von uns im alltäglichen Leben meist unbewußt konstruiert wird, und wie sich dieses wiederum zu dem Wahrnehmungsmodell verhält, das dem historischen Künstler zur Verfügung stand, als er sein Produkt anfertigte.

Über den alltäglich eingeübten Kanon von Wahrnehmungsmodellen hinaus kann also „Stil" zunächst einmal nur diejenigen Merkmale betreffen, die für denjenigen Bereich historischer Produkte Gültigkeit haben, an dem er gewonnen wurde. Merkmale sollen aber optisch relevant für den Interpretanten und signifikant in bezug auf das repräsentierte Objekt sein. Zeichentheoretisch ist es erforderlich festzuhalten, daß jedes Zeichen zu einem Zeichenrepertoire gehört. Aus diesem Repertoire einer bestimmten Menge diskreter und relevanter *Einheiten* wird nach einer bestimmten Menge syntagmatischer Regeln geordnet jedes Produkt aufgebaut, das dann als Zeichenkomplex (oder „Text") Kommunikation ermöglicht. Wir haben also als nächstes zu bestimmen, was „relevante" *Einheiten* als relevant ausmacht und wie in jedem Fall eines historischen Kunstwerks eine begrenzte Anzahl „diskreter" *Einheiten* aus einem Repertoire aufzuweisen sind bzw. durch die bisherige Stilkritik ausgewiesen wurden.

Der Gesichtspunkt der Relevanz ist bei Ackermann vom analysierenden Wissenschaftler her — d.h. im Interpretantenbezug — bestimmt:

„Der Vorteil des Stilbegriffs [für uns] ist, daß er über die Herstellung von Beziehungen [durch uns] Ordnung verschiedener Art [für uns] in etwas hineinbringt [...]."[20]

Das heißt, mit jedem System syntagmatischer Regeln, das für eine Stilkritik aufgebaut wird, werden *Einheiten* definiert, die am historischen Produkt den Wahrnehmungsmöglichkeiten des Kunsthistorikers homolog sind. Relevant erscheinen sie in dem Maße, wie sie an den zu untersuchenden Objekten ermittelt werden. Bewährt haben sich diejenigen *Einheiten*, die es erlauben, auch weitere Objekte zu einem anderen Zeitpunkt einer aufgrund derartiger *Einheiten* erstellten genetischen

---

[20] Vgl. Anm. 17, die Klammern sind von mir hinzugefügt.

und schließlich chronologischen Reihe zuzuordnen. Relevante Einheiten dienen also der Kohärenz eines Beschreibungsverfahrens.

Für visuelle Kommunikation sind *Elemente* in zweierlei Hinsicht zu unterscheiden. Zur ersten rechnen diejenigen, auf denen jede optische Information materiell aufgebaut ist, wie z.b. der Schwarz-weiß-Kontrast oder überhaupt der Zeichenträger. Zum zweiten muß eine semiotische Kunstwissenschaft sich vergewissern, daß, wenn auf der materiellen Ebene[21] derartige *Elemente* auszumachen sind, die für die visuelle Kommunikation — soweit wir sie historisch erfassen können, von den ersten Ritzzeichnungen auf Werkzeugen bis hin zu den elektronischen Bildmedien unserer Zeit — die materielle Voraussetzung sind, diese nicht ohne ihre Einbindung in pragmatische und semantische Dimensionen erfahrbar sind; sie lassen sich nicht lediglich auf Reizgegebenheiten reduzieren, ohne auf gegenständliche, gesellschaftlich vermittelte Bedeutungsstrukturen bezogen zu sein. Es läßt sich also auch für eine stilistische Analyse in der Ermittlung der relevanten *Einheiten* nicht übersehen, daß z.B. die frühesten kulturellen Äußerungen, die wir kennen, Werkzeuge sind, denen dann plastische „Idole" und Tierdarstellungen folgten, die auf einen unpräparierten Träger eingegraben sind: Wir müssen davon ausgehen, daß die Trennung von natürlich vorgefundenem Bilduntergrund und gestaltetem Bildträger schon eine fortgeschrittene Stufe mit bereits konventionalisierten *Elementen* ist, die nicht zu den organspezifischen Eigenschaften der menschlichen optischen Wahrnehmung zu rechnen sind.[22] Daraus folgt, daß die Figur-

[21] Materielle Ebene ist hier in einem engeren Sinne verstanden, als in *Wolters*, 1970, S. 69 f. Vgl. dazu das „physische Substrat" in *Bense*, 1975, S. 125: „Man muß bedenken, daß jedes realisierte Zeichen selbst nur in einem physischen Substrat (Medium) als eine materiale bzw. materielle Figur, die selektierend und planend erfunden und eingeführt werden muß, verwirklicht werden kann." Vgl. auch *Klaus*, 1973, S. 58 f.: „Die Semiotik beschäftigt sich primär nicht mit den einzelnen konkreten, materiellen Zeichen [...], sondern mit den Zeichengestalten [...]. Der Begriff der Zeichengestalt entsteht im Sinne des von uns Dargestellten durch eine sogenannte Definition durch Abstraktion." Vgl. des näheren S. 136 f. u. 145.

[22] Vgl. Meyer Schapiro, „On Some Problems in the Semiotics of Visual Art: Field and Vehicle in Image-Sign" in *Greimas*, 1970, S. 487—502. Zum Problem des Ursprungs vgl. auch *Bense*, 1975, S. 131 ff.: „Das semiotische Weltverhältnis, das damit dem archaischen Menschen zugestanden wird, muß selbstverständlich, da sich darin ein Umweltverhältnis ausdrückt, primär als ein Objektbezug aufgefaßt werden. Die Zeichen konnten höchstens ‚Objektbezüge' sein, und diese umweltorientierten semiotischen ‚Objektbezüge', etwa die Orts-, Weg- und Gegenstandsmarkierungen, drücken mindestens drei Verhaltensweisen aus: Anpassung, Annäherung und Auswahl." Wahrnehmung als auf Gegenstandsbedeutung bezogene Orientierung und die Ursprünge menschlicher Kultur werden erörtert in *Holzkamp*, 1973, S. 109 ff.; vgl. auch *Prieto*, 1972, S. 11—15.

Grund-Relation ein manipulierbares Verhältnis ist. Sie ist eines derjenigen *Elemente*, deren Veränderung in der Geschichte des Bildes zu den langfristigen und am stärksten konventionalisierten Bestandteilen des visuellen Kodes gehört.

Ohne des weiteren darauf einzugehen, will ich hier nur darauf hinweisen, daß sich die Frage ganz anders stellt, wenn nach dem Wahrnehmen und Erkennen von Kontrasten überhaupt gefragt wird. Dabei muß die Frage lauten: wie ist hinreichende Wahrnehmung *überhaupt* möglich? Das ist das Gebiet der Wahrnehmungspsychologie. Gewichtig werden deren Erkenntnisse für eine semiotische Kunstwissenschaft, wenn sich kulturell bedingte Unterschiede ermitteln lassen. Vorerst muß eine semiotische Kunstwissenschaft in Analogie zum „idealen Sprecher" so etwas wie einen „idealen Seher" konzipieren und diesem optimale Kompetenz zubilligen.[23]

Kommen wir aber zum Problem des Stils zurück: Besonders ausgeprägt ist für die verschiedenen Phasen mittelalterlicher Kunst (Buchmalerei / Goldschmiedekunst / Glasmalerei / Architektur / Relief) eine Stilkritik, die nach einem System von Regeln der Verknüpfung distinktiver Merkmale ganze chronologische Ordnungen, landschaftliche Gruppierungen und individuelle Oeuvres aufzuweisen sucht. Für diese historische Phase ist es umstritten, ob in den Kunstwerken die Wahrnehmungsverhältnisse selber thematisiert sind, ob also die in der Analysetätigkeit des Historikers ermittelten Kriterien einer objektiven, in den Kunstwerken selber vorliegenden, sie durchziehenden Struktur homolog sind und damit als Kodifizierung der Wahrnehmungsverhältnisse des mittelalterlichen Künstlers aufgefaßt werden könnten.[24] Anders liegen die Verhältnisse vom Ende des 14. Jahrhunderts bis um 1440 an. Die Erfindung von Reproduktionstechniken wie Holzschnitt und Kupferstich — und deren Anwendung im Ornamentstich — haben uns ein Material an die Hand gegeben, an dem sich hinreichend deutlich machen läßt, daß Wahrnehmungsverhältnisse thematisiert werden, die sich als gesamtgesellschaft-

---

[23] *Chomsky*, 1969; *Hymes*, 1972. Zur sachlichen Wahrnehmungskompetenz vgl. *Holzkamp*, 1973, S. 268 ff. Zur sozialen Wahrnehmungskompetenz vgl. *Holzkamp*, 1973, S. 276—281, und *Bourdieu*, 1970, S. 159—201: „Elemente zu einer soziologischen Theorie der Kunstwahrnehmung". Zur ästhetischen Kompetenz vgl. *Bourdieu*, 1970, S. 169. Zur Kunstkompetenz vgl. *Bourdieu*, 1970, S. 171 ff.

[24] Bereits die Untersuchungen in *Riegl*, 1901, haben als Prämisse diese Auffassung, ohne daß sie in der Darstellung explizit gemacht wird. Vgl. z.B. zur Wahrnehmung des Raumes *Dittmann*, 1969, mit Lit. Zum Verweis repräsentierter Objekte auf das System ihrer Repräsentation vgl. *Oudart*, 1969; *Schefer*, 1969; *Foucault*, 1966; das erste Kapitel bespricht Velasquez: „Las Meninas" von 1656.

Abb. 1: Meister der Spielkarten, *Zwei Spielkarten* (Kupferstich, oberrhein. vor 1446). Mit Kontur und Parallelschraffur wird die plastische Oberfläche moduliert. Bei der Darstellung der von hinten gesehenen Alpenveilchen bleibt der Zeichengrund eine unüberwindbare, geschlossene Fläche. Keine ausgezeichnete Bildfeldgrenze. Plattenrand ist zugleich Bildgrenze. (Nach *Geisberg*, 1923, Taf. 5)

Abb. 2: Meister E S (um 1420 bis um 1467), *Blattornament* (Kupferstich, um 1450, keine Marke). Kreuzschraffur dient der Modulation der Oberflächenwölbung, alle Biegungen verlaufen nach vorne zu. Der engschraffierte dunkle Hintergrund fungiert als geschlossene Fläche, vor der das flach gewundene Ornament ausgebreitet ist. Bildfeld durch schraffierten (dunklen) Hintergrund ausgegrenzt, Ornament stößt stellenweise über die regelmäßige Rechteckform hinaus. (Nach *Berliner*, 1925, Taf. 5.2)

Abb. 3: Martin Schongauer (1452 bis 1491), *Krabbe* (Kupferstich, um 1465, signiert M und S). Ausnutzung konturunabhängiger Schraffur zur Modulation plastischer Binnenstruktur (Glanzlichter). Kein Eindringen in die Bildfläche. Ohne Bildfeldgrenze außer dem Plattenrand. (Nach *Shestack*, 1969, Taf. 109)

Abb. 4: Alart du Hameel (1449 bis 1509), *Distelornament* (Kupferstich, um 1480, signiert). Der Anschein einer räumlich gleichmäßig angelegten Distelrolle täuscht, denn nur nach vorne ist sie vollständig. Alle Enden, die in die Tiefe ragen könnten, sind wiederum nach vorn umgebogen oder durch Vordergrundmotive verstellt. Keine eingezeichnete Bildfeldgrenze. (Nach *Berliner*, 1925, Taf. 4.4)

Abb. 5: Martin Schongauer, *Laubornament* (Kupferstich, um 1470, signiert mit M und S). Bei einfacher Umrißlinie und Parallelschraffur durch häufige enge Verschlingung (Überschneidungen bis zu drei Schichten) starke räumliche Wirkung, obwohl kein Detail in die Tiefe geführt und die Bildfläche nicht nach hinten aufgebrochen wird. Mit linearer Bildfeldgrenze. (Nach *Berliner*, 1925, Taf. 10.1)

Abb. 6: Meister W mit der Hausmarke, *Distelornament* (Kupferstich, um 1480, signiert). Vor einer konvex angelegten Hintergrundsfigur erscheint die Distelranke zu einer vollrunden Torsion gedreht. Auf dem Hintergrund wird der Schatten konsequent dargestellt. Dunklere Partien auf den Distelblättern dienen allerdings der Krümmungsmodulation, nicht der Schattenangabe. Hintergrundsmotiv ist zugleich Bildfeldgrenze. (Nach *Jessen*, 1920, Abb. 12)

Abb. 7: Meister F v B (vor 1488 bis um 1500), *Blütenranke* (Kupferstich, Ende 15. Jahrundert, signiert). Die Plastizität des Rankenverlaufs und der Verschlingungen wird durch eine Darstellung der Blattkanten mit doppelter Konturlinie (optisch nahes Volumen = nicht bezeichneter freier Papiergrund) ausgedrückt. Eindeutige lineare Bildfeldgrenze. (Nach *Berliner*, 1925, Taf. 13.2)

Abb. 8: Daniel Hopfer (um 1470 bis 1536), *Dreiteilige Hochfüllung* (um 1520, signiert). Alternativ-Komposition: links spätgotische Blattranke, rechts antikisierende (welsche) Groteske, in der Mitte Blüten, die auf einem partiell (durch schwarze Schraffuren) radial verschatteten Hintergrund moduliert sind. (Nach *Berliner*, 1925, Taf. 57)

Abb. 9: Lukas von Leyden (1494–1533), *Drei Ornamenttypen* (Kupferstiche. a: um 1509, signiert; b: um 1510, signiert; c: 1528, signiert). Freie Modulation der Blattrolle, Verschattung durch enge Schraffur sowohl der Innenkrümmung als auch der Überschneidungen, bei einem angenommenen Lichteinfall von rechts. Lineare Bildfeldgrenze in allen drei Fällen, doch Wechsel der graphischen Bildfelddefinition, a: Umrißlinie, b: geschlossene Fläche hinter dem Ornament, gekennzeichnet durch Schattenmarkierung und Oberflächenstruktur, c: unbestimmte Tiefe durch enge Kreuzschraffur. (Nach *Berliner*, 1925, Taf. 75)

Abb. 10: *Gravur auf einer Hornspitze (Speer-spitze?)*, aus Gourdan/Haute-Garonne, jetzt im Museum von St. Germain-en-Laye (frühe Magdalenien-Kultur, um 40 000 v.Chr.). Darstellung eines Rentiers in Vorderansicht, geritzte Umrißlinie, ohne Kennzeichnung des Bildfeldes. (Nach *Piette*, 1904, S. 155)

Abb. 13: *Fußbecher* aus Azmaska Mogila/Bulgarien, jetzt im Okraschen Narodin Muzej, Stara Zagora (Karanovo-I-Kultur, um 5 000 v.Chr.). In der bemalten Keramik finden sich seit dem mittleren Neolithikum 5 000 bis 4 500 v.Chr.) zahlreiche Beispiele, auf denen einfache Ornamente in ein durch Umrandung ausgegrenztes Bildfeld gesetzt sind. (Nach *Mellink & Filip*, 1974, Taf. 290a) ▶

Abb. 11: *Ritzzeichnung* in der Höhle von Le Gabillon/Dordogne (Magdalenien-Kultur, um 50 000 v.Chr.). Zwei Pferde. Der unregelmäßige, unpräparierte Untergrund des Kalksteins ist nicht mit in die Darstellung einbezogen. (Nach *Giedion*, 1962, Abb. 223)

Abb. 12: *Relief* aus der Steinhütte von Le Fourneau du Diable/Dordogne (Höhe ca. 1 m, späte Solutreen-Kultur, um 17.000 v.Chr.). Zwei Rinder rechts, links vertikal ein weiteres Tier. Unregelmäßige Abarbeitung des Felsens zu einem Hochrelief. Dadurch aktive Gestaltung eines ausgezeichneten, aber unregelmäßigen Bildfeldes in Abhängigkeit von der dargestellten Figur. (Nach *Giedion*, 1962, Abb. 242)

lich akkumulierte und tradierte Wahrnehmungsbedingungen über dieses Material hinaus in allen visuellen Produkten der gleichen Zeit aufweisen lassen und als Darstellungskonvention individuell im Rahmen kultureller Tradition angeeignet werden müssen, bevor sie selbstverständlicher Besitz des Individuums sind.

Am Ornamentstich[25] lassen sich folgende graphische Elemente bestimmen: die Opposition von schwarz und weiß (also die Papieroberfläche und die Druckfarbe), als zweites die Linien unterschiedlicher Strichstärke. Sie sind insofern bedeutungsindifferent, als Ornamentstiche als Vorlagen konzipiert sind, die dann in andere Materialien übertragen werden sollen, die nicht auf der Schwarz-weiß-Opposition aufbauen und in denen Liniennetze in plastische Volumen übersetzt werden. Bedeutungstragende Einheit kann erst die *Relation* von verschiedenen Strichstärken sein, da sie zur Unterscheidung unterschiedlicher Ornamentteile erkannt und ausgenutzt werden, also *kontextabhängig* gesehen werden. *Das* aber geschieht erst zu einem relativ späten Zeitpunkt in der Entwicklung des Ornamentstichs.

[25] Vgl. *Berliner*, 1925–26. Eingehende Analysen finden sich in *Rothe*, 1938; *Kimball*, 1941.

Die graphischen Elemente und ihr kompositorischer Einsatz weisen auf
etwas Neues hin, das mit der Ablösung des Ornamentstichs von seiner
frühen Funktion als Vorlage entsteht: die Darstellung eines tiefenräum-
lichen Illusionismus. Fast genau zu dem Zeitpunkt, als dieses Darstel-
lungsproblem bewältigt wurde, sind die ersten Beispiele dafür bekannt,
daß Ornamentzeichner (Inventor) und Stecher (Sculptor) sich speziali-
sieren und der Ornamentstich arbeitsteilig hergestellt wird. In diesen
Beispielen werden *Wahrnehmungsbedingungen selber* zur Sprache gebracht und ihre Beherrschung als Fertigkeit angepriesen. In der Orna-
mentgraphik werden demnach teils tradierte, teils neuartige optische
Konventionen für den Produzenten problematisch und schrittweise bewältigt. Solange sich eine derartige genetische Reihe als chronologische
Reihe interpretieren läßt, ist die Hypothese aufrechtzuerhalten, daß die
Wahrnehmungsbedingungen, die der Kunsthistoriker zur Analyse historischen Materials ins Spiel bringt, diejenigen Anteile im geschichtlichen
Prozeß gesamtgesellschaftlich akkumulierter und tradierter Wahrnehmungsmöglichkeiten umfassen, die auch Anteil seiner eigenen, eben von
dieser Tradition bestimmten Wahrnehmungsbedingungen sind.[26]
Aussagen über den Figur-Grund-Kontrast haben zur Voraussetzung, daß
sich „Figürliches", „Figuriertes" in irgendeiner Weise als „permanent"
im Bild ausmachen läßt. Wie stellt sich einer semiotischen Analyse von
Kunst die Tatsache der entwicklungspsychologisch begründeten Gliederung des Universums — ab einem bestimmten Alter, für das Piaget[27] das

[26] Dieses Problem stellt sich auch bei der Kritik von Erwin Panofskys Vorstellung
einer „ersten Sinnschicht als vitaler Daseinserfahrung". Vgl. *Panofsky*, 1964,
S. 85—97: „Zum Problem der Beschreibung und Inhaltsdeutung von Werken
der bildenden Kunst" (1931) sowie *Panofsky*, 1975. Siehe auch Atkinson und
Baldwin, „La Pensee avec Images" (1971) in *Maenz & Vries*, 1972,
S. 205—225, bes. 213 f., und *Dittmann*, 1967, S. 127 f., der sich auf *Merleau-
Ponty*, 1966, S. 224, bezieht, wo die „Abtrennung einer Schicht vitaler Daseinserfahrung von einer Sphäre, die durch Kulturüberlieferung geformt ist",
zu Recht als irreal bezeichnet wird. „Die Welt der Kunst [...] gänzlich nach
dem Modell des klassifizierenden und subsumierenden Verstandes" (ebda.
S. 120) zu konstruieren, halte ich im Gegensatz zu Dittmann nach wie vor für
eine legitime Aufgabe kunstwissenschaftlicher Forschung, wenn diese einsieht,
damit nicht die Totalität künstlerischer Weltaneignung erfaßt zu haben. Vgl.
auch *Gombrich*, 1960, S. 15—17: „Levels of Meaning?". In *Langemeyer &
Schleier*, 1976, S. 42 ff.: „Excudit — invenit — sculpsit" wird am Beispiel der
Firma des Verlegers Hieronymus Cock zwischen 1550 und 1570 erläutert, wie
diese Arbeitsteilung sich späterhin auswirkt.

[27] Vgl. *Piaget & Inhelder*, 1972, S. 24 u. 63. *Dittmann*, 1973, führt die kunst-
theoretische Diskussion seit Herders Plastik (1778) vor und bringt erläuternde
Interpretationen einzelner Beispiele älterer Malerei und R. Rauschenbergs aus
den fünfziger Jahren bei.

zweite Lebensjahr angibt – in „permanente" Gegenstände dar? „Permanente Gegenstände" können nur derartige sein, die bei der Analyse wiederum aus der Menge historisch möglicher Gegenstände ermittelt werden müssen. Die Entscheidung darüber, was jeweils als „permanenter Gegenstand" beschreibend dingfest gemacht wird, kann dann aber nicht ein intuitiver Akt sein, sondern stellt sich als eine Analogie-Bildung heraus.[28] Die Benennung bringt deutlich zum Ausdruck, daß sie einem komplexen ikonischen Tatbestand diskursiv nur unzulänglich gerecht wird und auch das nur vermittels eines fachsprachlichen Kodes vermag. Jeder Versuch, „diskrete, relevante Einheiten" zu benennen, ist auch in dieser zweiten Hinsicht an die spezifische menschliche Wahrnehmungsweise im Auffassen und Erkennen optischer Phänomene gebunden; Mitteilungen darüber sind nur nach den von der Sprache vorgegebenen Strukturen möglich: jede bildliche Figuration wird diskursiv in eine Analogie „permanenter Gegenstände" aufgegliedert.[29] Das Repertoire

---

[28] Dies läßt sich z.B. aufs deutlichste in der gegenstandsbezogenen Metaphorik der Ornamentbezeichnung ablesen (Mäander, laufender Hund u.ä.), was zu kunstgeschichtlichen Periodisierungsversuchen geführt hat, je nachdem, ob das Ornament (Palmette) „abstrakter" oder „naturalistischer" erschien.
Badt, 1961, S. 30, spricht von „Elementen eines Kunstwerks", die auf der Ebene des „wörtlichen Bildsinns" (Sedlmayr) analysiert und interpretiert werden.
E. Panofsky (vgl. Anm. 26) spricht in diesem Zusammenhang immer von „Gegenständen und Ereignissen". Wie die „unbewußte Dekodierung" als primäre Dekodierung bei *Bourdieu,* 1970, S. 165, die zur Erfassung des „wörtlichen Bildsinns" bei Sedlmayr und der von Badt beschriebenen „geordneten Bildlichkeit" führt, zu verstehen ist, dürfte durch Bourdieus Bezug auf Panofsky deutlich sein.

[29] Die analytischen Versuche, Wahrnehmungsbedingungen und deren „permanente Gegenständlichkeit" im materiellen Substrat des visuellen Zeichens theoretisch zu erfassen, letztlich Vorformen einer Begrifflichkeit stilistischer Strukturen aufzuweisen, ist Gegenstand älterer Kunsttheorie seit dem 16. Jahrhundert: Zur „figura serpentinata" vgl. *Bousquet,* 1963, S. 118; *Briganti,* 1961, S. 53 f.; *Shearman,* 1967. Zu Leonardos wahrnehmungstheoretischen Überlegungen in seinem Traktat von der Malerei (siehe *Leonardo,* 1882, III, S. 340) vgl. *Panofsky,* 1940. Ein weiteres aufschlußreiches Beispiel findet sich in Leonardos Gesichtskarikaturen, vgl. dazu *Gombrich,* 1954. Zum Problem der Anamorphose vgl. *Enciclopedia Universale dell'Arte.* Bd 11, Rom und Venedig 1963, Sp. 126–128 s.v. „Prospettiva" und op.cit. Bd 1, 1958, Sp. 779 f. s.v. „Arte figurativa", wo die Anamorphose unter der „rappresentatione dell'irreale" angeführt wird; siehe *Leemann & Elffers,* 1975; *Holländer,* 1972. Zu Hogarths „line of beauty" (siehe *Hogarth,* 1753) vgl. *Antal,* 1962, S. 77 f. Zum „analytischen" Verfahren klassizistischer Zeichner vgl. *Gerlach,* 1973, S. 74–98.

derartiger Gegenstandsbezeichnungen ist damit abhängig von der
Sprachkompetenz, so daß kein Zweifel darüber bestehen kann, daß
jedes historische Bild in sehr verschiedene „permanente Gegenstände"
gegliedert werden kann, je nachdem, welche Relevanz der Sprecher dem
identifizierten Objekt in seiner Aussage beimessen kann. Zeugnis für
derartige Überlegungen geben die sehr abstrakten Kompositionsbe-
schreibungen, die sich in Künstlerschriften selbst des 16. Jahrhunderts
finden, in denen vom ikonographischen Thema etwa einer Madonnen-
darstellung sehr viel weniger die Rede ist. Das zeigt aber zugleich, daß
Kunstlehre seit langem in der europäischen Tradition Wahrnehmungs-
lehre gewesen ist.

Mit aller gebotenen Vorsicht läßt sich die neuere Bestimmung des Begriffs vom Stil als deckungsgleich mit bestimmten Aspekten des Begriffs
„Ikon" der Semiotik auffassen. Ihre gemeinsame Basis finden beide in
der Begründung aus einer wahrnehmungstheoretisch fundierten Ableitung, und nur diese Ableitung ist der hinreichende Bestimmungsgrund
für ihre Anwendung in einer methodologisch fixierten Kunstwissenschaft. Noch ist der entscheidende Unterschied in der unterschiedlichen
Intention zu sehen: hier ist ein Begriff, der ein breites gesellschaftliches
Phänomen der visuellen Kommunikation umschließen soll, dort eine
gesetzte Abstraktion zur Überführung historischer Produkte in eine
Ordnung zur Aufbereitung für weitere kritische Untersuchungen (so
jedenfalls verstand Ackermann die Funktion des Stilbegriffs). Wenn
aber die wahrnehmungstheoretische Fundierung der Begriffe wesentlich
davon bestimmt ist, daß die Aneignung von Welt als gattungs- bzw.
individuenspezifischer Akt in diskrete Entwicklungsstufen zerlegbar erscheint, dann ist das für Kunst weiterhin bedeutsame Moment der gesellschaftlichen Produktion — d.h. Produktion für andere — und die
daraus resultierende Funktion, Kommunikationsmedium zu sein, noch
gar nicht angesprochen. Der Stilbegriff muß auch nach dieser Seite hin
erweitert werden. Mit anderen Worten: wie sehen die Vorstellungen aus,
an den Kunstwerken eine historische Kontinuität auszumachen, und
wie wird das interpretiert, was sich als Beziehung zwischen einer Reihe
jetzt noch beziehungslos nebeneinandergeordnet erscheinender Kunstwerke darstellt?

Wie kommt dem von Wahrnehmungsbedingungen abhängigen materiellen Bestandteil des ikonischen Zeichens „Bedeutung" zu? Gibt es
„ikonische Semata", die sich von dem, was unter ikonischem Zeichen
verstanden wird, unterscheiden? Sind diese ikonischen Semata gegen-
standsgebundene Ganzheiten? Oder sind es deren Bestandteile — optische Ganzheiten, aus denen sich das visuelle Zeichen zusammensetzt?
Also Artikulationen irgendwelcher der Sprache analoger Gliederungen?

Eco hat unter Bezug auf Prieto die Gliederung: Figur—Zeichen—Sem (bzw. figurae—Zeichen—Semata)[30] vorgeschlagen, wobei auch auf keiner Ebene dieser Gliederung eine unmittelbare Korrespondenz mit einer der Gliederungsebenen der Sprache festzustellen war, sondern sich immer nur komplexe sprachliche Gebilde einer der Gliederungsebenen des ikonischen Zeichens zuordnen lassen.

Jedes ikonische Zeichen bedarf einer materiellen Basis für die Evokation von Bewußtseinsinhalten bei den an der Kommunikation Beteiligten. Am einzelnen historischen Produkt lassen sich zwei Bestandteile dieser materiellen Basis unterscheiden: der Bildträger und das Bild; sie sind zu unterschiedlichen Anteilen an der Denotation von Wahrnehmungsverhältnissen beteiligt. Sie unterliegen verschiedenen Konventionen, die sich durch den unterschiedlichen Rhythmus ihrer zeitlichen Veränderung deutlich voneinander abheben. Wir leben in der Konvention, das Bild als ablösbar, unabhängig vom Bildträger erfassen zu können (Reproduktion), ohne dabei die Veränderung als gravierend zu beachten.[31]

---

[30] *Eco*, 1972, S. 246 f.; „Figura/Figur" (vgl. *Enciclopedia Universale dell'Arte.* Bd 13, Rom und Venedig 1965, Sp. 825 f.) ist wohl in Analogie zur rhetorischen Figur (Wort oder Sinnfigur) zu verstehen; vgl. *Curtius*, 1948, S. 54 f. In der kunsttheoretischen Literatur wird unter Figur *fast* immer „Abbild der menschlichen Gestalt" verstanden; auch wenn in der manieristischen Kunsttheorie von der „figura serpentinata" die Rede ist (vgl. *Panofsky*, 1960, S. 42 f. und *Drost*, 1972), ist damit nicht eine Abstraktion gemeint, sondern eine bewegte menschliche Gestalt (Lomazzo, Trattato I, 1, S. 23 u. VI, 4, S. 296). *Schefer*, 1969, führt im Anhang S. 277 ff. eine knappe Erläuterung von „Figure/Sujet" durch. Hier wird wie in der neueren Kunstliteratur „Figur" im Sinne von Konfiguration gebraucht und die menschliche Gestalt als eine (ausgezeichnete) Konfiguration betrachtet. *Eco*, 1972, S. 246 f., schreibt: „Figuren: Sie sind Wahrnehmungsbedingungen [...], die nach den vom Kode aufgestellten Modalitäten in graphische Zeichen transkribiert worden sind. Eine erste Hypothese besagt, daß diese Figuren zahlenmäßig nicht endlich und nicht immer diskret sind [...]. Eine zweite Hypothese könnte die folgende sein: Die westliche Kultur hat schon eine Reihe von *relevanten Zügen* jeder möglichen Abbildung entwickelt: die *Elemente* der Geometrie." Nun sind aber auch die geometrisch nicht fixierte figura serpentinata oder Hogarths „line of beauty" (siehe Anm. 29) für bestimmte historische Phasen stilistisch relevantere Kategorien als „Elemente der Geometrie". Ob jene als *Elemente* der „zweiten Gliederung" (mit nur unterscheidendem Stellen- oder Oppositionswert) anzusehen sind, bleibt bei Eco unerörtert.

[31] Bezeichnend ist dafür die Diskussion um die Dietz-Repliken, die den Begriff und die Vorstellung vom Original nachhaltiger verwirren, als die bisherigen Überlegungen zum künstlerischen Original etwa bei *McLuhan*, 1968, S. 171 ff.: „Der Druck bringt es an den Tag"; vgl. *Benjamin*, 1936; *Moles* 1972, S. 78 ff., *Verspohl*, 1975.

Diese materiellen Bestandteile haben aber noch einen weiteren Aspekt: er betrifft die materialspezifische optische Empfindungsweise. Bildende Kunst hat es immer mit der Manipulation einer endlichen, kontinuierlichen materiellen Basis zu tun; Kunstwissenschaft hat sich in ihrer Praxis von jeher als Wissenschaft verstanden, die sich dieser permanenten Manipulation der materiellen Basis und den damit verbundenen gesellschaftlich vermittelten kommunikativen Funktionen zuzuwenden hat.[32] Das gilt selbst noch, wenn auch negativ, für die idealistische Kunstwissenschaft, die einer Kunsttheorie folgte, welche der Konzeption im Hirn des Künstlers einen höheren Rang zusprach als der Realisierung, die durch den Widerstand des Materials die „reine" Konzeption allenfalls verdarb.[33] Nur läßt sich an keinem Ort des bisher der Wissenschaft zugänglichen Bereichs der historischen Produktion von „Kunst" irgendetwas aufweisen, wo die optische Empfindung absolut ist. In das Produkt gehen Erfahrungen ein, die immer mit anderen Sinnesempfindungen verbunden sind. Das Wiedererkennen des visuellen Zeichens ist immer an andernorts gemachte individuelle Wahrnehmungen gebunden — selbst innerhalb der abstrakten Malerei, die optische Wahrnehmungen von den gegenstandsgebundenen gesellschaftlichen Bedeutungsstrukturen zu abstrahieren sich mühte. Hans Sedlmayr ist der Meinung: „Die Kunstwerke sind nicht da [...]; der aufs Dingliche gerichtete Verstand [...] läßt sich dadurch täuschen, daß die Leiber der Kunstwerke [...] vor uns stehen"; jenseits davon beginne das Verstehen, die „richtige Einstellung" zum „Nachgestalten in der Anschauung".[34]
Nicht nur dieses Zitat, sondern manches, was sich z.B. bei Morris oder

---

[32] Vgl. *Gombrich*, 1960, S. 146 ff.: „Formula and Experience". Zu einer vom Florentiner Historiker und Philologen Benedetto Varchi (1503–1565) im Jahr 1546 durchgeführte Enquete zum Rangunterschied von Malerei und Plastik vgl. *Borghini*, 1584, Lib. primo, S. 25 ff., der (S. 49) den „Paragone" (Rangstreit) so löst, daß beiden Gattungen gleiche „nobiltà" zugesprochen wird, denn ihr gemeinsames Ziel sei: „cioe una artificiosa imitatione di natura". Vgl. auch den Brief Michelangelos an Benedetto Varchi, in dem er festhält, daß für die Erkenntnis der Welt die optische Wahrnehmung Vorrang vor allem anderen habe (*Michelangelo*, 1557), und *Varchi*, 1547, Tom. 1, S. 99 ff.

[33] Vgl. *Panofsky*, 1960, S. 33 ff.

[34] Vgl. *Sedlmayr*, 1958, S. 87–89. Zu K. Badts Angriff auf das „Divinatorische" des Nachgestaltens in der Anschauung vgl. *Badt*, 1961, S. 12–16. Gerade Dilthey und Heidegger haben die Lehre vom *unbewußten Schaffen* (sic!, nicht dem Erkennen oder Wahrnehmen) hinsichtlich bildender Kunst an extremen Beispielen verfolgt, so daß ihre Aussagen für eine kunstwissenschaftliche Methodendiskussion ins Unverbindliche führte und keine allgemeinen Aussagen über generelle Verhältnisse von Realität, individueller Phantasie und kommunikativer Funktion ästhetischer, visueller Produkte zuzulassen scheinen.

anderen an Äußerungen findet[35], erregt den Verdacht, als hätten nicht Kunstwerke, sondern technische Reproduktionen vorgelegen, die sie dazu verführten, den materiellen Produktionsprozeß als unabdingbaren Bestandteil des ikonischen Zeichens oder ganzer Zeichenkomplexe zu überspielen bzw. zu vernachlässigen. Daß überhaupt so etwas wie Verstehen im Kommunikationsprozeß zustande kommen kann, setzt eine wenn auch partielle Gemeinsamkeit und Übereinstimmung von Verstehendem und Verständnisgegenstand voraus, der auf den Hersteller zurückverweist.

Auf der materiellen Ebene unterliegt das visuelle Produkt biologisch-organismischen Besonderheiten; auf ihnen konstituiert sich die menschliche synästhetische Wahrnehmung, die erst durch Manipulation als konventionalisierte erkennbar wird. Auf der Ebene der Botschaft, die das ikonische Zeichen übermittelt — das, was am Zeichen nicht dinglich-materiell ist —, ist ebenfalls die Frage zu stellen, wie denn die Strukturen organisiert sind, die Gemeinsamkeiten zwischen Verstehendem und Verständnisgegenstand ausmachen. Nur möchte ich diese Frage nicht in ihrer theoretischen Allgemeinheit stellen, sondern dort aufzuweisen versuchen, wo sie historisch sich als Ergebnis menschlicher Produktivität vergegenständlicht hat. Erwin Panofsky und Hans Sedlmayr zielen mit ihrem Interpretationsmodell „eine Position des unbetroffenen Außerhalb-der-Welt [...] über der Geschichte" an, um Kategorien für die Interpretation abzuleiten. Es geht dabei darum, das „bewegende Letzte" zu beschreiben, das die Geschichte und damit die konstatierte Veränderung in der Kunst begründen hilft. Riegl hatte dafür ein abstraktes Substrat, das Kunstwollen, und übergreifender das Kulturwollen konstruiert. Diese Begriffe wurden von Sedlmayr und Panofsky weiterhin in die Pflicht genommen, und die allen kulturellen Äußerungen gemeinsamen Strukturen wurden als der Vorschein dieses Prinzips ausgemacht.[36]

Eine semiotische Kunstwissenschaft kann aber das durch sie konstruierte Modell nicht in diesem Sinne als das der geschichtlichen Veränderung zugrunde liegende Gesetz ausgeben, sondern muß sich im Klaren darüber bleiben, daß sie immer einen schon einmal vollzogenen Kommunikationsprozeß (Auftrag—Produktion—Konsumtion) vorfindet und diesem einen weiteren Akt der Kommunikation hinzufügt: den des wissenschaftlichen Diskurses. Sie ist damit an die Strukturen der sprachlichen Kommunikation gebunden. Durch die Übersetzung „sinnlich erfahrener" Beobachtungen in den wissenschaftlichen Diskurs können Strukturen des visuellen Zeichens mit einer strukturierten Gliederung des sprachlichen Zeichens in Beziehung gesetzt werden.

---

[35] Vgl. *Morris*, 1975, S. 283—303.

[36] Vgl. *Dittmann*, 1967, S. 129—139.

Panofskys Vorstellung von der ersten Sinnschicht als vitaler
Daseinserfahrung, die abgetrennt ist von (Bedeutungs-)Schichten, die
durch Kulturüberlieferung geformt sind, ist irrig.

Denn sie unterstellt, daß Wahrnehmung sich in einer Sphäre individuell
ausbildet, die von derjenigen, in der sich die Produktion des Künstlers
abspielt, prinzipiell getrennt sei. Genau das Gegenteil ist der Fall. Der
Prozeß der Semantisierung gegenstandsgebundener Wahrnehmung in der
Entwicklung der Wahrnehmung wendet sich an eine Welt, die bereits
gestaltet, kulturell geformt vorgefunden wird.

Bestandteil dieser geformten Umwelt ist auch die bildende Kunst. Sie
steht nicht in dem musealen Abseits, in das manche bürgerliche Kunst-
geschichtsschreibung sie gern hineinretten möchte. Die permanenten
Osmosen zwischen allen möglichen kulturellen Prozessen erreichen das
Individuum nicht nur auf der Ebene bildlicher Übermittlung, sondern
transponiert in individuelles Verhalten etc. Doch lassen sich hier in der
Tat bestimmte Ebenen auseinanderhalten: es gibt in der bildlichen Konvention ikonographische Komplexe, die nur aus dieser bildlichen Über-
lieferung in die Gegenwart hineinreichen. Aber die Erkennbarkeit von
Bildern ist dennoch an das partielle Gemeinsame gebunden.

Eine semiotische Kunstwissenschaft muß sich zu allererst Gewißheit
darüber verschaffen, welche „kleinsten Elemente" jeweils nicht weiter
zerlegbarer bedeutungstragender Einheiten auszumachen sind. Piaget
beschreibt die ontogenetische Aneignung der Umwelt in der Entwicklung der Wahrnehmung als gegenstandsgebunden, so daß die Zeichnung
des Kindes in einer bestimmten frühen Phase immer Nachahmung von
Gegenständen ist.[37] Diese Gegenstände aber treten nun immer schon
nicht isoliert auf, sondern in einem konventionalisierten Bedeutungszusammenhang.[38] Wenn die Umrißzeichnung eines Gegenstandes die

---

[37] Vgl. *Piaget & Inhelder*, 1972, S. 71. Sie wurde und wird in der kunstgeschichtlichen Fachliteratur in den „Ikonographischen Lexika" katalogisiert. Dabei
handelt es sich *vorrangig*, aber nicht ausschließlich um ein Repertoire menschlicher Figuren: Das *Lexikon der christlichen Ikonographie*, Bd 1–4, Rom und
Freiburg 1968–72, z.B. kennt andere Dinge oder Gegenstände, wie z.B. Licht,
Himmel, Hölle etc. Das *Reallexikon zur deutschen Kunstgeschichte*, ed.
O. Schmitt u.a., Bd 1 ff., Stuttgart 1937 ff., hatte sich den Realien des Kunstwerks zuwenden sollen, ist aber im Laufe seiner Entstehung zunehmend stärker der Forschung der Ikonographie gefolgt, während Aspekte der Kunsttheorie, bes. der Wahrnehmungstheorie, allmählich in den Hintergrund getreten
sind. Zum Begriff der „signifizierenden Dinge" vgl. *Gombrich*, 1972, S. 15 f.

[38] Erstaunlicherweise hat Panofsky sehr früh bereits drei Aufsätze veröffentlicht,
die sich mit dem Problem der Proportion (*Panofsky*, 1921) und der Perspektive (*Panofsky*, 1925 und *Panofsky*, 1927) befassen, ohne daß diese Ergebnisse
in den 1932 folgenden theoretischen Überlegungen zum Interpretationsmodell

Wahrnehmungsbedingungen denotiert, dann werden zugleich erworbene „Bedeutungen" konnotiert, die nicht willkürlich sind, aber auch nicht eindeutig festgeschrieben, sondern aufgrund bestimmter Operationen zugeordnet werden. (Piaget nennt z.B. Inversion, Reziprozität und Kombinatorik als derartige Operationen.) Die Abhängigkeit der Formspezifik von Kunstwerken ist ganz sicher unter den Bedingungen einer antiken oder mittelalterlichen handwerklichen Kunstproduktion eine andere als etwa im 20. Jahrhundert. Die Kodierung verläuft wohl nicht in aller Ausschließlichkeit in der Weise, wie Eco dies in seiner Gliederung des ikonischen Zeichens vorgeschlagen hat.[39] Diese Gliederung ist für eine historische Wissenschaft danach zu befragen, ob durch sie die Analyse auftretender Unterschiede präzise genug erfaßt werden kann, auch wenn in einer historischen Phase Wahrnehmungsbedingungen erst in Ansätzen bewußt ins kompositionelle Kalkül einbezogen worden sind. Seit der italienischen Frührenaissance tritt die Thematisierung von Wahrnehmungsbedingungen in einer Weise in Kunstwerken hervor, die bis dahin in der Geschichte der Kunst nicht aufzuweisen ist — seitdem aber auch aus der Geschichte der Kunst nicht mehr verschwindet, selbst dort, wo die Wissenschaft sich dieser Themen annimmt, und seitdem auch die Summe der Kunstwerke in der Differenzierung derartiger Probleme anscheinend übertrifft, weil sie die Probleme bis über die Grenzen der Anschaulichkeit hinaus verfolgen kann, in Bereiche, die mit dem Kunstwerk prinzipiell nicht erreichbar sind, weil dieses an die Anschaulichkeit materiell gebunden bleibt. Im Kunstwerk bleibt das begrenzte Spielfeld des optisch Wahrnehmbaren ständigen Verschiebungen und Kommutationen ausgesetzt, und das Gefüge des optischen Kodes wird ständig umgestaltet. So ist in einigen Untersuchungen zur Fotografie aufgewiesen worden, daß die „Rhetorik" der Landschaftsfotografie partiell in Abhängigkeit von der älteren Landschaftsmalerei steht. Ganz sicher läßt sich daraus nicht schließen, daß Fotografen immer Landschaftsmalerei, z.B. von C.D. Friedrich, studiert haben (was in dem einen oder anderen Fall aber auch nicht ganz auszuschließen ist).

---

einen Eingang gefunden haben. Es stellt sich tatsächlich die Frage, ob das Ordnungsmodell, nach dem wir die Umwelt alltäglich kennenlernen, nicht bereits gleiche Strukturen hat wie die von den Künstlern für die Ordnung der „Bilderwelt" erfundenen Kompositionsmodelle.

[39] *Eco*, 1972, S. 200 ff.: „Ist das ikonische Zeichen konventionell?" Vgl. die Bespr. v. Chr. Müller in *Kritische Berichte* 1 (1974) H. 4, S. 41—45. Es entsteht gegenüber der zeitgenössischen Kunst immer wieder die Frage, ob sie denn tatsächlich die Wahrnehmungsfähigkeit erweitert oder gerade verhindert, daß es zur Erweiterung der Wahrnehmungsfähigkeit und damit zur aktiven Aneignung der Welt kommt; vgl. dazu die Überlegungen zu Hegel und Adorno in *Apitzsch & Hinz*, 1975, und *Fredel*, 1975.

Schließen läßt sich daraus vielmehr, daß der Idiolekt C.D. Friedrichs
Bestandteil der Sehkonvention, Bestandteil des kollektiven Repertoires
geworden ist, das auch mancher Urlauber aktiviert, wenn er nach Moti-
ven für einen Schnappschuß sucht. Anders formuliert: er findet in der
natürlichen Umgebung dann erst eine Landschaft vor, wenn sich die
äußeren Gegebenheiten zu einer Konstellation zusammenfinden, die ihn
Landschaft erst als natürliche sehen läßt, weil sie einem erworbenen
„inneren" Bild in gewisser Hinsicht analog erscheint. Nur reicht diese
Aussage nicht sehr weit, denn man könnte daraus folgern, daß sich dann
irgendwann totale Gleichförmigkeit und totaler Stillstand einstellen
müßten. Es muß also die Bedingung für die permanente Veränderung
der Konvention und des Repertoires angegeben werden. Denn die Historie des Bildes stellt sich als unterscheidbare Abfolge, als Entwicklung
dar, in der die individuelle Produktion ein jeweils Neues als Anderes
hervorgebracht hat. Das jeweils Neue sinkt zurück und wird Bestandteil
einer veränderten Konvention. Das Neue bleibt aber als Idiolekt erhalten und dem permanenten Aneignungsprozeß ausgesetzt.

Hat man sich einmal von der Vorstellung freigemacht, daß die Gliederung der sprachlichen Struktur ein Modell für die Gliederung anderer
Zeichen — z.B. der visuellen Zeichen — darstellt, und hat sich zumindest
für die materiellen Bestandteile des Bildes aufweisen lassen, daß eine
Gliederung der Elemente, auf denen visuelle Zeichen aufgebaut sind,
nur innerhalb der Bedingungen des Kommunikationsaktes aufweisbar
ist, der auf den gesellschaftlich akkumulierten Wahrnehmungsmöglichkeiten aufbaut, dann wird deutlich, daß man auch bei der notwendigen
weiteren Gliederung des Repertoires visueller Zeichen und deren Kombinationen darauf bedacht sein muß, keine als natürliche Manifestationen zu akzeptieren, sondern sie als historisch entstanden und gesellschaftlich vermittelt aufzuweisen. Die von Prieto vorgeschlagene Gliederung Figur—Zeichen—Sem reicht dazu nicht aus. Es wird aber deutlich,
daß nur auf der Ebene der „Figuren" eine Gliederung vorliegt, die auf
biologischen Konstanten beruht. Zeichen und Semata aber sind Gliederungsebenen, die das einzelne Kunstwerk für die Interpretation wieder
in eine Vielzahl möglicher permanenter Gegenstände, figuraler Symbole
auflösen sollen, deren Expressivität aus dem Kontextsem ihrer bildlichen Einbindung, dem kompositionellen Zusammenhang, erschlossen
werden muß.

Soweit deckt sich eine semiotische Analyse noch mit dem Ikonologie-
Konzept Erwin Panofskys. Er hatte als Maßstab für die Richtigkeit einer
ikonologischen Bildinterpretation den Nachweis einer engen Relation
zwischen einem zeitgenössischen Text und den ikonischen Idiolekten
gefordert, um ein tieferes, gemeinsames, meist unbewußt „Dahinterlie-
gendes" zu Tage zu fördern. Dieser letzte wesensmäßige Gehalt, wie ihn
Panofsky unter Anlehnung an Karl Mannheims Begriff vom Wesenssinn

forderte, liege aller Kunstproduktion zugrunde. Hiermit aber kann eine semiotische Kunstwissenschaft sich nicht begnügen, wenn gerade der Nachweis der Nichtübereinstimmung von Bild und Sinn erfaßt werden soll. Damit wird das Bild zu einem Vexierbild, dessen einziger Grund die Erschließung einer rätselhaften Bedeutung ist, die in der nicht vollkommenen Übereinstimmung von Symbol und Sinn liegt. Damit wird das Interpretationsverfahren nicht als Analyse der kommunikativen Funktion verstanden, durch die homologe strukturelle Beziehungen offengelegt werden, sondern als Exegese eines schon im vorhinein gewußten „bewegenden Letzten". Historisierende Relativierung treibt damit die Verbindlichkeit des inhaltlichen Sinns für die Gegenwart in das letztlich unverbindliche Erkennen eines zuvor unbewußt Zugrundeliegenden. Völlig ohne Beziehung steht das als historisch Erkannte dem Erkenntnisinteresse des Kunstwissenschaftlers gegenüber. Das, was Kontext der Umstände der Interpretation, Bedingungen ihrer Kommunikation und Ideologien ihrer Rezipienten bestimmt, ist solchen kunstwissenschaftlichen Interpretationsmodellen vom Ansatz her ungreifbar geblieben.

Einer semiotischen Kunstwissenschaft liegt aber die Absicht zugrunde, nicht die Identität von Kultur und sprachlichen Äußerungen an Bildern zu messen und umgekehrt, sondern gerade die unterschiedlichen Kommunikationsstrukturen ganz verschiedener Medien, wie Bild und Sprache sie offensichtlich sind, in ihrem je unterschiedlichen Aufbau der Beschreibung durch einen wissenschaftlichen Diskurs zu unterziehen, um dasjenige einsichtig werden zu lassen, was sprachliche Kommunikation auf der einen Seite und visuelle Kommunikation auf der anderen Seite zu je eigenständigen Instrumenten der tätigen Aneignung von Welt für den Menschen macht, nicht um das Unmögliche zu unterstellen: nämlich Bilder restlos in Sprache aufzulösen, sondern um mit ständig erweiterter Kompetenz in beiden Medien dem Menschen zu ermöglichen, Geschichte bewußt gestalten zu können.

LITERATUR

Ackermann, J.S.:
1962   A Theory of Style. In: *Journal of Aesthetics and Art Criticism.* 20 (1962), S. 227—237.

Ackermann, J.S.:
1963   Style. In: J.S. Ackermann und R. Carpenter: *Art and Archeology.* New Jersey 1963, S. 164—186. (= Humanistic Scholarship in America. The Princeton Studies.)

Adorno, Th.W.:
1970   *Ästhetische Theorie.* Frankfurt a.M. 1970. (= Ges. Schriften. Bd 7.)

Antal, F.:
1962   *Hogarth and His Place in European Art.* London 1962.

Apitzsch, U. und B. Hinz:
1975.   Dialektik in Hegels Kunsturteil. In: *Kritische Berichte.* 3 (1975) H. 4.

Badt, K.:
1961   *„Modell und Maler" von Vermeer: Probleme der Interpretation — Eine
          Streitschrift gegen Hans Sedlmayr.* Köln 1961.

Badt, K.:
1971   *Eine Wissenschaftslehre der Kunstgeschichte.* Köln 1971.

Benjamin, W.:
1936   *Das Kunstwerk im Zeitalter seiner technischen Reproduzierbarkeit.*
          Frankfurt a.M. 1936.

Bense, M.:
1954   *Aesthetica.* Stuttgart 1954.

Bense, M.:
1969   *Einführung in die informationstheoretische Ästhetik.* Reinbek 1969.

Bense, M.:
1975   *Semiotische Prozesse und Systeme in Wissenschaftstheorie und Design,
          Ästhetik und Mathematik.* Baden-Baden 1975.

Bense, M. und E. Walther (eds.):
1973   *Wörterbuch der Semiotik.* Köln 1973.

Berliner, R.:
1925—26 *Ornamentale Vorlageblätter des 15. bis 18. Jahrhunderts.* 3 Bde. Leip-
          zig 1925—26.

Borghini, R.:
1584   *Il Riposo.* Florenz. Anast. Neudruck ed. M. Rosci. Mailand 1967. (= Gli
          Storici della Letteratura Artistica Italiana. Bd 13.)

Bourdieu, P.:
1970   *Zur Soziologie der symbolischen Formen.* Frankfurt a.M. 1970.

Bousquet, J.:
1963   *Malerei des Manierismus.* München 1963.

Briganti, G.:
1961   *Der italienische Manierismus.* Dresden 1961.

Chatman, S.:
1971   The Semantics of Style. In: T.A. Sebeok (ed.): *Approaches to Semio-
          tics.* Bd 4. Den Haag und Paris 1971. S. 399—422.

Chomsky, N.:
1969   *Aspekte der Syntax-Theorie.* Frankfurt a.M. 1969.

Curtius, E.R.:
1948   *Europäische Literatur und lateinisches Mittelalter.* Bern und München
          1948.

Dittmann, L.:
1967   *Stil, Symbol, Struktur — Studien zu Kategorien der Kunstgeschichte.*
          München 1967.

Dittmann, L.:
1969   Raum und Zeit als Darstellungsformen bildender Kunst. In: *Stadt und Landschaft — Raum und Zeit. Festschrift für E. Kühn.* Köln 1969. S. 43—55.

Dittmann, L.:
1973   Kunstwissenschaft und Phänomenologie des Leibes. In: *Aachener Kunstblätter.* 44 (1973), S. 287—316.

Drost, W.:
1972   Strukturprobleme des Manierismus in Literatur und bildender Kunst: Vincenzo Giusti und die Malerei des 16. Jahrhunderts. In: *Arcadia — Zeitschrift für vergl. Litwiss.* 7 (1972), S. 12—36.

Eco, U.:
1971   Die Gliederung des filmischen Kodes. In: F. Knilli (ed.): *Semiotik des Films.* München 1971. S. 70—93.

Eco, U.:
1972   *Einführung in die Semiotik.* Deutsch v. J. Trabant. München 1972.

Eschbach, A.:
1974   *Zeichen, Text, Bedeutung.* München 1974.

Foucault, M.:
1966   *Les mots et les choses.* Paris 1966.
        Deutsch v. U. Köppen: *Die Ordnung der Dinge.* Frankfurt a.M. 1971.

Fredel, J.:
1975   Kunst und Philosophie — Bemerkungen zu Adornos Theorie der Ungeschiedenheit. In: *Kritische Berichte.* 3 (1975) H. 4, S. 5—30.

Gadamer, H.-G.:
1965   *Wahrheit und Methode — Grundzüge einer philosophischen Hermeneutik.* 2. Aufl., Tübingen 1965.

Gerlach, P.:
1973   *Antikenstudien in Zeichnungen klassizistischer Bildhauer.* München 1973.

Gombrich, E.H.:
1954   Leonardo's Grotesque Heads — Prolegomena to Their Study. In: *Leonardo — Saggi e Ricerche.* Rom 1954. S. 199—219.

Gombrich, E.H.:
1960   *Art and Illusion — A Study in the Psychology of Pictorial Representation.* New York 1960.

Gombrich, E.H.:
1972   *Symbolic Images — Studies in the Art of Renaissance.* London 1972.

Goodman, N.:
1968   *Languages of Art — An Approach to a Theory of Symbols.* Indianapolis 1968.
        Deutsch v. J. Schlaeger: *Sprachen der Kunst — Ein Ansatz zu einer Symboltheorie.* Frankfurt a.M. 1973.

Greenlee, D.:
1973   *Peirce's Concept of Sign.* Den Haag und Paris 1973. (= Approaches to
          Semiotics. Bd 5.)

Greimas, A.J. u.a. (eds.):
1970   *Sign, Language, Culture.* Den Haag und Paris 1970.

Hegel, G.W.F.:
1842   *Ästhetik.* Ed. H.G. Hotho 1842, red. F. Bassenge. Berlin und Weimar
          1955.

Hinz, B.:
1972   Zur Dialektik des bürgerlichen Autonomiebegriffs. In: Müller, Brede-
          kamp, Hinz u.a. (eds.): *Autonomie der Kunst — Zur Genese und Kritik
          einer bürgerlichen Kategorie.* Frankfurt a.M. 1972.

Hogarth:
1753   *Analysis of Beauty.* London 1753.

Holländer, H.:
1972   Anamorphotische Perspektive und cartesianische Ornamente — Zu eini-
          gen Gemälden von J.F. Niceron. In: *Festschrift Weydt.* Bern und
          München 1972. S. 53—72.

Holländer, H.:
1973   Steinerne Gäste der Malerei. In: *Gießener Beiträge zur Kunstgeschichte.*
          2 (1973), S. 103—131.

Holzkamp, H.:
1973   *Sinnliche Erkenntnis — Historischer Ursprung und gesellschaftliche
          Funktion der Wahrnehmung.* Frankfurt a.M. 1973.

Hymes, D.H.:
1972   *Toward Communicative Competence.* Philadelphia 1972.

Kagan, M.S.:
1970   Die Kunst als Systemobjekt und das Systemstudium der Kunst. In:
          Kunstwerk und Literatur. 18 (1970), S. 170—180.

Kimball, F.:
1941   Sources and Evolution of the Arabesque of Berain. In: *The Art Bulle-
          tin.* 23 (1941), S. 307—316.

Klaus, G.:
1973   *Semiotik und Erkenntnistheorie.* 4. Aufl. München 1973.

Kroeber, A.L. (ed.):
1953   *Anthropology Today.* Chicago 1953.

Langemeyer, G. und Schleier R.:
1976   *Bilder nach Bildern. Druckgraphik und die Vermittlung von Kunst.*
          Münster 1976. [Ausstellungskatalog.]

Leeman, F., J. Elffers u.a.:
1975   *Anamorphosen — Ein Spiel mit der Wahrnehmung, dem Schein und der
          Wirklichkeit.* Köln 1975.

Leonardo da Vinci:
1882   *Traktat von der Malerei.* Nach dem Codex Vaticanus Urbinas 1270. Ed.
        H. Ludwig. Wien 1882.

Lewandowski, T.:
1973   *Linguistisches Wörterbuch.* 3 Bde. Heidelberg 1973.

Maenz, P. und G. de Vries (eds.):
1972   *Art and Language. Texte zum Phänomen Kunst und Sprache.* Köln
        1972. [dt./engl.]

McLuhan, M.:
1968   *Die magischen Kanäle.* (Understanding Media.) Düsseldorf und Wien
        1968.

Merleau-Ponty, M.:
1966   *Phänomenologie der Wahrnehmung.* Berlin 1966.

Michelangelo:
1557   *Aretino oder Dialog über die Malerei.*
        Deutsch v. C. Cerri. Wien 1871. (= Quellenschriften für die Kunstge-
        schichte.)

Morris, C.W.:
1975   Kunst, Zeichen und Werte. In: Morris: *Zeichen, Wert, Ästhetik.* Frank-
        furt a.M. 1975.

Moles, A.:
1972   *Psychologie des Kitsches.* München 1972.

Mothersill, M.:
1965   Is Art a Language? In: *Journal of Philosophy.* 62 (1965), S. 559—572.

Nake, F.:
1974   *Ästhetik als Informationsverarbeitung — Grundlagen und Anwen-
        dungen der Information im Bereich ästhetischer Produktion und Kritik.*
        Wien und New York 1974.

Otto, G.:
1974   *Didaktik der ästhetischen Erziehung — Ansätze, Materialien, Verfahren.*
        Mit Beiträgen v. A. Staudte und G. Wienecke. Braunschweig 1974.

Oudart, J.-P.:
1969   La suture I. In: *Cahiers du Cinema.* 211 (1969).

Panofsky, E.:
1921   Die Entwicklung der Proportionslehre als Abbild der Stilentwicklung.
        In: *Monatshefte für Kunstwissenschaft.* 14 (1921), S. 188—219.

Panofsky, E.:
1925   Die Erfindung der verschiedenen Distanzkonstruktionen in der maleri-
        schen Perspektive. In: *Repertorium für Kunstwissenschaft.* 45 (1925),
        S. 84—86.

Panofsky, E.:
1927   Die Perspektive als symbolische Form. In: *Panofsky: Aufsätze zu
        Grundfragen der Kunstwissenschaft.* Ed. H. Oberer und E. Verheyen.
        Berlin 1964, S. 99—168.

Panofsky, E.:
1940   *The Codex Huyghens and Leonardo da Vinci's Art Theory.* London 1940.

Panofsky, E.:
1940   The History of Art as a Humanistic Disciplin. In: T.M. Greune (ed.): *The Meaning of the Humanities.* Princeton 1940.

Panofsky, E.:
1960   *Idea — Ein Beitrag zur Begriffsgeschichte der älteren Kunsttheorie.* 2. verb. Aufl., Berlin 1960.

Panofsky, E.:
1964   *Aufsätze zu Grundfragen der Kunstwissenschaft.* Ed. H. Oberer und E. Verheyen. Berlin 1964.

Panofsky, E.:
1975   Ikonographie und Ikonologie — Eine Einführung in die Kunst der Renaissance. In: *Sinn und Deutung in der bildenden Kunst.* Köln 1975, S. 36—67.

Peirce, Ch.S.:
1931   *Collected Papers.* Bd 2. Ed. Ch. Hartshorne und P. Weiss. Cambridge/ Mass. 1931.

Philipson, M. (ed.):
1961   *Aesthetics Today.* o.O. 1961.

Piaget, J. und B. Inhelder:
1972   *Die Psychologie des Kindes.* Olten und Freiburg i.Br. 1972.

Piel, F.:
1963   Der historische Stilbegriff und die Geschichtlichkeit der Kunst. In: *Kunstgeschichte und Kunsttheorie im 19. Jahrhundert. Probleme der Kunstwissenschaft.* Bd 1. Berlin 1963.

Prieto, L.J.:
1972   *Nachrichten und Signale.* Deutsch v. G. Wotjak. Berlin (Ost) 1972.

Riegl, A.:
1901   *Spätrömische Kunstindustrie.* Wien 1901.

Rothe, F.:
1938   *Das deutsche Arkanthusornament des 17. Jahrhunderts — Zur Frage seiner Selbständigkeit.* Berlin 1938. (= Deutscher Verein für Kunstwissenschaft (Hrsg.): Forschungen zur deutschen Kunstgeschichte. Bd 29.)

Schefer, J.-L.:
1969   *Scenographie d'un tableau.* Paris 1969.

Schlosser, J.v.:
1935   „Stilgeschichte" und „Sprachgeschichte" der bildenden Kunst. In: *Sitzungsberichte der Bayer. Akad. der Wiss., Phil.-hist. Kl.* München 1935/1.

Schmidt, S.J.:
1968   Wissenschaftstheoretische Überlegungen zum Entwurf einer kriterio-
logischen Kunstwissenschaft. In: S. Moser (ed.): *Information und Kommunikation.* München und Wien 1968, S. 151—159.

Sedlmayr, H.:
1958   *Kunst und Wahrheit — Zur Theorie und Methode der Kunstgeschichte.*
Reinbek 1958.

Shearman, J.:
1967   *Mannerism.* London 1967.

Varchi, B.:
1547   Della Maggioranza della Arte. Florenz 1547. In: P. Barocchi (ed.):
Scritti d'Arte del Cinquecento. Bd 1. Mailand und Neapel 1971.

Verspohl, F.-J.:
1975   „Optische" und „taktile" Funktion von Kunst — Der Wandel des
Kunstbegriffs im Zeitalter der massenhaften Rezeption. In: *Kritische
Berichte.* 3 (1975), S. 25—43. (= Mitteilungsorgan des Ulmer Vereins
für Kunstwissenschaft.)

Wallis, M.:
1964   Medieval Art as a Language. In: *Proceedings of the Fifth Int. Congr. of
Aesthetics.* Amsterdam 1964, S. 427—429.

Warnke, M. (ed.):
1970   *Das Kunstwerk zwischen Wissenschaft und Weltanschauung.* Gütersloh
1970.

Weidlé, W.:
1962   Über die kunstgeschichtlichen Begriffe „Stil" und „Sprache". In: *Festschrift für H. Sedlmayr.* München 1962, S. 102—115.

Werckmeister, O.K.:
1971   Von der Ästhetik zur Ideologiekritik. In: O.K. Werckmeister: *Ende der
Ästhetik.* Frankfurt a.M. 1971, S. 57—85.

Werckmeister, O.K.:
1974   *„Ideologie und Kunst bei Marx" und andere Essays.* Frankfurt a.M.
1974.

Wölfflin, H.:
1915   *Kunstgeschichtliche Grundbegriffe.* München 1915.

Wolters, C.:
1970   Naturwissenschaftliche Methoden in der Kunstwissenschaft. In: *Methoden der Kunst- und Musikwissenschaft.* München und Wien 1970.
(= Enzyklopädie der geisteswissenschaftlichen Arbeitsmethoden. 6. Lieferung.)

Zemsz, A.:
1967   Les optiques cohérentes (La peinture est-elle langage?). In: *Revue
d'Esthétique.* 20 (1967) H. 1, S. 40—73.

ABBILDUNGSNACHWEIS

Berliner, R.:
1925   *Ornamentale Vorlageblätter des 15. bis 18. Jahrhunderts.* 3 Tafelbände, Leipzig 1925.

Geisberg, M.:
1924   *Die Anfänge des Kupferstichs.* Leipzig 1923. (= Meister der Graphik. Ed. H. Voss. Bd 2.)

Giedion, S.:
1962   *The Beginnings of Art — A Contribution to Constancy and Change.* New York 1962.

Jessen, P.:
1920   *Der Ornamentstich — Geschichte der Vorlagen des Kunsthandwerks seit dem Mittelalter.* Berlin 1920.

Mellink, M.J. und J. Filip:
1974   *Frühe Stufen der Kunst.* Berlin 1974.

Piette, E.:
1904   Classification des sédiments formés dans les cavernes pendant l'Age du renne. In: *L'Anthropologie.* 15 (1904).

Shestack, A. (ed.):
1969   *The Complete Engravings of Martin Schongauer.* New York 1969.

VII SYSTEMATISCHE IRREFÜHRUNG?

FOLGEN DER VERWENDUNG VON ZEICHENSYSTEMEN

LARS GUSTAFSSON (VÄSTERAS/SCHWEDEN)

GRAMMATIK, LOGIK, REALITÄT

„Es liegt die Tatsache vor, daß einerseits das Denken sich in den Formen der Grammatik bewegt, daß andererseits dasselbe Denken nach
dem Glauben der Logiker die logischen Formen annehmen muß, um
bestehen zu können. Daher die immer gestellte und immer noch nicht
beantwortete Frage: wie sich Logik und Grammatik zueinander verhalten [...]" (*Mauthner*, 1901—1902, III, S. 1).
Diese vorzügliche Formulierung entnehme ich Fritz Mauthners um die
Jahrhundertwende geschriebenen *Beiträgen zu einer Kritik der Sprache*.
Mauthners sprachphilosophisches Werk wäre wohl heute vergessen,
wenn es nicht überraschend tiefe Spuren bei einem anderen Denker
hinterlassen hätte, nämlich Ludwig Wittgenstein — jenem späten Wittgenstein, der sich in seinen *Philosophischen Untersuchungen* mit so
großem Interesse einem von Mauthner (1901—1902, I, S. 25) stammen-
den Begriff widmet, dem Begriff „Sprachspiel".
Mit manchen anderen Denkern in der zweiten Hälfte des vorigen Jahrhunderts, vor allem Friedrich Nietzsche und dem 1867 gestorbenen
amerikanischen Philosophen Alexander Bryan Johnson, dessen *Treatise
of Language*[1] allzu wenig beachtet worden ist, hat Mauthner eine tiefe
Skepsis gegen die Sprache gemeinsam. Diese Skepsis richtet sich nicht
— wie bei vielen politischen Denkern der Epoche oder bei Dichtern wie
Henrik Ibsen — vorwiegend gegen die „öffentliche Lüge", also gegen
bestimmte politisch beabsichtigte *Verwendungsweisen* der Sprache, sondern gegen die Sprache als *System*, als abstrahierte Ganzheit.
Das Zeitalter des triumphierenden Industrialismus, der Fortschritts-
ideen und der Kolonialmächte ist in der Tat von Skeptikern überraschend dicht bevölkert.
H.C. Andersens schon in den 1830er Jahren publiziertes Märchen *Des
Kaisers neue Kleider* ist nur ein Vorbote einer großen Zahl von Dichtun-
gen, Essays, Pamphleten und gelehrten Werken, die sich mit der Vorstellung von der „Gesellschaftslüge" beschäftigen: Man will klarmachen,
daß die Gesellschaft in ihrer Existenz von einer Reihe allgemeiner Übereinkommen abhängt, die die Funktionen des gesellschaftlichen Lebens
beherrschen, obwohl sie rein fiktiven Charakters sind.

---

[1] Vgl. *Johnson*, 1836; eine komplette Bibliographie enthält *Todd & Blackwood*,
1969, S. XI—XIV.

Schon vor den Dreyfusprozessen in Frankreich, deren Wirkung in diesem ganzen Bereich nicht unterschätzt werden sollte, nehmen viele wichtige Schriftsteller der siebziger und achtziger Jahre die Rolle des *Demaskierers* an. Werke wie *Die Wildente* (1884) von Henrik Ibsen, August Strindbergs *Das Rote Zimmer* (1879) und Friedrich Nietzsches *Menschliches, Allzumenschliches* (1878) beschäftigen sich intensiv mit der Vorstellung, daß die Lüge, die ständige Irreführung durch stillschweigende gesellschaftliche Übereinkommen, zu einer Bedingung der gesellschaftlichen Existenz selbst geworden ist.

Kein Wunder also, daß Auffassungen wie diese sich auch auf dem Gebiet der Sprachphilosophie geltend machen und daß die Sprache als „Gesellschaftsspiel" zum Beispiel *par excellence* für die Irreführung der Gedanken durch die Gesellschaft erhoben wird. Denn die Sprache, als kollektive Aktivität verstanden, ist ja jenes Zeichensystem, in dem unsere Wahrnehmung der realen Außenwelt sich besonders eng mit den Erfahrungen unseres Umgangs mit anderen Menschen, mit ihrer Zustimmung oder Abwehr gegen uns, verbindet.

So schreibt Fritz Mauthner in seinen *Beiträgen* (1901–1902, I, S. 25): „Die Sprache ist nur ein Scheinwert wie eine Spielregel, die auch um so zwingender wird, je mehr Mitspieler sich ihr unterwerfen, die aber die Wirklichkeitswelt weder ändern noch begreifen will. In dem weltumspannenden und fast majestätischen Gesellschaftsspiel der Sprache erfreut es den einzelnen, wenn er nach der gleichen Spielregel mit Millionen zusammen denkt, wenn er z.B. für alte Rätselfragen die neue Antwort ‚Entwicklung' nachsprechen gelernt hat, wenn das Wort ‚Naturalismus' Mode geworden ist, oder wenn die Worte ‚Freiheit', ‚Fortschritt' ihn regimenterweise aufregen."

Mit den letzten Jahrzehnten ist es wohl klarer geworden — besonders durch Arthur Dantos Untersuchungen (*Danto*, 1968) —, in welchem Ausmaß auch Nietzsches Philosophie eine erkenntnistheoretische bzw. sprachtheoretische Problematik zugrunde liegt. Wohlbekannt ist der § 11 des ersten Bandes von *Menschliches, Allzumenschliches*:

„[...] Insofern der Mensch an die Begriffe und Namen der Dinge als an *aeternae veritates* durch lange Zeitstrecken hindurch geglaubt hat, hat er sich jenen Stolz angeeignet, mit dem er sich über das Tier erhob: Er meinte wirklich in der Sprache die Erkenntnis der Welt zu haben. Der Sprachbildner war nicht so bescheiden zu glauben, daß er den Dingen eben nur Bezeichnungen gebe, er drückte vielmehr, wie er wähnte, das höchste Wissen über die Dinge mit den Worten aus; in der Tat ist die Sprache die erste Stufe der Bemühung um die Wissenschaft. *Der Glaube an die gefundene Wahrheit* ist es auch hier, aus dem die mächtigsten Kraftquellen geflossen sind. Sehr nachträglich — jetzt erst — dämmert es den Menschen auf, daß sie einen ungeheuren Irrtum in ihrem Glauben an die Sprache propagiert haben. Glücklicherweise ist es zu spät, als daß

es die Entwicklung der Vernunft, die auf jenem Glauben beruht, wieder rückgängig machen könnte."[2]
Wenn ich hier ausführlich auf die Sprachskepsis des vorigen Jahrhunderts eingegangen bin, so nicht nur deshalb, weil sie von großem historischen Interesse ist, sondern vielmehr deshalb, weil wichtige Gedanken Nietzsches, Mauthners und Alexander Bryan Johnsons direkt für unser Thema relevant sind.

Diesen drei Autoren gelingt es nämlich gerade durch die Radikalität ihres Denkens, wesentliche Fragen zur Beziehung zwischen Grammatik, Logik und Realität klar herauszuarbeiten. Es geht hier vor allem um die Frage nach dem Status der Sprache: Ist sie ein Regelsystem rein konventioneller Natur? Oder ist sie außerdem auch Spiegelbild einer nichtsprachlichen Wirklichkeit, das es uns ermöglicht, über die Struktur jener Wirklichkeit wahre oder falsche Behauptungen zu machen? Oder verhält sich die Sprache neutral in ihrer Beziehung zur außersprachlichen Realität: ein Medium, in dem allerlei Ansichten und Beobachtungen formuliert werden können, dessen Regeln und Kategorien selbst aber keine außersprachlichen Entsprechungen haben, keine Währung sind, die in einen bestimmten realen Gegenwert eingelöst werden können?

> „Twas brillig and the slithy toves
> Did gyre and gimble in the wabe;
> All mimsy were the borogoves,
> And the mome raths outgrabe."

Lewis Carolls bekanntes Nonsensgedicht *Jabberwocky*[3] belegt mit großer Anschaulichkeit eine Tatsache, die Noam Chomsky am Anfang seiner *Syntactic Structures* (*Chomsky*, 1957) erwähnt: Es ist möglich, einem völlig sinnlosen Text eine wohlgebildete grammatische Form zu geben. Daraus folgt, daß grammatische Regeln von semantischen Regeln logisch unabhängig sind.
Ebenso leicht wäre es natürlich auch, Beispiele dafür zu finden, daß es sinnvolle Texte gibt, die grammatisch nicht wohlgeformt sind: das Mithören von Fragmenten eines Gesprächs — etwa im Bus oder im Zug — zwischen Personen, die einander gut kennen, dürfte jeden überzeugen.
Grammatik und Sinn verhalten sich offenbar wie zwei unabhängige Dimensionen der Sprache zueinander. Mit Unabhängigkeit ist hier natürlich *logische* Unabhängigkeit gemeint; wie es sich auf genealogischer Stufe verhält, ist eine andere Frage.

---

[2] F. Nietzsche: „Menschliches, Allzumenschliches — Ein Buch für freie Geister", § 11; vgl. *Nietzsche*, 1954—1956, Bd 1, S. 453.

[3] Gedicht aus der Erzählung „Through The Looking Glass"; vgl. *Carroll*, 1965, S. 126.

Wenn die Logik in die Überlegungen einbezogen wird, entstehen allerdings Komplikationen.

Kann ein logisch wohlgeformter Satz Nonsens sein? Kann ein logisch wohlgeformter Satz ungrammatisch sein?

Kann ein unlogischer Satz sinnvoll sein? Kann ein unlogischer Satz grammatisch wohlgeformt sein?

Es erheben sich wenigstens zwei Kategorien von Problemen:

a) solche, die mit der Logik in ihrer Beziehung zur Grammatik zu tun haben,

b) solche, die mit der Logik in ihrer Beziehung zur Semantik zu tun haben, also die Fragen nach Bedeutung und logischer Form. Vielleicht sind diese die schwierigsten.

Das einleuchtendste Argument dafür, daß Logik und Grammatik nicht dasselbe sind, obwohl Kategorien logischer Art oder *quasi-logischer* Art in der Grammatik erscheinen, ist durch die ganze Geschichte der Sprachphilosophie hindurch bis heute die Tatsache, daß die grammatischen Regeln für jede Sprache anders sind. Eine Logik, die von Sprache zu Sprache wechselt, ist dagegen schwer vorzustellen.

Alle Sprachen enthalten Wörter bestimmter Kategorien, z.B. die Satzverknüpfer, die mit den logischen Konstanten übereinstimmen. Hierher gehören etwa die deutschen Wörter „alle" und „oder". Die grammatischen Regeln, die sich aus ihrem korrekten Gebrauch abstrahieren lassen, können z.T. als Äquivalente logischer Regeln betrachtet werden. Aber die Kategorien überschneiden sich häufig, und die logische Unbestimmtheit der grammatischen Regeln ist in der Tat so groß, daß in der Logik auf ganze Kategorien grammatischer Konnektive verzichtet werden kann.

Aus logischer Perspektive ist z.B. das deutsche Wort „alle" ziemlich vieldeutig. Bedeutet es eine Klasse, deren Elemente bereits aufgezählt sind, oder können neue Elemente in sie eintreten? Bedeutet es eine Klasse, die wenigstens ein Element hat, oder kann man das Wort auch für solche Klassen verwenden, die kein Element haben? Im letzteren Fall ist es beweisbar (mit Hilfe eines Theorems der Booleschen Algebra über Produkte von leeren Klassen), daß alle Kentauren Sozialdemokraten sind, im vorher genannten Fall nicht. Ähnliches gilt für das deutsche „oder", das einmal ein nicht ausschließendes „oder" sein kann, ein andermal ein ausschließendes, wie in „entweder — oder".

Die Lösung der Logiker für Probleme wie diese war die Formalisierung, die Einführung von Symbolmengen und Regelsystemen, in denen Schlußfolgerungsschemata konstruiert werden können, die nicht in dieser Hinsicht mehrdeutig sind. Formalisierung bedeutet aber unter anderem eine Distanzierung der formalisierten Sprache von der Alltagssprache. So entdeckten die Logiker z.B. ziemlich früh, daß in einer formalisierten logischen Sprache auf die Kopula verzichtet werden kann. Anstatt „Das Gras ist rot" kann man „Rot, Gras" schreiben. Die Reihenfolge der Eigennamen „Hans" und „Karl" in dem Satz „Hans schlägt Karl" ist grammatisch wichtig, aber logisch gleichgültig.

Die Formalisierung der Logik bedeutet eine Entfernung von der Alltagssprache, aber sie bedeutet nicht eine Entfernung von der in der Alltagssprache verwendeten Logik. Aus den Mehrdeutigkeiten, die in der Alltagssprache stecken, wählt die Formalisierung das, was sie für die Zwecke der Logik braucht.

Daß grammatische Regeln und logische Regeln zwei verschiedene Regelkategorien sind, die nur teilweise und mehr oder weniger zufällig miteinander übereinstimmen, wird sehr klar, wenn man bedenkt, daß auch *grammatische* Regelsysteme sich formalisieren lassen und dabei *andere* formalisierte Systeme entstehen als bei der logischen Formalisierung.

Zu der Frage, ob dem einen oder dem anderen System für die Formalisierung grammatischer Regeln der Vorrang gegeben werden soll, spezieller zu der Frage, ob Noam Chomskys *Tiefenstrukturen* wirklich existieren, will ich selbstverständlich nicht Stellung nehmen. Offenbar gibt es hier eine Reihe von Alternativen. Wie oft war es nicht in der älteren Grammatik der Fall, daß eine außereuropäische Sprache, z.B. das Japanische, mit der Hilfe des Kategoriensystems der lateinischen Grammatik beschrieben wurde, und dies in einer Weise, die den ersten Schritten zu einer Formalisierung durchaus glich! An solchen Beispielen wird die große Flexibilität der Sprache gegenüber grammatischen Abstraktionen deutlich.

Wesentlich für unsere Frage bleibt aber, daß es einen *Unterschied* gibt zwischen formalisierter Logik und formalisierter Grammatik.

Diesen Unterschied kann man so ausdrücken: Die Logik ist zugleich strenger und weniger streng als die Grammatik. Auf der einen Seite fordert die logische Formalisierung eine Normierung von logischen Wörtern der Alltagssprache wie „alle", „oder", „um so", die so weit geht, daß die neuen Symbole nicht mehr nur Übersetzungen der ursprünglichen Ausdrücke sind. Auf der anderen Seite waren logische Formalisierungen bis vor kurzem ziemlich gleichgültig gegenüber Tempus, Modus, Kasus, Genus und Verbalkategorien.

Die Formalisierung einer grammatischen Regel muß sprachlicher Erfahrung, historisch gegebenem Sprachverhalten gerecht werden. Der Zwang hinter einer solchen Regel ist der Zwang des gegebenen, objektiv existierenden sprachlichen Materials.

Für die Verwendung des englischen Verbs „do" etwa kann man überhaupt keine gültigen Regeln aufstellen, ohne Zugang zum sprachlichen Material zu haben.

Um ein Schlußfolgerungsschema wie die *reductio ad absurdum* zu formulieren, braucht man dagegen prinzipiell *keine* Erfahrung von den Gedanken anderer Menschen. Oder, um Kants Terminologie zu benützen: Logische Regeln sind *apriorisch*, grammatische Regeln sind *aposteriorisch*.

Das Zwingende der logischen Regeln ist systemimmanent; man braucht keine andere Kenntnis als die Kenntnis der Logik, um die Gültigkeit der *reductio ad absurdum* einsehen zu können.

Eine wichtige Unterscheidung, auf die wiederum Lewis Caroll[4] als vielleicht erster hingewiesen hat, ist die zwischen einem formalen *Schlußfolgerungsschema* und einer tatsächlichen *Schlußfolgerung*.

Das Zwingende eines logischen Schlusses besteht *nicht* in dessen Übereinstimmen mit einem Schlußfolgerungsschema. Die Gültigkeit einer Schlußfolgerung muß in anderer Weise definiert werden, denn sonst könnte die Ableitbarkeit des Schemas aus anderen Schemata nicht erklärt werden.

Damit sind wir auf die schwierige Frage nach der *Analytizität* gekommen. Ich beschränke mich in diesem Zusammenhang darauf zu sagen, daß von den zwei großen Alternativen: entweder sind einige apriorische Wahrheiten analytisch und einige synthetisch, oder sind alle analytisch, die letztere Doktrin immer noch die herrschende ist. Die scheinbare Unantastbarkeit der analytischen Wahrheiten wird seit Jahrzehnten nach dem Muster der Tautologien erklärt: Die Komponenten einer analytischen Aussage, denen eindeutig Wahrheitswerte zugeordnet werden können, verhalten sich als Synonyme zueinander. Mit diesem Synonymiebegriff sind aber wiederum große Probleme verbunden, weil er seinerseits vom Wahrheitsbegriff abhängig zu sein scheint. Wie Willard van Orman Quine bemerkt, hängt dieses Problem sehr eng mit einem anderen zusammen: der Unmöglichkeit, „Wahrheit" mit der Hilfe des Begriffs der „wissenschaftlichen Methode" zu definieren.[5] Der Synonymiebegriff könnte vielleicht als der große Stein im Wege des logischen Empirismus bezeichnet werden.

Abgesehen vom Analytizitätsproblem bleibt aber als entscheidender Unterschied zwischen logischen und grammatischen Regeln jene Eigenschaft der logischen Regeln, die ich hier mit Kant als *apriorisch* bezeichnet habe.

Kommen wir jetzt zu den wichtigen Fragen, die mit der Beziehung zwischen Bedeutung und logischer Form zu tun haben. Dabei können wir von Bertrand Russells klassisch gewordenem Aufsatz *On Denoting* ausgehen, der im Jahre 1905 erschienen ist.

Die zentrale Frage, die in diesem Aufsatz behandelt wird, bezieht sich auf die besondere Kategorie von Sätzen der Art: „Der König von Frankreich ist kahlköpfig."

---

[4] Vgl. „What the Tortoise said to Achilleus"; in *Caroll*, 1965, S. 1049–51.

[5] Vgl. *Quine*, 1960, S. 75 und dazu jetzt auch *Lewis*, 1969.

Bekanntlich liegt das Problematische in diesem Satz darin, daß — weil es keinen König von Frankreich gibt — sowohl eine Verneinung wie eine Bejahung des Satzes die Folge zu haben scheint, daß über Eigenschaften eines nicht existierenden Gegenstands gesprochen wird. Es sieht also so aus, als ob es zwischen den Eigenschaften von existierenden und nicht existierenden Gegenständen gar keinen Unterschied gäbe.

Sätze dieser Kategorie, die zweifellos sinnvoll und grammatisch wohlgeformt sind, scheinen — genau deshalb, weil sie sinnvoll sind — die Logik zu stören, ohne daß in ihrer Struktur ein expliziter Widerspruch aufgewiesen werden kann. Weil es keinen König von Frankreich gibt, kann er weder kahlköpfig noch haarreich sein, gerade weil aber dieser Satz sinnvoll ist, scheint es notwendig, daß entweder das eine oder das andere der Fall ist.

Der Ausdruck „der König von Frankreich" scheint so etwas wie ein Name zu sein, und zwar ein sinnvoller Name. Der Name bezeichnet einen Gegenstand, und der Satz sagt von ihm aus, daß er kahlköpfig ist. Kann somit ein nicht existierendes Ding tatsächlich eine Eigenschaft haben?

Eine zufällige semantische Tatsache, nämlich, daß der Name sinnvoll ist und eine Bedeutung hat, scheint die logisch katastrophale Konsequenz zu haben, daß ein Gegenstand zugleich existiert und nicht existiert und daß ihm ein Prädikat zugleich zugesprochen werden kann und nicht zugesprochen werden kann. Es scheint, als ob die Sprache hier wirklich irreführend, und zwar systematisch irreführend, funktioniert.

Russells Lösung des Problems, seine Theorie der definiten Kennzeichnungen („theory of descriptions"), hat weitreichende Konsequenzen. Sie behauptet, daß sprachliche Ausdrücke wie „der König von Frankreich" gar nicht auf reale Gegenstände verweisen, und verlangt, daß sie deshalb nicht als Namen behandelt werden, sondern als „descriptive phrases", d.h. als logische Funktionen, die zwar einen Wahrheitswert bekommen können, aber nur dann, wenn in der Wirklichkeit Gegenstände existieren, die als Individuen in den variablen Teil der Funktion eintreten können. Mit Bertrand Russells eigenen Worten (vgl. *Russell*, 1905): „What we know is ‚So-and-so has a mind which has such and such properties,' but we do not know ‚A has such and such properties,' where A *is* the mind in question. In such a case we know the properties of a thing without having acquaintance with the thing itself, and without, consequently, knowing any single proposition of which the thing itself is a constituent."

Ein Kennzeichnungsausdruck ist also durchaus sinnvoll, aber nicht deshalb, weil er sich auf einen individuellen Gegenstand bezieht, sondern gerade deshalb, weil er sich *nicht* auf einen bestimmten solchen Gegenstand bezieht. Die Wirklichkeit selbst tritt in den Kennzeichnungsaus-

drücken nicht auf, nur ihre verschiedenen Möglichkeiten: Sachlagen, die
der Fall sein könnten, aber nicht notwendig der Fall sind.
Wenigstens für Kennzeichnungsausdrücke scheint es also möglich, eine
Art Unabhängigkeit zwischen Semantik und Realität zu etablieren.
Die Russellsche Theorie der definiten Kennzeichnungen berührt die
zentrale Frage unserer Überlegungen: Darf man aus der Struktur einer
Sprache ontologische Konsequenzen ziehen? Mit anderen Worten: Eig-
nen sich die natürlichen Sprachen, obwohl sie grammatische und seman-
tische Kategorien enthalten, die die Vorstellung einer bestimmten Reali-
tätsstruktur suggerieren, auch für die Beschreibung einer Realität, deren
Struktur ganz anders beschaffen ist?
Hier werden die Ansätze unserer drei sprachkritischen Philosophen des
vorigen Jahrhunderts, Friedrich Nietzsches, Fritz Mauthners und
Alexander Bryan Johnsons, wieder relevant.

„Es ist gar nicht zu vermeiden, daß, dank der gemeinsamen Philosophie
der Grammatik — ich meine dank der unbewußten Herrschaft und
Führung durch gleiche grammatische Funktionen — von vornherein alles
für eine gleichartige Entwicklung und Reihenfolge der philosophischen
Systeme vorbereitet liegt: ebenso wie zu gewissen anderen Möglichkei-
ten der Weltausdeutung der Weg wie abgesperrt erscheint.“ So sagt
Friedrich Nietzsche in *Jenseits von Gut und Böse*.[6]
Nietzsches eigene Auffassung von „der unbewußten Herrschaft und
Führung durch gleiche grammatische Funktionen“ ist — wie Arthur
Danto (1968, S. 96 ff.) sehr treffend bemerkt hat — ein Relativismus,
der auf die Ablehnung einer extremen Version der Korrespondenz-
theorie der Wahrheit zurückzuführen ist.
In dem schon vorher zitierten Absatz von *Menschliches, Allzumenschliches* heißt es am Anfang: „[...] Die Bedeutung der Sprache für die
Entwicklung der Kultur liegt darin, daß in ihr der Mensch eine eigene
Welt neben die andere stellte, einen Ort, welchen er für so fest hielt, um
von ihm aus die übrige Welt aus den Angeln zu heben und sich zum
Herren derselben zu machen.“[7] Diese Vorstellung von der Sprache als
alternativer Weltkonstruktion (und das Bewußtsein des Illusorischen
einer solchen Alternativwelt) ist tatsächlich nur vom Standpunkt eines
extremen Nominalismus aus verständlich, in dem nicht nur die Indivi-
dualbegriffe, sondern auch die universellen Begriffe als Namen behandelt werden und die wahren Sätze aufgrund einer Eins-zu-eins-Zuord-
nung zu den Tatsachen wahr sind. Die Unmöglichkeit von Wahrheit

---

6 „Jenseits von Gut und Böse“, § 20; vgl. *Nietzsche*, 1954–1956, Bd 3, S. 583 f.
   Mauthner ordnet diese Textstelle irrtümlich § 21 zu.
7 „Menschliches, Allzumenschliches“, § 11; vgl. *Nietzsche*, 1954–1956, Bd 1,
   S. 453.

besteht also darin, daß eine solche Korrespondenz nicht nachgewiesen werden kann.

Das Argument gegen Nietzsches Vorstellung wäre natürlich, daß die Beziehung zwischen wahren Sätzen und dem, was sie wahr macht, komplizierter als eine solche Korrespondenz sein kann.

Fritz Mauthner repräsentiert eine in dieser Hinsicht differenziertere Phase der Sprachkritik. Die realitätserschließende Funktion der Sprache beruht nicht auf Namen oder Benennungen, die Bedeutungen sind nicht die benannten Dinge. Die Bedeutungen sind auch nichts anderes; eigentlich existieren sie überhaupt nicht.

Die Bedeutung eines Wortes zu beherrschen, ist nichts anderes, als die Fähigkeit, durch die Verwendung des Wortes bei anderen Menschen eine *Erinnerung*, ein *Bild* oder eine *Reaktion* zu erzeugen und, umgekehrt, in derselben Weise auf den Wortgebrauch der anderen Menschen zu reagieren.

Die semantische Dimension der Sprache erscheint hier als rein soziales Phänomen, ein gegenseitiges Stimulieren, das ausschließlich im sozialen Kontext stattfindet. Es ist also eine gesellschaftliche Konvention, daß Zucker süß ist (vgl. *Mauthner*, 1901–1902, I, S. 35 f.), und die sprachliche Klassifizierung unserer sinnlichen Erfahrungen ist *nichts anderes* als die soziale Konvention.

Die Sprache ist in ihrer Beziehung zur nichtsprachlichen Wirklichkeit autonom. Die Fregesche Distinktion zwischen Sinn und Bedeutung ist in einer solchen Philosophie nicht möglich, weil die Bedeutung auf ein bloß gesellschaftliches Wort- oder Sprachspiel reduziert wird.

Die einleuchtendste Version einer Sprachphilosophie dieses Typs liefert Alexander Bryan Johnsons *A Treatise of Language*.

Schon George Berkeley hatte in seinem Werk *A New Theory of Vision* festgestellt, daß die verschiedenen Modalitäten der sinnlichen Wahrnehmung, z.B. der Gesichtssinn und der Tastsinn, voneinander logisch unabhängig sind. Aus der Tatsache, daß eine Kugel sphärisch *aussieht*, folgt ja nicht logisch, daß sie uns auch beim *Abtasten* sphärisch vorkommen muß. Die gegenseitige Zuordnung von Wahrnehmungen verschiedener Modalität ist eine rein assoziative, durch Gewohnheit entstandene und im Grunde rein konventionelle Beziehung.

Das grundlegende Merkmal von Johnsons Philosophie besteht darin, daß er diese Feststellung weiter generalisiert. Was in Berkeleys Philosophie über Wahrnehmungen von verschiedener Modalität gesagt wird, behauptet Johnson für alle Empfindungen überhaupt. Dadurch kommt Johnson zu einer Unterscheidung zwischen zwei Arten der Bedeutung, dem *Wortinhalt* („verbal meaning") und dem *Sinnesinhalt* („sensible meaning"). Kennzeichnend für den Wortinhalt ist, daß er nichts anderes vermitteln kann als Informationen über sprachliche Verhältnisse. Der Sinnesinhalt dagegen ist die individuelle Wahrnehmung, auf die ein Wort verweist. Diese Semantik hat zur Konsequenz, daß Universalien und abstrakten Begriffen in der außersprachlichen Realität überhaupt nichts entspricht. Aber auch mit ihren Bezeichnungen für Individuelles und Konkretes ist die Sprache nach einer solchen Konzeption *systematisch vage* und *systematisch mehrdeutig*.

Wenn wir z.B. von einem zur Hälfte in Wasser gesenkten Stab behaupten, daß er für die Augen gebrochen, für das Tastgefühl aber nicht gebrochen ist, so entsteht nur dadurch ein erkenntnistheoretisches Problem, daß das Wort „gebrochen" doppeldeutig ist. Es hat zwei verschiedene Sinnesinhalte, einen taktilen und einen visuellen, und nur, wenn wir darauf bestehen, daß diese beiden Sinnesinhalte in ein und demselben Wortinhalt zusammenfallen, entsteht das Bedürfnis, zwei Welten anzunehmen, um eine scheinbare Kontradiktion aufzulösen: eine Phänomenwelt und eine Welt an sich.

In ähnlicher Weise hat auch das Wort „rund" nicht denselben Inhalt, wenn wir etwa von der „Rundheit der Erde" und von der „Rundheit eines Tennisballs" sprechen. Zur Erfassung der Rundheit eines Tennisballs sind wir auf das Auge und den Tastsinn angewiesen. Die Rundheit der Erde können wir — neuerdings — zwar sehen, aber nicht abtasten. Das Wort „Rundheit" ist doppeldeutig; und wenn man versucht, allen seinen Verwendungen *eine* inhaltliche Bedeutung zu unterlegen, so entstehen Schwierigkeiten.

Die systematische Mehrdeutigkeit der Sprache führt also immer dann systematisch in die Irre, wenn Eigenschaften des autonomen semantischen Regelsystems als Eigenschaften der außersprachlichen Realität mißverstanden werden.

Eine interessante Konsequenz von Johnsons radikalem Nominalismus besteht nun darin, daß — wenn sein Standpunkt richtig ist — der Sinnesinhalt eines Wortes oder eines komplexen Ausdrucks nicht aus den Sinnesinhalten anderer Wörter oder Ausdrücke *zusammengesetzt* sein kann: Jede komplexe Bedeutung ist rein verbal, und jeder Sinnesinhalt muß auf eine *individuelle* sinnliche Erfahrung zurückgehen: „Words can *supply* the place of no sense" (*Johnson*, 1836, Lect. X, § 1).

Das bedeutet, daß die individuellen Gegenstände, die nach Russells Theorie der definiten Kennzeichnungen nicht von einem Kennzeichnungsausdruck bezeichnet werden, nach Johnsons Auffassung überhaupt nur in Form von individuellen Wahrnehmungen oder Erinnerungen an Wahrnehmungen auftreten. Und auch die Eigenschaftswörter spielen nun eine Rolle, die bei Russell nur die Kennzeichnungsausdrücke hatten.

Nicht nur Ausdrücke wie „ein so-und-so beschaffener Hund", sondern auch Ausdrücke wie „der Hund Rex" oder „die Rundheit der Erde" können somit letztlich keine individuellen Gegenständen bezeichnen, denn *sie verknüpfen ja Wortbedeutungen, die jeweils Sinnesinhalte von Wahrnehmungen unterschiedlicher Modalität in mehrdeutiger Weise zu-*

sammenfassen (Johnson, 1836, Lect. X, § 12; vgl. *Gustafsson*, 1969).
Obwohl die unfregesche Gleichsetzung von Sinn und Bedeutung wahrscheinlich weniger weitreichende Konsequenzen hat, als Alexander Bryan Johnson selbst geglaubt haben mag, bleibt seine Philosophie jedoch auch für Gegner des extremen Nominalismus interessant; denn sie ist ein konsequenter Versuch, sprachliche Kategorien von den Kategorien der außersprachlichen Realität zu unterscheiden und die gegenseitige Autonomie des grammatischen, des logischen und des semantischen Regelsystems nachzuweisen.

Ist damit auch schon bewiesen, daß die Sprache systematisch irreführend ist? — Das bleibt nach meiner Meinung eine offene Frage. Die Antwort hängt am Ende davon ab, mit welchen Zielvorstellungen wir uns diesen Systemen nähern.

LITERATUR

Berkeley, G.:
1963   *A New Theory of Vision and Other Writings.* London 1963.

Carroll, L.:
1965   *The Works.* London 1965.

Chomsky, N.:
1957   *Syntactic Structures.* London 1957.

Danto, A.:
1968   *Nietzsche as Philosopher.* New York 1968.

Gustafsson, L.:
1969   A Note on the Concepts of ‚Verbal Significance' and ‚Sensible Significance' in Alexander Bryan Johnson's Treatise on Language. In: *Todd & Blackwood*, 1969.

Johnson, A.B.:
1836   *A Treatise of Language.* New York 1836. Neuausgabe von D. Rynin. Berkeley 1959.

Lewis, D.:
1969   *Convention — A Philosophical Study.* Cambridge/Mass. 1969.
            Deutsch von R. Posner und D. Wenzel: *Konventionen — Eine sprachphilosophische Abhandlung.* Berlin und New York 1975.

Mauthner, F.:
1901—1902 *Beiträge zu einer Kritik der Sprache.* 3 Bde. Leipzig 1901—1902.
            Dritte, um Zusätze vermehrte Auflage 1923.

Nietzsche, F.:
1954—1956 *Werke.* Ed. K. Schlechta. 3 Bde. München 1954—1956, 6. Auflage 1969.

Quine, W.v.O.:
1960   *Word and Object.* New York und London 1960.

Russell, B.:
1905   On Denoting. In: *Mind.* 14 (1905), S. 479—493. Abgedruckt in:
              H. Feigl und W. Sellars (eds.): *Readings in Philosophical Analysis.*
              New York 1949.
              Deutsch von U. Steinvorth in: U. Steinvorth (ed.): *B. Russell: Phi-
              losophische und politische Aufsätze.* Stuttgart 1971.

Todd, M. und C. Blackwood (eds.):
1969   *Language and Value.* New York 1969.

JÜRGEN HOEGL (CHAMPAIGN/ILLINOIS)

DIE KRISE DER VERSTÄNDIGUNG

HAPPY DAYS

„Die Kultursprachen haben die Fähigkeit verloren, den Menschen über das Gröbste hinaus zur Verständigung zu dienen. Es wäre Zeit, wieder schweigen zu lernen.", schrieb Fritz Mauthner zu Anfang dieses Jahrhunderts im ersten Band seiner *Beiträge zu einer Kritik der Sprache* (*Mauthner*, 1901–02, I, S. 215). Lernten wir aber schweigen, so könnte es uns wie den Fischlein in Bertolt Brechts *Kalendergeschichten* (*Brecht*, 1974, S. 113) geschehen, die in ganz verschiedenen Sprachen schweigen und einander daher unmöglich verstehen können. Kommunikation, aber mit welchen Mitteln? Das ist eine Frage besonderer Relevanz für den Schriftsteller, dessen Kunstwerk sich aus Elementen des Zeichensystems Sprache zusammensetzt. Sprachskepsis und Erkenntnis der Unzulänglichkeit der Sprache treiben den Schriftsteller immer weiter vorwärts auf der Suche nach angemessenen Kommunikationsmitteln.

Für Samuel Beckett z.B. geht es schließlich um „an expressive act, even if only of itself, of its impossibility, of its obligation" (*Beckett und Duthuit*, 1965, S. 21). Welche Alternativen gibt es denn zum Versuch der Verständigung? — „What *is* the alternative? " fragt sich auch Winnie in Becketts Spiel *Happy Days* (Erstaufführung 1961, New York). Wir finden sie im ersten Akt bis über die Hüften genau in der Mitte eines Erdhügels begraben. Hinter dem Hügel verbringt ihr Mann Willie die Zeit, die Zeitung lesend oder in einem Erdloch schlafend. Während er wenigstens auf allen Vieren herumkriechen kann, ist Winnies Beweglichkeit zunächst auf ihren Oberkörper beschränkt, im zweiten Akt aber so radikal reduziert, daß sie — nun bis zum Hals im Erdhügel begraben — nicht einmal ihren Kopf drehen kann. Winnie beschäftigt sich mit den wenigen Sachen aus ihrer Tasche, die neben ihr auf dem Hügel liegt, und mit Sprechen. Sie erzählt Geschichten aus ihrer Erinnerung oder aus ihrer Imagination. Willie beantwortet gelegentlich Winnies Fragen, läßt aber sonst wenig von sich hören. Erst gegen Ende des zweiten Aktes sehen wir Willie, der sich mit großer Anstrengung bemüht, um den Hügel herumzukriechen, in Winnies Blickfeld zu geraten und sie mit ausgestreckter Hand zu erreichen. Wenn letzteres

sein Vermögen übersteigt und nicht gelingt, ruft er aus: „Win!" Das ist
ein *happy day* für Winnie, die nun das Walzer-Duett „I love you so" aus
Lehars *Lustiger Witwe* singt; und das Spiel endet, während die zwei sich
intensiv anschauen.

Ein auffallendes Kennzeichen der Spiele von Beckett ist die radikale
Reduktion auf das Wesentliche: ein Minimum an Personen, reduzierter
Dialog, beschränkte Beweglichkeit, knappes Dekor. Das geringe Dekor
unterstreicht die Vieldeutigkeit des Raumkonzepts: der Ort ist irgend-
wo, nirgendwo, im Nichts. Man wird durchdrungen von einem Gefühl
der Isolation, der Einsamkeit. Das gleicht der Lage eines Menschen in
einer wüsten Gegend, im leeren Raum. Vielleicht hat Beckett selbst ein
solches Gefühl der Einsamkeit und der Isolation empfunden, als er in
einem Landhaus aufwuchs (fern von Nachbarn und der geschäftigen
Stadt Dublin), oder in der isolierten Situation seiner Familie (wohl-
habenden Protestanten in Irland) oder während seines selbst auferlegten
Exils in Frankreich (gleich seinen Landsmännern George Bernard Shaw
und James Joyce), das er gewählt hatte, um dieser Situation zu ent-
gehen.

In Becketts Spiel *Happy Days* gewinnt Winnie ein Gefühl der eigenen
Existenz durch den fortlaufenden Redefluß, der als Antithese und
Gegenmittel dem Gefühl der Isolation entgegenwirkt. — „Die Sprache
ist die komplizierteste Form des sozialen Verhaltens", können wir mit
Walter Höllerer feststellen (*Höllerer*, 1967, S. 320). Sie drückt die Be-
ziehungen des Menschen zu seinen Mitmenschen, zu sich selbst, zur
Wirklichkeit aus. Wie gebraucht also Winnie diese komplizierte Form
des sozialen Verhaltens in einer Situation der Isolation, um angesichts
der Leere ein Gefühl der eigenen Existenz zu erringen? Und an welchen
inhärenten Grenzen des Ausdrucksmittels Sprache stößt sie sich dabei?
Welche Probleme der Verständigung müssen überwunden werden?
Ich will diese unter drei Gesichtspunkten untersuchen.

1. Philosophische Probleme. Beckett wollte eine Poesie schaffen, die,
wie er sagte, das Nichts durchschritten habe (*Büttner*, 1968, S. 68).
Aber wie ist an das Nichts heranzukommen, wie ist es darzustellen,
wenn es sich im Augenblick des gedanklichen oder sprachlichen Formu-
lierungsprozesses schon selbst aufhebt? Wie ist das Unaussprechliche
auszusprechen, das heißt, wie Beckett in einem der Addenda am Ende
des Romans *Watt* fragt: „Who may [...]/ nothingness/ in words en-
close? " (*Beckett*, 1959, S. 247). In *Watt* hatte er vorgeschlagen: „The
only way one can speak of nothing is to speak of it as though it were
something" (*Beckett*, 1959, S. 77). Aber das Nichts, die Stille, „the
silence of which the universe is made" — wie es in Becketts Roman
Molloy (*Beckett*, 1965, S. 121) heißt — ist nicht mit Worten zu erfassen
und darzustellen, sondern eher mit Schweigen. Schweigen als Form-
prinzip führt zur Inszenierung einer rhythmischen Pausentechnik, in der

sich die Worte gegen den Hintergrund der Stille, des Schweigens definieren, so wie sich das Sein gegen den Hintergrund des Nichtseins abhebt.

Durch die Oszillation zwischen Schweigen und Sprechen, zwischen Stille und Rede schafft Beckett eine Poesie, die zugleich das Nichts darstellend ergreift und durchschreitet, zugleich die Grenzen der Sprache sichtbar macht und sich versuchsweise mit anderen Kommunikationsmitteln weiterhilft.

2. *Psychologische Probleme.* Die wüste Gegend, in der sich Winnie befindet, stellt nicht nur eine äußere, sondern auch eine innere Leere dar. Die Abgrenzung zwischen Selbst- und Weltstruktur ist gering. Es fehlt die persönliche Konsistenz und Kohäsion, während ständig um eine prekäre Identität gerungen wird, die immer zu zerfließen und im Nichtsein unterzugehen droht. „To go on means going from here, means finding me, losing me, vanishing and beginning again", sagt *The Unnamable* (*Beckett*, 1965, S. 302). Das Ich gerät in eine Zwickmühle: einerseits reibt es sich gegen die essentielle Notwendigkeit, durch Kontakt mit dem Anderen eine Bestätigung seiner Existenz zu erhalten; andererseits scheint eben dieser Kontakt mit dem Anderen die Existenz zu bedrohen, weil das ontologisch unsichere Individuum keine klare Abgrenzung zwischen Selbst- und Weltstruktur erkennt und daher fürchtet, vom Anderen verschlungen zu werden. Der Verteidigungsmechanismus ist die Isolation: das Ich schließt sich gegen die Außenwelt ab, schafft sich dafür eine eigene, obwohl illusorische Welt, die die Sicherheit und Kontrollierbarkeit eines abgekapselten, selbstgenügsamen Mikrokosmos anbietet, dafür aber wie jedes geschlossene System entropischen Tendenzen anheimfällt. Das Resultat ist der Zerfall und die Auflösung des Ich — was bleibt, ist eine innere Leere, ein Nichtsein, ein Nichts.

Aus dieser inneren Leere heraus, aus ihrem abgekapselten Mikrokosmos heraus, in dem nichts wirklich lebendig ist, versucht Winnie immer wieder, ein Gefühl der Lebendigkeit einzufangen, indem sie sich an den Anderen wendet: „Can you hear me? (*Pause.*) I beseech you, Willie, just yes or no, can you hear me, just yes or nothing." Erst der gegenseitige Kontakt potenziert die innere und die äußere Realität.

Winnie entflieht der Stille der inneren Leere und flüchtet sich fortwährend hin zu dem Geräusch und der Bewegung eines Redestroms. Ihr Wortfluß wird zum Monolog, in dem eine rhythmische Pausentechnik die Worte gegen kleine Pausen abhebt. Die Pausen funktionieren syntaktisch als Übergangspunkte, als Schaltpunkte in dem Rede- und Bewußtseinsfluß: sie markieren den Wechsel von einem Gedankenabschnitt zum nächsten. Sie haben auch eine semantische Funktion: sie signalisieren, daß Winnies Monolog die Eigenschaften eines dramatischen Dialogs

annimmt, eines inneren Dialogs zwischen verschieden funktionierenden
Polen desselben Bewußtseins, d.h. Winnie spricht und hört sich zugleich
selbst zu. Daß Winnie sich allein unterhält, sich selbst zuhört, wird nicht
nur durch den rhythmischen Wechsel der Wörter und Pausen angedeutet, sondern auch durch den Echoeffekt übereinandergreifender Wortgruppen, wie z.B. „Human nature [...] Human weakness [...] Natural
weakness." In dieser Art monologisierten Dialogs richtet sich die Rede-
strategie nicht nach der Relevanz der einzelnen Mitteilungen für den
Hörer; denn der Andere ist hier effektiv ausgeschaltet. Beckett macht so
die Verständigungsschwierigkeiten sichtbar, die ihren Grund in dem
psychologischen Bedürfnis des Menschen haben, sich gegen den Anderen abzusichern, sich nicht auf-, sondern zuzudecken, wobei der Mensch
in der Kommunikation nicht als offene Struktur, sondern als geschlos-
senes System funktioniert, das nur minimale Verständigungs- und Aus-
tauschmöglichkeiten mit dem Anderen aufrechterhält.

3. *Sprachliche Probleme.* Es geht Beckett nicht darum, logische Feststellungen zu machen oder rationale Systeme aufzustellen, sondern
irrationale, existenzielle Situationen spürbar, fühlbar, sichtbar, hörbar
zu machen. Die Irrationalität der Existenz entzieht existenziellen Vorgängen jeglichen Sinn. „The end is in the beginning and yet you go on",
sagt Hamm in *Endgame* (*Beckett*, 1958, S. 69), oder wie es Pozzo in
Waiting for Godot bildlich beschreibt: „They give birth astride of a
grave, the light gleams an instant, then it's night once more" (*Beckett*,
1958, S. 57). Es werden bei Beckett alle apriorischen Systeme fraglich,
die einst die Existenz sicherten und ihr Sinn zuschrieben. In der Konzeption eines nichtteleologischen Universums und der Prozeßhaftigkeit
der Wirklichkeit sind die Prinzipien der Veränderung und der Differenzierung wirksam. Während alles in Bewegung ist und sich verändert,
bleiben aber die Wörter, die Lexeme, die Zeichenträger oft an demselben Punkt stehen. Umberto Eco hat in der Analyse der Konnotationen
der Wörter „sugar" und „cyclamate" gezeigt, daß die semantischen Felder sich völlig umgestalten, während die Zeichenträger ganz gleich bleiben (*Eco*, 1971, S. 33). Aber eine statische Welt der Wörter deutet auf
eine statische Welt der Nichtwörter hin. Wollen wir nun diese statischen
Wörter, deren Bedeutung längst entschwunden ist, dazu gebrauchen,
eine prozeßhafte Wirklichkeit zu beschreiben und zu erfassen, so stoßen
wir nicht nur auf Verständigungsschwierigkeiten, sondern auch auf
Wahrnehmungsprobleme. In Becketts Spiel *Endgame* erörtert Clov zum
einen das Problem der Verständigung unter solchen Umständen: „I use
the words you taught me", sagt er zu Hamm. „If they don't mean
anything any more, teach me others" (*Beckett*, 1958, S. 44). Der
semantische Zweifel setzt ein, wenn Wort und Bedeutung, Signifikant
und Signifikat, einander nicht entsprechen. Dieses sprachliche Identi-
tätsproblem wird intensiv in Winnies Ringen um Identität, von dem

zuvor die Rede war, veranschaulicht. Die Inkongruenz von Wort und Bedeutung, die Abwesenheit von Sinn läßt sich leicht feststellen an der Alltagssprache, den Klischees, Phrasen, Wortleichen, derer sich Winnie bedient. Und über die Schwierigkeiten der Wahrnehmung und Erkenntnis hatte Fritz Mauthner zum andern in seinen *Beiträgen zu einer Kritik der Sprache*, aus denen Beckett James Joyce oft vorlas, geschrieben: „Es ist unmöglich, den Begriffsinhalt der Worte auf die Dauer festzuhalten; darum ist Welterkenntnis durch Sprache unmöglich" (*Mauthner*, 1901—02, I, S. 92).

Der abstrakten Begriffssprache und der semantischen Leere der Worthülsen setzt Beckett eine musikalische Gefühlssprache, Gestik und Musik entgegen, die die inneren Seinszustände einer existenziellen Situation fühlbar machen sollen. Diese Seinszustände werden nicht mit mangelhaften begrifflich-verbalen Kommunikationsmitteln beschrieben und durch vermittelnde Filter — wie z.B. vorgefaßte Interpretationsmodelle — gezwängt, sondern es wird versucht, Geschehnisse durch andere Verständigungsmöglichkeiten unmittelbar erlebbar werden zu lassen.

So ist z.B. die Musik aus Lehars *Lustiger Witwe* ein effektives Kommunikationsmittel in *Happy Days*. Die Musik der Spieldose, die Winnie das Walzer-Duett „I love you so" spielen läßt, entlockt Willie einen spontanen „brief burst of hoarse song without words", wie Beckett in den Anweisungen angibt. Winnie ist glücklich: sie hat eine Verständigungsmöglichkeit entdeckt, die die blasse Wirkung bloßer Wörter weit übertrifft. Am Ende des Spiels, nachdem Willie ihren Namen sagt, singt dann Winnie das Lied zu dieser Musik.

Winnie erforscht auch stets die musikalischen Qualitäten der Wörter. „Never any change. And more and more strange." Oder auch: „Human nature [...] Human weakness [...] Natural weakness." Wortkombinationen werden rhythmisch durch Lautbeziehungen hervorgerufen. Die Pausentechnik führt zu einem rhythmischen Wechsel von Wörtern und Pausen. Gewöhnlich wird eine Pause im Redefluß nicht als eine meßbare Zeitquantität empfunden, so wie die musikalische Pause, die eine meßbare Einheit in der zeitlichen Sequenz des musikalischen Rhythmus ist. Aber Beckett präzisiert die Pausen im Redefluß so (er hat oft in den Anweisungen die genaue Sekundenzahl bestimmter Pausen angegeben), daß sie die Funktion musikalischer Pausen ausüben. Es handelt sich also um die artistische Übertragung der Effekte des Rhythmus von der musikalischen auf die sprachliche Äußerung. Der musikalischen Pause folgt unweigerlich ein Ton, ein Laut. So rufen die Wortpausen in den eben angegebenen Textbeispielen von *Happy Days* lautlich verwandte Wortgruppen, akustische Serien hervor. Es wird dem Klangwert der Worte nachgespürt. Man muß, wie Oswald Wiener in der *Verbesserung von Mitteleuropa* meint, „die worte aushorchen, [in der] hoffnung daß

eigenschwingungen der sprache die amplitude der information verstärken werden" (*Wiener*, 1972, S. XI). Wie in dem Zeichensystem Musik
tritt hier die semantische Dimension in den Hintergrund und läßt dafür
der ästhetischen Information freien Spielraum. Mit der direkten Ge-
fühlsübertragung durch die Musik und durch musikalische Eigenschaften
der Sprache werden hier innere Seinszustände erlebbar, bevor sie durch
die Filter vermittelnder Artikulation und Begrifflichkeit erstickt werden. In dieser Verschiebung von Wort auf Ton, von Bedeutung auf Laut
steckt eine inhärente Kritik aller begrifflich-rationalen Artikulation und
deren Systematisierung — eine Kritik, die auf die Beschränkungen syste-
matischer Erkenntnis und deren Formulierung aufmerksam macht, zugleich eine Kritik übertriebener semantischer Präzision. Letztere hat
Beckett sehr amüsant in seinem Roman *Murphy* (*Beckett*, 1957, S. 10)
ironisiert, wo die gute Celia wie folgt beschrieben wird:

Age.	Unimportant.
Head.	Small and round.
Eyes.	Green.
[...]	
Features.	Mobile.
Neck.	13 3/4".
Upper arm.	11".
[...]	
Bust.	34".
Waist.	27".
Hips, etc.	35".

Mit Beckett können wir feststellen, daß jede einem Zeichenträger zuge-
schriebene Bedeutung inhärent unscharf ist, da sie aus einem Kontinuum von Möglichkeiten gewählt und einem diskreten Objekt zugeschrieben wird. Diese Unschärfe und die Unsicherheit, mit der man Auswahl-
entscheidungen aus dem unendlichen Kontinuum möglicher Bedeutungen trifft und sie einer endlichen Zahl von Zeichenträgern zuschreibt,
führt zu fortwährendem Suchen nach dem treffenden Ausdruck.
„Life", sagt Winnie. „Yes, life I suppose, there is no other word."
Dieses Befragen unüberprüfter Wörter, diese Auseinandersetzung mit
der herkömmlichen Sprache führt Beckett in die Metasprache. Der eben
vorhergegangene Ausdruck wird zum Objekt, es wird zu ihm Stellung
genommen. Innere Widersprüche werden dadurch sichtbar, beleben die
Aussage. Das kann humorvoll geschehen, wie z.B. in *Waiting for Godot*,
als Gogo vorschlägt: „Let's contradict each other", und Didi antwortet:
„Impossible" (*Beckett*, 1954, S. 41). Oder als tiefsinniges Rätsel, wie
im Titel des *Imagination Dead Imagine*. Das Prinzip des Widerspruchs
wird zum Kompositionsprinzip der Schreibstrategie. Zum Beispiel
bringt die Oszillation zwischen Kreation und Negation, zwischen Wörtern und Stille Gegensätzliches in problematische Nachbarschaft. Die

Stille wird von den Wörtern definiert, deshalb sind Äußerungen notwendig. Und umgekehrt werden die Wörter von der Stille definiert, deshalb ist auch Schweigen notwendig. Die These wird durch die Antithese definiert; jeder geäußerte Satz enthält inhärent die latente Möglichkeit eines Gegensatzes. Die durch die Dynamik des Widerspruchs erwachende Kritik fördert das Bewußtsein der Vorläufigkeit aller Behauptungen, Modelle, Paradigmen, Definitionen, die schließlich nur Entwürfe möglicher Darstellungen sind. Der Prozeß des Schreibens kann bei Beckett als ein Prozeß der Selbstkritik und der Umgestaltung der Produktion aufgefaßt werden: jedes Zeichensystem bringt durch Rückkoppelung neue Zeichensysteme hervor.

Ähnlich kann die Semiotik als Methode die Voraussetzungen, die sozialhistorischen — und hier besonders die sprachlichen — Prämissen der Zeichensysteme und der Kommunikation befragen und den Betrachter in der Weise in den Kommunikationsprozeß mit einbeziehen, daß jeder sich mit den alten Zeichen, den festgelegten Verhaltensweisen und den erstarrten Zuständen auseinandersetzt und selbst die Konsequenzen zur Veränderung seiner eigenen Verhältnisse zieht.

LITERATUR

Beckett, S.:
1954   *Waiting for Godot.* New York, [o.J.].

Beckett, S.:
1957   *Murphy.* New York 1957.

Beckett, S.:
1958   *Endgame.* New York, [o.J.].

Beckett, S.:
1959   *Watt.* New York, [o.J.].

Beckett, S.:
1961   *Happy Days.* New York, [o.J.].

Beckett, S.:
1964   *How It Is.* New Yc__ 1964.

Beckett, S.:
1965   *Three Novels.* New York 1965.

Beckett, S.:
1967   *Stories and Texts for Nothing.* New York 1967.

Beckett, S.:
1969   *Cascando and Other Short Dramatic Pieces.* New York, [o.J.].

Beckett, S.:
1972   *More Pricks Than Kicks.* New York 1972.

Beckett, S.:
1974   *First Love and Other Shorts.* New York 1974.

Beckett, S. und G. Duthuit:
1965   Three Dialogues. In: M. Esslin (ed.): S. Beckett. *A Collection of Criti-
         cal Essays.* Englewood Cliffs/N.J. 1965.

Brecht, B.:
1974   *Kalendergeschichten.* Reinbek 1974.

Büttner, G.:
1968   *Absurdes Theater und Bewußtseinswandel.* Berlin 1968.

Eco, U.:
1971   A Semiotic Approach to Semantics. In: *Versus I*, (1971), S. 21—60.

Eco, U.:
1972   *Einführung in die Semiotik.* München 1972.

Flechtner, H.-J.:
1972   *Grundbegriffe der Kybernetik.* Stuttgart 1972.

Freeman, D.(ed.):
1970   *Linguistics and Literary Style.* New York 1970.

Höllerer, W. (ed.):
1967   *Ein Gedicht und sein Autor. Lyrik und Essay.* München 1967.

Kreuzer, H. und R. Gunzenhäuser (eds.):
1971   *Mathematik und Dichtung: Versuche zur Frage einer exakten Literatur-
         wissenschaft.* München 1971.

Laing, R.D.:
1960   *The Divided Self. An Existential Study in Sanity and Madness.* London
         1960.
         Deutsch von Ch. Tansella-Zimmermann: *Das geteilte Selbst. Eine
         existentielle Studie über geistige Gesundheit und Wahnsinn.* Köln 1972.

Mauthner, F.:
1901—02 *Beiträge zu einer Kritik der Sprache.* 3 Bde. Leipzig 1901—02.

Moles, A.:
1958   *Theorie de l'information et perception esthetique.* Paris 1958.
         Deutsch von H. Ronge in Zusammenarbeit mit B. und P. Ronge: *Infor-
         mationstheorie und ästhetische Wahrnehmung.* Köln 1971.

Morris, Ch.W.:
1938   *Foundations of the Theory of Signs.* Chicago 1938.
         Deutsch von R. Posner u. Mitarb. von J. Rehbein: *Grundlagen der
         Zeichentheorie.* München 1972.

Morris, Ch.W.:
1971   *Writings on the General Theory of Signs.* Den Haag 1971.

Mukarovsky, J.:
1974   *Studien zur strukturalistischen Ästhetik und Poetik.* München 1974.

Müller, B.:
1966   Der Verlust der Sprache. Zur linguistischen Krise in der Literatur. In: *Germanisch-Romanische Monatsschrift*. N.F. 16 (1966), S. 224–243.

Pfeiffer, G.:
1972   *Kunst und Kommunikation: Grundlegung einer kybernetischen Ästhetik.* Köln 1972.

Posner, R.:
1972   *Theorie des Kommentierens. Eine Grundlagenstudie zur Semantik und Pragmatik.* Frankfurt a.M. 1972.

Saussure, F. de:
1916   *Cours de linguistique generale.* Paris 1916.
        Deutsch von H. Lommel: *Grundfragen der allgemeinen Sprachwissenschaft.* Berlin 1931.

Wiener, O.:
1972   *Die Verbesserung von Mitteleuropa, Roman.* Reinbek 1972.

WALTER HÖLLERER (BERLIN)

ZUR SEMIOLOGIE DES WITZES

DAS WILDSCHWEIN UND HANS HUCKEBEIN

1. Am 26. September 1975 konnte man in mehreren deutschen Zeitungen lesen, daß ein Buch bald nach seinem Erscheinen zurückgezogen worden sei. Es handelte sich um ein Taschenbuch mit Text und Bildern, und zwar um einen Band des S. Fischer-Taschenbuch-Verlags. Der Titel hieß: ,,Wie Robinson leben". Zurückgezogen wurde das Buch wegen vertauschter Bildunterschriften. Unter einer Abbildung des *Knollenblätterpilzes* stand die Unterschrift ,,*Speisemorchel*", — und unter der Abbildung einer Speisemorchel stand die Unterschrift ,,*Knollenblätterpilz*". Eine Nichtübereinstimmung bei der Kombination visueller und begrifflich-verbaler Zeichengebung also — eine Diskrepanz, die deswegen besonders auffiel, weil sie *Folgen* haben konnte! — Ist diese Nichtübereinstimmung schon ein *Witz*? — Sie reizt zum Lachen. — *Warum reizt sie zum Lachen?* Weil der Gestus der *Lehrhaftigkeit* und der *Aufklärung* — wie bringe ich die richtigen Pilze auf den Mittagstisch der deutschen Familie —, weil dieser Gestus plötzlich in sein Gegenteil umschlägt, in *Irreführung* und *Verdummung*. Dieser Umschlag ins Gegenteil ist schnell, einleuchtend, überraschend, spektakulär — aber er allein macht die Wirkung noch nicht aus. Der Leser fühlt sich erinnert, vielleicht mehr im Vorbewußtsein, an eine ganze Reihe makaber-komischer Witzgeschichten des Schwarzen Humors, die mit *Gift* zu tun haben, an die von ihm gespeicherten Erfahrungen mit literarischen Gift- und Idyllik-Kombinationen, wie *Arsen und Spitzenhäubchen* oder Kreislers *Ge'ma Tauben vergiften im Park*; und diese externen Zeichenkombinationen (also nicht in der Zeitungsmeldung selbst, sondern in der Erinnerung des Lesers vorhanden) wirken verstärkend bei der Rezeption dieser Zeitungsmeldung mit. — Trotzdem kann man sagen, es fehlt einem noch etwas zum Witz. Es ist eine Zeitungsmeldung, die *witzverdächtig* ist, aber es fehlt einem die Pointe, die Zuspitzung.
Man bekam sie geliefert, wenn man die Zeitungsmeldung weiterlas. Es hieß nämlich dann, der Verlag habe erklärt, die Sache sei ganz ungefährlich, *denn der abgebildete Pilz sei schlecht zu erkennen gewesen*. — Es erfolgt also ein zusätzlicher Umschlag ins Gegenteil auf einer anderen

Ebene, eine moralisch zugespitztere Fehlleistung als die Fehlleistung des Druckers: Die sonst auf Touren laufende Positiv-Werbung des Verlags wird zur Negativ-Werbung verkehrt in *dem* Moment, in dem es im vehementen Interesse des Verlags liegt, das Produkt in seiner Qualität herabzumindern. Der Umschlag der Werbekampagne ist augenblicklich und leicht durchschaubar, er spitzt sich pointenhaft zu, — und das hat nun allerdings weniger direkt mit dem im Buch vorgeführten, gestörten Zeichenzusammenhang (Bildzeichen, Unterschriftszeichen) zu tun als mit dem ökonomisch-gesellschaftlichen Ambiente, das in diesem Moment durch einen paradigmatischen Enthüllungsvorgang beleuchtet wird.

Überdenkt man diese Zeitungsstory, so sieht man, a) wie schwer es ist, fiktionale Witze abzugrenzen gegenüber täglichen Nachrichten, beim gegenwärtigen historischen Stand der Dinge (die Dadaisten und Neodadaisten wußten schon, woraus sie im 20. Jahrhundert ihr Witz-Kapital schlagen konnten: Sie erfanden die Witze nicht, sie *zitierten* aus der Wirklichkeit) und b) wie unzulässig es ist, vom Witz als von einer planen, statisch zu katalogisierenden oder zu typologisierenden Zeichenkombination zu sprechen.

Es gehört nicht zur Eigenart des Witzes, Systeme zu stützen; es gehört vielmehr zu seiner Eigenart, sie zu stören — und gerade *so* den Lustgewinn zu ermöglichen, durch das Abräumen des Systematisierungs-Aufwands das Lachen freizusetzen. In unserem Beispiel wird sowohl der *Systematisierungs-Aufwand des Lehrbuchs* wie der *Systematisierungs-Aufwand der Werbung ad absurdum* geführt. — Das zeigt, wie schmal der Grat ist, auf dem sich ein semiotisches oder semiologisches Referat über den Witz bewegt — es erinnert *an* und praktiziert notgedrungen *die* Thesen, die Roland Posner über die *Paradoxien in der Sprachverwendung* entwickelt hat.

Denn es gehört nicht nur zum Witz, *ein* System zu stören, sondern es gehört zu ihm, die Grenzen mehrerer, sonst landläufig als in sich geschlossen hingenommener Systeme in *einem* Vorgang *aufzubrechen* und zu zeigen, wie das eine System mit dem anderen in Konflikt oder in eine überraschende Nachbarschaft kommt.

Auch die sorgfältigen Gustafssonschen System-Abgrenzungen — schwedisch-rational-mesmerianisch vorgenommen, wie es Lars Gustafssons Stärke ist —, auch diese *strikten* System-Abgrenzungen in Grammatik, Semantik, Logik und Wirklichkeit *stört* der Witz — Gottseidank, möchte ich sagen —: Er zeigt, wie die Logik mit der Grammatik in Konflikt kommt, die Grammatik mit der Semantik, die Logik mit der Wirklichkeit — und was es sonst noch an Widerspruchs-Kombinationen, nicht nur zweifacher, sondern auch mehrfacher Art, gibt.

Natürlich gibt es auch einfache Witze, die man relativ leicht in ihre Elemente zerlegen, bei denen man die Strukturzusammenhänge der Elemente bestimmen und die man so katalogisieren kann — wenn einem am Katalogisieren gelegen ist. Aber man sollte sich durch den Schein der Simplizität nicht täuschen lassen. Selbst einfache *grammatische* Witze, wie sie z.B. oft in Berlin vorkommen, haben außerdem noch andere Dimensionen.

Auf der Straße, zwei Mädchen beim Seilspringen. Klein-Gerda sagt: „Eva, laß *mir* mal." — Die Lehrerin, die gerade vorbeigeht, korrigiert: „Aber Gerda — laß *mich* mal." — Gerda: „Also jut, Eva — laß *ihr* mal!"

Kein Zweifel, daß dieser Witz bei einer Turbulenz im wortsprachlichen System einhakt. Aber dabei bleibt es ja nicht. Es wird vielmehr auch eine gestische, körpersprachliche Turbulenz imaginiert: statt des Kindes ... die *Lehrerin* beim Seilspringen; — und durch *dieses* Reizmoment wird das grammatische Reizmoment, mit der *mir*-und-*mich*-Verwechslung, verstärkt. Erst *das*, zusammengenommen, macht die Pointe aus, löst beim Rezipienten das Lachen aus!

Er sieht: die besserwissende, korrigierende Lehrerin wird durch ihr Eingreifen ins Spiel in die infantile Rolle der Seilspringerin gedrängt, — das Kind, das unbeirrt auf der Berechtigung seines Jargons beharrt, übernimmt seinerseits die Überlegenheitsrolle, — und mit Generosität gesteht es der Lehrerin die Erfüllung eines angeblichen Wunsches zu, dort, wo die Lehrerin einen ganz ungenerösen Tadel ausgesprochen hat. Der getadelte Grammatikverstoß führt zur komischen Rollenumkehrung, und damit richtet der Witz einen versteckten, einen unterschwelligen Veränderungsappell an den Erwachsenen, der den Witz hört. Der Witz nimmt Partei für das Kind, das Lachen geht auf Kosten der Lehrerin. Die Lustempfindung, die in diesem Fall zum Lachen führt, entspringt nicht nur der Erleichterung, daß das *Grammatik-System* ungestraft gestört werden kann, sondern daß auch das systematisierte, ernsthafte, körpersprachliche *Erwachsenen-Zeremoniell* einen Stoß bekommt. Die Lehrerin beim Seilspringen. — Ob der Witz allerdings in jedem Fall, bei jedem Rezipienten diese Wirkung hat, ist zu bezweifeln. Es kommt auf externe Bedingungen an, *Verhaltenselemente*, die von psychischen und sozialen Erfahrungen dessen abhängen, der den Witz hört. Im internen Zeichensystem des Witzes, genauer: im relativ internen Zeichensystem des Witzes, denn es ist immerhin ein Berliner Witz, der also auch im internen Zeichensystem schon wieder von Außenfaktoren mitbestimmt ist, — also im relativ internen Zeichensystem des Witzes ist diese Appellfunktion *angelegt*, sie wird nicht in jedem Fall bei jedem Rezipienten zur Wirkung kommen.

Schon an einem so einfachen Beispiel wird deutlich: Witze sind keine Zeichenkombinationen, die autonom sind. Das Erkennen von *Zeichenelementen* im *engeren* Sinn und das Erkennen von *Verhaltenselementen* im Witz-Vorgang sowie das Erkennen ihrer *Abhängigkeit voneinander* sind für die Analyse des Witzes gleich wichtig. — Hier wird ver-

ständlich, weshalb ich den weniger fest besetzten Begriff „Semiologie"
(von de Saussure) dem enger definierten und bislang noch weniger aufs
Prozeßhafte bezogenen Begriff „Semiotik" vorziehe.

Turbulenzen im System der *Semantik*: Die meisten schnellen Berliner
Wortwitze haken hier ein: Auf die Frage, was ist paradox, kommt die
Antwort: „wenn ein Onkel seinen Neffen vernichten will" — oder:
„wenn sich eine Dame mit ihrem Nacken brüstet"; — aber es kommt
schon eine Verstärkung durch *visuelle Grotesk-Vorstellungen* zu den
semantischen Störkombinationen hinzu, wenn die Antwort auf die
Frage, was ist paradox, lautet: *„wenn ein Oberkellner am Unterarm ein
Überbein hat".* — Die *Appellfunktion* vieler Berliner Witze, auf die
aufgebauschte übertragene Bedeutung zugunsten der *primären, faktischen* zu verzichten, zeigt stellvertretend folgender Berliner Wortwitz,
der ebenfalls bei der Semantik ansetzt: Vor einem der Denkmäler am
Großen Stern wird Gustaf von seinem Freund gefragt: „Du Justav, wat
stellt denn der *vor?* " — Gustaf: „Det *Been* stellt er vor."

Es gibt zahlreiche Berliner Witze, die für *die Fakten* Partei ergreifen
gegen Draufgesetztes, Metaphysisches, unkontrollierbar Spirituelles; es
sind Witze, die von den verschiedenen Berliner Prämissen her erklärt
werden müßten und nicht aus sich selber ausreichend erklärbar sind; sie
sind oft vielfach zusammengesetzt, verlassen sich nicht nur auf die
Störung z.B. des semantischen Systems, sondern bezweifeln die Wirklichkeit von der Logik her, die Logik von der Wirklichkeit aus. Ein
Beispiel dafür: Ein Berliner Schauspieler liest zu seinem Entsetzen in
der *Morgenpost* die Nachricht von seinem Tod. Sofort ruft er einen
Freund an: „Haste det jelesen? " — Der Freund: „Ja, — und *von wo*
telefonierste? "

Für die letzte Gruppe, Logik und Wirklichkeit, ein letztes Beispiel — mit
anderen regionalen Voraussetzungen und anderen Appellfunktionen,
nämlich ein Beispiel aus Bayern: Ein Münchner Apotheker macht nach
den Alltagsstrapazen regelmäßig seinen Spaziergang im Forstenrieder
Park. Da bricht eines Tages aus dem Unterholz eine gewaltige Wildsau.
Der alte Herr rennt und rennt, das schnaufende Wildschwein auf den
Fersen, bis ihm die Luft ausgeht. Dann setzt er sich auf einen Baum-
stumpf und schlägt die Hände vors Gesicht. So wartet er. Fünf Minuten
lang. Dann schaut er vorsichtig auf. Er blickt direkt in die kleinen
funkelnden Augen der Wildsau, die ihn aufmunternd fragt: „Pack' ma's
wieder? "

Der Witz läuft völlig anders als vergleichbare Berliner Witze. Seine Elemente sind so akzentuiert und so einander zugeordnet, daß nicht die
Elemente der faktischen Alltagserfahrung, sondern daß Elemente aus
der Traumsphäre *recht* bekommen — aber doch so, daß sie als Alp-
traumelemente der Alltagserfahrung in Nachbarschaft bleiben. Die *sinnlichen Modalitäten* (das Schnaufen, die glänzenden Augen der Wildsau)

werden hier zu Wegweisern der Traum-Phantasie, — und von hier aus
werden kompliziertere Strukturen und Prozesse des Witzes und der
witzigen Schreibweise sichtbar — komplizierter als grammatische oder
nur-semantische Turbulenzen. Das Wildschwein wird erst als Verfolger,
schließlich als Nachbar spürbar, sichtbar, hörbar — ein Verfolger und ein
Spielgefährte, die sich beide das Ich in seiner Isolation erschaffen hat —
stellvertretend für die anderen, die es *vor.* seiner Isolation, im Alltag,
verfolgt haben. Schließlich stellt sich heraus, daß es nicht darum geht,
den Spaziergänger zu vernichten, sondern nur ein Spiel weiterzuspielen,
allerdings das der Verfolgung, des Verfolgtwerdens, des Wettlaufs, der
Jagd bis zur Erschöpfung. Der Witz setzt da eine Reihe pantomimischer,
gestischer, bildhafter Elemente ein, die eindringlich auf gesellschaftliche, tiefenpsychologische, literarisch-märchenhafte Erfahrungen anspielen, ohne deren Teilhaber zu sein, ein Rezipient den Witz kaum als
Witz verstehen kann. — Dieser Witz gerät in die Nähe des Schwarzen
Humors. Seine Zielsetzung ist, daß das psychologische Trauma, der
Schock, nicht in der Dimension des Erlebens stattfindet, sondern in der
Dimension der Sprache. Das bayerische ,,Pack' ma's wieder" aus dem
Mund des Tieres löst zwar den Schrecken der Verfolgungsjagd auf,
macht die Sache zwar lachhaft-erträglich, aber es bleibt ein beschwören-
des Menetekel. — Das berlinische ,,Von wo telefonierste" dagegen
räumt den Alptraum ab, setzt den Alltag an seine Stelle.

2. *Zwischenresümee, für die erste Verständigung formuliert.* Der Witz
besteht aus einer strukturierten Menge von Elementen, von relativ internen und relativ externen, wie wir gesehen haben, denen durch die besondere Strukturierung ein bestimmter *Witz-Zeichencharakter* zukommt, insbesondere, weil diese Strukturierung auf eine Pointe hinausläuft oder, dies ist eine späte Entwicklung, auf eine Pointenerwartung,
die dann nicht befriedigt wird. — Der Witz oder das Witzige ist aber
nicht auf eine ,,*Gattung Witz*" eingeengt; das Witzige ist auch eine
Kompositionsstrategie, die eine *umfassendere Struktur* (einen Roman
z.B.) mit witziger Klein-Struktur durchsetzt und so einen Roman, einen
Essay, einen szenischen Dialog entscheidend *modifiziert.* Der Witz tritt
als Turbulenz in den verschiedensten Zeichensystemen auf: als Wortwitz, als Situationswitz, als körpersprachlicher Clownwitz, als gezeich-
neter Witz, als Lautwitz, als musikalischer Witz (siehe Strawinsky), —
und er tritt am häufigsten in *gemischten* Zeichensystemen auf: gezeichnet *und* mit Sprache versehen in der *Bildergeschichte,* körpersprachlich
und mit musikalisch-rhythmischen Akzenten in der *Pantomime.* —
Schon, wenn ich einen Witz erzähle, benütze ich nicht nur ein wort-
sprachliches, sondern ein gestisches Zeichensystem: Wortsprache,
körpersprachliche Zeichen, Mienenspiel, Intonation und ein Ausspielen
dieser Zeichensysteme gegeneinander. Ein anderer Witz-Erzähler mit

anderen Prämissen kann, mit demselben Witz, eine andere Wirkung hervorrufen; — und zwar Wirkung bei *wem?* Die Prämissen des Rezipienten kommen entscheidend mit ins Spiel. Der reflektierende Witze-Rezipient kann seine eigenen Vorurteile und Vorbesetztheiten erkennen: Welche Witze akzeptiert er nicht als Witze, sondern empfindet er als Verletzung?

Zur Semiologie des Witzes gehört also, daß man die Vorbedingungen des Witzes kennt (d.h. den Zusammenhang der sozialen Sitten und Gebräuche, aus dem er kommt und ohne den er nicht verstanden werden kann), daß man den Zusammenhang seiner Zeichen*elemente* erkennt (und auch einen Zusammenhang der Zeichen*systeme*, die im Witz miteinander oder gegenüber stehen) und daß man die Art seiner Wirkung erkennt. Es fragt sich: entspricht die Wirkung tatsächlich der Intention dessen, der den Witz herstellt oder weiterverbreitet, oder steht sie im Widerspruch dazu? Dann: verändert diese Wirkung die Ausgangsbasis des Witzes, *will* sie sie verändern, *bestätigt* sie sie, *will* sie sie bestätigen? Der *Witz-Vorgang kann* zu Veränderungen führen. Je nach dem Engagement will ein *Witze-Erzähler* oder ein *witziger Autor* die vorgefundenen Vorbedingungen verändern, oder er möchte solche Veränderungen verhindern, oder beides ist ihm gleichgültig, er möchte nur witzig erscheinen.

Das unterscheidet die *Witze* und unterscheidet die *Autoren.*

3. *Im letzten Teil: ein Beispiel für eine Witz-Strategie mit Veränderungs-Impulsen.* Wilhelm Busch zeigt in seinen kombinierten Zeichensystemen, aus gezeichneten Bildern und daruntergeschriebenen Worten, wie man mit untereinander *widersprüchlichen* Zeichen — vielleicht — beides erreichen kann: Breitenwirkung *und* kritische, verändernde Tiefenwirkung.

Das vieldiskutierte Problem: Wie kann ein kritischer Autor, der die Leute nicht in ihren gewohnten Ansichten bestätigen will, *trotzdem* gerade von *den* Leuten gelesen werden, die er kritisiert?

Ein Beispiel von Busch: *Hans Huckebein, der Unglücksrabe,* wird im Wald eingefangen, der Vogel stürzt den Haushalt der guten Tante Lotte in ein *Chaos,* entdeckt den *Alkohol* in Form von süßem Likör, will, nach einer tollen Betrunkenen-Pantomime, der Tante Strickzeug zerstören, — aber dabei *erhängt* er sich.

Den *Worten* nach, also den verbalen Zeichen nach, erscheint das so, daß der Böse, der Unruhestifter, nämlich Hans Huckebein, die wohlverdiente Strafe erleidet — genau nach dem bürgerlich-biedermeierlichen Moral-Kodex. Die letzten drei Verspaare der Bildergeschichte lauten:

> Er zerrt voll *roher Lust und Tücke*
> Der Tante künstliches Gestricke.

Das nächste Bild zeigt den erhängten Hans Huckebein:

> Der Tisch ist glatt — der Böse taumelt —
> Das Ende naht — *sieh da! Er baumelt.*

heißt es da triumphierend.

Unter dem letzten Bild aber ist zu lesen:

> „Die Bosheit war sein Hauptpläsier,
> *Drum"* — spricht die Tante — „*hängt er hier!"*

Das sagt die Tante zum Neffen Fritz. — Soweit das *Text*-Signal: Hier war einer böse, ein Friedens- und Idyllen-Störer; aber, weil die Welt gerecht eingerichtet ist, voilà, da hat ihn die Strafe ereilt.

Ganz das *Gegenteil* aber signalisieren die Zeichnungen, die zu diesem Text stehen. Zu den Zeilen: „Er zerrt voll roher Lust und Tücke [...]" sieht man einen höchst sympathischen, fidelen, graziösen, wenn auch leicht bedudelten Hans Huckebein, der seine körpersprachlich-pantomimischen Witze mit dem Strickzeug der Tante macht. Dieses Strickzeug erscheint auf der Zeichnung nicht als Kunstwerk wie im Text, sondern als ein *lächerliches, grobes und pedantisches* Gebilde. Die Sympathie und überhaupt die Gefühle des Betrachters werden durch diese Signale des *gezeichneten* Zeichensystems in eine andere Richtung gelenkt als die Reflexionen des Betrachters, der den Text liest: *doppelspurig-widersprüchlicher* Appell eines gemischten Zeichensystems an den Rezipienten.

Er zerrt voll roher Lust und Tücke
Der Tante künstliches Gestricke.

Die Zeichnung zu dem zweiten Zweizeiler der Schlußpassage sieht so aus: Hans Huckebein, fein gezeichnet, ein liebenswerter toter Tanz- und Lebenskünstler mit noch im Tode sensiblen Füßen und Flügeln, hängt bedauernswert vom Strickzeug erstickt vom Tisch herunter. Das Strickzeug ist abscheulich, grob; es sieht gegen diesen luftigen, toten Körper um so *widerwärtiger* aus, je feiner der tote Hans Huckebein gezeichnet ist. Auch hier: gezeichnetes Gegensignal gegen das geschriebene Wortsignal: „Der Böse [...] baumelt!"

Der Tisch ist glatt — der Böse taumelt —
Das Ende naht — sieh da! Er baumelt.

Schließlich kommt noch das Bild zu dem abschließenden Moralspruch der Tante: „Die Bosheit war sein Hauptpläsier,/Drum" — spricht die Tante — „hängt er hier!" Das kommt einem übelwollenden Grabspruch gleich, angesichts des Bilds. Gezeichnet ist die Tante, die so spricht, wie ein altes, widerwärtiges Schaf. Sie hat einen Knollenverband um ihre Nase, ihr Körper signalisiert, im Gegensatz zu dem toten Körper des Hans Huckebein, *Häßlichkeit* und *Unbeweglichkeit*, und aus ihrem moralgesättigten Gesicht spricht die schiere Dummheit. Der Neffe Fritz hört mit scheinheiligem Gesicht zu: Hier wohnen wir dem Prozeß bei, signalisiert die Zeichnung, wie ein lustiges, zu Streichen aufgelegtes Kind zu einem *scheinheiligen* pseudomoralischen Erwachsenen erzogen, d.h. *verbogen* wird. — Den *Zeichnungen* nach läuft der Witz darauf hinaus, daß ein Naturwesen, der Rabe *Hans Huckebein*, unfreiwillig in die enge, stupide, scheinheilige Welt eines biedermeierlichen Interieurs gebracht wird, daß er darin auf lustige Weise Verwirrung stiftet, aber, leider, in den Schlingen der Zivilisation zugrunde geht, am Likör und am Strickzeug. Schließlich muß er als warnendes Bestätigungsbeispiel für die biedermeierliche Scheinmoral herhalten und so behilflich sein, ein ursprünglich ebenfalls lustiges Wesen, Fritz, in die Richtung dieser Scheinmoral zu manövrieren.

„Die Bosheit war sein Hauptpläsier,
Drum", spricht die Tante, „hängt er hier!"

Das *expressis verbis*, mit wortsprachlichen Mitteln, operierende Zeichensystem signalisiert aber etwas anderes, nämlich höchst deutlich: Wer gegen die herkömmliche Ordnung von Wohlanständigkeit und Fleiß verstößt, durch zu große Beweglichkeit, Lust und durch Freude an Extravaganzen, den holt verdientermaßen der Teufel: „Drum" — spricht die Tante — „hängt er hier!"
Nun arbeitet aber Busch mit der *Kombination* dieser beiden einander widersprechenden Zeichensysteme. Wie kommt er dazu? Was bezweckt er damit?
Diese beiden Fragen gehören zur Semiologie des Witzes. Sie begnügt sich nicht mit der Analyse der gedruckten Texte — sonst käme sie ja nie dahinter, wie die Zeichen *im Rahmen des sozialen Lebens* (nach der Definition der Semiologie durch de Saussure) überhaupt zu beurteilen sind, *welche Rolle sie spielen* und *was sie vermögen*.

Die Bedingungen für Busch waren, kurz gesagt, folgende: Als Maler wurde er zunächst kaum beachtet, und auch sonst stieß ihn die umgebende Gesellschaft ab. Er hielt sie für durch und durch verlogen, insbesondere steigerte er sich in einen scharfen Antiklerikalismus. Seine

Philosophie war schopenhauerisch, pessimistisch. Züge der Philosophie von Rousseau wirkten in ihm nach. Politisch schlug er sich mit den Bürgerlich-Liberalen herum. — Ökonomie: Er mußte zusehen, wie er zu Geld kam, er hatte keine anderen Einnahmequellen als seine Bilderge-schichten, er war auf einen breiten Verkauf seiner Bücher angewiesen. Gefühlsmäßig war ihm alles verhaßt, was Druck ausüben konnte, und es stand ihm nahe, was eine außenseiterische Position einnahm. Das waren, kurz gesagt, seine Bedingungen: Er war ein gebranntes Kind, seinen psychischen und gesellschaftlichen Erfahrungen nach.

Die Übertragung dieser Bedingungen in ein mindestens zweimediales Zeichensystem (rechnet man das Pantomimische hier einmal zum Visuell-Zeichnerischen) hatte folgendes zu beachten: Durch einen Fron-talangriff auf das große Lesepublikum hätte er keine große Abnehmer-schaft bekommen, er hätte nur eine schmale Elitegruppe als Leser ge-habt. Davon konnte er erstens nicht leben, zweitens entsprach das nicht seinem Ehrgeiz, Einfluß zu nehmen. Das heißt also, die Strategie seines widersprüchlichen *Doppel-Zeichensystems* war, möglichst viele Leute als Leser anzuziehen, durch die Wahl seiner Stoffe (Häusliches, Fami-liäres), durch die Texte, die zunächst die gewohnte Lesermoral zu bestä-tigen schienen, zum Teil auch durch die Zeichnungen, dort nämlich, wo sie ins *Idyllische* gingen.

Das waren die Anlock-Signale im Zeichensystem. Nicht zu vergessen, daß es gerade die *witzige* Schreibweise war, die die Leser anzog. Das funktionierte, im Falle von Busch, sehr gut. — Dazu aber kamen, gleich-sam in diesen Bonbon verpackt, die *kritischen* Signale, die *Verände-rungs-Signale*. Die steckte er hauptsächlich in das gezeichnete Zeichen-system, wie wir sahen: indem er den konventionell als Bösewicht be-zeichneten Außenseiter als liebenswert zeichnete und die siegende Partei, in unserem Fall die Tante, nicht als das Schöne, Wahre, Gute erscheinen ließ, sondern als ein häßliches Schaf.

Weshalb stehen Buschs Bestätigungs-Signale mehr im begrifflich-verba-len Text, seine Veränderungs-Appelle mehr in den visuellen, in den gezeichneten Zeichen? — Eine simple Antwort wäre: weil er das für ihn Wichtigere und Subtilere als Zeichner, der er in erster Linie war, in dem ihm *nächsten* Medium unterbrachte. — Gegenwärtige Untersuchungen zeigen, daß die nichtverbalen Zeichen, die gestischen Zeichen unmittel-barere und stärkere Wirkung haben als die begrifflich-verbalen; und bei Busch handelt es sich, wie wir sahen, um gezeichnete Zeichen gesti-scher, pantomimischer Art. (Durch Messungen hat man einen $4^1/_2$ mal stärkeren Impuls von solchen nichtsprachlichen Zeichen auf den Rezi-pienten festgestellt, im Vergleich zu der gesprochenen Sprache[1].)

---

[1] Vgl. den Beitrag von Richter und Wegner im vorliegenden Band.

— Busch setzt also, ob reflektiert oder gefühlsmäßig, bei der Wahl des Mediums für seine *Veränderungs*-Zeichen auf das *eindringlichere* Medium, während er den ersten, den Oberflächen-Akzent, auf die unter die Zeichnungen gedruckten Verse setzte. Ob nun in dieser Art Akzentuierungen eine durchdachte Strategie steckt oder nicht, er appelliert, mit diesen gezeichneten Zeichen, eindringlich an die Gefühle des Lesers, auch dessen, der zunächst nicht auf seiner Seite steht.

Sein Engagement ist offensichtlich, mit dieser Doppel-Zeichengebung möglichst viele Leute zu erreichen, gerade auch die, die ihm ideologisch entgegenstehen, und sie, ob sie es nun merken oder nicht, zu beeinflussen, sie in ihrem Bewußtsein oder im Unterbewußtsein, in ihrem tätigen Leben zu verändern.

Das wäre der erste semiologische Vorgang: Mit welchen *Kompositionsabsichten* bringt der Autor die Elemente seiner Erfahrung in ein ihm *geeignet erscheinendes Zeichensystem?*

Der nächste Vorgang ist viel schwieriger nachzuprüfen und zu beurteilen. Wirkt denn Wilhelm Buschs Kombinations-System *tatsächlich* so, wie er es sich vorgestellt haben mag? — Das ist schwierig zu beurteilen, wegen der historisch verschiedenen Wirkungen. Wir können zunächst nur feststellen, wie es auf uns Gegenwärtige wirkt, und da wirkt es, wenn wir Befragungen anstellen, wiederum je nach den Prämissen der *verschiedenen Rezipienten* verschieden. Zeichensysteme hängen nicht nur von den Prämissen ihrer Autoren ab, sondern auch von den Prämissen ihrer Rezipienten. Um es extrem zu sagen: Wenn ich ein dogmatischer *Blaukreuzler* oder Prohibitionsanhänger bin, wirkt Hans Huckebein auf mich anders, als wenn ich ein *Säufer* bin. — Insgesamt kann man feststellen, daß Busch sehr große Auflagenzahlen erreicht hat. Ob er mit seinen Geschichten, seiner Absicht entsprechend, das deutsche bürgerliche Publikum wirklich stark *kritisch beeinflußt* hat oder ob er es, nolens volens, mit seinen Bildergeschichten mehr in seinem Milieu und seinem Schlendrian bestätigt hat, ist eine Frage, die man nur durch breite Respons-Analysen faktisch beantworten könnte. Es nützt wenig, nur den Respons von professionellen Kritikern zu analysieren; einen breiten Respons bekäme man nur aus Briefen, Tagebüchern etc., und solche Bemerkungen sind schwer aufzutreiben. — Sicher ist, daß Busch für die heranwachsenden Deutschen immer noch eine verbreitete Lektüre ist, neben *Struwwelpeter* und den Kinderbüchern von Erich Kästner, und es liegt die Vermutung nahe, daß besonders in der neueren Zeit Buschs Verbrüderungssignale mit dem Außenseiter und seine Abwehrsignale gegen den Selbstzufriedenen eher in seinem Sinn ankommen als zu seiner eigenen Zeit — in der man, darauf deutet einiges hin, mehr die Oberflächensignale zur Kenntnis nahm.

Schließlich noch eine intrigante Frage: Steckte Wilhelm Busch nicht so stark in *seinem eigenen Milieu* und *seiner eigenen Psyche*, daß er gar nicht so sehr Herr über sein Zeichensystem war, sondern daß z.B. einige idyllische und einige grausame Züge *unfreiwillige* Signale *seiner Person* waren?

4. *Schlußfolgerungen:* Das Zusammenwirken verbaler und nichtverbaler Zeichen gibt Mehrbedeutung; es addiert die Bedeutungen nicht nur, sondern modifiziert die Bedeutungen. Für den *Autor* gibt es hier — und ich ging mit dem Interesse des Autors an das Problem heran — die Möglichkeit, das Dilemma einzuschränken, das zwischen *Innovation* und *Kommunikation* besteht. Daß er nämlich mit Texten, die die Lesergewohnheiten nicht befriedigen, fast nur Leser erreicht, die seinen Veränderungs-Impulsen schon von vornherein aufgeschlossen sind — sie also gar nicht so sehr benötigten. Daß er andere Leser aber, die von ihren Lesegewohnheiten nicht abgehen, verfehlt.

Die Doppelstrategie von Bestätigung *und* Veränderung, die wahrscheinlich nur in Kombination mit dem Witz ohne falschen Zauber durchzuhalten ist, zeigt Möglichkeiten, aus dieser Zwickmühle herauszukommen. Die Analyse unter semiologischen Gesichtspunkten liefert Erkenntnisse für das Schreiben.

Zur Frage dieser Analyse selbst möchte ich die hier nur angedeuteten Erfahrungen mit dem Witz dem ersten Referat des Berliner Semiotischen Kolloquiums im Oktober 1975, nämlich dem Referat von Otto-Joachim Grüsser über das Sehen, an die Seite stellen. — Aus der experimentellen Neurologie bekamen wir Hinweise, hinter die wir nicht zurückfallen sollten. Das Gehirn ist *nicht* mit einem Computer vergleichbar, und an der binären Logik bei der Erklärung der Produktions- und Rezeptionsvorgänge des Gehirns festzuhalten, und sei es nur durch ein Simulationsmodell, heißt, zu falschen Erklärungen kommen. Wenn bei vergleichsweise *einfachen* Wahrnehmungsprozessen erkannt worden ist, daß man nicht ungestraft, d.h. ohne sich selbst ins Abseits zu manövrieren, eng beschränkte Simulationsmodelle anwenden kann, sollten wir auch z.B. einen Witz, dessen Struktur von der komplizierten Produktionsweise und Rezeptionsweise des Gehirns geprägt wird — und zwar in einer weit komplizierteren, weil abstrakteren Weise als die Vorgänge einfacher Sinneswahrnehmungen —, sollten wir auch hier keinesfalls plane, statische Typologien und Erklärmodelle anwenden; der Erklärungswert wäre *sehr gering*, und das, was dadurch verloren geht, um vieles entscheidender als das, was gezeigt werden kann.

D.h. eine *exakte* Systematisierung auf diesem Gebiet könnte authentisch sein nur für ein begrenztes Feld, für die allereinfachsten, am wenigsten zusammengesetzten Spielarten des Witzes. Einem einfachen grammatischen Witz kann man wahrscheinlich noch mit solchen Mitteln beikommen, weil er, ähnlich einem Kartenspiel, auf einem System aus einer begrenzten Menge von Elementen beruht, denen durch eine überblickbare Strukturierung untereinander ein ziemlich eindeutiger Zeichencharakter zukommt. Bei einem komplizierten Witz (und Witz hier immer als Beispiel auch für andere vergleichbare, differenzierte Texte) ist das anders: In ihm spielen eine große Anzahl von Elementen eine Rolle, die zu einem großen Teil relativ extern sind und die variabel sind — d.h. auf die Prämissen des Witze-Erzählers und des Witze-Rezipienten bezogen sind —, deren Strukturierung eine vielfältige Vernetzung darstellt und deren Analyse nur sinnvoll erscheint, wenn der psychologisch-gesellschaftliche Veränderungs- oder Festlegungsprozeß *mit* analysiert wird, der durch den Witz in Gang kommt. — Hier wird die Semiologie, die Semiotik, einen gangbaren Weg finden müssen.

Festlegungen auf Typologisierungen und Simulationsmodelle, auf plane, statische, archivierbare Muster, die zu eng gefaßt sind, führten nicht zu *Aufklärung*, sondern zu *Scholastik*. Die Erfahrungen mit der strukturalistischen Linguistik aus den vergangenen zehn Jahren könnten uns da eine Lehre sein.

Solche Festlegungen erweitern auf die Dauer nicht unsere Erkenntnisse, noch verbessern sie unsere Lebensmöglichkeiten, sondern sie arbeiten mit dem Hand in Hand, was uns täglich mehr und mehr zudeckt. Uns allen ist die Gefahr deutlich geworden, daß Denkprozesse mit beliebiger Entfernung von den Gegenständen möglich sind, daß sie auch ohne weiteres systematisiert werden können — und daß sie dann, als mehr oder weniger enggefaßte Systeme, reale Ansprüche erheben. — Die Semiologie hat, soweit sie nicht alte Geleise weiterbefährt, entschieden andere Vorsätze entwickelt, nicht Kategorisierung und Segregierung zum Selbstzweck. „Fast alles in unserer Zeit geht darauf aus", so Ronald Laing in seiner *Phänomenologie der Erfahrung*, „die Realität zu kategorisieren und zu segregieren von den objektiven Fakten. Dies, präzise, ist die Betonmauer. Intellektuell, emotional, interpersonal, organisatorisch, intuitiv, theoretisch müssen wir unseren Weg durch die feste Mauer sprengen."

VIII ZUR GESCHICHTE DER SEMIOTIK

ELMAR HOLENSTEIN (ZÜRICH)

SEMIOTISCHE ANSÄTZE IN DER PHILOSOPHIE DER NEUZEIT

In seinen Aufsätzen zur Sprachphilosophie fordert Karl-Otto Apel (1973, S. 271 und S. 353) wiederholt eine „sprachlich orientierte" oder auch — allgemeiner und treffender — eine „semiotische Transformation der Transzendentalphilosophie". Es wird kaum an altklugen Außenstehenden fehlen, die sich bei dieser Forderung denken, daß nun eben auch die Philosophie wie manche jüngere und ältere Wissenschaft in den Sog der einflußreich gewordenen Disziplinen Linguistik und Semiotik geraten ist. Gegen den Modeverdacht könnte sich die Philosophie im Unterschied zu den meisten Wissenschaften auf ihre Geschichte berufen. Die Semiotik, der Name miteingeschlossen (*Locke*, 1690, § 4.21.4), war bis zu Saussure ihr Kind und Zögling. Doch für die Philosophie ist die Geschichte ebensowenig eine Autorität wie die Mode — abgesehen davon, daß sie zu einem guten Teil aus sich ablösenden Moden besteht. Ausschlaggebend ist allein die Sache selbst. Die erste Sache der Philosophie ist das *cognoscibile*, die Frage „Was können wir wissen?" und ebenso die Frage „Wie kommen wir zu unserem Wissen?".

Die Lektüre der neuzeitlichen Philosophen, die sich eingehender mit der Semiotik befaßt haben,[1] von Locke (1632—1704) über Leibniz (1646—1716), Wolff (1679—1754), Lambert (1728—1777), Condillac (1715—1780), Bolzano (1781—1848) zu Peirce (1839—1914) und Husserl (1859—1938), ergibt, daß es eben dieses zentrale Thema der Philosophie ist, das ihre Vertreter zur Entwicklung der Semiotik angetrieben hat. Die interessantesten und gründlichsten Ausführungen finden sich nicht, wie man vielleicht erwarten würde, zum lange Zeit vorherrschenden psychologischen Aspekt der Zeichen, ihrer *emotiven Funktion*,

---

[1] Für eine Übersicht vgl. *Coseriu*, 1968 ff.; *Jakobson*, 1975. Für eine ältere, vielseitige, sowohl systematische wie geschichtliche Darstellung semiotischer Probleme vgl. den 2. Band von Gomperz' *Weltanschauungslehre*, mit dem Titel *Noologie* (1908). Gomperz trat anläßlich der Übersendung des 1. Bandes (1905) in Briefkontakt mit Husserl. Der 2. Band wird gelegentlich (*Jakobson*, 1965, S. 345) als mögliches Bindeglied zwischen Saussure und der älteren philosophischen Semiotik angeführt.

dem Ausdruck von inneren Gegebenheiten, Gefühlen und Ideen, und
auch nicht zum heute in den Vordergrund gehobenen soziologischen
Aspekt, ihrer *kommunikativen Funktion*, sondern zu dem, was man die
kognitive Funktion der Zeichen und Zeichensysteme nennen kann.
Ganz damit im Einklang steht der Befund, daß die Semiotik bei den
angeführten Philosophen vorwiegend im Zusammenhang von Mathematik und Logik zur Ausbildung gelangt.
Eine wichtige Funktion der Zeichen, das ist das Ergebnis der philosophischen Semiotik, besteht in der Ermöglichung und in der Erweiterung
von Bewußtsein, von Wissen und Verstehen.[2] Die Entdeckung dieser
Funktion führt zum Entwurf von Klassifikationen der Zeichen,[3] ,,um
ihre Structur naeher kennen zu lernen" (*Lambert*, 1764, § 3.2.70). Die
genialste ist zweifelsohne die ,,Division of Signs" von Peirce (1931,
§ 2.227 ff.).
Den Anfang macht Locke in seinem *Essay Concerning Human Understanding* (1690), nicht im dritten Buch ,,Of Words", sondern im zweiten ,,Of Ideas", im 16. Kapitel über die Zahlen. Komplexere Zahlen,
dahin geht Lockes Entdeckung, wären wir unfähig zu bilden und voneinander exakt zu unterscheiden, verfügten wir nicht über Namen, mit
denen wir die in der sukzessiven Addition von Einheiten gewonnenen
Summen belegen könnten.[4] Zur Bestätigung und Illustration führt

---

[2]   ,,The third branch of science may be called *Sêmeiôtikê*, or *the doctrine of
      signs*; [...] the business whereof is to consider the nature of signs, the mind
      makes use of *for the understanding of things*, or conveying its knowledge to
      others" (*Locke*, 1690, § 4.21.4). (Die letzte Hervorhebung stammt von mir.)
      ,,Die Theorie der Sache auf die Theorie der Zeichen reduciren, will sagen, das
      dunkle Bewußtseyn der Begriffe mit der anschauenden Erkenntniß, mit der
      Empfindung und *klaren* Vorstellung der Zeichen verwechseln. Die Zeichen
      sind uns für jede Begriffe, die wir nicht immer durch wirkliche Empfindung
      aufklären können, ohnehin schlechterdings nothwendig." (*Lambert*, 1764,
      § 3.24)

[3]   Vgl. *Condillac*, 1746, § 1.2.4.35; *Lambert*, 1764, § 3.25 ff.; *Bolzano*, 1837,
      § 3.285; *Husserl*, 1890, S. 341 ff.

[4]   ,,By [...] repeating [...] the idea of an unit, and joining it to another unit, we
      make thereof one collective idea, marked by the name two. And whosoever
      can do this, and proceed on, still adding one more to the last collective idea
      which he had of any number, and gave a name to it, may count, or have ideas,
      for several collections of units, distinguished one from another, as far as he
      hath a series of names for following numbers, and a memory to retain that
      series, with their several names [...]. For, without such names or marks, we
      can hardly well make use of numbers in reckoning, especially where the
      combination is made up of any great multitude of units; which put together,
      without a name or mark to distinguish that precise collection, will hardly be
      kept from being a heap in confusion." (*Locke*, 1690, § 2.16.5)

Locke amerikanische Indianer an, die über keine Wörter für größere Zahlen, für die Zahl 1000 z.B., verfügen und die entsprechende höhere Summen nur mit vagen figürlichen Mitteln, wie mit dem Verweis auf Haare ihres Kopfes, zu bezeichnen vermögen.

Eine das Wissen fördernde Funktion schreibt Locke im dritten Buch den Wörtern allgemein zu. Die Sprache hat primär[5] eine klassifikatorische Funktion. Zum einen garantieren die Wörter die dauernde Zusammenfassung von unterschiedlichen Modi und Relationen zu einer komplexen Idee. Verfügten wir nicht über den Ausdruck „triumphus", hätten wir vermutlich wohl Beschreibungen, jedoch keine einheitliche und dauernde Idee von dem, was alles zum Wesen dieser Feierlichkeit gehört (*Locke*, 1690, § 3.5.10). Zum anderen ermöglichen die Wörter Generalisierungen der einfachen wie der komplexen Ideen, ihre nominale Übertragung auf ähnliche Gegebenheiten (*Locke*, 1690, § 3.3). Lockes Sprachtheorie beschränkt sich fast ausschließlich auf die lexikalische Schicht und in der Schicht vorwiegend auf die Klasse der Nomina, d.h. den unsystematischsten Teil der Sprache, in dem er für seine atomistische Einstellung reichlich Unterstützung findet. Als Prinzipien der sprachlichen Klassifikation fungieren willkürlich ausgelesene Ähnlichkeits- und Kontiguitätsbeziehungen zwischen den Ideen.

Condillac (1746, § 1.4.2.27) radikalisiert und verallgemeinert Lockes Entdeckung von der Notwendigkeit der Zeichen für die Zahlvorstellungen und die komplexen Ideen. Von den verschiedenen Weisen des Bewußtseins sind allein Empfinden und Wahrnehmen gänzlich ohne Rekurs auf Zeichen ausbildbar. Höhere Weisen des Bewußtseins wie Aufmerksamkeit und Einbildung sind zur Vervollkommnung und vor allem zur Verselbständigung auf Zeichen angewiesen, und zwar auf künstlich geschaffene Zeichen („signes d'institution"), die den menschlichen Geist von der Abhängigkeit von realen Vorkommnissen, an die akzidentelle und natürliche Zeichen gebunden sind, befreien. Gänzlich unmöglich ohne Zeichen sind das Gedächtnis und geistige Operationen wie Reflexion, Urteilen und Schließen (*Condillac*, 1746, §§ 1.2.4 f., 1.4.1 f.). Nicht unterschlagen wird man heutzutage Condillacs abschließenden Ausfall gegen die Cartesianische These von angeborenen Ideen. Sie ist nach ihm nicht nur ein Vorurteil, das durch Lockes Entdeckung der Notwendigkeit von Zeichen für die Zahlvorstellungen, die seit Augustinus als ein Paradebeispiel für angeborene Ideen gelten, widerlegt wird. Sie hat sich auch als ein den Fortschritt der Wissen-

---

[5]   Locke führt die Kommunikation gewöhnlich an zweiter Stelle an (§§ 3.3.20, 4.21.1 und 4). Eine Ausnahme ist § 3.5.7, wo die Kommunikation „the chief end of language" genannt wird.

schaft hemmendes Vorurteil erwiesen: „Comment soupçonner la
nécessité des signes, lorsqu'on pense, avec Descartes, que les idées sont
innées? " (*Condillac*, 1746, § 1.4.2.27).

In eine andere Richtung führen Leibniz und Lambert Lockes Ansatz
weiter. Leibniz (1765, § 2.16.5) gibt zu bedenken, daß wir mit der
bloßen Anhäufung von Namen bei der Konstitution der natürlichen
Zahlenreihe nicht weit kommen. Um das Gedächtnis nicht mit immer
neuen Namen zu überlasten, braucht es „eine gewisse Ordnung und eine
gewisse Replikation in diesen Namen".[6] Der Fortschritt gegenüber
Locke besteht in der Überwindung der atomistischen Betrachtungsweise. Ausschlaggebend sind nicht mehr die Ähnlichkeits- und Kontiguitätsbeziehungen zwischen einzelnen Ideen. Es geht jetzt, in Lamberts
Terminologie, um die figürliche oder metaphorische oder, in der Peirceschen Terminologie, um die ikonische bzw. diagrammatische Erfassung
und Auswertung von systematischen Beziehungen zwischen den
Ideen.

Wissenschaftlich können die Zeichen dann genannt werden, „wenn sie
nicht nur überhaupt die Begriffe oder Dinge vorstellen, sondern auch
solche Verhältnisse anzeigen, daß die Theorie der Sache und die Theorie
ihrer Zeichen miteinander verwechselt werden können" (*Lambert*,
1764, § 2.23).

Eines der anschaulichsten Beispiele derartiger figürlicher Zeichensysteme ist die graphische Darstellung der Satz- und Schlußarten, die
Lambert im ersten Buch *Dianoiologie oder Lehre von den Gesetzen des
Denkens* seines *Neuen Organon* (*Lambert*, 1764, § 1.196 ff.) vorstellt
und die als ein Vorläufer der „Euler-Kreise", die sich als vorteilhaftere
Illustration in Logik und Mengenlehre durchgesetzt haben, angesehen
werden können. Lambert gebraucht für die verschiedenen Sätze Linien
unterschiedlicher Länge, die je nach Satzart unter- oder nebeneinander
angeordnet werden. Heute werden die Beziehungen zwischen den verschiedenen Aussagen und Klassen durch ineinandergeschachtelte, sich
überschneidende und nebeneinanderliegende Kreise dargestellt. Die beiden Sätze „Alle M sind P" und „Alle S sind M" ergeben nach Lamberts
Verfahren die Figur in Abb. 1. Die anschaulichere Darstellung in Euler-
Kreisen ergibt die Figur in Abb. 2.

---

[6] „La mémoire seroit trop chargée, s'il falloit retenir un nom tout à fait
nouveau pour chaque addition d'une nouvelle unité. C'est pourquoy il faut un
certain ordre et une certaine replication dans ces noms, en recommençant
suivant une certaine progression."

LAMBERT

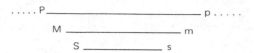

EULER

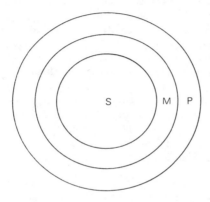

Die Interpretation der graphischen Darstellung lautet: „M hat eine größere Ausdehnung als S; und P eine größere als M. Ferner gehören alle S unter M, und alle M unter P." Der Erkenntnisgewinn der Zeichnung besteht darin, daß sie „mit einem male" sechs Sätze anzeigt, „nämlich außer den zweien gezeichneten noch folgende vier: 1. Etliche M sind S. 2. Etliche P sind M. 3. Etliche P sind S. 4. Alle S sind P." Ja eigentlich noch mehr. Sie gibt auch noch die Unmöglichkeit unzulässiger Schlüsse an (z.B. „Alle P sind S") (*Lambert*, 1764, §§ 1.201 f., 3.29). Eine figürlich-ikonische Darstellung zeichnet sich dadurch aus, daß sie noch andere Erkenntnisse als diejenigen, die ihre Konstruktion leiteten, unmittelbar zugänglich macht.[8]

---

[7] Vgl. *Lambert*, 1764, §§ 1.201 und 1.209 ff. Die punktierte Linie soll die Unbestimmtheit der Ausdehnung anzeigen.

[8] „For a great distinguishing property of the icon is that by the direct observation of it other truths concerning its object can be discovered than those which suffice to determine its construction [...]. Given a conventional or other general sign of an object, to deduce any other truth than that which it explicitly signifies, it is necessary, in all cases, to replace that sign by an icon." (*Peirce*, 1931, § 2.279)

Als eine vollständigere Art figürlicher Zeichen als die sogenannten Sinnbilder, Emblemata und selbst die ägyptischen Hieroglyphen führt Lambert (§ 3.34) die arithmetischen Zahlensysteme an. Die ausführlichste Diskussion der semiotischen Struktur der Zahlensysteme in der von Lambert — im Anschluß an Leibniz in Abhebung von Locke — vorgezeichneten Bahn bietet Husserl (1891, S. 250 ff.).[9] Die Zahlbenennung ist mehr als eine Frage der bloßen Nomenklatur. Es geht auch um mehr als die Erweiterung und Vertiefung des Wissens, die Erweiterung der natürlichen Zahlenreihe mittels Zeichen über die unmittelbar intuitiv erfaßbaren Summen hinaus und die Bloßlegung von systematischen Beziehungen zwischen den einzelnen Zahlen und Zahlengruppen. Neben das erkenntnispsychologische und erkenntnistheoretische Ideal tritt in diesem Zusammenhang bei Husserl nicht weniger als bei Lambert ein praktisches Interesse. Ausschlaggebend für die Bewertung der arithmetischen Zeichensysteme sind die Rechenmethoden, die sie ermöglichen oder zumindest erleichtern.[10] Dieser pragmatische Gesichtspunkt ist der Grund für die Verdrängung der römischen Ziffern durch das indische Positionssystem, das die Zahlenreihe mittels einer Grundzahl (10) systematisch abstuft, wobei jeder Abstufung eine bestimmte Position (Kolumne bei der schriftlichen Wiedergabe) zugeordnet wird. Die arith-

[9]   Der interessanteste Beitrag Husserls zur Semiotik findet sich nicht in dem bis 1970 unveröffentlichten Manuskript *Zur Logik der Zeichen (Semiotik)* aus dem Jahre 1890, sondern in den drei letzten Kapiteln der *Philosophie der Arithmetik* (1891). In dem mit „Semiotik" überschriebenen Manuskript entwickelt Husserl eine Klassifikation der Zeichen, wobei er sich an eine ähnliche Klassifikation Bolzanos anlehnt. Bolzano seinerseits trägt seine Klassifikation nicht in dem Kapitel der *Wissenschaftslehre* (1837) vor, das er mit „Semiotik" im Inhaltsverzeichnis und mit „Zeichenlehre" im Haupttext (§ 4.637 ff.) überschreibt. In diesem kommen vielmehr in breiter Ausführlichkeit Fragen der Angewandten Semiotik zur Abhandlung, die Frage z.B., wie die Zeichen beschaffen sein sollen, die von der Logik neu eingeführt werden. Seine Zeichenklassifikation findet sich in einem Paragraphen (§ 3.285), der der „Bezeichnung unserer Vorstellungen" gewidmet ist.

[10]   „Jedes Zahlensystem begründet ihm eigentümliche Rechenmechanismen, und das beste wird dasjenige sein, welches die kürzesten und bequemsten zuläßt. Von diesem Gesichtspunkte aus erweisen sich die Systeme, deren Grundzahl durch möglichst viele andere Zahlen teilbar ist und deren „Eins und Eins" wie „Ein mal Eins" nicht zu große Anforderungen an unser Gedächtnis stellten, als besonders vorteilhaft. Darum betrachten die Mathematiker das duodezimale System für vorzüglicher als das nun einmal angenommene dezimale." (*Husserl*, 1891, S. 267 f.) — Nicht alle Zeichensysteme sind für den menschlichen und den maschinellen Rechner gleich praktisch. So ist das dyadische Zahlensystem für den menschlichen Geist und das menschliche Gedächtnis offensichtlich weniger geeignet als für elektronische Computer.

metischen Operationen, Addition, Subtraktion usw., lassen sich für komplexe Zahlen bei diesem System in einzelne, leicht zu bewältigende Etappen auflösen, indem die fragliche Operation sukzessive an den aneinandergereihten Stufenzahlen, für sich separat genommen, durchgeführt wird.

Als „das vollkommenste Muster der [figürlichen] Charakteristik" (*Lambert*, 1764, § 3.35) gilt von Leibniz bis Peirce die Algebra. Die algebraische Gleichung ist ein *icon*, das eine Vielfalt von Beziehungen zwischen den zeichenhaft repräsentierten Quantitäten bloßlegt. Geometrische und physikalische Phänomene werden in ein System von Zeichen eingefangen, „durch deren geschickte Verknüpfung alle mögliche Wahrheit heraus zu bringen" (*Wolff*, 1719, § 324) ist. Auch bei der Wahl der Algebra paaren sich kognitive und praktische Interessen. Um zu wissen, welchen Weg ein Körper im freien Fall zurücklegt, können wir für jede Maßeinheit, die uns interessiert, Messungen vornehmen und die Ergebnisse in einer Tabelle aufreihen. Wir verfahren dabei, als ob die einzelnen Ergebnisse in keinem Zusammenhang zueinander stünden. Ein anderes Bild ergibt sich, wenn wir uns gerade dem Zusammenhang zwischen den einzelnen Messungen zuwenden. Die Regel, die ihm zugrunde liegt, ist nicht mehr eine einfache Assoziationsregel, eine Beziehung der Ähnlichkeit oder der Kontiguität. Sie hat die Form einer algebraischen Gleichung. Der Weg, den ein Gegenstand in t Sekunden fällt, ist $g \cdot t/2$. Die umfangreiche Tabelle mit den Meßdaten für jede Sekunde können wir durch diese kurze, „handliche" Formel ersetzen.[11]

Die moderne Naturwissenschaft verdankt ihren Fortschritt zu einem großen Teil der Entwicklung von immer neuen mathematischen Theorien, für die nachträglich eine Abbildung oder Interpretation in der Natur gefunden wurde. Die mathematischen Theorien sind das schlagendste Beispiel für den erkenntnisfördernden oder, wie man sich in diesem Zusammenhang auszudrücken pflegt, für den heuristischen Wert von semiotischen Systemen.[12]

---

[11] Das Beispiel stammt von G. Miller und ist einer Abhandlung J.S. Bruners (1964, S. 59) entnommen, die den für die vorliegende Thematik bezeichnenden Titel trägt: „Going beyond the information given."

[12] Nach Locke (1690, § 3.3.11) sind die Ideen nicht weniger als die Wörter Zeichen. Man schüttet das Kind mit dem Bade aus, wenn man hier nicht mehr als einen naiven Mentalismus wittert. Ausdrücke wie Idee, Vorstellung, Wahrnehmung, Gedanken usw. haben durchgehend einen subjektiven und einen objektiven Sinn, zwischen denen in der Philosophie erst seit Husserls Psychologismus-Kritik strikt und konsequent unterschieden wird. In subjektiver Hinsicht meinen diese Ausdrücke die Akte der Ideation, der Vorstellung, der Wahrnehmung, des Denkens usw., in objektiver Hinsicht jedoch den inten-

Einen von ihrer Struktur her erkenntnisfördernden Wert haben nach
Lambert (1764, § 3.58) wie nach Peirce (1931, § 2.279) nur die figürlichen oder ikonischen Zeichen.[13] Willkürliche Zeichen bedürfen zu
ihrem Verständnis einer „Theorie, die nicht von irgend einem Bilde,
sondern unmittelbar von der Sache selbst hergenommen ist" (*Lambert*,
1764, § 3.58). Aber auch bei den figürlichen oder ikonischen Zeichen
ist man zu ihrer genauen Determination auf eine umgangssprachliche
Interpretation angewiesen (§§ 3.33 und 3.58 f.). Die umgangssprachliche Determination eines Zeichens ersetzt oder bekräftigt die Determination durch den Kontext des Zeichens. Ob mit der schematisierten
Vorderansicht eines Autos nur die Vorderansicht oder das Auto als
solches gemeint ist, ergibt sich meistens aus dem Zusammenhang der
Darstellung. In einem Prospekt über Autobestandteile liegt die erste
Interpretation nahe. Auf einer Verkehrstafel, die Einschränkungen des
Durchgangsverkehrs anzeigt, hat wohl nur die zweite Interpretation eine
Chance, in Betracht gezogen zu werden. Juristisch genügende Sicherheit
verschafft jedoch auch in diesem praktisch offensichtlichen Fall nur der
verbale Kommentar des Zeichengebers. Für einen radikalen Philosophen
bleibt selbst diese sprachlich vermittelte Sicherheit ungenügend. Der
Sinn der Wörter und Sätze der Umgangssprache wird ja selber im Hinblick auf Erfahrungen, Wahrnehmungen und Handlungen eingeführt, die
ihrerseits nicht weniger unbestimmt sind als die ikonischen Zeichen, um
deren Bestimmung man sich bemüht.

Semiotikern wird oft vorgehalten, daß ihre geschichtlichen Kenntnisse
nicht weiter als bis Locke zurückreichen. Tatsächlich gibt es eine reiche
semiotische Literatur in der abendländischen Antike wie im Mittelalter,
von außereuropäischen, z.B. indischen Beiträgen ganz abgesehen. Meine
These geht aber dahin, daß Locke doch eine Zäsur bedeutet. Die antiken und mittelalterlichen Studien mögen in strukt. Hinsicht vieles,

---

tionalen Gegenstand dieser Akte, das Ideierte, Vorgestellte, Wahrgenommene,
Gedachte usw. als solches, d.h. den Sachverhalt, der ideiert, vorgestellt oder
gedacht wird. Ein solcher Sachverhalt kann auch eine mathematische Theorie
sein. Was bei Locke unhaltbar ist, dürfte weniger sein Mentalismus als sein
„Imaginativismus" sein, die bildhafte Auffassung von abstrakten Ideen, die
dann Berkeley nach dem Winkelmaß der einzelnen Ecken der abstrakten Idee
„Dreieck" fragen läßt.

[13] Wolff, (1729, § 952; vgl. 1733, § 97) bespricht auch den kognitiven Wert
derjenigen natürlichen Zeichen, die Peirce als Indices klassifizieren wird. „In
specie *Signum demonstrativum* dicitur, cujus signatum praesens: *Signum
prognosticum*, cujus signatum futurum est: *Signum* denique *rememorativum*,
vel *Memoriale* cujus signatum praeteritum est." Die Terminologie läßt auf
eine ältere Tradition dieser Klassifikation schließen. Als induktive, auf Erfahrung zurückgehende Zeichen vermitteln sie freilich keine wesentlich neuen
Erkenntnisse.

was in der Neuzeit und auch noch in der Gegenwart geboten wird, übertreffen. In funktionaler Hinsicht beginnt mit Locke deutlich eine neue Zeit.[14] In der Antike wird von Pythagoras (vgl. *Proclus*, 1908, § 16) bis Augustinus (vgl. *Augustinus*, 1952, § 36) die *cognitio rei* der *cognitio verbi* vorangestellt.[15] Die mittelalterliche Scholastik stellt eine mehr-

[14] Die gegenteilige These findet sich am krassesten ausgesprochen in Coserius Vorlesungsnachschriften zur Geschichte der Sprachphilosophie (1968 ff.), Teil I, S. 136: „So kann es dann auch geschehen, daß am Ende des 17. Jahrhunderts John Locke etwas völlig Neues zu behaupten scheint, als er von der Notwendigkeit einer Semiotik spricht. In Wirklichkeit bringt er kaum etwas Neues, wenn er gerade auf die Notwendigkeit einer Semiotik hinweist, gerade als ob eine solche nie existiert hätte und noch zu begründen wäre."
Es wäre allerdings unfair, dieses Zitat ohne Begleittext anzuführen. Coseriu kommt mit seinen Vorlesungen das große Verdienst zu, eine von der Philosophiegeschichte weitgehend unterschlagene oder in eine dürftige Randexistenz abgeschobene Thematik, die Geschichte der Sprachphilosophie und der Semiotik, in einer umfassenden Übersicht aufzuarbeiten. Man kann nur dankbar sein, daß er den Druck der Vorlesungsnachschriften, deren inhaltliche wie literarische Mängel ihm wohl als erstem bewußt sind, zugelassen hat. Seine Übersicht ist eine unentbehrliche Orientierungshilfe. Der starke meinungsbildende Einfluß, den konkurrenzlose „Einführungen" und „Übersichten" oft ausüben, macht Kritik, wo sie wichtig erscheint, aber auch zu einer dringenden Pflicht. Daß man in diesem Sektor der Geschichte zu diametral entgegengesetzten Urteilen kommt, ist primär ein Hinweis dafür, wie unbearbeitet er ist. Ich nehme im übrigen nicht an, daß es in der Antike und im Mittelalter nicht vereinzelte Ansätze gibt, die in die gleiche Richtung wie Lockes Zeichenauffassung tendieren. Vorläufer lassen sich mit etwas Historikerfleiß zu allen Ideen finden. Die Frage ist immer: Welchen Stellenwert nimmt eine solche Idee ein? Wirkt sie beim Autor selber oder in seinem Gefolge heuristisch und systematisierend oder nicht?

[15] „Cum enim mihi signum datur, si nescientem me invenit cujus rei signum sit, docere me nihil potest: si vero scientem, quid disco per signum? [...] Itaque magis signum re cognita, quam signo dato ipsa res discitur." (*Augustinus*, 1952, S. 33) — Die Argumentation des Augustinus beruht auf einer durch und durch atomistischen Zeichenlehre. Daß durch Zeichenzusammensetzungen (komplexe Ziffern) und durch Zeichenkombinationen (Sätze, Schlüsse) neue Erkenntnisse zu gewinnen sind, wird infolge der Fixierung auf die Übereinstimmung zwischen Sache und Zeichen nicht gesehen oder aber dadurch verdrängt, daß was durch fremde Aussagen gewonnen wird, als bloßer Glauben und nicht als Wissen ausgegeben wird. So vermehrt nach Augustinus (1952, S. 37) die Erzählung von den drei Jünglingen im Feuerofen nicht mein Wissen. Sie gibt mir nur etwas zu glauben auf. Was geschieht jedoch, wenn ich eine andere Version von der Errettung der drei Jünglinge höre, die mir aus inneren oder äußeren Gründen überzeugender erscheint, oder wenn ich von einem

stufige Sequitur-Ordnung auf. Den Anfang bilden die Seinsweisen eines Gegenstandes, gefolgt von den Erkenntnisweisen, an die sich Bezeichnungs- und Bedeutungsweisen anschließen und anpassen.[16] Das erkenntnistheoretische Problem der antiken und der mittelalterlichen Semiotik läuft unter den Stichworten *orthótês onomátôn* und *congruitas*. Die Frage lautet: decken sich die Zeichen mit den Sachen? Negative Befunde werden als Unzulänglichkeit der Sprache oder aber als sprachliche Fiktion (Nominalismus) eingestuft.[17]

Von Locke und Leibniz an kehrt sich das Verhältnis von *modi intelligendi* und *modi signandi/significandi* um. Zuerst lenkt Locke den Blick auf die Rolle von Zeichen überhaupt für die kognitive Erfassung von Gegenständen. Leibniz gibt daraufhin zu bedenken, daß man mit dem Bezeichnen als solchem nicht sehr weit kommt. Was der Erkenntnis die Bahn bricht, ist eine geordnete, systematische Weise des Bezeichnens. In mittelalterlicher Sprache ausgedrückt: es sind die *modi significandi*, die als *modi intelligendi* wirken.

Die Umkehrung des Fundierungsverhältnisses zwischen Bezeichnen und Erkennen führte zu einer Umwertung der sprachlichen und semiotischen Fiktionen zuerst in der Wissenschaft und später auch in der Kunst. Fiktionen, denen unmittelbar weder eine wahrnehmbare Realität noch eine intuitiv zugängliche Idealität entspricht, werden jetzt nicht mehr als etwas zu Meidendes abgeurteilt, sondern als erkenntnisfördernde Konstruktionen geradezu angestrebt. Nur mit solchen Konstruktionen lassen sich Relationen, die zwischen wahrnehmbaren und anschaulichen Gegebenheiten vorliegen, rational erfassen.

Bibelwissenschaftler erfahre, daß es sich nicht um eine historische, sondern um eine lehrhafte Erzählung handelt? Ich verliere den Glauben an die Faktizität der erzählten Ereignisse. Der von der Erzählung konstituierte Sachverhalt bleibt als ein in sich möglicher Sachverhalt weiterhin ein Gegenstand des Wissens. Bei Augustinus ist das Verhältnis zwischen Wissen („scire"), Evidenz („intelligere") und Glauben („credere") nicht befriedigend geklärt. Jedes Glauben impliziert einen Sachverhalt und damit ein Wissen, das in bezug auf eine bestimmte reale oder mögliche Welt wahr oder falsch sein kann.

[16] „Modi essendi seu proprietates rerum seu entium praecedunt modum intelligendi, sicut causa effectum [...]. Modum autem intelligendi sequitur modus seu ratio signandi, quia prius intelligitur res et etiam concipitur antequam per vocem signetur quia voces sunt signa passionum [...]. Modum autem signandi sequitur modus significandi sicut rem sequitur modus rei." (*Sigerus de Cortraco* (Siger von Kortrijk), 1913, S. 93 f.)

[17] Diese Einstellung behält Locke im 3. Buch seines *Essay* bei. Die neuzeitliche Wendung in der Semiotik nimmt ihren Ausgang jedoch nicht von diesem 3. Buch, sondern vom Kapitel über die Idee der Zahl im 2. Buch.

Angesichts der erkenntnispraktischen Wertschätzung, die der Semiotik in der Neuzeit widerfährt, stellen sich dem Philosophen zwei Fragen. 1. Ist alle Erkenntnis semiotisch vermittelt oder gibt es Regionen — die der Wahrnehmung zum Beispiel —, die uns unmittelbar zugänglich sind? 2. Wie steht es mit den Zeichen selber? Sind uns die Bezeichnungsmittel und -systeme gegeben in der Form eines neurologisch-physiologischen Mechanismus, in der Form eines Habitus, in der Form — nach dem Sprachgebrauch Ryles — eines *knowing how* oder — nach dem Sprachgebrauch Husserls — einer anonym fungierenden Intentionalität, in jedem Fall also als etwas, von dem wir von vornherein kein unmittelbares gegenständliches Wissen (*knowing that*) haben? Von der Beantwortung der ersten Frage hängt die Reichweite, von der Beantwortung der zweiten Frage die Radikalität der geforderten semiotischen Transformation der Philosophie ab.

Als Leitfaden zu ihrer Beantwortung bietet sich die Entwicklung der Husserlschen Philosophie an. Husserl beginnt mit einer *Philosophie der Arithmetik* (1891), die als die gründlichste Studie zu der von Locke und Leibniz inaugurierten semiotischen Konzeption der Zahlbegriffe angesehen werden kann. Zur Verblüffung seines Lehrers Brentano und wohl auch heute noch eines jeden, der von der erkenntnispraktischen Bedeutung der Zeichensysteme eine Ahnung hat, kehrt er sich zehn Jahre später in seinen *Logischen Untersuchungen* (1901) einer platonisch anmutenden Erkenntnistheorie zu, deren ausschließliches Interesse in einer unvermittelten Einsicht in das Wesen von Sachen und Sachverhalten liegt. Gegen Ende seines Lebens schließlich verfaßt er einen allusionsreichen Essay, der bei seiner posthumen Publikation (1939) den Titel „Vom Ursprung der Geometrie" erhält. In ihm sieht er den Wissensfortschritt, wie er von so hochentwickelten Wissenschaften wie der Mathematik geleistet worden ist, unumgehbar gebunden an eine sukzessive Semiotisierung und damit der unmittelbaren Evidenz entzogene Sedimentierung der vorangehenden intuitiven Erkenntnisschritte.

Die Position dieser Spätschrift ist eine Entfaltung und Ausweitung der Ausgangsposition. Auch in der *Philosophie der Arithmetik* huldigt Husserl keinem absoluten Semiotismus. Es gibt von den Zahlen eine dreifache Weise der Erkenntnis. Die kleinsten ganzen Zahlen (nach *Husserl*, 1891, S. 250: im besten Fall die Zahlen bis zwölf) sind uns in einer unmittelbaren Intuition zugänglich. Die Genesis dieser direkten Zahlvorstellungen ruht freilich auf der sinnlichen Wahrnehmung von Gegenständen. Das heißt, es gibt eine Erkenntnis ohne Vermittlung von Zeichen, es gibt jedoch keine Erkenntnis ohne eine sinnliche Unterlage, auf die sie sich anfänglich abstützen kann. In dieser Hinsicht ist die Rede von einer unvermittelten Intuition von idealen Gegenständen, wie es die Zahlen sind, zu relativieren. Allerdings spielt weder die Beschaffenheit noch die räumlich-zeitliche Anordnung der sinnlichen Substrate eine konstitutive Rolle. Sind die Zahlbegriffe einmal abstrahiert, wird die sinnliche Grundlage entbehrlich. Größere Zahlen bedürfen zu ihrer Konstitution, wie dargelegt, einer systematischen semiotischen Vermittlung.

Für Husserls Abkehr von seiner so modern anmutenden operationalistischen Konzeption der mathematischen Erkenntnis, nach der mathematische Entitäten und Operationen in einer entsprechenden Bezeichnungsweise fundiert sind, scheint die Einsicht ausschlaggebend gewesen zu sein, daß die Bezeichnungsweise selber ja eine systematische, gesetzmäßige sein muß, d.h. auf einer Erkenntnis beruht, deren Fundament eine unmittelbare Evidenz, eine intuitive Gegebenheit, ist.[18] Dazu kommt noch ein zweiter Grund. Bei der Ausweitung seiner Bewußtseinsanalysen vom Bereich der Mathematik und Logik auf sämtliche Erkenntnisfelder ergibt sich, daß die Wahrnehmung, d.h. die fundamentalste Form des Bewußtseins, nicht als ein (bloßes) Zeichen- oder Bildbewußtsein und auch nicht als ein gegenständliches Interpretieren von Empfindungsdaten gefaßt werden kann.

Bei einem Bild fallen Erscheinung und Erscheinendes auseinander. Die rote Farbe der Leinwand ist keine Eigenschaft, kein Bestandteil der Rose, die auf ihr zur Abbildung gelangt. Bekomme ich jedoch eine wirkliche Rose zu Gesicht, so ist die Farbe, in der sie mir erscheint, einer ihrer Bestandteile, ohne den sie nicht wäre, was sie ist (und nicht bloß ein Zeichen für eine nicht unmittelbar wahrgenommene Eigenschaft wie die Lichtbrechung). Ein Ding wird in der Wahrnehmung von seinen Erscheinungen (wenn auch immer nur partiell) selbst gegeben und nicht als etwas bezeichnet, das „an sich" von seinen Erscheinungen unabhängig ist (*Husserl*, 1913, S. 99).

Die Konzeption der Wahrnehmung als einer gegenständlichen Interpretation von Sinnesdaten, d.h. als eines semiotischen Aktes, basiert auf

---

[18] Dieser Gedankengang scheint deutlich in einem kritischen Brief Brentanos an Husserl vom 9. 1. 1905 auf: „Ist nicht insbesondere auch die Erfindung des Differentialkalküls die Erfindung eines methodischen Verfahrens, so zwar, daß selbst die positive Festsetzung einer gewissen Bezeichnungsweise durch Leibniz, der von Newton überlegen, sich als ein mächtiger Fortschritt erwies? Selbst die Erfindung der Rechenmaschinen könnte einbezogen werden. — Es ist wahr, man lernt nicht bloß addieren, sondern auch einzelne Gesetze von Gleichheit mehrerer Addenden mit einer Summe, z.B. $2 + 5 = 7$ [...]." Husserls Schritt über Brentanos semiotischen Operationalismus hinaus kann mit dem späteren Schritt Carnaps (1966) über den metrischen Operationalismus Bridgmans hinaus verglichen werden. Der Bezeichnung und der Messung von Daten geht eine „theoretische" Konzeption der Daten voraus, die den Rahmen abgibt für mögliche Operationalisierungen.

dem widersinnigen Begriff von amorphen Sinnesdaten. Den primitivsten sinnlichen Daten ist eine Form immanent und wäre es auch nur die formale Beziehung der Abhebung von einem andersartigen Hintergrund. Diese Formgebung resultiert nicht aus einem Akt des Deutens. Die Gegebenheiten des Wahrnehmungsfeldes verweisen intentional über assoziative Verhältnisse der Ähnlichkeit, der Kontiguität und des Kontrastes aufeinander und bilden aufgrund dieses Verweisungsnetzes mannigfaltige phänomenale Einheiten. Die assoziativen Verweise sind keine Zeichenbeziehungen. Sie geben nur die Basis ab für mögliche Zeichenbeziehungen. Ein Haus verweist auf die Siedlung, in der es erscheint, aber dabei fungiert es nicht *ipso facto* als Zeichen für die Siedlung. Ebensowenig schließen sich gerade Linien, die diskontinuierlich mehr oder weniger in Winkeln von 45° zueinander liegen, zu einem Dreieck zusammen, weil der Wahrnehmende eine angeborene Idee hat, mit der er die Geraden als Seiten eines Dreiecks deutet. Linien weisen über sich hinaus. Die Tendenz, sich über ihre Enden hinaus zu verlängern, ist ihrer Wahrnehmung immanent. Ebenso ist offenen Figuren, wie lose auseinanderliegenden Geraden, die Gestalttendenz immanent, sich zu einer geschlossenen Figur zusammenzuschließen. Die Gestaltung der Wahrnehmung ist primär nie die Sache einer intellektuellen Deutung (*Holenstein*, 1972, S. 146 und S. 294).

Zu Husserls Gründen, von der Semiotik Abstand zu nehmen, gesellt sich heute ein dritter Grund, dem Programm einer semiotischen Transformation mit Reserve zu begegnen. Er wird ausgerechnet von der Sprachphilosophie geliefert. Neues Land wurde der Semantik von der *speech-act*-Theorie durch eine Relativierung der klassischen semiotischen Konzeption der Bedeutung erschlossen. Sprachliche Äußerungen haben außer der Bezeichnungsfunktion, etwas zu benennen und zu beschreiben, noch andere Funktionen, wie zu befehlen, zu bitten, zu versprechen, zu begrüßen usw. Es gibt sprachliche Äußerungen, deren primäre Funktion darin besteht, eine soziale Situation zu konstituieren. Allerdings auch wenn die vorrangige Intention einer performativen Äußerung wie „Ich verspreche zu kommen" eine soziale Verpflichtung ist, wird mit ihr doch gleichfalls eine Bezeichnung vorgenommen, eine Bezeichnung seltener Art freilich, nämlich eine *Auto*-Referenz. Die performative Äußerung bezeichnet gleichzeitig den Sachverhalt, den sie konstituiert. In dieser Hinsicht gleicht sie den Zahlbezeichnungen, durch die höhere Zahlen erst zu einer intersubjektiv verfügbaren Existenz gelangen.

In seinem Spätwerk reflektiert Husserl mehr und mehr auf die Lücken in der Evidenz, mit der uns theoretische Sachverhalte gegeben sind. So gelangt er auch zur Feststellung, daß eine höherentwickelte Wissenschaft von der Art der Geometrie gar nicht möglich ist, wenn man die Entwicklungsstufen, die dem gegenwärtigen Forschungsstand vorausliegen, ständig in voller Evidenz reaktivieren möchte. Da eine höherstufige Problematik nicht nur früheren Problemphasen nachfolgt, sondern in ihnen fundiert ist, teilt sie die mangelhafte Evidenz notwendigerweise mit den früheren Phasen (*Husserl*, 1939, S. 373).

Die Verschränkung von unmittelbar intuitiver und semiotisch vermittelter Erkenntnis gilt meiner Meinung nach nicht nur für hochentwickelte Wissenschaften, sondern bereits schon für die Gebiete der Wahrnehmung und der körperlichen Handlung, auf die sich die Kritiker einer total linguistischen Konzeption des menschlichen Bewußtseins und entsprechend einer durchgehend semiotisch-linguistischen Transformation der Philosophie berufen.

Es scheint in der Tat leicht zu sein, Beispiele für eine partielle Vorgängigkeit und Unabhängigkeit der Wahrnehmung und der Handlung gegenüber der Sprache zu finden.

Ein eindrückliches Beispiel für die Abhängigkeit mathematischer Einsichten von Handlungsvollzügen, genauer, von Handlungskoordinationen berichtet Piaget (1973, S. 24 f.). Ein Mathematiker hatte ihm erzählt, wie er als Kind eine Anzahl Kieselsteine in eine Zeile legte, sie von rechts nach links und von links nach rechts abzählte und dabei mit Erstaunen feststellte, daß er beide Male auf zehn kam, worauf er die Kiesel in einen Kreis legte und die Steine nach beiden Richtungen durchzählte. Wiederum waren es zehn. Wie immer er die Steine anordnete, die Zahl blieb konstant. Über eine Reihe von Handlungen war der junge Mathematiker zur Entdeckung des Gesetzes der Kommutativität gekommen, zum Gesetz, daß die Summe unabhängig ist von der Ordnung der Elemente.

Der Vorgang steckt voller Zeichenprozesse. 1. Man darf wohl nur von einer geschulten Intuition erwarten, daß sie im optimalen Fall bis zu zwölf Zahleinheiten ohne Zahlzeichen zu erfassen vermag, wie das Husserl annimmt. Die optimale Bedingung dürfte nicht erfüllt sein, wenn es nicht nur um die Erfassung einer einzelnen Zahlenmenge, sondern um den messenden Vergleich mehrerer Zählungen geht. 2. Es handelt sich nicht um eine Abzählung von gleichzeitig im Wahrnehmungsfeld vorliegenden Anordnungen von Kieselsteinen, sondern um einen Vergleich von sich sukzessiv ablösenden Anordnungen. Eine jeweils unmittelbar gegebene Anordnung wird mit anderen konfrontiert, die mittelbar gegeben sind, in der Erinnerung oder in der planerischen Vorwegnahme, d.h. zeichenhaft als (mentales) Schema (vielleicht auch schon abstrakter, aber nichtsdestoweniger zeichenhaft, in der Form einer Regel der räumlichen Anordnung). 3. Das Ergebnis wird verallgemeinert. Die vorgenommenen Anordnungen werden als Repräsentanten für x-beliebige Anordnungen aufgefaßt.

Ohne Projekt, ohne zeichenhafte Vorwegnahme, sind wir nur zu extrem simplen Handlungen fähig, zu solchen, die durch Reflexe oder durch

Assoziationen von den jeweiligen Gegenständen der Wahrnehmung ausgelöst werden. Eine experimentelle Untersuchung durch Luria und
Judowitsch (1959, S. 124 ff.) mit sprachbehinderten Kindern zeigt ein-
drücklich, wie sinnvolle Handlungsabläufe von einer gewissen Dauer.erst
möglich werden, wenn die Kinder fähig sind, ein Projekt — im untersuchten Fall sprachlich — zu formulieren. Die Handlung wird zu einer
stufenweisen Entfaltung eines Planes. Die einzelnen Gegenstände sind
nicht mehr beliebig dieser oder jener Handlung ausgeliefert, je nach dem
momentanen Zusammenhang, in dem sie im Gesichtsfeld des Kindes
auftauchen. Sie behalten vielmehr eine bleibende Bedeutung die ganze
Handlungsperiode hindurch. Ihre Bedeutung ergibt sich nicht aus der
unmittelbaren Handlungsphase, sondern aus dem Gesamtprojekt.
(Klötze werden z.B. nicht weggeräumt, weil ihr Wegwerfen an sich Spaß
macht, sondern um für einen Bahnbau Platz zu schaffen.) Der Handlungsablauf wird fortan im Hinblick auf das Projekt geprüft und bewertet. („Ist der Tunnel innen dunkel?" „Nein, zuwenig dunkel!" u.
dgl.)
Wie weit auch komplexere Wahrnehmungen semiotisch vermittelt sind,
ist weniger eindeutig festzustellen. Der Unterschied in einer Bildbe-
schreibung — das sprachlich unterentwickelte Kind begnügt sich mit der
Benennung von einzelnen Gegenständen, sein sprachtrainierter Zwilling
gibt Beschreibungen von Sachverhalten, die er wahrnimmt (*Luria und
Judowitsch*, 1959, S. 138) — braucht nicht einen Fortschritt in der
Wahrnehmung anzuzeigen. Was er in erster Linie bezeugt, ist ein Fortschritt in der Beherrschung der Beschreibungsmittel.
Der Gewinn, den die sprachliche Prädikation und ebenso die algebraische Gleichung mit sich bringt, liegt weniger in der getreuen Bestands-
aufnahme der Wahrnehmung, als vielmehr in der von ihr ermöglichten
Loslösung von der Wahrnehmung durch die Transformation ihrer Struktur und die Variation ihrer Elemente. Statt „Christopherus trägt das
Kind" kann ich sagen „Das Kind wird von Christopherus getragen",
statt „über den Fluß" kann ich einsetzen „über die Straße". Was die
zeichenhafte Formulierung leistet, so kann vermutet werden, ist passiv
eine größere Aufgeschlossenheit für unvorhergesehene Variationen und
aktiv eine Anregung zu einer eigenmächtigen Modifikation des Wahrnehmungsfeldes.
Wenn wir an der Einsichtigkeit unseres eigenen Zeichengebrauchs festhalten wollen, ist eine transzendentale, d.h. erkenntnisphänomenologi-
sche Transformation der Semiotik ein nicht weniger dringliches Postulat
als die Möglichkeit einer semiotischen Transformation der Transzendentalphilosophie. Andererseits sind Untersuchungen wie die von Luria und
Judowitsch ein Signal, nicht zu vorschnell mit Husserl die Wahrnehmung, mit Piaget die Handlung und mit der Hermeneutik (*Ricoeur*,
1974, S. 21) Kunst und Spiel als „sprachfreie" Domänen zu proklamie-

ren. Die Demarkationslinie zwischen einer rein intuitiven und einer
semiotisch-linguistisch vermittelten Konstitutionsleistung ist in all diesen Gebieten erst noch zu suchen. Vieles deutet nicht nur auf eine
fließende, sondern auch auf eine sehr weit zurückliegende Grenzlinie.

Ich habe mit Zeichensetzungen begonnen, deren primäre Funktion in
der Konstitution von kognitiven Gegenständlichkeiten — wie es Zahlen
sind — liegt. Im Verlauf der Überlegungen habe ich kurz Zeichensetzungen erwähnt, deren primäre Funktion in der „Institution" von
sozialen Verhältnissen — wie es Versprechen und Deklarationen sind —
besteht. Schließlich kam ich auf eine dritte Funktion von Zeichensetzungen zu sprechen, die Planung von Handlungen. Damit habe ich
endlich einen Anschluß an die Strömung der heutigen Philosophie gewonnen, die sich weniger mit den eingangs formulierten theoretischen
Fragen „Was können wir wissen?" und „Wie kommen wir zu unserem
Wissen?" als mit den pragmatischen Interessen und Konsequenzen des
Wissens befaßt. In der gegenwärtigen deutschen Linguistik nehmen
Handlungsaspekte gleicherweise einen breiten Raum ein. Zur Diskussion
stehen die Implikationen, die ein Sprechakt für den Sender, und die
Auswirkungen, die er auf den Empfänger der Mitteilung hat. Ein noch
fruchtbareres Forschungsfeld als die Aufklärung der pragmatischen
Implikationen der Semiotik scheint mir jedoch die Aufklärung der
semiotischen Implikationen der Praxis zu sein, wie sie vor allem in der
russischen Psycholinguistik und in den kybernetischen Wissenschaften
von der Automatentheorie bis zur Biologie betrieben wird.
Einen aufschlußreichen Einstieg in dieses Thema bietet ein Phänomen,
nach dem man sich in den gegenwärtigen Praxis-Theorien vergebens
umsieht, die Apraxie. Die für die allgemeine Sprachtheorie wertvollen
Studien zur Aphasie sollten eine Anregung sein, sich vermehrt an die
Erforschung der Apraxie zu machen. Eine motorische Apraxie unterscheidet sich von einer Lähmung durch die Unversehrtheit der körperlichen Bewegungsmöglichkeit. Im Unterschied zu agnostischen Verhal-
tensstörungen, bei denen die projektive Vorstellung der auszuführenden
Handlung defekt ist, gibt es Apraxien im engeren Sinn des Wortes, bei
denen „die ideatorische Vorbereitung des Handelns" durchaus intakt
ist. Ein Patient des Apraxie-Forschers H. Liepmann (1905) ist in der
Lage, eine Handlung, die er mit der rechten Hand unfähig ist auszuführen, mit der linken auszuführen. Er ist auch in der Lage, die Vorstellung
der Handlung („die Bewegungsformel") zu formulieren und mitzuteilen. Liepmann erklärt diese Handlungsunfähigkeit als eine Defizienz von
automatisierten Bewegungen, die im Normalfall durch Zwischenzielvor-
stellungen ausgelöst werden sollen. An diesem Punkt setzt Merleau-
Ponty (1945, S. 161) mit seiner Intellektualismus-Kritik an den klassischen Handlungstheorien ein. Nicht jede Handlungsantizipation

braucht, bevor sie automatisiert wird, die Gestalt einer Vorstellung zu haben. Bei Liepmanns Patienten ist nach Merleau-Ponty eine motorische Intentionalität defekt, die er als ein „Zur-Welt-Sein" beschreibt. Nach meiner Meinung bringt Verzicht auf die existenzialphilosophische Terminologie einen Gewinn an Sachlichkeit. Liepmanns Patient leidet an einer Defizienz von assoziativen Verweisungen. Jedes sinnliche Datum weist über sich hinaus auf seine Umgebung und fungiert so als eine Motivation, den Blick oder auch motorische Organe dieser Umgebung zuzuwenden (*Holenstein*, 1972, S. 116). Erst recht weist jede Bewegung über sich hinaus auf eine mögliche Fortsetzung. Diese intentionale Verweisung ist im Fall der Apraxie beeinträchtigt.

Mit der Analyse dieses Falles von Apraxie und mit Merleau-Pontys Vorwurf des Intellektualismus wird eine Unterscheidung deutlich, die für die Semiotik grundlegend ist. Intellektualistisch würde ich eine Semiotik nennen, die alle assoziativen Verweisungen als Zeichenbeziehungen ausgibt (und empiristisch eine Semiotik, die umgekehrt die Zeichenbeziehungen auf eine bloß assoziative Beziehung reduziert). Schwarz verweist assoziativ auf weiß, ohne dabei als Zeichen für weiß zu fungieren. Assoziative Verweise fundieren und motivieren zwar Zeichenbeziehungen, aber nicht jeder Verweis ist *ipso facto* auch ein Zeichen. Eine Zeichenbeziehung besteht in der intentionalen Vertretung einer Entität durch eine andere Entität (*Holenstein*, 1974, S. 114 ff.).

Premacks (1971, S. 817) berühmt gewordene Schimpansin Sarah ordnet dem Plastikstück, das sie als Zeichen für „Apfel" gelernt hat, die gleichen Plastikstücke für „rot" (vs. „grün") und „rund" (vs. „eckig") zu wie dem Apfel selber, obschon das Plastikstück für „Apfel" weder rot noch rund, sondern ein blaues Dreieck ist. Sarah hat erfaßt, daß etwas, das physikalische Eigenschaften aufweist wie andere Dinge, doch nicht als Ding mit diesen Eigenschaften zu nehmen ist, sondern als ein Vertreter für ein anderes Ding, als Zeichen. Sarah scheint begriffen zu haben, daß es kategorische Unterschiede gibt, die nicht in den physikalischen Eigenschaften der Dinge gründen, sondern in ihrem Gebrauch, wobei es sich in ihrem Fall um einen so abstrakten Gebrauch wie die Zeichenverwendung handelt.

Das Kriterium dafür, daß etwas als Zeichen verwendet wird, ist nicht eine je individuelle Introspektion, sondern eine intersubjektiv beobachtbare Substitution. Was garantiert jedoch, daß nicht eine bloße Konditionierung vorliegt, daß Premacks Affe nicht nur gelernt hat, auf das Zeichen für einen Apfel gleich zu reagieren wie auf den Apfel selber, nicht anders als Pawlows Hund gelernt hat, auf ein Lichtsignal gleich zu reagieren wie auf die Nahrungsaufnahme selber? Eine Garantie, daß nicht nur eine assoziative Übertragung, sondern ein genuines Verständnis vorliegt, gibt es nur bei zusammengesetzten Zeichen, die gegen andere Zeichen, die anders strukturiert sind, nach bestimmten Transformationsgesetzen ausgetauscht werden können. Während bei der Substitution eines einfachen Zeichens durch ein anderes einfaches Zeichen („Frühling" — „Lenz") die Struktur der Zeichen keine Rolle spielt, entscheidet bei zusammengesetzten Zeichen gerade die Struktur über die Zulässigkeit der Substitution. Ein Kind hat erfaßt, daß ein Kubus von 2·4·6 cm das gleiche Volumen hat wie ein anderer Kubus von 2·3·8 cm, wenn es die gesetzmäßigen Beziehungen zwischen den Eigenschaften des Kubus, Länge, Breite und Höhe, beherrscht und begriffen hat, daß die Verkürzung der einen Dimension durch eine entsprechende Verlängerung einer anderen Dimension ausgeglichen wird. Ebenso beweist es sein Verständnis eines Satzes, wenn es nur solche Modifikationen zuläßt, die seine Bedeutung bewahren („a ist größer als b" — „b ist kleiner als a" — „a übertrifft b an Größe" usw.). Die Modifikation eines Elements impliziert gesetzmäßige Modifikationen anderer Elemente. Zusammengesetzte Zeichen versteht, wer die Regeln beherrscht, nach denen sie ineinander übersetzt werden können, wer die Beziehungen beherrscht, die zwischen den einzelnen Elementen eines Zeichensystems walten.

Man darf das Verstehen nicht als ein statisches Erfassen von Beziehungen mißdeuten. Eine Beziehung läßt sich gar nicht isoliert für sich erfassen, sondern nur immer in Einordnung in eine umfassendere, in Deckung mit einer gleichen oder in Abhebung von einer verschiedenen Beziehung. Entsprechend läßt sich auch immer schon bei der Einführung von einfachen Zeichen von einer Art Übersetzung sprechen. Das Bezeichnete ist allermeist verwoben mit anderem, das mit dem gleichen Fingerzeig oder mit dem gleichen ikonischen Schema gemeint sein könnte. Die Unbestimmtheit läßt sich durch positive wie negative Definitionen und Umschreibungen reduzieren: „Das ist rot." „‚Rot' ist keine räumliche Ausdehnung." „‚Rot' ist eine Farbe." — „Das Foto, das im Schaufenster des Coiffeurs zu sehen ist, meint den Haarschnitt, der angeboten wird, nicht die Person, die als Fotomodell diente."

Mit der Substitution der klassischen Bestimmung des *signatum* als „intelligibel" durch seine Bestimmung als „übersetzbar", wie sie von Jakobson (1965, S. 345) im Anschluß an Peirce (1931, § 4.127) vorgeschlagen worden ist, wird die mentalistische Konzeption des Verstehens, die man psychologisch als Einfühlung und biologisch als Assimilation (Aneignung) zu explizieren versucht hat, durch eine semiotische Konzeption abgelöst. Das Verstehen wird damit zu einer intersubjektiv zugänglichen Operation.

Beachtenswert ist, daß gleichzeitig mit dem transzendentalphilosophisch-hermeneutischen Grundbegriff des Verstehens ein anderer funda-

mentaler, von der Philosophie seit Bergson vernachlässigter Begriff ins Blickfeld kommt, der Begriff des Lebens.[19]
Verstehensprozesse und Lebensprozesse können beide als Übersetzungen expliziert werden. Die Unterschiede sollen jedoch nicht verwischt werden.
Das Verstehen ist ein intentionaler Prozeß. Die Übersetzung, als die es definiert werden kann, ist reversibel, unendlich fortsetzbar und nichtwillkürlich. „a ist größer als b" kann in „b ist kleiner als a" übersetzt werden und umgekehrt. Für die möglichen Umschreibungen dieser Sätze ist kein Ende abzusehen. Andererseits ist die Übersetzung doch nicht beliebig, sondern an den semantischen Gehalt des Satzes und seiner Bestandteile gebunden.
Der molekularbiologische Prozeß, der als Übersetzung definiert wird, ist ein rein mechanischer Prozeß. Die Übersetzung ist nach der vorherrschenden Meinung der Biologen als irreversibel, endlich und willkürlich anzusehen. Als Modell für den molekularbiologischen Übersetzungsprozeß bietet sich daher eher die phonologische Wortbildungslehre und die Wortzuordnungslehre an als die Prozesse, die auf linguistischer Ebene als Übersetzungen und Transformationen thematisiert werden. Die Wortbildung und -zuordnung ist weitgehend willkürlich. Daß die Esche und nicht die Linde mit dem Wort „Esche" bezeichnet wird, ist in keiner Affinität zwischen dem bezeichneten Baum und der Phonemverbindung des Wortes „Esche" begründet.
Die homöostatischen Prozesse der Rückkoppelung sind ebenfalls mechanische Prozesse, die endlich sind, insofern es sich um in sich geschlossene, bloß repetitive Abläufe handelt, und die willkürlich sind, insofern sie, nach der gleichfalls vorherrschenden Meinung, ihr Entstehen einem bloßen Zufall und nur ihr Weiterbestehen dem funktionalen Vorteil, den sie bieten, verdanken.

Das Motiv für die Zuwendung der neuzeitlichen Philosophie zur Semiotik war die Entdeckung der kognitiven, erkenntnisfördernden, -erweiternden und -präzisierenden Funktion der Zeichen. In der gegenwärtigen Wissenschaftstheorie beherrscht eine andere Zeichenfunktion den Vordergrund, die Planung und Steuerung von Handlungsprozessen.
Seit dem Beginn der Neuzeit hatten die Naturwissenschaften die Führung in der Wissenschaftstheorie übernommen. Sie waren es, die ihre Modelle auch den Geisteswissenschaften aufdrängten. Mit der Planungs- und Steuerungsfunktion der Zeichen ist es einer semiotischen Disziplin als erster Geisteswissenschaft gelungen, das Fundierungsverhältnis umzukehren und einer ganzen Reihe von naturwissenschaftlichen und tech-

[19] „A l'intention d'une Psyche s'est substituée la traduction d'un message" (*Jacob*, 1970, S. 10).

nischen Disziplinen ein geisteswissenschaftliches Modell zugrundezu-
legen. Der Umbruch hatte eine befreiende Rückwirkung auf die Geisteswissenschaften selber. Die Überholung des Behaviorismus durch die
Cognitive Psychology erfolgte nicht zuletzt unter dem Einfluß der
Computerwissenschaften (*Neisser*, 1967, S. 8 f.). Ihre hochdifferen-
zierte, nichtmechanische Konzeption einer Maschine erwies sich als aufschlußreiches Modell für die Aktionsweise des menschlichen Geistes,
von dem sie in gröberer Form ursprünglich übernommen worden war.
Computer sind physikalische Systeme, deren Ingangsetzung nicht nur
zu Prozessen führt, die als physikalische Leistungen in einer physikalischen Sprache beschrieben werden können. Sie zeitigen auch Prozesse,
die als Informationsverarbeitung und als Handlungssteuerung in einer
geisteswissenschaftlichen Sprache beschrieben werden können. Analog
wie in der Lautlehre zwischen der Phonetik, die sich mit den physikalischen und physiologischen Eigenschaften der Laute befaßt, und der
Phonem(at)ik, die es auf ihre linguistische Funktion abgesehen hat,
unterschieden wird, muß man auch in den Computerwissenschaften
zwischen einer etischen Disziplin, die sich mit den physikalisch-mecha-
nischen Prozessen des Computers befaßt, und einer emischen Disziplin,
die es auf seine rechnerischen Leistungen abgesehen hat, unterscheiden.
Es ist freilich im Auge zu behalten, daß die Informationsübermittlung
bei sich selbst regulierenden Systemen mit durch und durch mechanischen Mitteln vorgenommen wird. Revolutionär ist allein die ganzheitliche, teleonomische Konzeption der Funktion dieses, für sich isoliert
betrachtet, mechanisch-kausalen Informationsprozesses. Es kommt
noch ein zweites „freilich" hinzu. Die teleonomischen Prozesse, soweit
sie in der Natur selber gefunden werden können und nicht, wie die
automatischen Maschinen, menschlicher Produktion entstammen, sind,
wie schon erwähnt, nach der vorherrschenden Meinung unter den Biologen ganz und gar zufälligen Ursprungs. Den Geisteswissenschaftler,
der an den Primat von Gestalt (Form) und Sinn (Funktion) gegenüber
der mechanischen Kausalität glaubt, sollte immerhin trösten — und
noch mehr zu denken geben —, daß offenbar doch auch im Reiche der
Natur „Kreationen", die sich durch vollendete Formen und durch hohe
Sinnhaftigkeit auszeichnen, anderen Gebilden, die nichts zur vermehr-
ten Ordnung des Kosmos beitragen, überlegen sind. Das Kriterium der
Selektion in der vom Zufall in Gang gebrachten Evolution ist die Funktionalität.[20]

---

[20] Für einige zusätzliche Aspekte einer semiotischen Transformation der
Philosophie vgl. *Holenstein*, 1976.

LITERATUR

Apel, K.-O.:
1973   *Transformation der Philosophie.* Bd 2. Frankfurt a.M. 1973.

Augustinus:
1952   *De Magistro.* In: *Ouevres de Saint Augustin.* Bd 6. Ed. F.J. Thonnard. Paris 1952. S. 14—121.

Bolzano, B.:
1837   *Wissenschaftslehre.* 4 Bde. Sulzbach 1837.

Bolzano, B.:
1971   *Semiotik.* Ed. E. Walther. Stuttgart 1971.

Brentano, F.:
1905   Brief an Edmund Husserl. In: *Wahrheit und Evidenz.* Leipzig 1930.

Bruner, J.S.:
1964   Going Beyond the Information Given. In: *Contemporary Approaches to Cognition.* Cambridge/Mass. 1964. S. 41—69.

Carnap, R.:
1966   *Philosophical Foundations of Physics.* Ed. M. Gardner. New York 1966.

Cassirer, E.:
1923   *Philosophie der symbolischen Formen.* Bd 1: *Die Sprache.* Berlin 1923.

Condillac, E.B. de:
1746   *Essai sur l'origine des connaissances humaines.* In: *Ouevres philosophiques de Condillac.* Ed. G. Le Roy. Paris 1947. Bd 1. S. 1—118. Deutsch v. M. Hissmann: *Versuch über den Ursprung der menschlichen Erkenntnis.* Leipzig 1870.

Coseriu, E.:
1968 ff. *Die Geschichte der Sprachphilosophie von der Antike bis zur Gegenwart — Eine Übersicht.* (Vorlesungsnachschriften.) 2 Bde. Tübingen 1968 ff.

Gomperz, H.:
1908   *Weltanschauungslehre.* Bd 2: *Noologie.* Jena 1908.

Holenstein, E.:
1972   *Phänomenologie der Assoziation.* Den Haag 1972.

Holenstein, E.:
1974   A New Essay Concerning the Basic Relations of Language. In: *Semiotica.* 12 (1974), S. 97—127.

Holenstein, E.:
1976   Jakobson's Contribution to Phenomenology. In: *Festschrift zum 80. Geburtstag von Roman Jakobson.* Lisse 1976.

Husserl, E.:
1890   Zur Logik der Zeichen (Semiotik). In: *Philosophie der Arithmetik.* Den
        Haag 1970, S. 340—373. (= Husserliana XII.)

Husserl, E.:
1891   *Philosophie der Arithmetik.* Den Haag 1970. (= Husserliana XII.)

Husserl, E.:
1901   *Logische Untersuchungen.* Teil II. 1. Aufl. Halle 1901.

Husserl, E.:
1913   *Ideen zu einer reinen Phänomenologie und phänomenologischen Philo-
        sophie.* Bd 1. Den Haag 1950. (= Husserliana III.)

Husserl, E.:
1939   Vom Ursprung der Geometrie. In: *Die Krisis der europäischen Wissen-
        schaften und die transzendentale Phänomenologie.* Den Haag 1954.
        S. 365—386. (= Husserliana VI.)

Jacob, F.:
1970   *La logique du vivant.* Paris 1970.

Jakobson, R.:
1965   Quest for the Essence of Language. In: *Selected Writings.* Bd 2. Den
        Haag 1965. S. 345—359.

Jakobson, R.:
1974   *Main Trends in the Science of Language.* New York 1974.

Jakobson, R.:
1975   *Coup d'oeil sur le développement de la sémiotique.* Bloomington/Ind.
        1975.

Klaus, G.:
1963   *Semiotik und Erkenntnistheorie.* Berlin 1963. 4. Aufl. München 1973.

Lambert, J.H.:
1764   *Neues Organon.* 2 Bde. Leipzig 1764. Reprogr. Nachdr.: *Philosophische
        Schriften I—II.* Hildesheim 1965.

Leibniz, G.W.:
1765   *Nouveaux essais sur l'entendement.* In: Leibniz: *Die philosophischen
        Schriften.* Bd V. Ed. C.J. Gerhardt. Berlin 1882.
        Deutsch v. E. Cassirer: *Neue Abhandlungen über den menschlichen Ver-
        stand.* 3. Aufl. Hamburg 1915. Nachdr. Hamburg 1971.

Liepmann, H.:
1905   *Über Störungen des Handelns bei Gehirnkranken.* Berlin 1905.

Locke, J.:
1690 ff. *An Essay Concerning Human Understanding.* 2 Bde. Ed. A.C. Fraser.
        New York 1959.
        Deutsch v. C. Winckler: *Über den menschlichen Verstand.* 2 Bde. Leip-
        zig 1911—1913. Neuausgabe Berlin (Ost) 1962.

Luria, A.R. und F.J. Judowitsch:
1959   *Die Funktion der Sprache in der geistigen Entwicklung des Kindes.*
       Düsseldorf 1959.

Merleau-Ponty, M.:
1945   *Phénoménologie de la perception.* Paris 1945.

Monod, J.:
1970   *Le hasard et la nécessité.* Paris 1970.
       Deutsch v. F. Giese: *Zufall und Notwendigkeit.* München 1971.

Morris, Ch.W.:
1938   *Foundations of the Theory of Signs.* Chicago 1938.
       Deutsch v. R. Posner u. Mitarbeit v. J. Rehbein in: Morris: *Grundlagen
       der Zeichentheorie. Ästhetik und Zeichentheorie.* München 1972.
       2. Aufl. 1975.

Morris, Ch.W.:
1946   *Signs, Language and Behavior.* Englewood Cliffs/N.J. 1946.
       Deutsch v. A. Eschbach und G. Kopsch: *Zeichen, Sprache und Verhal-
       ten.* Düsseldorf 1973.

Morris, Ch.W.:
1971   *Writings on the General Theory of Signs.* Den Haag 1971.

Neisser, U.:
1967   *Cognitive Psychology.* New York 1967.

Peirce, Ch.S.:
1931   *Collected Papers.* Bd 1—6. Ed. Ch. Hartshorne und P. Weiss. Cambridge/
       Mass. 1931—1935, 2. Aufl. 1959—1960.

Peirce, Ch.S.:
1958   *Collected Papers.* Bd 7—8. Ed. A.W. Burks. Cambridge/Mass. 1958,
       2. Aufl. 1960.

Peirce, Ch.S.:
1965   *Über Zeichen.* Ed. E. Walther. Stuttgart 1965.

Peirce, Ch.S.:
1967   *Schriften.* 2 Bde. Ed. K.-O. Apel. Frankfurt a.M. 1967—1970.

Peirce, Ch.S.:
1973   *Lectures on Pragmatism — Vorlesungen über den Pragmatismus.* Ed. u.
       übers. E. Walther. Hamburg 1973.

Piaget, J.:
1973   *Einführung in die genetische Erkenntnistheorie.* Frankfurt a.M. 1973.

Premack, D.:
1971   Language in Chimpanzee? In: *Science.* 172 (1971), S. 808—822.

Proclus:
1908   *Procli Diadochi in Platonis Cratylum Commentaria.* Ed. G. Pasquali.
       Leipzig 1908.

Resnikow, L.O.:
1968   *Erkenntnistheoretische Fragen der Semiotik*. Berlin (Ost) 1968.

Ricoeur, P.:
1974   Phénoménologie et herméneutique. Vortrag an den Internationalen
         Phänomenologischen Studientagen in Berlin, 1974.

Schaff, A.:
1966   *Einführung in die Semantik*. Berlin (Ost) 1966.

Sigerus de Cortraco:
1913   Summa Modorum Significandi. In: *Les oeuvres de Siger de Courtrai*. Ed.
         G. Wallerand. Louvain 1913, S. 93—125.

Wolff, Ch.:
1719   *Vernünfftige Gedancken von Gott, der Welt und der Seele des Men-
         schen*. Frankfurt a.M. und Leipzig 1719 ff.

Wolff, Ch.:
1729   *Philosophia prima sive Ontologia*. Frankfurt a.M. und Leipzig 1729 ff.
         Nachdruck: Hildesheim 1962.

Wolff, Ch.:
1733   *Der vernünfftigen Gedancken von Gott, der Welt und der Seele des
         Menschen und auch allen Dingen überhaupt Anderer Theil*. Frank-
         furt a.M. und Leipzig, 3. Aufl. 1733.

ACHIM ESCHBACH UND WENDELIN RADER (AACHEN)

KURZE BIBLIOGRAPHIE ZUR GESCHICHTE DER SEMIOTIK

VORBEMERKUNG

Die folgende Titelliste ergänzt die Literaturangaben des Beitrags von Holenstein um weitere Titel aus der Philosophischen und Allgemeinen Semiotik. Sie enthält nur Beiträge, in denen explizite Ansätze zu einer Zeichentheorie entwickelt (Primärliteratur) oder dargestellt und diskutiert werden (Sekundärliteratur), und soll damit als Hilfestellung zur ersten Orientierung dienen. Zur weiteren Information verweisen wir auf A. Eschbach, *Zeichen, Text, Bedeutung*, München 1974 (vor allem das Kapitel „Geschichte der Semiotik") sowie auf A. Eschbach und Wendelin Rader, *Semiotik-Bibliographie I*, Frankfurt a.M. 1976, den ersten Band einer Bibliographien-Reihe, die im Abstand von jeweils zwei bis drei Jahren schwerpunktmäßig die jeweils neu erschienenen Publikationen zur Semiotik erfassen soll.

Aarsleff, H.:
1964   Leibniz on Locke on Language. In: *American Philosophical Quarterly*. 1 (1964), S. 165—188.

Alessio, F.:
1956   Martini de Dacia de modis significandi. In: *Rivista critica di storia della filosofia*. 11 (1956), S. 174—205 und S. 312—339.

Alexander de Villa-Dei:
1893   *Doctrinale*. Ed. D. Reichling. Berlin 1893. (= Monumenta Germaniae Paedagogica. 12.)

Allen, E.M.:
1935   *Meaning and Methodology in Hellenistic Philosophy*. Diss. Chicago/Illinois 1935.

Andres, T.:
1969   *El Nominalismo de Guillermo de Ockham como Filosofia del Lenguaje*. Madrid 1969.

Antal, L. (ed.):
1972   *Aspekte der Semantik. Zu ihrer Theorie und Geschichte 1662—1970*. Frankfurt a.M. 1972.

Armstrong, R.L.:
1965   Locke's „Doctrine of Signs". In: *Journal of the History of Ideas.* 26 (1965), S. 369—382.

Arnauld, A. und P. Nicole:
1662   *L'art de penser. La logique de Port-Royal.* Ed. B. v. Freytag Löringhoff und H.E. Brekle. Stuttgart 1965.
        Deutsch von C. Axelos: *Die Logik oder die Kunst des Denkens.* Darmstadt 1972.

Arnauld, A. und C. Lancelot:
1660   *Grammaire générale et raisonnée ou la grammaire de Port-Royal.* Ed. H.E. Brekle. Stuttgart 1968.

Arnold, E.:
1952   Zur Geschichte der Suppositionstheorie. In: *Symposion.* 3 (1952), S. 1—134.

Ashworth, E.J.:
1974   *Language and Logic in the Post-Medieval Period.* Dordrecht 1974.

Bacon, F.:
1620   *Neues Organon.* Berlin 1870. Repr. Abdruck Darmstadt 1966.

Badaloni, N.:
1968   L'idée et le fait dans la théorie de Vico. In: *Les Etudes Philosophiques.* 24 (1968), S. 297—310.

Barthes, R.:
1964   *Eléments de sémiologie.* Paris 1964.

Baudry, L.:
1947   Le texte de la Summa totius logicae. In: *Medieval Studies.* 9 (1947), S. 301—304.

Beattie, J.:
1788   *The Theory of Language.* London 1788.

Beck, C.:
1657   *The Universal Character, by Which All the Nations in the World May Understand One Another's Conceptions.* London 1657.

Beonio-Brocchieri Fumagalli, M.T.:
1969   *The Logic of Abelard.* Translated from the Italian by S. Pleasance. Dordrecht 1969.

Bobik, J.:
1956   The Materia Signata of Cajetan. In: *The New Scholasticism.* 30 (1956), S. 127—153.

Boehner, P.:
1946   Ockham's Theory of Signification. In: *Franciscan Studies.* 6 (1946), S. 143—170.

Bosch, J.:
1702   *Symbolographia sive de arte symbolica sermones septem.* Augsburg 1702. Mikrofilm: Columbia University Libraries 1950.

Brekle, H.E.:
1964   Semiotik und linguistische Semantik in Port-Royal. In: *Indogermanische Forschungen.* 69 (1964), S. 103—121.

Brekle, H.E.:
1967   Die Bedeutung der „Grammaire générale et raisonnée" — bekannt als Grammatik von Port-Royal — für die heutige Sprachwissenschaft. In: *Indogermanische Forschungen.* 72 (1967), S. 1—21.

Brochard, V.:
1892   Sur la Logique des Stoiciens. In: *Archiv für die Geschichte der Philosophie.* 5 (1892).

Buchanan, S.:
1936   An Introduction to the „De modis significandi" of Thomas of Erfurt. In: *Philosophical Essays for A.N. Whitehead.* London und New York 1936, S. 67—89.

Burley, W.:
1955   *De puritate artis logicae.* Ed. Ph. Boehner. New York 1955.

Bursill-Hall, G.:
1966   Aspects of Modistic Grammar. In: *Report of the Seventeenth Annual Round Table Meeting on Linguistics and Language Studies.* Ed. F.P. Dinneen. Washington 1966, S. 133—148.

Buyssens, E.:
1943   *Les langages et le discours: Essai de linguistique fonctionnelle dans le cadre de la sémiologie.* Brüssel 1943.

Cordoliani, A.:
1949   La Logica de Gerland de Besançon. In: *Revue du Moyen Age latin.* 5 (1949), S. 43—47.

Corsano, A.:
1957   Interpretazioni di Maine de Biran. In: *Giornale critico della Filosofia italiana.* 36 (1957), S. 172—200.

Degerando, M.J.:
1800   *Théorie des signes et de l'art de penser considérés dans leurs rapports mutuels.* 2 Bde. Paris 1800.

Delacy, P.H. und E.A. Delacy (eds.):
1941   *Philodemus: On Methods of Inference. A Study in Ancient Empiricism.* Philadelphia 1941.

Destutt de Tracy, A.L.C.:
1803   *Eléments d'idéologie.* 2e partie: *Grammaire.* Paris 1803. 3e partie: *Logique.* Paris 1805.

Diderot, D.:
1751   „Encyclopédie" und „Signe". In: *Encyclopédie.* Paris 1751 ff.
        Deutsch in: *Philosophische Schriften.* Berlin (Ost) 1961.

Donze, R.:
1967   *La grammaire générale et raisonnée de Port-Royal: contribution a l'histoire des idées grammaticales en France.* Bern 1967.

Duhamel, P.A.:
1948   The Logic and Rhetoric of Peter Ramus. In: *Modern Philology.* 46 (1948/49), S. 163–171.

Duns Scotus, J. s. Thomas von Erfurt.

Eberhardus Bethunensis:
1887   *Graecismus.* Ed. J. Wrobel. Breslau 1887. (= Corpus grammaticorum medii aevi. 1.)

Eberlein, G.:
1961   Ansätze einer allgemeinen Zeichen- und Kommunikationstheorie bei Francis Bacon. In: *Grundlagen aus Kybernetik und Geisteswissenschaft.* 2 (1961) H. 1.

Eco, U.:
1972   *Einführung in die Semiotik.* Deutsch von J. Trabant. München 1972.

Edmondson, H.:
1655   *Lingua linguarum: The Natural Language of Languages.* Neudruck der 1. Aufl. 1655: Menston 1970.

Estienne, R.:
1569   *Traicté de la grammaire françoise.* Paris 1569.

Frissell, H.L.:
1951   *Milton's „Art of Logic" and Ramist Logic in the Major Poems.* Diss. Vanderbilt 1951.

Funke, O.:
1929   *Zum Weltsprachenproblem in England im 17. Jahrhundert – G. Dalgarnos „Ars signorum" und J. Wilkins' „Essay Toward a Real Character and a Philosophical Language".* Heidelberg 1929.

Gay, L.M.:
1914   The „Grammaire Françoise" of Charles Maupas. In: *Modern Philology.* 12 (1914/15), S. 367—378.

Gesner, C.:
1555   *Mithridates: De differentiis linguarum, tum veterum tum quae hodie apud diversas nationes in toto orbe terrarum in usu sunt.* Zürich 1555.

Geyer, B.:
1937   Zu den Summulae logicales des Petrus Hispanus und Lambert von Auxerre. In: *Philosophisches Jahrbuch.* 50 (1937), S. 511—513.

Grabmann, M.:
1937   *Die Introductiones in Logicam des Wilhelm von Shyreswood.* München 1937.

Grabmann, M.:
1940   *Die Sophismataliteratur des 12. und 13. Jahrhunderts.* Mit Textausgabe eines Sophismas des Boetius von Dacien. Münster 1940.

Hall, R.A. Jr.:
1969   Some Recent Studies on Port-Royal and Vaugelas. In: *Acta Linguistica Hafniensia.* 12 (1969), S. 207—233.

Harnois, G.:
1928   *Les Théories du Langage en France de 1660 a 1821.* Paris 1928.

Harris, J.:
1751   *Hermes, or: a Philosophical Inquiry Concerning Language and Universal Grammar.* London 1751. Neudruck Menston 1967. Deutsch von C.G. Ewerbeck: *Hermes, oder philosophische Untersuchung über die allgemeine Grammatik.* Halle 1788.

Herculano de Carvalho, J.G.:
1961   Segno e significazione in Joao de Sao Tomas. In: *Portugiesische Forschungen der Görresgesellschaft. I. Aufsätze zur portugiesischen Kulturgeschichte.* 2. Bd. Münster 1961.

Hermes, H.:
1938   *Semiotik — Eine Theorie der Zeichengestalten als Grundlage für Untersuchungen von formalisierten Sprachen.* Leipzig 1938.

Jackson, B.:
1969   The Theory of Signs in St. Augustine's „De Doctrina Christiana". In: *Revue des Etudes Augustiniennes*. 15 (1969), S. 9—49.

Jenisch, D.:
1804   Idee einer psychologischen Symbolik der deutschen Sprache. In: *Eunomia*. (1804), 1. Bd. Jan.—Jun., S. 1—30.

Jochmann, C.G.:
1828   *Über die Sprache*. Mit Schlabrendorfs „Bemerkungen über Sprache" und der Jochmann-Biographie von J. Eckardt. Ed. Chr.J. Wagenknecht. Göttingen 1968.

Johannes Dacus:
1955   *Opera*. Ed. A. Otto. Kopenhagen 1955.

Johannes Gerson:
1706   De modis significandi et de concordia metaphysicae cum logica. In: *Opera omnia*. Bd 3. Ed. L.E. du Pin. Antwerpen und Paris 1706.

Johannes a Sancto Thoma (= Poinsot):
        Tractatus de Signis. Ed. J.N. Deeley. Bloomington/Ind. (In Vorbereitung.)

Jouffroy, T.:
1842   Faits et pensées sur les signes. In: *Nouveaux mélanges philosophiques*. Ed. J.P. Damiron. Paris 1842. S. 363—410.

Jung, J.:
1638   *Logica Hamburgensis: hoc est, institutiones logicae in usum scholarum*. Hamburg 1638. Mikrofilm: Britisches Museum.

Klaproth, H.J.:
1823   *Grammaire Générale. Théorie des Signes. Aperçu de l'origine des diverses écritures de l'Ancien Monde*. Hamburg 1823. (= Auszug aus Eustache, M.P.M.A.: *Encyclopédie Moderne, ou Dictionnaire abrégé des Sciences, des Lettres et des Arts*. Paris 1823.)

Kleinpaul, R.:
1888   *Sprache ohne Worte — Idee einer allgemeinen Wissenschaft der Sprache*. 2. Ausg. Den Haag 1972.

Kretzmann, N.:
1953   *Semiotic and Language Analysis in the Philosophies of the Enlightenment*. Diss. Baltimore 1953.

Kretzmann, N.:
1967   History of Semantics. In: *Encyclopedia of Philosophy.* Ed.
        P. Edwards. New York 1967. Bd 7. S. 358—406.

Kretzmann, N.:
1968   The Main Thesis of Locke's Semantic Theory. In: *Philosophical
        Review.* 77 (1968), S. 175—196.

Kretzmann, N.:
1970   Medieval Logicians on the Meaning of the Propositio. In: *Jour-
        nal of Philosophy.* 67 (1970), S. 767—787.

Kuypers, K.:
1934   *Der Zeichen- und Wortbegriff im Denken Augustins.* Amster-
        dam 1934.

Land, S.K.:
1974   *From Signs to Propositions. The Concept of Form in Eight-
        eenth-Century Semantic Theory.* London 1974.

Last, H.M.:
1922   The Date of Philodemus' De Signis. In: *Classical Quarterly.* 16
        (1922), S. 177—180.

Maine de Biran:
1920   Notes sur l'influence des signes. In: *Oeuvres.* Bd 1. Ed.
        P. Tisserand. Paris 1920—1949, S. 240—309.

Marin, L.:
1971   Signe et Représentation au XVIIe Siècle. Notes sémiotiques sur
        trois Natures mortes. In: *Revue d'Esthétique.* 24 (1971),
        S. 402—436.

Markus, R.A.:
1957   St. Augustine on Signs. In: *Phronesis.* 2 (1957), S. 60—83.

Martin, R.M.:
1953   On the Semantics of Hobbes. In: *Philosophy and Phenomeno-
        logical Research.* 14 (1953/54). S. 205—211.

Mates, B.:
1949   Stoic Logic and the Text of Sextus Empiricus. In: *American
        Journal of Philology.* 70 (1949), S. 290—298.

Mates, B.:
1953   *Stoic Logic.* Berkeley 1953, 2. Aufl. 1961.

Matzat, H.L.:
1938   *Untersuchungen über die metaphysischen Grundlagen der Leib-
        nizschen Zeichenkunst.* Berlin 1938.

Maupertuis, P.L.M. de:
1747   *Réflexions philosophiques sur l'origine des langues et des significations des mots.* Paris 1747.

Moody, E.A.:
1935   *The Logic of William of Ockham.* London 1935.

Morhof, D.G.:
1732   *Polyhistor literarius, philosophicus et practicus.* 2 Bde. Lübeck 1732.

De Mott, B.:
1958   The Sources and Development of John Wilkins' Philosophical Language. In: *Journal of English and Germanic Philology.* 57 (1958), S. 1—13.

Mounin, G.:
1970   *Introduction a la sémiologie.* Paris 1970.

Müller, J.:
1878   Modisten. In: *Anzeiger für Kunde der deutschen Vorzeit.* 25 (1878), S. 234—238 und S. 352—355.

Odegard, D.:
1970   Locke and the Signification of Words. In: *The Locke Newsletter.* 1 (1970), S. 11—17.

Ogden, C.K. und I.A. Richards:
1923   *The Meaning of Meaning — A Study of the Influence of Language Upon Thought and of the Science of Symbolism.* New York 1923, 5. Aufl. 1938.

O'Mahonny, B.E.:
1964   *The Mediaeval Doctrine of Modes of Meaning.* Diss. Löwen 1964. Teilweise abgedruckt unter dem Titel: ,,A Mediaeval Semantic. The Scholastic ,Tractatus de modis significandi' ''. In: *Laurentianum.* 5 (1964), S. 448—486.

Ong, W.J.:
1958   *Ramus' Method and the Decay of Dialogue from the Art of Discourse to the Art of Reason.* Cambridge/Mass. 1958.

Pagliaro, A.:
1959   *La dottrina linguistica di G.B. Vico.* Rom 1959.

Peignot, G.:
1810   *Répertoire des bibliographies spéciales, curieuses et instructives.* Pairs 1810.

Pelissier, P.:
1856   *L'Enseignement primaire des sourds-muets mis à la portée de tout le monde, avec une iconographie des signes.* Paris 1856.

Petrus Hispanus (= Papst Johannes XXI.):
ca. 1270 *Summulae logicales.* Ed. J.P.M. Mullally. Notre Dame/Indiana 1945. (od.: Ed. I.M. Bocheński. Turin 1947.)

Pinborg, J.:
1964   Eine neue sprachlogische Schrift des Simon de Dacia. In: *Scholastik.* 39 (1964), S. 220—232.

Pinborg, J.:
1964   Mittelalterliche Sprachtheorien. Was heißt Modus Significandi? In: *Festschrift Heinrich Roos.* Kopenhagen 1964, S. 66—84.

Pinborg, J.:
1964   Simon Dacus. In: *Catholica.* 21 (1964), S. 21—28.

Pinborg, J.:
1967   *Die Entwicklung der Sprachtheorie im Mittelalter.* Münster 1967.

Poinsot s. Johannes a Sancto Thoma.

Prendiville, J.G.:
1972   The Development of the Idea of Habit in the Thought of Saint Augustine. In: *Traditio.* 28 (1972), S. 29—99.

Prentice, W.P.:
1858   *The Indicative and Admonitive Signs of Sextus Empiricus.* Diss. Göttingen 1858.

Prevost, P.:
1800   *Des signes envisagés relativement à leur influence sur la formation des idées.* Paris 1800.

Prieto, L.J.:
1966   *Messages et signaux.* Paris 1966. Deutsch von G. Wotjak: *Nachrichten und Signale.* Berlin (Ost) 1972.

Ramus, P. (= La Ramée, P. de):
1562   *Gramère.* Paris 1562.

Read, A.W.:
1947   An Account of the Word „Semantics". In: *Word.* 3/4 (1947/48), S. 78—98.

Reichling, D.:
1893   *Das Doctrinale des Alexander De Villa-Dei.* Berlin 1893.
       (= Monumenta Germaniae Paedagogica. 12.)

Reimarus, H.S.:
1756   *Die Vernunftlehre als eine Anweisung zum richtigen Gebrauch
       der Vernunft.* Hamburg 1756.

Reisig, K.:
1890   *Vorlesungen über lateinische Sprachwissenschaft.* Mit Anmer-
       kungen von F. Haase. Bearb. von F. Heerdegen. Berlin 1890.

Rey, A.:
1973   *Théories du signe et du sens. Lectures.* 2 Bde. Paris 1973 und
       1976.

De Rijk, L.M.:
1969   Significotioy Suppositio en Pedro Hispano. In: *Pensmiento*. 25
       (1969), S. 225—234.

De Rijk, L.M.:
1970   Die Bedeutungslehre der Logik des 13. Jahrhunderts und ihr
       Gegenstück in der metaphysischen Spekulation. In: *Miscellanea
       Mediaevalia.* Bd 7: *Methoden in Wissenschaft und Kunst des
       Mittelalters.* Ed. A. Zimmermann. Berlin 1970, S. 1—22.

De Rijk, L.M.:
1971   The Development of Suppositio Naturalis in Mediaeval Logic.
       In: *Vivarium.* 9 (1971), S. 71—107.

De Rijk, L.M.:
1967   *Logica Modernorum. A Contribution to the History of Early
       Terminist Logic.* Bd 2,1: *The Origin and Early Development
       of the Theory of Supposition.* Assen 1967.

Robins, R.H.:
1951   *Ancient and Mediaeval Grammatical Theory in Europe — With
       Particular Reference to Modern Linguistic Doctrine.* London
       1951.

Roos, H.:
1946   Martinus de Dacia und seine Schrift „De modis significandi“.
       In: *Classica et Mediaevalia.* 8 (1946), S. 87—115.

Roos, H.:
1966   Neue Handschriftenfunde zu den „Modi significandi“ des
       Martinus de Dacia. In: *Theologie und Philosophie* [= *Schola-
       stik*]. 41 (1966), S. 243—246.

Roos, H.:
1952   Die „*Modi significandi*" *des Martinus de Dacia.* Münster 1952.
        (= Beiträge zur Geschichte der Philosophie und Theologie des
        Mittelalters. 37.)

Roos, H.:
1961   Boethius de Dacia. In: *Catholica.* 18 (1961).

Saarnio, U.:
1935   Untersuchungen zur Symbolischen Logik. 1. Kritik des Nomi-
        nalismus und Grundlegung der logistischen Zeichentheorie
        (Symbologie). In: *Acta Philosophica Fennica.* 1 (1935),
        S. 1—154.

Saarnio, U.:
1959   Betrachtungen über die scholastische Lehre der Wörter als Zei-
        chen. In: *Acta Academiae Paedagogicae.* 17 (1959),
        S. 215—249.

Sahlin, G.:
1928   *César Chesneau Du Marsais et son rôle dans l'évolution de la
        Grammaire Générale.* Paris 1928.

Salamucha, J.:
1950   Die Aussagenlogik bei Wilhelm Ockham. In: *Franziskanische
        Studien.* 32 (1950), S. 97—134.

Sanchez, F.:
1714   *Minerva seu de causis linguae latinae commentarius, cui ac-
        cedunt animadversiones et notae G. Scioppii.* Amsterdam
        1714.

Saussure, F. de:
1916   *Cours de linguistique générale.* Ed. T. de Mauro. Paris 1972.
        Deutsch von H. Lommel: *Grundfragen der Sprachwissenschaft.*
        Berlin 1931 u.ö.

Scaliger, J.C.:
1540   *De causis linguae latinae libri XIII.* Lugduni 1540.

Schmitt, C.B.:
1967   *Gianfrancesco Pico della Mirandola (1649—1733) and his Cri-
        tique of Aristotle.* Den Haag 1967.

Schnelle, H.:
1962   *Zeichensysteme zur wissenschaftlichen Darstellung. Ein Beitrag
        zur Entfaltung der Ars characteristica im Sinne von G.W. Leib-
        niz.* Stuttgart 1962.

Schoppe, C. s. Scioppius, G.

Schottelius, J.G.:
1663   *Ausführliche Arbeit von der Teutschen Haubt Sprache.* Braun-
        schweig 1663.

Scoppius, G. (= Schoppe, C.):
1659   *Grammatica philosophica.* Amsterdam 1659 (od.: Augsburg
        1712).

Seigel, J.P.:
1969   The Enlightenment and the Evolution of a Language of Signs
        in France and England. In: *Journal of the History of Ideas.* 30
        (1969), S. 96—115.

Sextus Empiricus:
1914   *Adversus mathematicos.* Leipzig 1914.

Smart, B.H.:
1831   *Outline of Sematology.* London 1831.

Smith, C.:
1967   Destutt de Tracy's Analysis of the Proposition. In: *Revue
        Internationale de Philosophie.* 21 (1967), S. 478—485.

Spencer, J.:
1665   *A Discourse Concerning Prodigies. Second edition, to which is
        added a short treatise concerning vulgar prophecies.* 2 Bde.
        London 1665.

Stewart, D.:
1792   *Elements of the Philosophy of the Human Mind.* 3 Bde. Lon-
        don und Edinburgh 1792—1827.

Tell, J.:
1874   *Les grammairiens français. Depuis l'origine de la grammaire en
        France jusqu'aux dernières oeuvres connues. Ouvrage servant
        d'introduction à l'étude générale des langues.* 2. Aufl. Paris
        1874. Nachdruck Genf 1967.

Thomas von Erfurt:
(1293) *De modis significandi sive grammatica speculativa.* Duns Scotus
        zugeschrieben. Ed. F.G. Quaracchi. Rom 1902.

Valade, Y.L.R.:
1854   *Essai sur la grammaire du langage naturel des signes à l'usage
        des instituteurs de sourds-muets.* Paris 1854.

Vignaux, P.:
1948   *Nominalisme au XIVe siècle.* Paris 1948.

Vossius, G.J.:
1648 *Latina Grammatica in usum scholarum adornata.* 3 Bde. 4. Aufl. Amsterdam 1648.

Vossius, G.J.:
1662 *Aristarchus, sive de arte grammatica libri septem.* 2 Bde. 2. Aufl. Amsterdam 1662.

Vries, J. de:
1941 Logistische Zeichensprache und Philosophie. In: *Scholastik.* 16 (1941), S. 369—379.

Wallace, K.R.:
1943 *Francis Bacon on Communication and Rhetoric; or: the Art of Applying Reason to Imagination for the Better Moving of the Will.* Oxford 1943.

Walther, E.:
1974 *Allgemeine Zeichenlehre — Einführung in die Grundlagen der Semiotik.* Stuttgart 1974.

Werner, K.:
1877 Die Sprachlogik des Johannes Duns Scotus. In: *Sitzungsberichte der Wiener Akademie der Wissenschaften.* 85 (1877), S. 545—597.

Whitney, W.D.:
1875 *The Life and Growth of Language.* New York 1875. Deutsch von A. Leskien: *Leben und Wachstum der Sprache.* Leipzig 1876.

Wilkins, J.:
1641 *Mercury, or the Secret and Swift Messenger: Shewing How a Man May With Privacy and Speed Communicate His Thoughts to a Friend at Any Distance.* London 1641, 2. Aufl. 1694.

Wilkins, J.:
1668 *An Essay Towards a Real Character and a Philosophical Language.* 2 Bde. London 1668.

Zimmermann, A. (ed.):
1971 *Der Begriff der Repraesentatio im Mittelalter — Stellvertretung, Symbol, Zeichen, Bild.* Berlin und New York 1971.

Zimmermann, A. (ed.):
1974 *Antiqui und Moderni. Traditionsbewußtsein und Fortschrittsbewußtsein im späten Mittelalter.* Berlin und New York 1974.

IX   KODEWANDEL

Alessandro Carlini　　　Bernhard Schneider

PLÄDOYER

für die Wiedereinführung der Säule

Eine Ausstellung zum Semiotischen Kolloquium
Berlin 1975

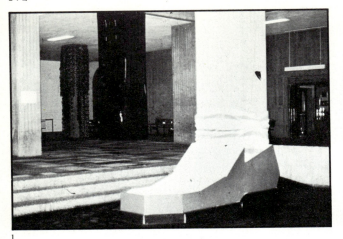

1

2

PLÄDOYER FÜR DIE WIEDEREINFÜHRUNG DER SÄULE
— Semiotische Operationen an einem Paradigma der Architektur —

Das Plädoyer hat vier Ebenen: a) Abbildungen von Ausstellungs-
objekten (Abb. 1—8; 128; 153—155), b) Entwurfsskizzen zu den
Objekten (12 u.a.), Montagen, Transformationen, Paraphrasen in
Skizzen- und Schriftform, c) historisches und aktuelles Material zur
Illustration der Fragestellungen, d) verbale Kommentare. Die vier
Ebenen sind aufeinander bezogen, können aber auch für sich als vier
Diskurse mit jeweils eigener Argumentation gelesen werden.

Manche Pfeiler und manche Stützen sind auch Säulen. Aber eine
Säule muß nicht stützen. Sie kann auch frei stehen oder hängen.
„Stütze" und „Pfeiler" sind Funktionsbezeichnungen; „Säule" da-
gegen steht für einen Bedeutungskomplex, der nicht auf Gebautes
beschränkt ist und der innerhalb des Gebauten mit unterschied-
lichen baukonstruktiven Funktionen verbunden werden kann. Im
Thema „Säule" zeigt sich der Unterschied zwischen Bauen und
Architektur.

3

4

5

6

7

8

9

10

11

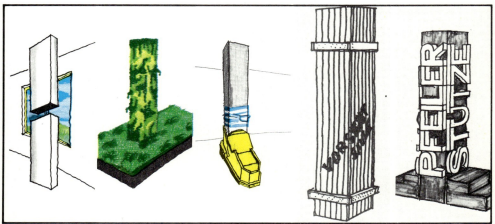

12

Die Objekte der Ausstellung und die Skizzen sind keine Entwürfe für neue Säulenformen, sondern Auseinandersetzungen mit den Vorstellungsinhalten, die der Bedeutungskomplex „Säule" vermittelt; es sind Hinweise darauf, daß man die Architektur übergreifende Vorstellungen von der Welt und vom Leben realisiert, wenn man Architektur macht; es sind Hinweise auch auf die Frage, was eine Architektur (sich) vorstellt, in der keine Säulen, sondern nur noch Stützen und Pfeiler vorkommen.

Die zentrale Rolle der Säule in allen Architekturen und Kulturen hängt damit zusammen, daß sie nicht nur ein bauliches Funktionselement, sondern auch außerarchitektonisch eine „kulturelle Grundeinheit" (Eco) ist, mit der sich zahllose Vorstellungsinhalte verbinden. Dieses überarchitektonische semantische Gewicht macht sie erst innerarchitektonisch bedeutsam. Bedingung für diesen Stellenwert ist aber auch ein bestimmter Stellenwert des Mediums Architektur im gesamtkulturellen Sinnzusammenhang.

ICH SÄULE
DU SÄULST
ER SÄULT

SÄULGETIER

Versäulmnis

WIR SÄULEN
IHR SÄULT
SIE SÄULEN

Dinosäulier

SÄULTÄNZER

säultsam

besäulselt

säulberlich

Salpetelsäule

DRECKSÄUL

Salzsäule

Säulenheil

unversäuliche Säulerei

Besäulfnis

Drahtsäulbahn

Neuseuland

Zugsäul/Tragsäul

Säulzug

Hanfsäul

säulfzen

Klettersäule

Säulschaft

Absperrsäul

absäulen

Säulstall

säuld fluchtbar und mehlet euch

Säuldat

Säulus

wie säul ich
Dich empfangen

Säulenheil

Säuligsprechung

SÄULFER

Säulgling

Wildsäule

Samt und Säulde

absäuliche Schmiersäulfe

Allerwelts-	Säulen	Säulen-	Abstand
Arkaden-	Säulen	Säulen-	Achse
Barock-	Säulen	Säulen-	Architektur
Basalt-	Säulen	Säulen-	Arkade
Beton-	Säulen	Säulen-	Aufgang
Chor-	Säulen	Säulen-	Basis
Chrom-	Säulen	Säulen-	Beine
Dampf-	Säulen	Säulen-	Dicke
Dank-	Säulen	Säulen-	Dom
Druck-	Säulen	Säulen-	Druck
Eck-	Säulen	Säulen-	Durchmesser
Eingangs-	Säulen	Säulen-	Ecke
Farb-	Säulen	Säulen-	Eingang
Fenster-	Säulen	Säulen-	Farbe
Feuer-	Säulen	Säulen-	Fenster
Frucht-	Säulen	Säulen-	Form
Fruchtbarkeits-	Säulen	Säulen-	Front
Gang-	Säulen	Säulen-	Fundament
Garten-	Säulen	Säulen-	Gang
Gedenk-	Säulen	Säulen-	Garten
Gips-	Säulen	Säulen-	Größe
Granit-	Säulen	Säulen-	Gruppe
Halb-	Säulen	Säulen-	Granit
Hallen-	Säulen	Säulen-	Hälfte
Hänge-	Säulen	Säulen-	Halle
Hohl-	Säulen	Säulen-	Heiliger
Holz-	Säulen	Säulen-	Höhlung
Innen-	Säulen	Säulen-	Holz
Kirchen-	Säulen	Säulen-	Inneres
Licht-	Säulen	Säulen-	Joch
Litfaß-	Säulen	Säulen-	Kirche
Mammut-	Säulen	Säulen-	Lampe
Marien-	Säulen	Säulen-	Mantel
Marmor-	Säulen	Säulen-	Maß
Marsch-	Säulen	Säulen-	Marmor
Mittel-	Säulen	Säulen-	Material
Modell-	Säulen	Säulen-	Mitte
Muster-	Säulen	Säulen-	Modell
Neben-	Säulen	Säulen-	Muster
Norm-	Säulen	Säulen-	Nische
Palast-	Säulen	Säulen-	Norm
Pest-	Säulen	Säulen-	Paar
Porphyr-	Säulen	Säulen-	Palast
Probe-	Säulen	Säulen-	Platte
Prunk-	Säulen	Säulen-	Pracht
Quecksilber-	Säulen	Säulen-	Probe
Rauch-	Säulen	Säulen-	Prunk
Rest-	Säulen	Säulen-	Raster
Riesen-	Säulen	Säulen-	Rest
Rund-	Säulen	Säulen-	Ring
Salz-	Säulen	Säulen-	Rund
Stahl-	Säulen	Säulen-	Stahl
Stein-	Säulen	Säulen-	Stein
Stil-	Säulen	Säulen-	Stil
Schand-	Säulen	Säulen-	Stumpf
Trag-	Säulen	Säulen-	Stellung
Tank-	Säulen	Säulen-	Trommel
Ton-	Säulen	Säulen-	Tor
Tor-	Säulen	Säulen-	Verdickung
Voll-	Säulen	Säulen-	Verzierung
Wasser-	Säulen	Säulen-	Wald
Wirbel-	Säulen	Säulen-	Weg
Wunder-	Säulen	Säulen-	Wunder
Zapf-	Säulen	Säulen-	Zahl
Zauber-	Säulen	Säulen-	Zeichnung
Zier-	Säulen	Säulen-	Zerstörung
Zwischen-	Säulen	Säulen-	Zuschnitt

»*Der Säulenwacholder wirkt als Einzelpflanze immer gut.*«

Böttner: Gartenbuch für Anfänger

13

COLONNADE (*lo-na-de*) n. f. Rangée de colonnes sur le devant ou autour d'un grand édifice : *la colonnade du Louvre est due à Cl. Perrault.*
COLONNE (*lo-ne*) n. f. (lat. *columna*). Pilier cylindrique, avec base et chapiteau, qui soutient un édifice : *colonne dorique, ionique. Fig.* Appui, soutien : *Bossuet fut une colonne de l'Église.* Monument commémoratif en forme de colonne : *la colonne Vendôme rappelle les exploits de la Grande Armée. Colonnes d'un lit,* piliers qui en soutiennent le ciel. Portion d'une page divisée de haut en bas : *les colonnes d'un journal. Physiq.* Masse de fluide, de forme cylindrique : *colonne d'air, d'eau. Colonne barométrique,* mercure ou tube d'un baromètre au-dessus du niveau du mercure de la cuvette. *Colonne vertébrale,* ensemble des vertèbres formant une chaine à laquelle se rattachent les os des vertébrés. Ligne de troupes profonde et serrée : *marcher en colonne.*
COLONNETTE (*lo-nè-te*) n. f. Petite colonne, souvent appliquée contre une colonne de module normal.

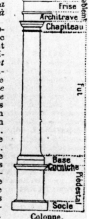

Colonne.

14

Colonnes : 1. Egyptienne ; 2. Assyrienne ; 3. Dorique ; 4. Ionique ; 5. Corinthienne ; 6. Composite ; 7. Toscane.

15

Stellt sich mit dem Plädoyer für die Wiedereinführung der Säule die Frage, wozu Säulen gut sind, so ist damit auch die weitergehende Frage verbunden, wozu Architektur gut ist. Man scheint sich zunehmend darauf zu einigen, daß sie dazu da sei, Bauaufgaben zu lösen. Doch welche syntaktischen, semantischen und pragmatischen Kodes muß sie bereitstellen, um selbst diesem — bescheidenen — Anspruch gerecht zu werden?

Im Lauf der Architekturgeschichte hat die Figur der Säule eine Reihe von präzisen Bedeutungen erhalten.

Im jeweiligen baulich-räumlichen Diskurs dient sie der Klärung, Verdeutlichung und Vervollständigung der übrigen übermittelten Inhalte und drückt damit die Intentionen der Architekten aus, die im Idealfall mit der Intentionalität des Projektes übereinstimmen.

Säulen können (unter anderem):

abfangen. abhalten. abnehmen. abstoßen. ähneln. ärgern. altern. anfangen. anregen. anschließen. anziehen. aufhören. aussehen. auffallen. beginnen. beglücken. begraben. bersten. beschatten. blinken. brechen. bestehen. dauern. dastehen. dazukommen. dröhnen. drohen. drücken. dünnsein. einstürzen. einengen. enden. erinnern. erschlagen. erschrecken. einladen. fehlen. folgen. fortsetzen. führen. funkeln. flimmern. gefallen. gehören. gelingen. genügen. gliedern. glimmen. glühen. grüßen. größerwerden. halten. hindern. im Weg stehen. irritieren. kippen. klingen. knarren. knicken. kontrastieren. kosten. korrodieren. krachen. lasten. leuchten. langweilen. liegen. lehnen. mißfallen. mißlingen. markieren. mahnen. morsch sein. nachgeben. naßwerden. nützen. neigen. ordnen. oxydieren. platzen. plumpsen. parallelstehen. prächtigsein. paradieren. rauchen. rotieren. ruhen. rahmen. rosten. rumstehen. schimmern. schrumpfen. schmücken. schützen. schwanken. schwingen. schwitzen. sich dehnen. sich erübrigen. sichunterscheiden. sich verfärben. sich vermehren. sich verjüngen. sinnlos sein. stehen. stinken. stören. stützen. stürzen. symbolisieren. tragen. trennen. trocknen. überleiten. überraschen. umrahmen. unterbrechen. untergehen. verändern. verbinden. verbrennen. verschandeln. verschwinden. versinken. verdecken. verdunkeln. verführen. versinken. vortreten. vorherrschen. vorkommen. wanken. wackeln. wiegen. weichwerden. werben. wandern. warmwerden. wuchern. wachsen. zerbrechen. zerbröseln. zerbersten. zerfallen. zermalmen. zerstören. zeugen. zieren. zittern. zurücktreten. zusammenfassen. zusammenfallen. zusammenstehen. zusammenkommen. zustellen. zuwachsen. . . . . . .

Architektur ist Ergebnis und Anlaß von Zeichenprozessen, die sich nicht im nachträglichen Anwenden fest vorgegebener Zeichensysteme erschöpfen. Architektonische Zeichenprozesse schaffen neue syntaktische, semantische und pragmatische Zusammenhänge, indem sie vorgegebene Zeichensysteme modifizieren; und sie modifizieren vorgegebene Zeichensysteme durch die Schaffung neuer syntaktischer, semantischer und pragmatischer Zusammenhänge.

Eine derartige Auffassung kann dazu beitragen, das Mißverständnis des Formalismus (sowohl im historischen Formalismus als auch in den verschiedenen Versionen des Formalismus-Vorwurfs) auszuräumen. Am Thema „Säule" läßt sich dies demonstrieren.

Aus: Hermann Mitterer, *Anleitung zur bürgerlichen Baukunst und Bauzeichnung*. München 1820, 3. Aufl. 1824.

Von der bürgerlichen Baukunst

und ihren Grund-Sätzen.

Die Kunst, Gebäude zu den Absichten des gesellschaftlichen Lebens zu errichten, nennt man die bürgerliche Baukunst. Sie kann in zweyerley Hinsichten betrachtet werden: ein Mal, indem sie unsern Bedürfnissen steuert, und uns wider das Ungemach des Gewitters schützet, das andere Mal, da sie durch Ordnung, Schönheit und Pracht in unserm Geiste und Herzen vortheilhafte Wirkungen hervorbringt. In der ersten Absicht ist die wissenschaftlich und technisch, in der zweyten behauptet sie einen Rang unter den schönen Künsten, wie die Malerey und Bildhauerey.

Der wissenschaftliche Theil der Baukunst enthält die Untersuchungen der Stoffe, womit gebaut wird, und bestimmt die Stärke und das Gleichgewicht der zusammen gesetzten Körper; der technische zeigt die Art und das Verfahren bey der Zusammensetzung der Stoffe zu einem brauchbaren Ganzen, und der Theil der schönen Kunst beschäftiget sich mit der Wahl der Formen und ihren Verhältnissen, und mit dem guten Geschmacke, wodurch das Gebäude zu einem Kunst-Werke erhoben wird.

Die Gegenstände der bürgerlichen Baukunst theilen sich in zwey Haupt-Klassen, in öffentliche und Privatgebäude. Die ersten enthalten Kirchen, Paläste, Gerichts-Höfe, Akademien, Schulen, Schauspiel-Häuser, Getreid-Hallen, Armen- und Kranken-Häuser, Schlacht-Häuser, Gefängnisse, und überhaupt alle diejenigen Bauwerke, die auf öffentliche Kosten errichtet und unterhalten werden. Die zweyten umfassen die Wohn-Gebäude, die Manufactur- und Wirthschafts-Gebäude, und alle, die das Eigenthum des Einzelnen ausmachen, und zu seinem Gebrauche angeordnet sind.

Ein Gebäude kann nur dann vollkommen seyn, wenn es den Absichten, zu welchen es errichtet wurde, vollkommen entspricht. Diese Absichten lassen sich allein durch eine gute und zweckmäßige Anordnung erreichen. Da die Bestimmungen der Gebäude sehr verschieden seyn können, so ist es auch nothwendig ihre Anordnung; anders ist ein Tempel, anders ein Palast, und wieder anders ein bürgerliches Wohngebäude angeordnet. Die gute Anordnung ist also in der Baukunst derjenige Theil, von welchem die Vollkommenheit eines Gebäudes hauptsächlich abhängt.

Bey einer guten Anordnung fragt es sich zum Ersten: was einem Gebäude seiner Natur und Bestimmung nach zukömmt, das ist, welche Eigenschaften ein Gebäude haben müsse, um dem Zweck seiner Bestimmung zu erreichen. Diese Eigenschaften sind daher die Richtschnur, nach welcher sich der Baumeister bey der Anordnung halten soll. Sie zeigen ihm die Form und die Einrichtung eines Gebäudes, und geben ihm alle Mittel an die Hand, dasselbe zur Vollkommenheit und Zufriedenheit des Bauenden zu vollenden.

Die Eigenschaften, die ein gut angeordnetes Gebäude haben soll, lassen sich bequem in drey Haupt-Abtheilungen zusammen fassen, in die Festigkeit, Bequemlichkeit, und ein dem Gegenstande angemessenes äußeres Ansehen. Diese Theile beziehen sich auf alle Gebäude ohne Ausnahme, und müssen daher bey jeder Anordnung in Betracht gezogen werden.

Durch die genaue Beobachtung alles desjenigen, was einem Gebäude seiner Natur und Bestimmung nach zukömmt, geht der Character, oder dasjenige äußere Ansehen hervor, das uns beym ersten Anblick zeigt, daß ein Gebäude zu diesem und keinem andern Endzwecke errichtet wurde. Um dasselbe zu einem eigentlichen schönen Kunstwerke, das ist, zu einem solchen zu erheben, das im Stande ist, unser Wohlgefallen zu erregen, und in uns angenehme Empfindungen hervorzubringen, so ist es nothwendig, daß alles mit Geschmack angeordnet sey. Denn der gute Geschmack ist es vor Allem, der das Schöne erkennet, und dasselbe so ordnet, daß es vortheilhaft auf unser Herz wirken könne.

17

Gleich wichtig wäre ein Plädoyer für die Wiedereinführung der

TREPPE

oder für wirkliche

FENSTER

für HÄUSER

für die Wiedereinführung der

STADT

PARADIGMATIK

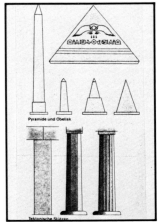

18

19

23

24

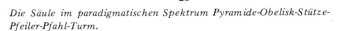

Die Säule im paradigmatischen Spektrum Pyramide-Obelisk-Stütze-Pfeiler-Pfahl-Turm.

19: Jean-Jacques Lequeu (1757–1825), *Leuchtturm*. „Der Leuchtturm soll, wie Lequeu schreibt, die Reisenden in der Wüste leiten. Er ist eine Kombination aus Trajanssäule und Wendeltreppe." (Katalogtext). 20: *Trajanssäule.* 24: *Schlangensäule*, von den Griechen nach der Schlacht von Plataiai (479 v.Chr.) gestiftetes Siegesdenkmal. 25: Wladimir Tatlin, *Modell für das Monument der III. Internationalen*. Geplant in Glas und Stahl, Höhe 390m, Rekonstruktion des 7m hohen Modells von 1920. 26: Francesco Borromini, *S. Ivo*, Rom. 27: Samarra (Irak), *Moscheeturm*, 860 n.Chr., 60m hoch. 29: Etienne-Louis Boullee (1728–1799), *Leuchtfeuer*, Symbol der zum Licht strebenden egalitären Gesellschaft. 30: Mathias Goeritz, *Automex Towers*, 1963/64. 31: El Lissitzky, *Der Wolkenbügel* (Bürohaus für Moskau, 1925).

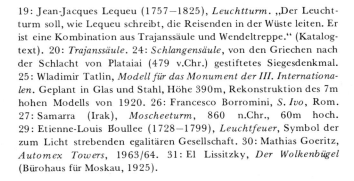

28

20
21
22

25
26
27

29
30
31

32

33

34

Das Paradigma bestimmt den Stellenwert der Säule im Spektrum der Oppositionen von Pyramide, Turm, massivem Schaft, Hohlsäule mit Innentreppe, Mast mit Außenwendel, Obelisk, Hochhaus ...

Die Oppositionen können unter syntaktischem Aspekt (*gedrungene Säule/schlanke Säule*), semantischem Aspekt (*Säule/Mast*) oder pragmatischem Aspekt (*Denkmal/Wohnhaus*) bestimmt werden. Bei jedem Gebilde, das nicht nur den abstrakten Strukturtyp, sondern ein konkretes Exemplar darstellt, sind die drei Dimensionen nicht zu trennen, wohl aber zu unterscheiden.

Erweiterungen oder Einengungen des paradigmatischen Spektrums beeinflussen den Stellenwert der Einzelposition innerhalb des Spektrums.

38

37: Kenzo Tange. 38: Hans Poelzig, *Gasbehälter*, 1917. 39: Andrea Palladio, aus: *I Quattro Libri dell'Architettura*, 1570

40

41

42

35   36   37

Säulen sind _sehr_ wichtig:

jede SÄULE macht
ein LOCH in
den RAUM

So

oder
so   oder so

Oder anders.

Jede Säule schneidet etwas
aus dem Raum aus und mindert
damit den HORROR VACUI.

Ein Raum ohne Säulen ist ein Loch;
je größer, umso schlimmer.

Ein Raum ohne
Säulen ist wie ein
Backstein:
undurchdringlich,
schwer zu greifen.
Gut, daß
Backsteine
klein sind —
und trans-
portabel.

—Ein Raum
ohne Säulen
ist ein Loch;
je größer,
umso
schlimmer.

39

43   44

Säulen sind
Brücken.
zwischen Oben und
Unten, zwischen Unten
und Oben.

45

46

45: E.S. Field, *Historical Monument for the American Republic*.
49: Kikutake, *Tower Shape Community*, 1958. Vgl. auch
Abb. 83/84 und Kommentar.

Die syntaktisch-semantischen Markierungen *Vertikalität, Höhe,
punktuelle Ortsfixierung* sind es vor allem, die das hier angedeutete
Paradigma auf der großmaßstäblichen und urbanistischen Ebene
regieren. Turm und Burg, Kastell, Zitadelle, Säulenring, Turmring,
„Die Stadt der Türme" u.a. sind die Stationen des Spektrums. (S.u.:
Abschnitt „Syntagmatik".) Die Tatsache, daß „Säule" als Strukturtyp und als semantische Einheit in allen Maßstabsbereichen der Bauwelt und in allen Lebensbereichen des Nutzers vorkommt, weist
darauf hin, daß Architektur überhaupt ein durchgängiges, nicht in
funktional fraktionierte Einzelarchitekturen zerfallendes, semiotisches System ist. Jede Bauaufgabe muß auf breitere und komplexere
semantisch-pragmatische Grundlagen bezogen werden, sonst fehlt
für den Einzelfall überhaupt die Entwurfsbasis.

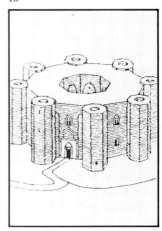

48

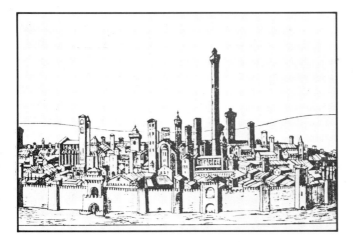

51

53

54

55

56

57

58

53: Richard Buckminster Fuller und Shoji Sadao, *Slum-Sanierung in Harlem*, New York, 1965. 54—58: A. Carlini, *Amerika, Du brauchst Sauerstoff*, Berlin 1974/75.

Leseebenen bzw. Aspekte der Auseinandersetzung mit dem Fuller/Sadao-Projekt:
. Aufhebung der Polarität *Kultur/Natur* (Kultur als Architektur; Natur als Nicht-Architektur)
. Suche nach einer Synthese von Natur und Kultur, Natur und Artefakt, Lebensform und Denkform
. Aufhebung einer Entwurfsform, die sich auf Artefakte reduziert
. Suche nach einer Entwurfsform, die Transformationsregeln für die Architektur entfaltet
. Einführung und Hervorhebung von Aspekten, die in der Architekturproduktion verschwiegen und ignoriert werden
. Anwendung metaarchitektonischer Kodes, die diese Frage offenbar machen
. Infragestellung des impliziten Selbstverständnisses der Kodierungsformen von Architektur
. Suche nach einer Beziehung zwischen den Kodierungsformen der architektonischen Objektebenen und den Kodierungsformen der Architektur-Darstellung
. Suche nach einer Beziehung dieser architektonischen und metaarchitektonischen Kodierungsformen zu den übergreifenden, gesamtkulturell gültigen Kodes

Frage: Läßt sich denn durch eine „Wiedereinführung" der Säule — was immer das heißen mag — der Bedeutungsverlust der Architektur rückgängig machen? Wird, mit anderen Worten, Architektur als Medium gesellschaftlicher Kommunikation wieder verfügbar, wenn es wieder Säulen gibt — wie auch immer sie aussehen mögen? — Nein, dieses Problem kann gewiß nicht durch unser Plädoyer gelöst werden. Aber es kann dadurch besser verstanden werden. Am Paradigma Säule läßt sich stellvertretend die Frage der Bedeutung von Architektur überhaupt stellen: die Frage nach den notwendigen Inhalten von Architektur — notwendig für ihre Funktionsfähigkeit in jedem Sinn.

59

60

61

Konzertflügel, von Erard, Paris

62

63

64

65

Die ikonische Interpretation der Säule

Die zentrale Rolle, die die Säule in vielen Kulturen gespielt hat, beruht zum Teil darauf, daß sie sich in Form und Funktion leicht zu anderen Kultur- und Naturphänomenen in Beziehung setzen läßt. In dieser Ikonischen Deutung löst sich der Säulenkode immer mehr aus dem baulichen Kontext und wird allgegenwärtig. Dabei verliert er unter anderem die Maßstäblichkeit, ein Element aller architektonischen Kodes. Die mit der Ikonizität verbundene Maßstabsneutralität ermöglicht aber auch wieder die Rückübertragung des *ikonischen* Säulenkodes auf die Architektur, unabhängig von der Anwendung des *baulichen* Säulenkodes (Säule/Pfeiler/Stütze ...). Wenn Klavierbeine ikonisch als Säulen kodiert sind, warum nicht auch Häuser (Abb. 78, 81/82, 83 ff.), Fahrstuhlschächte, Wolkenkratzer? Die ikonische Interpretation integriert das Bauelement Säule in den übergreifenden Sinnzusammenhang einer Kultur. Umgekehrt ist das Verschwinden der Säule ein Indiz für die Herauslösung des Bauens aus dem kulturellen Zusammenhang, d.h. für das Verschwinden von Architektur als Medium gesellschaftlicher Kommunikation.

66

BILDER, paradigmatisch

Säulen	——	Löwen
Säulen	—	Menschen
Säulen	*tragen*	Menschen
Säulen	*sind*	Häuser
Säulen	*reiten*	Elefanten
Häuser	*sind*	Säulen
Menschen	*tragen*	Säulen
Menschen	——	Säulen
Löwen	——	Säulen

67

68

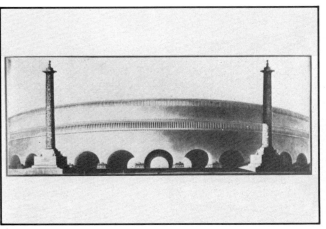

69

70

72

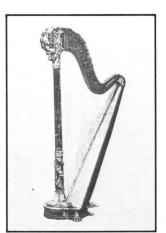

73

74

75

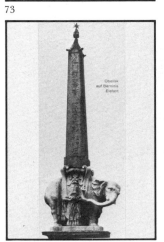

76

77

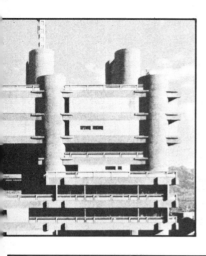

71

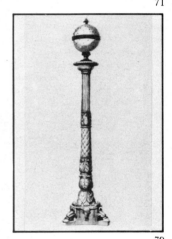

79

78

80

„Charakteristisch für den Wolkenkratzer ist die Dreiteilung seiner Formstruktur in Basis, Schaft und Kapitell. Wir meinen, daß dieser Konfigurationstyp nach wie vor Geltung hat; auch in den Typen, die in jüngster Zeit entwickelt wurden, tritt er manifest oder latent auf, während Arbeiten über die Geschichte des Wolkenkratzers ihn nur als Übergangsphase einer Entwicklung behandeln.

Die Dreiteilung entspringt der Analogie zur Säule, dem architektonischen Signifikat *par excellence*, die in jeder Periode der Architektur in der einen oder anderen Form auftritt. (Vgl. Mario Gandelsonas, „The Architectural Signifier /Column/". Vortrag beim 1. Kongreß der International Association for Semiotic Studies, Mailand 1974.) Schon in der Aufklärung kommt das Gebäude als Säule vor. Der Säulen-Wolkenkratzer verbindet sich mit einer ihm äußerlichen Historie, indem er eine Assoziation von Ruinenstadt schafft — die Ruinen des Forum Romanum, transformiert in eine Stadt von Mega-Säulen.

Der Wettbewerb für die *Chicago Tribune* von 1922 macht diesen „Zeichenmythos" explizit. Das bekannteste der Projekte ist das von Adolf Loos (Abb. 83). Direkte Symbolisierung oder Ironie?

Was trägt sie, die Wolkenkratzer-Säule? Im ägyptischen Tempel stützten die Säulen einen gemalten Himmel. (Vgl. Joseph Rykwert, *On Adam's House in Paradise*. New York 1972, S. 166.) Diese ferne Metapher wird in einem der Projekte von Chicago aufgegriffen: Der „Ägyptische-Säulen"-Entwurf von Gerhard (Abb. 84) erinnert daran, daß Wolkenkratzer Säulen sind, die den Himmel tragen." (Aus: Diana Agrest, Le ciel est la limite. In: *L'Architecture d'Aujourd' hui*. Nr 178 (1975); vgl. auch Abb. 45—58.)

Die Säule ist tot. Gestorben an Hunderten naiver oder ironischer Revivals von Säulenordnungen. Wiedereinführung kann nicht in Neuauflage vergangener Formen bestehen. Aber wie sich in den Säulen des Wettbewerbs von Chicago Häuser verbergen, steckt vielleicht in jedem Betonpfeiler die einbetonierte Säule künftiger Architektur (Abb. 88).

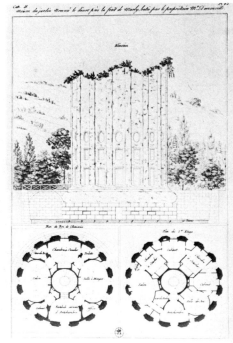

81   82

85: O.M. Ungers, *Fahrstuhl-schacht als Säule*. Berlin 1975. (Zur Zeit der Ausstellung)

88: *Die einbetonierte Säule.* Operationstyp: Deletion (Tilgung eines wohlartikulierten, gliedernden Objekts durch Verpackung mit einer gliederungsarmen Struktur).

83

84

86

87

88

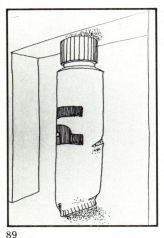

89

90

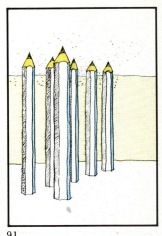

91

92

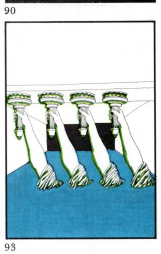

93

Relativierung der ikonischen Kodes. Durch ihre Ikonizität erhält die Säule auch einen Stellenwert im Spektrum der architektonischen Formen. Um diesen Stellenwert inhaltlich, d.h. semantisch und pragmatisch, zu bestimmen, muß man die Säule aber in den größeren Zusammenhang der Kodes stellen, die die Bedeutungswelt unserer Kultur insgesamt prägen. Historische Reminiszenzen sind dafür nicht ausreichend. — Welches sind nun die Kodes, die die Bedeutungswelt unserer Kultur prägen?

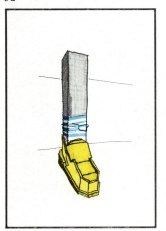

94

95

96

MORPHOLOGIE

Griechen und G.S.

97

98

99

100

Die Morphologie der Säule —
das System der Formregeln und
Konstituenten, das ihre Gliederung bestimmt — ist durch eine
Reihe alternativer Semantiken
motiviert. Diese motivierenden
Semantiken sind natürlich ihrerseits wiederum Bestandteile des
pragmatischen Kontexts, der
eine Architektur als ganze und
das Element Säule im einzelnen
umgibt.

Wir greifen vier semantische
Motivationen für Morphologien
heraus: 1. die anthropomorphe
Metapher, 2. die organische
Metapher, 3. die geometrisch-
kosmologische Metapher, 4. die
konstruktive Metapher.

101

102

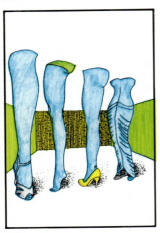

103

104

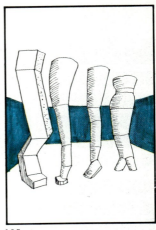

105

106

DORICA.

Die ander Columna oder Seul/

Dorica genandt / würdt einem Dapffern Helden / oder
Manlicher leng verglichen / vñ das darummen/weiln die Bawmeister/
So jhn *Caria* dem Gott *Apollini* seinem Tempel auffrichtete/damahlen
aber noch von keiner rechten Simedri wusten/ nach langer berahtschla-
gung des Bawes/ wie die Seuln/denen nicht nur allein zieren/ sondern
auch desselben Last bequemlich ertragen möchten/endtlichen die Seuln
inn eines Mans fußlang(oder wie es jetzt genandt würt/ dem Schuch
nach) Abtheilen vnnd Proportioniern lassen. Das sie aber *Dorica* genandt würt/Solle (wie der berümbte *Architectus Vitruuius Lib.* 4. cap, 1.
meldet) daher komen/weil der Held vnd Fürst *Dorus,* der Göttin
*Iunonj,*einen Tempel zu *Agris,* Auff solche/damahls new erfundene Dorische Manier hab auffbawen lassen/
. das sie also nach dem selben Helden *Doro,*
Dorica geheissen worden seye.

Aus: Wendel Dietterlin, *Architectura*, 1598.

107

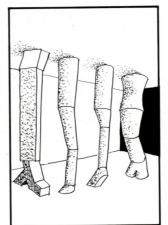

108

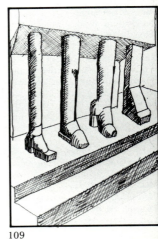

109

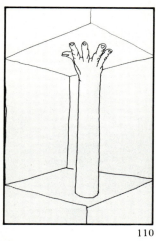
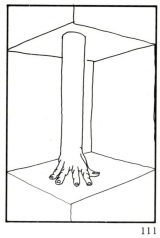

110   111   112

Die anthropomorphe Metapher (Abb. 97—116) *und die organische Metapher* (Abb. 117—134)

Die Ableitung der architektonischen Morphologie aus der Gestalt des Menschen bzw. des Baumes, der Blume oder anderen organisch-vegetativen Bereichen hat zur Voraussetzung, daß die Gestalt des Menschen bzw. des Baumes usw. ihrerseits in einem weiteren kosmologischen Sinn symbolisch geworden ist. Das „Menschenbild" bzw. „Naturbild" einer Kultur schlägt sich dann in der Säule nieder.

Das Menschen- und Naturbild der gegenwärtigen (westlichen) Kultur ist nicht mehr von der Art, daß es sich in bauliche Morphologie symbolisch übertragen ließe. Die paraphrasierenden Skizzen dieser Seiten sind keine Vorschläge für Säulen, sondern Destruktionen der Metapher: Die heute verfügbaren visuellen und plastischen Chiffren aus „Mensch" oder „Natur" sind auswechselbar und berühren nicht die Sinnzusammenhänge, in denen Mensch und Natur uns symbolisch erscheinen. Unsere Symbolisierung von Mensch und Natur entzieht sich der visuellen Chiffre.

Anklänge an „Vegetatives" z.B. bei Poelzig oder Gaudi (Abb. 125, 129, 131, 133) liegen auf der Ebene der Rhetorik.

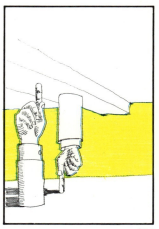

113

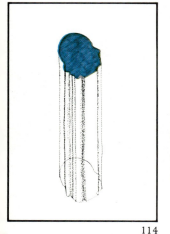
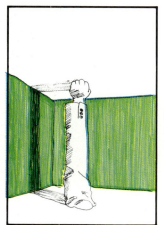
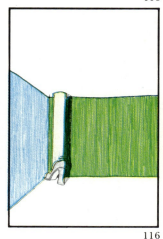

114   115   116

117

118

119

120

121

122

123

124

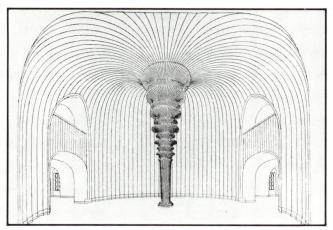

125

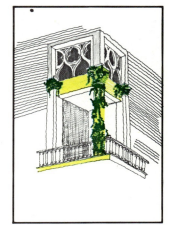

126

127

128

129

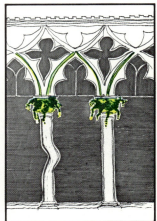

130

131

132

133

134

Die geometrisch-kosmologische Metapher (Abb. 132–144)
Maß- und Proportionsordnungen als kosmologische Symbolsysteme bestimmten die Morphologie der antiken Säulenordnungen. Auch die anthropomorphen Säulen der Antike leiteten ihre Legitimation aus der Kosmologie von Zahlen, Maßen und Proportionen ab (Abb. 97). In der Kette der Wiederaufnahmen der Säulenordnungen bis zum Historismus verlagerte sich die Begründung der Maß- und Proportionsordnungen von der Kosmologie auf die Anthropologie: Was einst seine Begründung aus der Übereinstimmung mit den Gesetzen des Universums herleitete, wurde später als dem menschlichen Auge angenehm, dem Körper des Menschen analog usw. verstanden. Schließlich wurden aus Kosmologien Stile und Manierismen. Das gilt auch für die Ornamentierung der Säule bzw. für die Säule als Ornament.

Schon die Tatsache der zitierenden Wiederaufnahme selbst bedeutet, daß der jeweils zitierte Kode nicht mehr gilt — sonst wäre er nicht zitierbar. Der neue syntaktische und semantisch-pragmatische Kontext des Zitats macht es aber — von morphologischen Transformationen ganz abgesehen — zu einem neuen Kode mit neuen paradigmatischen und syntagmatischen Beziehungen.

Kulturen, die, wie das 19. Jahrhundert, sich selbst aus der Rezeption von „Geschichte" definieren, setzen ihre Säulen-Zitate dementsprechend als Symbol für Geschichte ein.

Dieses historisch definierte Selbstverständnis zeigt sich noch in den Reisebüchern von Rudolf Kleinpaul und in der graphischen Kodierung ihrer Abbildungen (z.B. 28, 52, 75, 164, 170 u.a.)

Heute sind für eine Wiedereinführung der Säule weder historische Säulenformen noch historische Formen der Wiederaufnahme möglich. Maß, Zahl und Proportion sind nicht mehr die Universalien unserer Zeichensysteme; ebensowenig ist „Geschichte" noch symbolische Grundlage von Kultur.

Für die Frage, woher neue Paradigmen und neue Morphologien bezogen werden könnten, stehen keine fertigen Antworten bereit.

135, 136, 137: Guarini;   139: Bernini

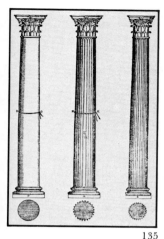

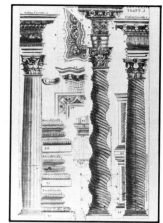

135

136

137

Säulen, die in der Mitte eine Verbauchung haben, sind unnatürlich, und unangenehm; denn wir sehen in allen Gegenständen, welche die Natur durch ihren Wachsthum zu schönen emporragenden Körpern gebildet hat, eine cylindrische, oder gradweis abnehmende Form, welche wir bey Bildung eines ähnlichen Körpers nachahmen sollen. Aus dem nähmlichen Grunde sind die gewundenen Säulen ein lächerlicher Einfall der neueren Baumeister, welcher keinesweges nachgeahmt zu werden verdient.

138

Aus: Hermann Mitterer, *Anleitung . . .* (1820)

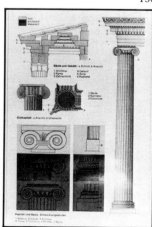

139

140

141

142

Außtheilung der 2. Columnae
DORICA.

Postament.

Dises andern Seulen gantze Höch mit Postament vnd Haupt ge-
simbs/sol sein 8. theil / Behalt 2. theil zum Postament/als dann mach auß dem
vnderen Zirckel. 4. gleiche theil/der vnder gibt dir daß Fußgesimbs/demselben
vnderen theil / theile wider in 2. theil/der Ander ist zur Platten/der Ander gehört
zum Carniß. Die Ober Rondung/theil in 3. theil/der Oberst theil ist zum Postament ge-
simbs/denselben theil wider in 4. theil/der erst ist die Platten / der 2. das Karniß/ der 3. das
Frieß/vnd der 4. das Stäblin vnd Plättlin: Mach an den zweyen Zirckelrissen/zwoa uff-
rechte Linien/auff beyd seiten/ 2c.

Schafftgesimbs.

Weiter volgt daß Schafftgesimbs. Dasselb theil also/ zwischen den beyden auffgezoge-
nen Linien mach 8. theil/ vber die zwerch/ auff dem Postament / die innern 6. theil / ist die Vnder dicke deß Schaffts/mach auß den 6. theilen ein halbe Rondung/dieselb theil in die Höch / in 3.
theil/der erst ist/ zur Hol Kelen Staab vnnd Plättlin/der 2. gehört zum grossen Staab / der 3.
zum Base.
Der Schafft ist vor beschrieben.

Jetzunder Volgt weitter das Capitäl vnd Hauptgesimbs / mach oben am end wider einen Zirckelriß/ inn der größ/wie im Postament /Nimb als dann den Zirckel/vnnd setz ihn mit ein
Fuß oben an die Rondung/vnd den andern Fuß vnden/zeuch ein halbe Rondung herumb / so
hast die rechte Außladung des Haupt gesimbs.

Capitäl.

Weiter mach auß der gantzen Rondung / Antterhalben Zirckel/ vnnd setz noch eine n her-
ab diser größ/auß dem grossen Zirckel/die gibt dir/den Anderthalb theil das Capitäl / der Ander/
Anderthalb theil / die Architrab/ Reiß als dann das Capitäl (oder die vnder halb Rondung)
Also auff/theil vber die zwerch diesen halben Zirckel (als wie vnden) in 8. theil/ die innern 6.
gebend dir die Obere dicke deß Schafftes/als dann mach drey theil herab/der 3. ist zur Platten/
Der 2. zum Ochsen augen vnd Stäblin/ Der 3. zum Frieß vnnd Gürtel. Mit der Obern
Platten zeuch auff beyd setten an die auffrechten Linien/2c.

Archatrab.

Die Ander halb Rondung/ob dem Capitäl/theil in 6. thail / in die Höch/der ober theil ist
das klein Plettlin/2c.

Frieß.

Weiter theil die Rondung deß Frieß/in 4. theil in die Höch/die drey vndern theil behalt
zum Frieß/vnnd den 4. zu dem Stab / vnd Ochsen augen / diesem 4. theil setz ein Dierung
ausser der Rondung/ Zeuch vbern Eck ein kleinen Riß hinauff/so hast auch die rechte Außladung
dises Staabs/2c.

Außladung.

Jetzundso nimb den Obern halben Zirckel/vnd setz auff ein jede seiten/in derselben größ noch
2. Auß dem Mittel der zween düssern Zirckel/ mach ein Linj/abwerz / so hast die Außladung
der Platten/theil die abwerz Linj in 2. theil/ der Ober ist zum Karniß vñ Plättlin/der Vnder
ist zur grossen Platten.
Du machst das gantz gesimbs Zieren/nach deinem gefallen/wie hernach folgt/2c.

Aus: Wendel Dietterlin, *Architectura* (1598)

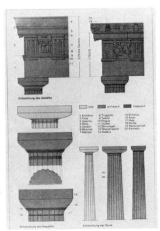

143

144

Rechte Seite:
Die konstruktive Metapher als
Infragestellung des Historismus
(Abb. 145–155)
Während noch bei Violet-Le-
Duc die Anfänge bautechnologi-
scher Neuerungen (Eisenbeton)
in stilistisch-historisierende Entwürfe integriert sind (Abb. 145:
Markthalle, 1864), entwickelt
die Avantgarde des 20. Jahrhunderts Morphologien, die Symbo-
lisierungen für Konstruktions-
und Material-„Logik" als neue
Motivation einführen.
146: Scharoun;   147: Nervi;
148: Mies   van   der   Rohe;
149: F.L. Wright;   150: Kikutake

145

146

147

148

149

150

402

Leonardo Mosso: Destruktion – Substitution einer Objekt-Form durch Form-Strukturen (Transformationssystem); zweidimensional.

151

Infragestellung der konstruktiven Metapher
Die Übersetzung technologischer Neuentwicklungen erweitert die Morphologie der Säule und entfaltet eine ganze Ikonologie der Konstruktivität. Aber wir glauben nicht mehr an die Konstruktion. Sie ist eine zu schmale Basis für architektonische Figuration, seit der kurzlebige Mythos der Technik verflogen ist. Der Glaube an technischen Fortschritt impliziert die stetige semantisch-pragmatische Abwertung des jeweils zweitneuesten Produkts. Diese künstliche Alterung wäre somit das Gegenteil dessen, was das architektonische Element Säule leisten soll: Bedeutungssteigerung und -stabilisierung.

152

153   154   155

Von der Zusammenſetzung mehrerer Säulen und den Säulen-Gängen.

Die Säulen können in einem Gebäude zwar nach dem Gutbefinden des Baumeiſters weiter oder näher geſetzt, und dadurch dem Ganzen diejenige Schönheit und Wirkung gegeben werden, die man von demſelben verlangt; jedoch muß dabey auf ein gutes Verhältniß, und auf Feſtigkeit und Bequemlichkeit Rückſicht genommen werden. Vitruv gibt für Säulen-Gänge fünferley Arten von Säulen-Weiten an, nähmlich: Dickſäulig, Naheſäulig, Schönſäulig, Weitſäulig und Fernſäulig. In der erſten ſind die Säulen 1½ Durchmeſſer von einander entfernt, in der zweyten 2 Durchmeſſer, in der dritten 2¼, in der vierten 3, und in der fünften 4 Durchmeſſer. Die heutigen Baumeiſter halten ſich bey ihren Säulen-Gängen nur an die mittleren drey Arten; weil die erſte zu nahe, die letzte aber zu weite Entfernungen angibt. Vignola hat die Seiten-Weiten für Säulen-Gänge ſehr gut angeordnet. Er beſtimmt für die Doriſche 5½, für die Joniſche 4¼, und für die Corinthiſche 4½ Modul. Auf dieſe Art kommen bey der Doriſchen Ordnung die Säulen genau unter die Triglyphen zu ſtehen, wovon alle Mal zwey zwiſchen zwey Säulen bleiben. Eben ſo kömmt auch in der Corinthiſchen Ordnung alle Mal die Säule unter die Mitte eines Sparren-Kopfes. In der zwölften Tafel iſt ein Säulengang von Doriſcher Ordnung im Aufriſſe, und unten die Säulen-Weiten im Grundriſſe für die Joniſche und Corinthiſche Ordnung vorgeſtellt. Das Gebälk des Doriſchen Säulenganges mit den Zahnſchnitten iſt das vom Marcellus-Theater in Rom, wovon bey der Doriſchen Ordnung bereits Meldung geſchah.

Bey Façaden oder Hallen von großen Gebäuden richtet man ſich nicht immer nach dieſer Vorſchrift; ſondern man ordnet die Säulen ſo, daß ſie die gehörige Pracht und Wirkung hervor bringen. Dabey muß aber alle Mal der gehörige Raum zum Durchgehen zwiſchen den Säulen berückſichtiget werden; daher ſetzt man die Säulen beym Eingange bisweilen etwas weiter von einander, welches aber nicht Statt findet, wenn die Höhe ſo groß iſt, daß der Zwiſchenraum der Säulen für die Oeffnungen der Thüren hinreichend befunden wird; denn diejenigen Colonaden ſind die ſchönſten, die überall gleich weit ſtehende Säulen haben. Ueberhaupt ſind die ganz frey ſtehenden Säulen ſowohl von Außen an einem Gebäude als von Innen, wie in Kirchen und Sälen von der wunderbarſten und prächtigſten Wirkung; indem ſie bey jedem Schritte neue Gruppen und Scenen hervor bringen, die mit ihrer Abwechſlung unſer Auge ungemein vergnügen.

Aus: Hermann Mitterer, *Anleitung* ... (1820)

Säule und Säule; Doppelsäule; Säulenpaar; viele Säulen in einer Reihe: Kolonnade; Säulen mit Bogen: Arkade; Portikus; Portikus und Straße; Säule und Wand; Säule und Öffnung; Säule und Platz; Säule und Innenraum; Säule und Außenraum; Säulen in der Fläche; Säulen und Treppen; Säulen und Topographie: Manche Syntagmen sind nicht mehr unterteilbare semantische Einheiten (z.B. Abb. 164); manche sind erweiterbar, andere begrenzt. Zwischen der Morphologie des verwendeten Säulentyps und den Anordnungsregeln besteht keine direkte Abhängigkeitsbeziehung.

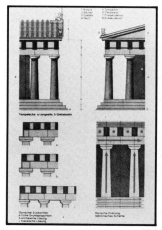

156

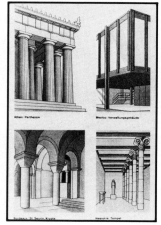

157

158

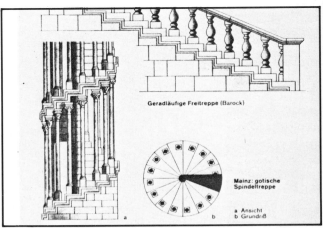

Geradläufige Freitreppe (Barock)

Mainz: gotische
Spindeltreppe

a Ansicht
b Grundriß

a
b

159

160

161

162

163

164

165

166

167

168

169

170

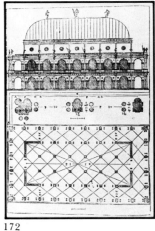

172

173

Wie gebaute Umwelt zu interpretieren ist, zeigt sich nicht nur in den semantischen Werten ihrer Formen, sondern auch in der Art, in der die Menschen mit ihr umgehen. Und zum Umgang mit Architektur gehören nicht nur die verschiedenen Arten ihrer Nutzung, sondern auch die Arten der Architekturdarstellung: des Entwurfs vor, der Planskizze während und der Abbildung nach dem Bauvorgang. Rechnet man Nutzung und Darstellung zu den Gegenständen

175

176

177

171

der Architekturpragmatik, so ist architektonische von metaarchitektonischer Pragmatik zu unterscheiden. Beide Pragmatiken lassen sich jedoch syntagmatisch untersuchen, denn im Umgang mit Architektur wird die bauliche Struktur mit der Struktur der Nutzungsarrangements oder mit der Struktur der Architekturdarstellung konfrontiert. Nur in diesem Spannungsfeld lassen sich Bedeutung und Bedeutungswandel von Architektur begreifen.

174

178

179

179

180

181

182

Die baulichen Strukturen der Architektur und die Strukturen ihrer Nutzung interpretieren sich gegenseitig. Und wenn beide zusammen abgebildet werden, kommt noch der Handlungszusammenhang hinzu, der die Abbildung motiviert. Die Perspektive des Darstellenden kann auf diese Weise das Thema der Darstellung prägen.

Vgl. Abb. 179, den Holzstich bei Kleinpaul, als Vorform des „Architekturfotos", Abb. 180, den touristischen „Schnappschuß" von der Piazza S. Pietro und Abb. 184—186, Vorformen des „Situationsfotos", die mit ihrer ausschnitthaften Manier malerischen Ikonologien verhaftet sind.

184

185

186

187

188

Vgl. all dies mit unserer eigenen Manier, disparate Formen, Situationen und Darstellungsmittel zur Dokumentation des Themas „Säule" zusammenzubringen.

Die architektonisch umrissene Raumsituation bestimmt die Handlungssituation; und die durch die Intentionen der Beteiligten umrissene Handlungssituation bestimmt die Bedeutung der umgebenden Architektur. Der Durchgang als architektonische Konfiguration läßt sich somit von der Handlungsstruktur des Hindurchgehens nicht trennen.

189

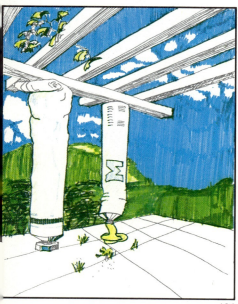

190

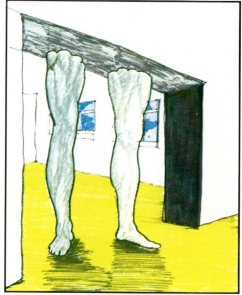

191

192

193

194

195

196

197

198

199

200

201

202

Relativierung syntaktischer Regeln
192: Schinkel, *Altes Museum*, Portikus
193, 194, 196: Kollision zwischen dargestelltem Raum und Darstellungsraum: Syntax der Drei-dimensionalität versus Syntax der Zweidimensionalität
195: M.C. Eschers unmögliche Säulen

197–202: *Manipulationen am Berliner Stadtlexikon.*
Umartikulation, Iteration, Amplifikation, Interferenz, Paraphrase, Kontextverschiebungen (auf syntaktischer, semantischer und pragmatischer Ebene)

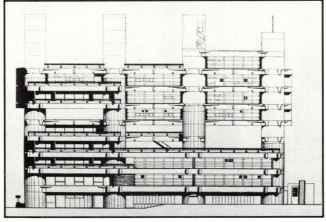

203

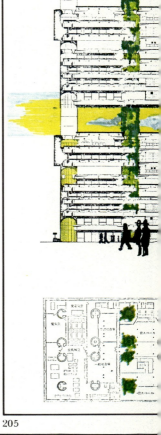

204

205

FÜR DIE ANORDNUNG MEHRERER SÄU-
LEN IM RAUM GILT IN DER REGEL DAS
PRINZIP DER STETIGEN REIHUNG IN
EINER ODER MEHREREN RICHTUNGEN

206

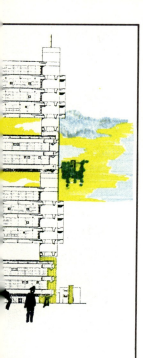

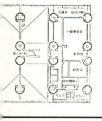

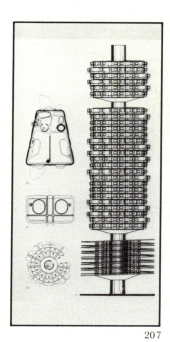

207

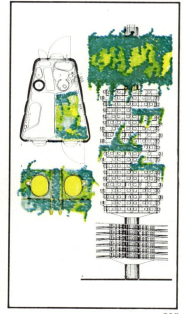

208

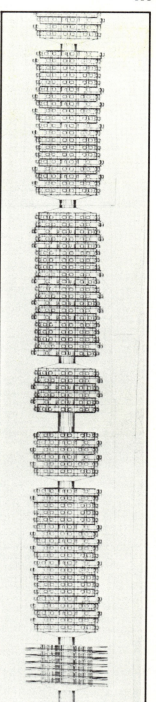

209

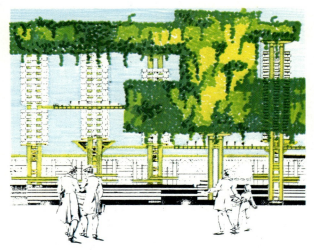

210

Fiction/Non-Fiction
— Eine Architektur, die nur die Erfüllung „realer" Zwecke und Bedürfnisse anstrebt und Formen im Sinn von Denotationen für Gebrauchszwecke entwickelt, ist blind. Sie täuscht sich über die semiotische Vermitteltheit ihrer eigenen Vorstellungen von Zwecken und Formen und ist deshalb nicht *realistisch*, sondern *formalistisch*;
— eine Architektur, die nur fiktive Denkspiele und fingierte Bau- und Raumsituationen auf dem Papier oder im Modell abhandelt, bleibt ohne den Kontext der realen Raum- und Kommunikationssituation pragmatisch reduzierte Metaarchitektur;
— eine Architektur, die nur Rhetoriken entwickelt, also Systeme von baulichen Figurationen für bestimmte Situationen fixiert, täuscht sich über die grundsätzliche Polyfunktionalität und semantische Offenheit architektonischer Situationen — auch über die unabsehbaren unbekannten Situationen;
— eine Architektur, die versucht, morphologische und syntagmatische Universalien von Architektur überhaupt zu etablieren, bleibt abstrakt und allgemein.
Nur eine Architektur, die gleichermaßen die Erkenntnisse aller vier Ansätze verarbeitet, wäre eine alternative Architektur und zum Entwurf gebauter Umwelt fähig. — Eine Architektur, die keinen Mythos verfolgt, taugt nicht als Medium gesellschaftlicher Kommunikation. Bedingung ist aber, daß der Mythos ein *gültiger* Mythos ist, daß er an Geschichte anknüpft und Utopie enthält. Historische Zitate erfüllen diese Bedingungen nicht. Sie sind heute nicht mehr gültig; sie integrieren nicht Geschichte, sondern schaffen Distanz zu ihr; sie lösen das utopische Potential der Mythen der Vergangenheit auf und können nur als Utopie-Ersatz dienen. — Deshalb haben die zahllosen *Revivals* antiker Säulenordnungen den Mythos der Säule zerstört. Aber können die Alltags-Mythen unserer Kultur Geltung beanspruchen, integrieren sie Geschichte, sind sie überhaupt utopische Negationen des Vorhandenen?
Die Adoption des *common sense* in unseren gedanklichen Exerzitien erzeugt zwar auf metaarchitektonischer Ebene eine erkenntnisfördernde ironische Perspektive, aber gewiß nicht „die neue Säule". Die bleibt vorerst in Pfeiler und Stützen einbetoniert (Abb. 88). Die Entfaltung alternativer Paradigmen und Syntagmen ist notwendig, aber nicht ausreichend. *Paradigmatik* und *Syntagmatik* brauchen als Grundlage gültiger Kodes eine konsistente *Pragmatik*.
Das Plädoyer für die Wiedereinführung der Säule (für die Wiedereinführung der Architektur) mündet also, recht verstanden und über das Gedankenspiel hinausgetrieben, in ein Plädoyer für die Rekonstruktion des Mediums Architektur aus dem Umgang des Menschen mit gebauter Umwelt; aus seiner Fähigkeit, nicht nur für seine Bauaufgaben, sondern für seine kulturelle Identität Raum zu entwerfen. — WIR PLÄDIEREN FÜR DAS ENTWERFEN.

PLÄDOYER WOFÜR?

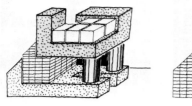
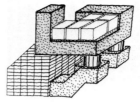
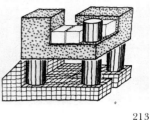

211 212 213

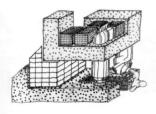
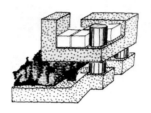
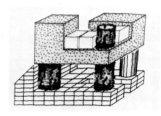

214 215 216

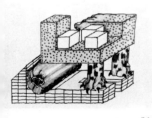
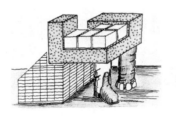

217 218 219

Experimentelle Transformationen des Vorstellungskomplexes „Säule"
1. Ein nur durch interne Proportionen reguliertes Arrangement wird einer Reihe von Permutationen und Substitutionen unterworfen (Abb. 211–219). Die Permutationen machen dabei zunächst die semantisch-pragmatische Indifferenz der Variantenbildung und die Beliebigkeit der Transformationen offenbar (Abb. 211–213). Die Ersetzung euklidischer Körper durch ikonische Repräsentanten außerarchitektonischer Bedeutungswelten (Natur, Vegetation, Tierreich, Zirkus, Sex ...) stellt dann jedoch einen neuen Bedeutungszusammenhang her, der die Oppositionsbeziehungen im System der geometrischen Formen durch eine Opposition zwischen semantischen und asemantischen Elementen überlagert (Abb. 214–219).
2. Ähnliche Operationen führen, angewandt auf das Modell der *Villa Savoye* (Le Corbusier, 1929–31; L.C: „Architektur ist das [...] Spiel der Körper unter dem Licht.") zu umgekehrten Resultaten (Abb. 220–227). Das Ausgangsmodell, eine konkrete baulich-räumliche Situation, deren Konstituenten dem Repertoire der euklidischen Körper entstammen, verliert durch die Maß-losigkeit der substituierten Elemente seine architektonische Semantik. Damit wird es zu-

220

gleich entpragmatisiert, und zurück bleibt ein nur noch durch interne Proportionen reguliertes Arrangement.

Zur Pragmatik des semiotischen Systems Architektur gehört, daß bauliche, räumliche, bildhafte Vorstellungsmuster des Operateurs (Entwerfers oder Benutzers) und seine semantischen Fixierungen die Operationen von vornherein konditionieren. Vielfach ist die scheinbar nach Sachzwängen der Bauaufgabe entwickelte Lösung gar nicht „Output" eines heuristischen Prozesses, sondern eine fast un-

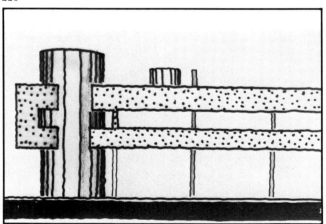

221

222

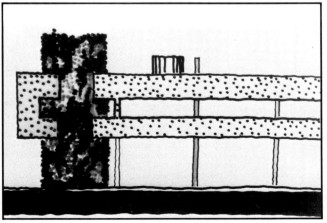

223

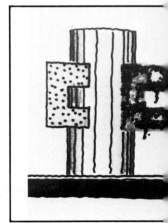

224

veränderte Übernahme und nachträgliche sachlogische Verbrämung des „Inputs". In einer Entwurfsoperation müßte dagegen der Input, bestehend aus den mitgebrachten Vorstellungen des Operateurs, transformiert und am Entwurfsproblem selbst abgearbeitet werden. Die experimentelle Transformation des Vorstellungskomplexes „Säule" — stellvertretend für andere Elemente; stellvertretend für Architektur überhaupt — bleibt über die vorliegenden Seiten hinaus Aufgabe der Architektursemiotik.

225

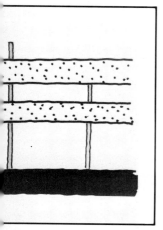

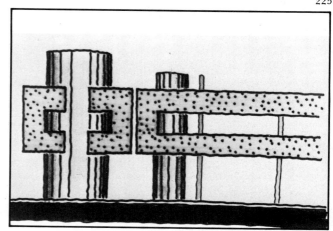

226

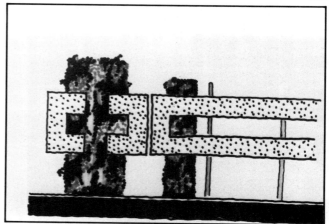

227

Abbildungsnachweise

Sofern nicht anders angegeben, stammen die Abbildungen von den Autoren.

Architectural Design. London, 7/1970 (44)
L'Architecture d'Aujourd'hui. Boulogne, 157/1971 (22), 178/1975 (21, 43, 45, 46, 83, 84, 86, 87)
Arslan, E.: *Das gotische Venedig*. München 1971. (160) (Abb. Electa Editrice, Milano)
Aue, W.: *P.C.A. Projecte, Concepte & Actionen*. DuMont: Köln 1971 (42)
Berve, H. und G. Gruben: *Griechische Tempel und Heiligtümer*. Hirmer: München 1961 (9, 11, 98, 99) (Abb. 9, 11 E. Stresow-Czakó, München, Abb. 98, 99 Hirmer)
Beutler, Chr. und G. Metken: *Weltausstellungen im 19. Jahrhundert*. München 1973 (23, 63, 65, 73, 79) (Abb. Chr. Beutler, Hamburg)
Cevese, R. (ed.): *Mostra del Palladio*. Electa Editrice: Vicenza 1974 (72, 172)
Commune di Bologna: *Bologna Centro Storico*. Bologna 1974 (177)
Copplestone, T. (ed.): *World Architecture*. London, New York, Sidney, Toronto 1963 (40, 59, 71, 165, 169, 176) (Abb. 40 Hsinua News Agency, Peking, Abb. 59 Popperfoto, London, Abb. 71, 165 A.F. Kersting, London, Abb. 169, 176 Foto Marburg)
Cresti, C.: *Le Corbusier*. Firenze 1969 (220) (Abb. VG Bild-Kunst, Frankfurt)
Dahinden, J.: *Stadtstrukturen für morgen*. Hatje: Stuttgart 1971 (53)
Decker, H.: *Italia Romancia*. Schroll: Wien und München 1958 (47, 51, 60, 62, 167, 168)
Dietterlin, W.: *Architectura*. Nürnberg 1598 (106, 141–143)
domus. Milano, Nr. 524/1973 (35)
The Doré Bible Illustrations. Dover Publications: New York 1974 (Titelseite)
Drew, Ph.: *Die dritte Generation*. Hatje: Stuttgart 1972 (49, 78, 203, 207)
Duden Italiano. Bibl. Institut: Leipzig 1940 (132)
Frankfurter Kunstverein: *Kunst in der Revolution*. Frankfurt a.M. 1972 (25)
Giedion, S.: *Architektur und das Phänomen des Wandels*. Tübingen 1969 (145) (Abb. C. Giedion-Welcker, Zürich)
Guarini, G.: *Architettura Civile*. Turin 1737. Neuausg. London 1964 (135–137, 163) (Abb. Royal Institute of British Architects, London)
Illustrated Times XII (1861) und *Illustrated Times, New Series, VI* (1865) (181, 182)
Jacobus, J.: *Die Architektur unserer Zeit*. Hatje: Stuttgart 1966 (147)
The Japan Architect. Tokio, Nr. 10/11, 1975 (150)
Jung, J. (ed.): *Die Welten des M.C. Escher*. Moos: München 1971 (195)
Kleinpaul, R.: *Rom in Wort und Bild*. 2 Bde, Leipzig 1883 (28, 52, 75, 164, 170, 173, 179, 184–186)
Koepf, H.: *Baukunst in fünf Jahrtausenden*. Kohlhammer: Stuttgart, 7. Aufl. 1975 (20)
Kürth, H. und A. Kutschmar: *Baustilfibel*. Volk und Wissen Volkseigener Verlag: Berlin 1976 (48)
Kultermann, U.: *Neue Dimensionen der Plastik*. Wasmuth: Tübingen 1967 (30, 123)
Larousse: *Nouveau Petit Larousse Illustré*. Paris 1925 (14, 15)
Lees-Milne, J.: *Sankt Peter*. Frankfurt a.M. und Berlin 1968 (139) (Abb. Harding, London)
Lemmer, K.J.: *Karl Friedrich Schinkel – Berlin*. Rembrandt: Berlin 1973 (187, 192)
Lissitzky-Küppers, S.: *El Lissitzky*. VEB Verlag der Kunst: Dresden 1976 (31)
Mann, G. und A. Heuß (eds.): *Propyläen Weltgeschichte*. Bd 3: Griechenland – Die hellenistische Welt. Ullstein: Berlin 1962 (24)
Matz, F.: *Kreta und frühes Griechenland* (Kunst der Welt). Holle: Baden-Baden, 2. Aufl. 1975 (61) (Abb. Holle Bildarchiv, Baden-Baden)
Merian 12/XXIII: Rom. Hamburg 1970 (76, 112, 166) (Abb. W. Neumeister, München)
Müller, W. und G. Vogel: *dtv-Atlas zur Baukunst*. Bd 1. dtv: München 1974 (18, 140, 144, 156, 157, 159)
Müller-Wulckow, W.: *Architektur der Zwanziger Jahre in Deutschland*. Langewiesche-Köster: Königstein i. Ts. 1925–1932, 2. Aufl. 1975 (129)
Neufert, E.: *Bauordnungslehre*. Amsterdam, Prag und Wien 1943 (97)
Norberg-Schulz, Ch.: *Meaning in Western Architecture*. London 1975 (118, 122, 146, 148) (Abb. Electa Editrice, Milano)
Palladio, A.: *I Quattro Libri dell'Architettura*. Venezia 1570 (39)
Pehnt, W.: *Die Architektur des Expressionismus*. Stuttgart 1973 (125) (Abb. F. Stoedtner, Düsseldorf)
Pevsner, N.: *Europäische Architektur*. Prestel: München 1957 (162, 175, 180)
Posener, J. (ed.): *Hans Poelzig*. Akademie der Künste: Berlin 1970 (38, 158, 161)
Riani, P.: *Kenzo Tange*. Sansoni: Firenze 1969 (37)
Roisecco, G.: *Spazio*. Bulzoni: Roma 1970 (26, 70, 131, 133)
Rusconi, G.: *Dell'Architettura*. Venezia 1590 (London 1968) (100, 102, 117) (Abb. Royal Institute of British Architects, London)
Rykwert, J.: *On Adam's House in Paradise*. New York 1972 (119–121)
Samonà, G. (u.a.): *Piazza San Marco*. Marsilio: Padova 1970 (68, 171, 174, 178, 179)
Schmidt, U.: *Treppen der Götter – Zeichen der Macht*. Wien und Düsseldorf 1970 (27, 34) (Abb. U. Schmidt, Hamburg)
Schneider, M. (ed.): *Entwerfen einer historischen Straße*. Berlin 1976 (85) (Abb. O.M. Ungers, Köln)
Siedler, W.J., E. Niggemeyer, G. Angreß: *Die gemordete Stadt*. Berlin 1964 (13, 66) (Abb. E. Pfefferkorn-Niggemeyer, Berlin)
Staatliche Kunsthalle, Baden-Baden: *Revolutionsarchitektur*. Baden-Baden 1970 (19, 29, 69, 81, 82, 101) (Abb. Bibliothèque Nationale, Paris)
stern magazin. Hamburg 1975 (32, 50) (Abb. 32 Bollinger/*Stern*, Abb. 50 Lebeck/*Stern*)
Torroja, E.: *Logik der Form*. Callwey: München 1961 (138)
Waldmann, D.: *Roy Lichtenstein*. Tübingen 1971 (64) (Abb. Mazzotta, Milano)
Wright, F.L.: *Schriften und Bauten*. Langen-Müller: München und Wien 1963 (149)

Abbildungsnachweise zu den Aufsätzen

Korrekturen/Ergänzungen:
Abb. aus *Wilhelm Busch* und *Cartoon 62* (bzw. *Loriot's Großer Ratgeber*) mit freundlicher Genehmigung des Diogenes Verlags, Zürich. (S. 115, 322–324)
Werbeanzeige Cointreau 1975 (von Young & Rubicam) mit freundlicher Genehmigung des Schneider-Imports, Bingen. (S. 137)

ABBILDUNGSNACHWEISE ZU DEN AUFSÄTZEN

Sofern nicht anders angegeben, stammen die Abbildungen von den Autoren. Aus folgenden Publikationen wurden Reproduktionen gemacht (in Klammern die Namen der Autoren):

Abert, H. (ed.):
1925 *Der Freischütz von Carl Maria von Weber.* Leipzig und Wien 1925, S. 1–4 (Eggebrecht, Reinecke, Faltin).

Bohne, F. (ed.):
1974 *Wilhelm Busch: Hans Huckebein, der Unglücksrabe. Fipps der Affe. Plisch und Plum.* Zürich 1974, S. 31 f. (Höllerer).

Bretécher, C.:
1975 *Les frustrés.* (Eigenverlag) 1975 (Kloepfer).

Keel, D. (ed.):
1961 *Cartoon 62. Die besten Karikaturen des Jahres 1961.* Zürich 1961, S. 17 (Posner).

Schulz, Ch.M.:
1970 *You've Done It Again Charlie Brown.* Selected Cartoons from „We're Right Behind You Charlie Brown". Bd 2, Greenwich/Conn. 1970 (Kloepfer).

Der Spiegel. 29 (1975) Nr 21, Innenseite (Kloepfer).

Personenregister

Sachregister

Schwerpunkte Linguistik und Kommunikationswissenschaft

Band 1
Aspekte der Soziolinguistik
Wolfgang Klein / Dieter
Wunderlich (Hrsg.)
1971, II, 322 S., kart., DM 24,–

Band 2
Kasustheorie
Werner Abraham (Hrsg.)
1977, 2. Aufl., 224 S.,
kart., DM 29,80

Band 3
Danièle Clément /
Wolf Thümmel
**Grundzüge einer syntax der
deutschen standardsprache**
1971, I, 279 S., Ln., DM 26,–

Band 4
Soziolinguistik
Norbert Dittmar (Hrsg.)
1973, XIII, 407 S., Ln., DM 22,–

Band 5
Robert King
**Historische Linguistik und
Generative Grammatik**
Übersetzt, eingeleitet und
herausgegeben
von Steffen Stelzer
1971, XVII, 287 S., kart., DM 24,–

Band 6
George Lakoff
Linguistik und natürliche Logik
Werner Abraham (Hrsg.)
1971, XXI, 157 S., kart., DM 19,80

Band 7
Angelika Kratzer /
Eberhard Pause /
Arnim von Stechow
**Einführung in Theorie
und Anwendung der
generativen Syntax**
1973, Bd. 1, XII, 284 S.,
kart., DM 19,80
1974, Bd. 2, XIII, 307 S.,
kart., DM 19,80
1974, einbänd.
Ln., DM 52,–

Band 8
Ekkehard König /
Lienhard Legenhausen
Englische Syntax I
1972, I, 119 S., Ln.,
DM 18,–

Band 9
Pieter A.M. Seuren
**Zwischen Sprache und
Denken**
1977, XII, 429 S.,
kart., DM 48,–

Band 11
Georges Kalinowski
**Einführung in die
Normenlogik**
Übers. von Wolfgang Klein
1972, XXII, 162 S.,
kart., DM 24,–

Band 12
Linguistische Pragmatik
Dieter Wunderlich (Hrsg.)
1975, 2. Aufl., III, 413 S.,
kart., DM 19,80

Band 13
René Dirven / Günter Radden
**Semantische Syntax des
Englischen**
1977, VII, 349 S., kart., DM 38,–

Band 14
**Zeichenprozesse –
Semiotische Forschung in
den Einzelwissenschaften**
Roland Posner /
Hans Peter Reinecke (Hrsg.)
1977, 444 S., 323 Abb.,
kart., DM 48,–

Band 15
Ekkehard König
Englische Syntax II
1973, III, 117 S., Ln., DM 24,–

Band 16
Robert Henry Robins
**Ideen- und Problemgeschichte
der Sprachwissenschaft**
1973, VIII, 176 S.,
kart., DM 16,80

Band 19
Linguistik und Psychologie
Helen Leuninger / Max H. Miller /
Frank Müller (Hrsg.)
1974, XXXVI, 472 S.,
Ln., DM 38,–

**Akademische Verlagsgesellschaft
Athenaion**
Postfach 11 07, 6200 Wiesbaden

Athenaion-Skripten Linguistik

**Akademische Verlagsgesellschaft
Athenaion**
Postfach 11 07, 6200 Wiesbaden